高等院校旅游管理专业精品课系列教材

旅游景区管理

——案例、理论与方法

主编 李志飞 汪绘琴

WUHAN UNIVERSITY PRESS
武汉大学出版社

图书在版编目(CIP)数据

旅游景区管理:案例、理论与方法/李志飞,汪绘琴主编.—武汉:武汉大学出版社,2013.8
高等院校旅游管理专业精品课系列教材
ISBN 978-7-307-11349-7

Ⅰ.旅…　Ⅱ.①李…　②汪…　Ⅲ.旅游区—经济管理—高等学校—教材　Ⅳ.F590.6

中国版本图书馆 CIP 数据核字(2013)第 154621 号

责任编辑:柴　艺　　责任校对:王　建　　版式设计:马　佳

出版发行:**武汉大学出版社**　　(430072　武昌　珞珈山)
　　　　(电子邮件:cbs22@whu.edu.cn 网址:www.wdp.com.cn)
印刷:湖北金海印务有限公司
开本:787×1092　1/16　印张:16.5　字数:388 千字　插页:1
版次:2013 年 8 月第 1 版　　2013 年 8 月第 1 次印刷
ISBN 978-7-307-11349-7　　定价:32.00 元

前　言

　　旅游景区的早期历史可以在古希腊历史学家希罗多德（约公元前484—约公元前425年）的作品中读到。世界上最早被开发的旅游景区是建于公元前27世纪至公元前26世纪的埃及金字塔和狮身人面像（斯芬克斯）。公元前3世纪，希腊人开始外出旅行，主要目的是洗矿泉浴、参加酒会和竞技体育，而希腊雅典的帕提侬神庙是当时的旅行者必到之处。公元前4世纪，罗马人有了导游手册，其中主要介绍雅典、斯巴达和特洛伊等地。巴亚以其温泉和海滨度假成为当时的旅游热点。

　　近年来，伴随我国居民生活水平的不断提升，居民参与旅游活动的欲望及支付能力均不断增强。而"带薪休假"以及"黄金周"长假等政策又为居民提供了更多的闲暇时间，加上便利的交通设施，潜在的旅游需求正不断地转化为现实的、有效的旅游需求。

　　旅游景区是旅游的核心吸引物和目的地，是展示旅游业整体形象的重要窗口，是监测旅游经济发展状况的风向标和晴雨表，在旅游业及经济社会发展中具有举足轻重的地位。1999年国家旅游局制定了国家标准《旅游区（点）质量等级的划分与评定》，2000年部署开展了A级旅游景区评定工作，2001年推出了首批A级景区，2003年又对标准进行了修订，形成了GB/T17775—2003。时至今日，中国旅游景区已呈现出蓬勃的发展态势。

　　但在我国旅游景区管理的实践中，我们也遇到了一系列的问题：

　　一是景区的整体经营管理和服务水平还不是很高，人民群众不是很满意。这几年，全国针对旅游景区的投诉居高不下。

　　二是景区游览环境还有待进一步改善，景区过度商业化，氛围城市化，游览环境嘈杂，噪声、视觉污染和生态破坏等问题开始凸显。

　　三是景区体制与现代旅游景区的要求还有一定差距，发展机制不是很活，很多景区存在事企不分的问题，还在用"管资源的方式管景区"，"搞行政的方式搞经营"。

　　四是景区产品的整体结构还比较单一，滞后于旅游消费群体的分级和分层，休闲度假产品和专项旅游产品还比较少且开发水平不高。

　　五是景区专业人才队伍建设滞后，还不能适应景区大发展的需要等等。

　　如何解决这些问题，理顺在旅游景区管理实践中的种种难题，急需在理论层面对旅游景区管理进行探讨，用以指导我国旅游景区管理的实践。虽然管理学在中国已有长期的发展并获得一些成果，但旅游景区产品的特殊性，决定了旅游景区管理与普通管理存在着明显的区别。这种区别表现在：

一是不同于普通的产品，旅游景区产品具有很强的不可移动性，它的生产和消费是同步进行的，它以一种不可移动的有形性向消费者提供一种无形的体验价值。

二是不同于普通的产品开发，旅游景区产品是开发与保护并重的，旅游景区管理不仅是开发的管理，也是保护的管理。

三是不同于普通的消费对象，消费者对于旅游景区而言既是服务的对象又是管理的对象。作为景区管理者，我们既要通过服务为消费者提供愉悦的游览体验，同时也要基于资源保护和游览秩序的考虑引导、约束消费者的行为。

因此，平衡有形与无形、开发与保护、服务与管理之间的关系是旅游景区管理不同于普通管理的独特艺术，也是本书的核心价值。

本书主编李志飞博士有着十多年的旅游景区管理教学、景区规划和景区 A 级评定工作经验。本书是在李志飞博士的"景区管理"讲义基础上，遵循"案例、前沿、创新、实用"的原则，博采众家之长编写完成的。《旅游景区管理》作为一本旅游专业课教材，从框架结构到内容选材都具有一定的探索性、创新性和开拓性，体现了专业教材应有的研究含量和实用价值。在教材具体编写过程中，我们根据景区管理课程的要求和景区管理中的实际问题，充分导入国内外景区管理实例的介绍剖析，使教材具有更强的针对性和实用性，符合旅游教学和旅游从业人员的实际需要。

本书的特点主要体现在以下三个方面：

一是编写框架的创新。本书舍弃了一般教材按照旅游景区类别来编排章节的做法，立足于旅游景区管理的全过程，以此为主线进行章节的编排，使旅游景区管理的过程更加明朗和清晰。

二是案例的全面导入。本书相比其他同类教材更加注重案例导入和案例教学，突破传统的体系，更加突出实用性，在增强教材趣味性的同时，大大调动了读者阅读和思考的积极性。

三是内容的前沿性。本书关注旅游景区管理的最新理论和研究成果，关注旅游景区管理实践中的热点问题，使教材更具前沿性和针对性。

本书得到了武汉大学出版社和湖北大学中国旅游案例教学与研究中心的大力支持，由湖北大学李志飞博士和湖北大学知行学院汪绘琴老师共同主编。在整个编写过程中，参考、引用了许多学者的研究成果，在本书最后列出了主要参考文献，在此向他们表示衷心的感谢！

由于资料的收集及研究水平和经验等方面的原因，本书难免有一些不足和疏漏之处，敬请各位同仁和读者批评指正，以便逐步完善。

课程网站：http://202.114.155.239/jpkc_bs/lyjqgl/HTMLPage.htm
作者博客：http://lzf1613.blog.163.com/

目　录

第一章 旅游景区管理概论

旅游景区：名不正言不顺

目前全国县级以上的自然、人文和人造景区约20000个，星级饭店12751家，各类旅行社17957家，优秀旅游城市247个，旅游景区在旅游资源里占了一大半。旅游景区是旅游业发展的最核心要素，是旅游活动的最终载体。旅游景区的数量和品质直接影响一个地区或者国家旅游业的发展水平和竞争力。与酒店、旅行社和交通工具等旅游要素相比，景区具有较强的不可替代性。在观光游阶段，景区无庸置疑是第一主角，也是最为受益的旅游子行业；在休闲度假游阶段，景区的角色分量虽然会有所弱化，但也是决定该休闲度假区域是否具有较强竞争力的关键条件。

中国已是全球最大的国内旅游市场之一，中国旅游业在相当长一个时期内仍处于发展的黄金期。目前在世界旅游业的排名中，中国已经从1978年的40名之后，跃升至世界第四位。资料显示，一个国家人均GDP达到3000~5000美元时，将进入旅游消费的爆发性增长期。目前，中国旅游市场规模是在人均GDP达到2456美元的条件下形成的，随着人均GDP向3000美元跨越，消费市场、消费结构、产业结构都将发生显著的变化，旅游消费需求将大幅提升。基于国民经济持续健康发展、大众旅游快速增长，以及基础设施大幅改善，中国旅游业目前正处于快速发展的关键时期。世界旅游组织预测，到2020年中国将成为世界最大的旅游目的地国家。中国的旅游景区在旅游业中的重要地位可见一斑。

但是，有关旅游景区的称谓五花八门，相关的管理单位也是纷繁复杂。截至目前，国内相关称谓有：旅游景点、旅游区、旅游点、旅游吸引物、旅游目的地、风景名胜区、旅游地等，能为大家广泛接受的称谓还没有形成。另外，我国旅游景区的管理单位牵涉到园林部门、建设厅、文物局等12个单位之多，如果将旅游景区看做一个组织，"名不正言不顺"正是对目前现状的一个概括。旅游景区的"名不正言不顺"状态与其重要性形成强烈对比。

第一节　旅游景区基本知识

一、旅游景区的概念

（一）国外旅游学界对旅游景区的定义

目前，关于旅游景区的定义，国外学者的观点大抵分为三种：

第一种观点认为：首先，旅游景区的范围是能够界定的；其次，旅游景区是一个经营实体；最后，旅游景区由自然馈赠和人工建造两部分组成。

第二种观点认为：首先，旅游景区未必是一个地域上有明确边界的地方；其次，旅游景区不一定是长期存在的；最后，虽然越来越多的景区由专门机构或企业进行商业运作，但不是所有景区都得到有效控制和管理。

第三种观点认为：旅游景区是一个系统。

综合以上观点，国外旅游学界对旅游景区的定义包括如下几个因素：

（1）旅游景区在地域上不一定有明确的边界；

（2）旅游景区是一个不断发展的概念；

（3）旅游吸引物是旅游景区的核心吸引力；

（4）旅游景区的管理和运作机构是多元化的。

（二）国内旅游学界对旅游景区的定义

旅游景区是旅游活动的核心和空间载体，是旅游系统中最重要的组成部分，也是吸引旅游者出游的最主要的因素。但是，国内旅游学界对于旅游景区的基础研究仍很薄弱，对旅游景区也尚未有统一的定义。虽然不同学者的侧重点不同，但基本含义大同小异。结合我国旅游业的发展实际情况，本书采用我国国家质量监督检疫总局 2004 年发布的国家标准《旅游区（点）质量等级的划分与评定》（GB/T 17775—2003）中对旅游景区的定义：旅游景区是指具有参观游览、休闲度假、康乐健身等功能，具备相应旅游服务设施并提供相应旅游服务的独立管理区。该管理区应有统一的经营管理机构和明确的地域范围，包括风景区、文博院馆、寺庙观堂、旅游度假区、自然保护区、主题公园、森林公园、地质公园、游乐园、动物园、植物园及工业、农业、经贸、科教、军事、体育、文化艺术等各类旅游景区。

二、旅游景区的分类

（一）按照旅游景区质量的等级来划分

我国国家质量监督检疫总局发布的国家标准《旅游区（点）质量等级的划分与评定》（GB/T 17775—2003），将旅游区（点）划分为 A 级（500 分）、AA 级（600 分）、AAA 级（750 分）、AAAA 级（850 分）、AAAAA 级（950 分）五种类型。这个标准规定，从旅游交通（145 分）、游览（210 分）、旅游安全（80 分）、卫生（140 分）、邮电服务（30 分）、旅游购物(50分)、综合管理(190分)、资源与环境保护(155分)等8个方面，对旅游区(点)进行评分，全部项目满分为1000分。

(二)按照旅游景区经营的方式来划分

从权限的角度来讲，现代旅游景区的所有权与经营权之间客观上存在着不同的关系，两者既可以统一，也可以分离，或者局部分离。图1-1反映了旅游景区经营方式的分类结构。

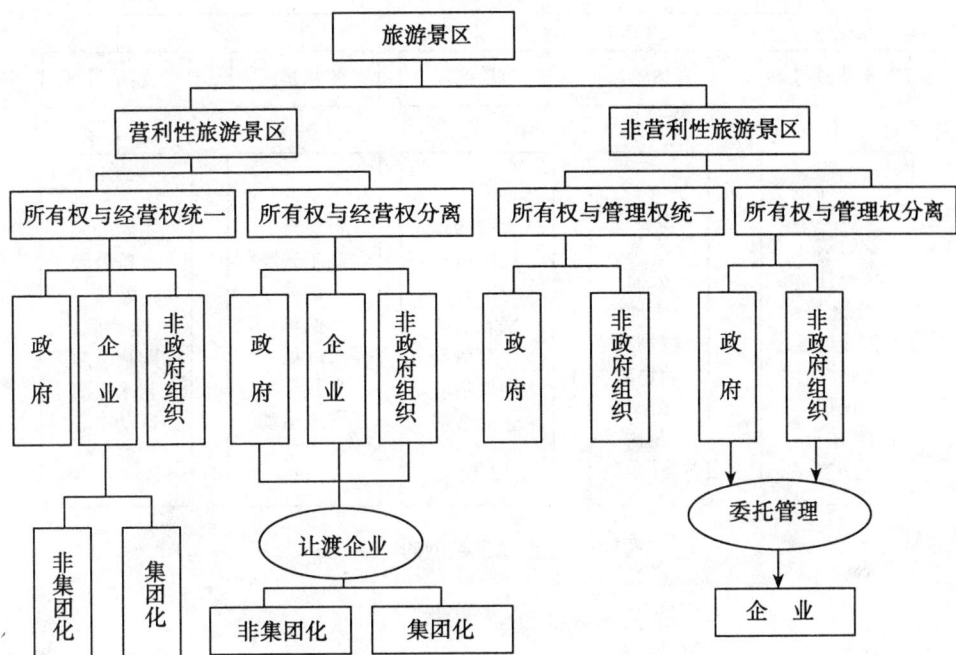

图1-1　旅游景区经营方式的分类结构

对于所有权和经营权统一的旅游景区，政府、非政府组织和企业都可以作为法定主体来行使权限，或者以营利为目的采取收费的方式从事经营活动，或者以公益为目的采取免费的方式从事管理活动。

对于所有权与经营权分离的旅游景区，在市场经济条件下，可以通过租赁经营、委托经营、承包经营与合作经营等方式，实行经营权的流转。当然，这种流转可以在政府、非政府组织和企业之间进行。

对于企业经营的旅游景区，可以划分为独立经营旅游景区和集团经营旅游景区。目前，我国绝大多数的旅游景区是由所有者独立经营所属的单个旅游景区，管理方式相对简单容易，但缺乏较强的市场竞争力。在市场经济条件下，可以由景区集团公司以各种方式对多个旅游景区实现经营管理，提高旅游景区的发展水平。

（三）按照旅游景区形成的原因来划分

美国学者 C. R. 戈尔德、J. R. 布伦特·里奇、罗伯特·麦金托什在《旅游业教程》一书中，根据旅游景区形成的原因将其划分为文化、自然、节庆、游憩和娱乐等五种类型。① 这种分类方法被称为旅游景区类型的"五分法"。具体分类方法如图 1-2 所示：

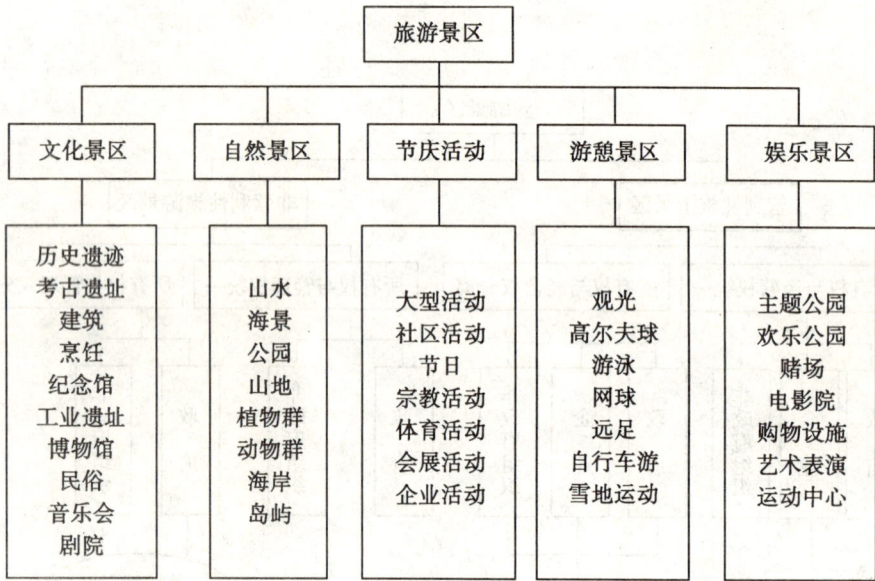

```
                              旅游景区
   ┌──────────┬──────────┬──────────┬──────────┬──────────┐
 文化景区    自然景区    节庆活动    游憩景区    娱乐景区

 历史遗迹               大型活动    观光       主题公园
 考古遗址    山水        社区活动    高尔夫球    欢乐公园
 建筑       海景        节日       游泳       赌场
 烹饪       公园        宗教活动    网球       电影院
 纪念馆      山地        体育活动    远足       购物设施
 工业遗址    植物群      会展活动    自行车游    艺术表演
 博物馆      动物群      企业活动    雪地运动    运动中心
 民俗       海岸
 音乐会      岛屿
 剧院
```

图 1-2　旅游景区类型的"五分法"

三、旅游景区的发展简史

（一）旅游景区的早期发展——以人文景观为主的景区受到热捧

旅游景区的早期发展历史可以在古希腊历史学家希罗多德（约公元前 484—约公元前 425 年）的作品中读到。早期的休闲旅游可追溯到 4000 年前的巴比伦和埃及，建于公元前 27 世纪—公元前 26 世纪的埃及金字塔和狮身人面像（斯芬克斯）是世界上最早的一批旅游景区（点）。公元前 3 世纪，希腊人开始外出旅行，主要目的是洗矿泉浴、参加酒会和竞技体育，而希腊雅典的帕提侬神庙是当时的旅行者必到之处。公元前 4 世纪，罗马人有了导游手册，其中主要介绍雅典、斯巴达和特洛伊等地。巴亚以其温泉和海滨度假成为当时的旅游热点。

可见，当时的旅游景区大多以人造景观为主，当时活跃的文化活动给西亚、北非和地中海沿岸遗留了一大批珍贵的物质和非物质的文化遗产，有的直接成为旅游景区。公元前

---

① ［美］C. R. 戈尔德、J. R. 布伦特·里奇、罗伯特·麦金托什，贾秀海译：《旅游业教程》，大连理工大学出版社 2003 年版，第 201 页。

3世纪，腓尼基旅行家昂蒂帕克总结出了"世界七大奇迹"，这个提法一直流传至今。这七处奇迹是：埃及胡夫金字塔、奥林匹亚宙斯巨像、阿尔忒弥斯神殿、摩索拉斯基陵墓、亚历山大灯塔、巴比伦空中花园、罗德岛太阳神巨像。

（二）旅游景区的中期发展——以自然景观为主的景区风靡一时

人们对健康的关注刺激了两种特殊类型的旅游景区的发展：

一种是矿物质温泉疗养地。温泉疗养是罗马社会所有阶层人士都喜爱的一种娱乐。据考证，世界上最早的度假饭店就是罗马人建在这些温泉浴室四周的饭店。随后，随着罗马军团的征战，这种温泉度假区在北非海岸、希腊、土耳其、德国的巴登-巴登和瑞士的圣莫里茨先后建成。在此期间，借温泉度假一度火爆的热门温泉旅游景点巴斯[①]和巴克斯顿一举成名。而在欧洲大陆比利时位于列日（Liege）附近的小镇，因有一处富含铁质、能治疗疾病的矿泉而闻名，小镇因此得名斯帕（Spa），意为矿泉。由此，温泉度假热在欧美持续了几个世纪，产生了很多闻名遐迩的温泉度假区，如纽约州的萨拉托加温泉、西弗吉尼亚州的白硫磺泉。

另一种是海滨浴场。R. 拉塞尔医生在1752年发表了一篇著名的论文《论海水在治疗腺状组织疾病的作用》，激起了人们对海滨度假旅游的追捧。由此英国的布莱克浦、索森德和布莱顿成为最受欢迎的海滩，布莱克浦也成为大众旅游胜地。而在美国，形成了以新泽西州的朗布兰奇、开普梅和罗得岛的纽波特为中心的海滨旅游度假带。

（三）旅游景区的后期发展——主题旅游景区出现

这一时期，在旅游景区发展史上具有重要意义的是始于19世纪中叶的万国博览会（世博会），它大大推进了节事旅游的发展，也给旅游景区的开发带来了工业化的气息。随后英国伦敦博览会上水晶宫、法国巴黎埃菲尔铁塔相继出现，而芝加哥博览会上游乐园商家的首次亮相，使游乐园成为受人们追捧的新兴景区。1955年美国洛杉矶迪斯尼乐园的建成，标志着主题乐园成为景区发展中的新生代力量。而主题乐园的魅力也在近年的旅游发展中显示出了其巨大的旅游吸引力，其在旅游景区发展史上的意义可与托马斯·库克在旅行社中的作用相提并论。主题乐园可以满足旅游者的各种体验，这将成为旅游景区未来发展的主要方向之一。

四、新兴旅游景区——黑洞度假区（black hole resort）[②]

（一）产生背景

"黑洞度假"这种非主流的旅行方式逐渐兴起，其缘由再朴素不过——让旅行和工作不再纠缠不休。从国外一些度假区屏蔽手机、网络信号开始，这种度假模式在国内以在偏僻（没有信号或信号不好）但景美的地方露营、登山、寻自然村等方式显现，它们讲究的

---

① 公元54年，罗马人在伦敦西南部的布拉杜德小镇上发现了温泉，并在此修建了一系列的大型温泉浴池，于是这个小镇改名为巴斯（Bath），即洗浴的意思。

② 中国经济网旅游频道（travel. ce. cn/jd/201209/06/t20120906_23653931. shtml）。

是与世隔绝的态度与重返自然的乐趣。

著名学者、作家 Pico Iyer 曾在《纽约时报》上发表了一篇题为"安静的快乐"的文章，指出"美国人平均每天至少要花 8 个半小时坐在屏幕面前，美国青少年一天内至少要接收或发送 75 条短信"。我们不知道中国人在这一数据上和美国人有多少差距，但在数字设备无处不在的时代，也许我们的下一代会像 Pico Iyer 所说的那样，"渴望自由甚于一切"。国外"黑洞度假区"打的奢侈牌也饶有趣味，奢侈的正是度假区不提供的东西，而这不提供的种种却又是现代人"剪不断理还乱"的东西。

(二)"黑洞度假区"全解析

(1)度假理念——"no news，no shoes"（没有新闻，没有鞋）。

(2)旅行主张——"关掉手机，重返自然"。

(3)定义：没有手机和网络信号，不配电视，甚至连闹钟都不鼓励使用的度假旅游区。

(4)主要特征：拒绝高科技电子设备，拒绝嘈杂，追求宁静，注重"心在路上"的态度，追求一种毫无牵绊、纯粹而自由的旅行。

(三)黑洞度假区的发展

对于黑洞度假这个源于国外的度假理念难以找到其确切的起源时间，据一些网站称其起源于 2005 年，第一个"黑洞度假区"据称是美国加利福尼亚大苏尔的酒店，但在该酒店的官网上却没有看到这方面的介绍。尽管从何时发端不甚明确，但"黑洞度假区"确实在逐渐兴起。Post Ranch Inn 这家建在悬崖峭壁上的酒店是奢华与排斥数字设备的个中翘楚。除此之外，其他"黑洞度假区"也都以高端市场为主，包括马尔代夫索尼娃·芙西度假村（Soneva Fushi，Maldives）、圣文森特和格林纳丁斯岛（St. Vincent and the Grenadines）、夏威夷科纳村度假村等。

马尔代夫索尼娃·芙西度假村是第六感品牌酒店在马尔代夫开办的首座具有"鲁宾逊·克鲁索"传奇风格的度假村，坐落于未被人为破坏的热带小岛昆夫纳杜岛之上，极像《鲁宾逊漂流记》中富有传奇色彩的胜地。度假区奉行"no news，no shoes"的理念，没有外界干扰，连鞋也收起来，可以光着脚漫步在海滩绿林，尽享旅行原始乐趣。而夏威夷科纳村度假村无论对于家庭还是个人来说都是一个理想的选择，在这里可以自己做花环，用竹竿钓鱼，享受独家 SPA，或是到海上浮潜。波利尼西亚风格的草屋别墅建在沙滩上，没有手机没有电视，有的只是无边的海滩美景和远离一切的快乐。

相关链接

国内黑洞之旅景区推荐

1. 云南雨崩村

地理位置：云南德钦县云岭乡。

亮点：背靠逶迤壮丽的梅里雪山，深居大山的雨崩村仅有 20 多户人家，以一条驿道与外界相通，没有手机信号。进入雨崩，需徒步或骑马 18 公里，翻越 3700 米垭口，尽管路途艰辛，却成为众驴友异口同声的旷世桃源。雨崩村有上下村之分，上村可以通往攀登卡瓦格博的中日联合登山大本营，而下村通往雨崩神瀑（藏传佛教朝拜的圣地），沿途还可看到石篆天书、五树同根的奇景。

贴士：上雨崩村可从西当村骑马，约 6 个小时可到达。骑马的费用是上山到垭口约210 元，垭口到上雨崩村 150 元。神瀑、冰湖等景点距雨崩村还有 12 公里。

2. 广西斜阳岛

地理位置：广西北海市北部湾，距涠洲岛 9 海里。

亮点：斜阳岛与中国最大最年轻的火山岛——涠洲岛隔海相望，同样由火山喷发堆积形成却没有声名在外，因而游客少，是好清静少打扰的好去处。因从涠洲岛可观太阳斜照此岛全景而得名。斜阳岛中部凹陷，四周凸出，状似盛开莲花。岛上 2000 多客家人热情好客，门不闭户，各家各户捕捞回来的鱼，吃不完就放在岸边海水里，随用随取。在这样隔世的渔村，谁还会记得发邮件打电话刷微博？

贴士：在涠洲岛码头可以包船至斜阳岛，载客 10 人左右的快艇往返需 500~600 元，半小时可到达；也可租涠洲岛码头的小渔船前往，需 200~300 元。

3. 贵州韭菜坪

地理位置：六盘水市钟山区与毕节地区赫章县交界处。

亮点：韭菜坪为贵州最高峰，主峰海拔 2900.6 米，夏季凉爽、冬季积雪。登上山顶，乌蒙磅礴的风光尽收眼底，因而有"不到韭菜坪，枉看贵州山"之说。韭菜坪是世界最大的连片喀斯特地区，花开时节漫山遍野的紫色韭菜花与万亩草场环绕的千亩石林相互辉映。韭菜坪是彝族同胞三五为寨的散居，由于远离现代文明，彝家的许多面临消失的传统文化在这里得以留存，成为珍品。

贴士：户外运动时最好配备对讲机，注意选择扎营的地方，切勿把帐篷搭在溪流边，以防帐篷被河水冲走。

第二节　旅游景区管理概述

旅游景区管理是对旅游景区的人、财、物、信息等多种资源进行有效整合，为实现旅游景区经济效益、社会效益和环境效益最大化，并实现旅游景区可持续性发展的动态创造性活动。

一、旅游景区管理的内容

（1）旅游景区开发管理。本书通过对旅游景区的分类，在阐述不同类型旅游景区开发模式的基础上，分析旅游景区开发中存在的问题，并提出相应的解决方案。开发是旅游景区管理的第一步。

（2）旅游景区经营管理。本书侧重从旅游景区经营者的角度，剖析现有的经营组织架构下不同的经营模式,对比分析其优缺点,找出适合我国旅游景区经营管理的新思路。经营是旅游景区得以生存的根本。

(3)旅游景区营销管理。本书侧重从营销学的角度,以案例分析为依托,提出旅游景区营销的新思路和新方法,改变我国旅游景区在营销中的硬伤。营销是影响旅游景区发展的重要因素。

(4)旅游景区游客管理。游客是旅游景区的主要消费对象,是旅游景区得以生存和发展的前提,但同时游客的行为会对旅游景区的发展造成一定的威胁,因此,旅游景区管理也包括对游客进行管理。

(5)旅游景区质量管理。质量是任何企业得以生存的生命线,对旅游景区也不例外。本书将从相关案例入手,探讨旅游景区质量管理的内容,并从景区长远发展的角度,阐述旅游景区质量管理的具体措施。

(6)旅游景区安全管理。随着旅游业的不断发展,旅游安全问题越来越受到业内人士的关注,在旅游景区管理中安全问题同样不容忽视。本书将围绕目前已发生的旅游景区安全问题,有针对性地提出旅游景区安全管理的相关措施与策略。

(7)旅游景区利益相关者管理。旅游景区的发展,除了经营者与游客两大利益主体外,景区所在区域的居民、政府都会影响景区的管理。本书将从影响景区管理的利益相关者的角度,探讨如何协调好各大利益相关者之间的关系,促进景区管理的和谐持续发展。

(8)旅游景区保护管理。旅游景区的保护是维持旅游景区持续发展的唯一途径,如何权衡保护与开发的关系,如何进行旅游景区的有效管理是本书重点探讨的内容。

二、旅游景区管理的现状及发展趋势

(一)旅游景区管理的现状

中国的商业旅行起源于夏朝,兴旺于商朝,发展于周朝。19世纪中叶,我国形成了一批旅游景区。进入20世纪80年代,我国公布了首批24个历史文化名城及44个重点风景名胜区,我国旅游景区开始走向商业化。20世纪90年代中期,我国旅游业迅速发展,相关法律相继出台,旅游景区管理走向正规,呈现出大众旅游的特点。

随着中国经济的快速发展和人均GDP超过3000美元,旅游消费在中国家庭的总消费中所占比例快速提升,旅游产品从观光游向休闲度假游过渡,尤其是近年来旅游地产的综合开发,大型综合旅游景区建设一片欣欣向荣。

从旅游景区的开发建设上看,随着大众旅游时代的到来,旅游景区如雨后春笋般迅速增加,但大多数的景区由于在项目策划和规划阶段缺乏对市场的精准分析,市场定位不准,造成了景区冷热分布不均,甚至某些景区从开业以来就一直处于亏损状态。

从旅游景区的经营管理体制上看,旅游景区管理存在管理权限不明、条块分割、多头管理的现象,这主要表现为各个景区分属不同的职能部门管理,如森林公园、自然保护区由林业部门管理,地质公园由国土资源部门管理,而这些景区在区域位置上往往又相互重叠、交叉,造成了旅游景区发展中管理混乱的现象,具体表现为管理滞后,管理体制与模式落后,制约了旅游景区资源的开发和利用。

从旅游景区的营销管理上看,我国旅游景区仍然采用传统的营销手段,缺乏对营销手段的创新，造成大多数旅游景区经济效益提高不明显，大多数旅游景区仍然以门票作为其主要收入的来源，导致国内大部分景区门票虚高，引起了旅游者的不满。

从旅游景区的质量管理上看，目前，我国旅游景区主要旅游通道周边绿化程度低，景区环境已不适应现代旅游的发展，连接景区的道路及景区内游览通道的建设滞后，污水、垃圾处理等旅游基础设施建设已迫在眉睫，这些问题都制约了旅游景区的健康发展。

（二）旅游景区管理的发展趋势

1. 景区投资超过酒店投资，成为旅游业内最大的投资领域，景区投资主体更加多元化

据国家旅游局相关资料显示，我国旅游景区已经达到 2 万个，旅游景区已经形成我国旅游业的半壁江山，每年还在快速增长，而全国星级酒店不过是 1.2 万多家，旅行社 1.6 万家。

国内投资主体多元化，由原来的依靠专业旅游集团（如国旅、中旅、首旅、青旅、陕旅）单打独斗，转变为现在既有非旅游传统企业的加盟，更有国际资本（如迪斯尼）的介入，促进我国旅游景区的进一步发展。

2. 旅游景区的市场化程度进一步提高，营销手段不断创新，旅游景区营销主导文化牌

虽然景区组建公司上市一直受到社会各方舆论的抨击，但目前国内景区中，黄山、峨眉山、桂林、张家界等已经成功上市。国内景区想上市的为数不少，黄果树、云台山、武当山、清明上河园都在接触投行。不过在国家相关部门规定"国家风景名胜区门票收入不得纳入公司上市"后，几乎没有景区 IPO 成功，跃跃欲试的九寨沟也无疾而终。2012 年央行、证监会等七部委针对旅游企业融资发文，明确支持符合上市条件的旅游企业上市融资，我国的旅游景区似乎迎来上市最好的时机。但是想上市，必须回避门票经济打造全产业链，因此，大多数景区为能上市，都不断创新自身的产品，甚至在景区类型上也不断创新，深信只有民族的才是世界的，主打文化牌，适应旅游者的需求变化，打造适销对路的新型旅游产品。除此之外，官方数据显示，目前 70% 的游客在出行前会上网查看有关资讯，可见网络营销将会是未来景区营销的重要方式。

3. 旅游景区管理团队更加专业化，助力打造高水平的旅游景区

华侨城和港中旅集团在深圳建设管理的锦绣中华、世界之窗、欢乐谷、东部华侨城等景区，经过二十多年的发展，已积累了丰富的景区开发建设和管理经验，很多管理人才也纷纷成立自己的管理公司，对外承接旅游景区的规划和管理，在全国形成了一定的影响力，有的是托管的形式，有的进行顾问管理，有的在内地投资景区，随着人们对旅游景区建设和管理理念的转变，旅游景区专业化管理已成必然趋势。

4. 随着旅游者需求的改变，产品创新给旅游景区管理带来更大的挑战

随着体验经济时代的到来，游客对于旅游不再仅满足于上车睡觉、下车看庙这种走马观花式或半军事拉练式的旅游活动，而更希望下马赏花，深入体验旅游活动，给旅游景区管理提出了新的挑战。

未来旅游产品的创新呈现如下趋势：一是更加重视新产品，如自然奇迹、主题公园、城市旅游、工业旅游、农业旅游、科教旅游、婚庆旅游、健康旅游、极限运动。二是文化

的吸引力会更加凸显,文化旅游将会是未来旅游产品开发的热点。三是旅游地产异军突起,它包括旅游景点地产、旅游商务地产、旅游度假地产、旅游住宅地产。四是主题旅游活动受到旅游者青睐,如露营、滑雪、温泉浴等将逐步占据更多的市场份额。

5. 旅游景区运营发展模式更加多样化

随着景区种类的增加以及景区规模的不断扩大,在国家宏观政策的引导下,旅游景区运营发展模式会更加多样化,呈现如下几个趋势:

一是实现连锁经营。

二是咨询顾问将更加重要,业务细分将成为必然。

三是从管理的角度来看,投资主体多元化导致景区经营管理跟不上,经营状况需要改善;游客对于景区服务质量要求不断提高;政府对于利用旅游进行招商引资和引智更加重视,希望通过景区良好的现金流和市场形象吸引外来投资者;经过国内旅游景区几轮的发展,关注中心已经从"占景区"到"策划景区"再到"管理景区","管理出效益"已经成为业内共识。

四是营销的地位和方式发生改变,信息化占据营销手段的主体,并占据市场费用的70%以上。

五是电子商务将成为景区延伸服务、扩展空间的新领域,先进技术的采用和革新对企业开发新产品和长期占领市场产生重要的影响。

六是伴随着景区规模的不断扩大,景区集团化将逐步显现出来。

案例 1-1

广东南丹山推出天体森林浴

位于北回归线上的南丹山号称中国长寿之乡,属原始生态景区,这里开发时间短,游客不多,因"天体森林浴"曾在网上名噪一时。没有手机、网络和电视,甚至连衣服的牵绊都没有,在森林浴中,人与自然亲密无间,有的只是森林中温润的空气、散发香气的树木、盛开的山花和无人打扰的宁静。

2012 年 2 月 19 日,三水南丹山正式推出天体森林浴,一名前卫大胆的女孩喝了头啖汤,成为体验天体森林浴的第一人。

利用独特的生态资源开设天体森林浴区

三水南丹山森林深处一个区域,人迹稀罕,古树参天,溪流潺潺,瀑布氤氲,老藤婆娑,木姜花盛开。这个区域就是南丹山风景区推出的天体森林浴区。

南丹山景区负责人表示,森林浴一种非常健康的旅游休闲度假养生的方式,主要是沐浴森林里的新鲜空气。氧气不充足、污浊的空气容易引发呼吸道疾病,还可能加重心脏负担。森林中的空气清洁、湿润,氧气充裕。一些树木散发出的挥发性物质,具有刺激大脑皮层、消除神经紧张等诸多妙处。松、柏、柠檬和桉树等树木,还可以分泌能杀死细菌的物质。对人体健康有益的负氧离子,在森林中的含量要比室内高得多。

现代城市大规模扩张,工厂增多,汽车剧增,城市的空气已经非常污浊。针对现代环境的变化，南丹山专门开设了森林浴专区。为了满足部分高端旅游的需求，在森林浴专区开设了一个面积1平方公里的天体森林浴区。

下午2时，阳光充沛，森林含氧量高，尘埃少，正是进行森林浴的好时机，这名女游客轻解罗裳，在洒满落叶的林荫小径上漫步，尽情享受阳光下的森林浴。绿树掩隐，叠瀑潺潺，阳光斑驳。静谧的山谷中，娇美的少女裸身沐浴在森林之中，一切仿若梦境。

20多分钟后，这名女子体验完天体森林浴。沐浴了森林与阳光的女孩在接受记者采访时掩饰不住自己的快乐。她告诉记者，森林浴是一种非常健康的度假休闲方式。森林中的许多树木花草，如樟树、落叶松、蒲公英等，会散发出对人有益的药素，这种药素不但可以治疗某些常见病，而且对身体非常有益。而不穿衣服沐浴森林浴，对身体更好，能够让身体没有衣物牵绊地与大自然亲密接触。

开设天体森林浴不惧争议

南丹山养生风景区位于珠三角唯一"中国长寿之乡"的广东三水境内，面积60平方公里，区域内百岁老人占户籍人数的比例为万分之五，超过联合国"长寿之乡"国际标准的3倍，被誉为"中国寿极"。

据相关专家调查分析，南丹山长寿的秘密在于多方面，自然生态环境造就了长寿因子。南丹山是国内罕见的富氧雨林，初步发现植物种类近3000种，野生中草药700多种，山溪瀑布60多处，凤凰鸟、金钱龟、穿山甲等野生动物200多种，是珠三角乃至全省植物种类最多的地方。负离子浓度每立方厘米达12000~20000个单位，龙珠瀑布更是达到每立方厘米100000个单位，是城市的100倍。这里被专家誉为珠三角的"天然氧吧"，能促进人体新陈代谢，益寿延年。

所以，景区利用水在山间流、山在水中立、人在画中游、鸟度屏风里的美丽风景开辟森林浴专区，在专区里再开辟天体森林浴区，就是让游客与大自然亲密接触，享受阳光森林花香带来的愉悦。

论战"天体森林浴"

体验者：首个体验天体森林浴的女孩认为，在灿烂的阳光下，幽静的森林里，氤氲的花香中，不穿衣服进行森林浴，享受着大自然恩赐的一切，与阳光亲吻，与森林拥抱，让身体完全解放，享受天体的乐趣，的确是一种享受。裸游是正常的现象，不必大惊小怪，这体现了人们观念的一种进步，不应该被禁止。性器官与眼睛、鼻子、嘴一样，都是人体器官的一部分，每一个人都是赤裸裸地来，赤条条地去，裸体是人的本色。"只要不影响他人，那裸游就无可非议。"

游客代表：游客李先生认为，在"天体主义"日渐流行的今天，国外涌现出了不少的天体海滩，游客不分年龄大小、男女老少都赤裸裸地坦诚相待。在国内，受到传统的道德观念影响，在公众场合"裸体"将被视为是"有伤风化"的举动，因此能冲破那道德底线的人寥寥无几。"天体"活动也只能在半遮半掩中进行。这"赤裸裸"的乐趣也许只有那些"勇尝螃蟹"的人才能体验到。

教师代表：在某中学做教师的罗先生认为，除国外一些景点有裸游现象外，中国至今还没有在公共场合推行裸泳、裸体森林浴的做法，南丹山推出这个项目应三思而后行。虽然天体森林浴对身体健康很有好处，但是在国内开设天体浴场被多数人认为有伤风化。这也是因国情有别而形成的观念、意识上的差异。

律师代表：从事律师工作王先生则认为，国家法律尚无明文规定禁止"裸泳"，南丹山搞裸体森林浴并不违反相关法律。关键要划分男宾区和女宾区，禁止未成年人入裸体浴区，禁止男女混浴（包括夫妻在内），禁止拍照摄影等，使游客能真正释放自我，领略原始森林浴的无穷魅力。

经营者：对于各方面的争议，景区负责人认为会参考各方面的意见，但不会改变初衷，一定要让游客体验天体森林浴的快感，天体森林浴专区今后还会推出更多的项目，让天体爱好者裸身穿越森林，先做一次森林浴，再到沙滩边享受日光浴、游泳、打球、练瑜伽。从最初不穿衣服到穿衣服再到呼吁天体运动，人的思想与观念已经发生了质的变化。这就好像是禅宗参禅的三重境界：参禅之初，看山是山，看水是水；禅有悟时，看山不是山，看水不是水；禅中彻悟，看山仍然山，看水仍然是水。

资料来源：大秦网（xian. qq. com/a/20120222/000101. htm）。

案例思考："黑洞度假"模式在中国是否有发展前景？

第二章　旅游景区开发管理

案例 2-1

探索乾陵开发新思路

乾陵，是我国独一无二的一座两朝帝王、一对夫妻皇帝——唐高宗李治和中国历史上唯一的女皇帝武则天的合葬陵园，距今已有 1300 多年的历史。如何使乾陵成为历史文化价值与自然景观价值相结合、参观游览与休闲游憩相结合的新型旅游景区，一直是乾陵管理处积极探索的目标。

1. 乾陵旅游资源利用受到的制约

位于陕西省乾县境内的唐乾陵，范围广，面积大，文物遗存众多，历史文化深厚，地貌独特，不仅在全国帝王陵墓中占有极其重要的地位，而且在陕西旅游产业发展中发挥着不可替代的作用。对乾陵这类大型帝王陵墓遗址类的旅游资源，一直以来，都是按照传统方式进行保护和利用的，即通过建立博物馆，以博物馆形式来保护和管理这些文物遗址。这种模式的好处是能够迅速将文物资源转化为旅游产品，并获得一定的旅游收入，是文物遗址类旅游资源开发利用的一种有效途径。但几十年的发展实践表明，博物馆模式对乾陵的发展特别是资源的充分利用存在严重的制约，主要表现在以下几个方面：

(1)产品内涵不够丰富。文化是旅游的灵魂，但隐性的文化需要通过有效的载体成为游客可以体验与消费的旅游产品。博物馆模式下，缺乏展示历史文化内涵的丰富载体，资源丰度与产品丰度不协调，使得目前景区游览内容较为单一，缺乏新颖独到、符合现代游客需求的产品，产品吸引力不强，游客停留时间短，重游率不高。

(2)景区布局不尽合理。科学合理的景区布局与功能分区，是提升景区品位、丰富产品内涵、调控游客感受的重要途径。以博物馆为主体发展起来的乾陵，景区化相对不够，在整体布局结构方面尚存在一些不合理的地方：一是缺乏过渡区，游客直接进入核心区，不利于游览氛围的营造和商业服务的展开；二是停车场选址不合理，由于在陵园遗址核心区内建有停车场，游客一般均是直接乘车进入景区核心区，降低了游客的登陵体验，减少了停留时间和消费，同时占用了遗址核心区宝贵的空间资源，破坏了遗址景区的氛围；三是购物区选择不合理；四是景区封闭度不够；五是缺乏游客休憩区域，尤其是在夏季，整个核心区缺乏必要的绿化，游客直接处于暴晒状态，影响游览舒适感和停留时间；六是游览线路不合理，2001年建成的环绕陵园宫城遗址的环陵路缺乏内涵，未能与游客游览有机结合，基本处于闲置状态。

(3)景区整合有待加强。乾陵作为大型帝陵遗址，包括陵园核心区以及围绕核心区而设置的众多陪葬墓、下宫、阙台、御道、城墙等遗址区是一个有机的整体。但在传统的博物馆运营模式下，难以对整个遗址区进行统一的保护、利用，客观上形成了多个相对独立的类似博物馆或文管所式的小景点，割裂了乾陵作为大型文物遗址景区的统一性。虽然目前乾陵在行政隶属上进行了初步整合，但整合仍然没有到位，整合效应没有完全发挥出来。

2. 建设乾陵大景区的历史机遇

乾陵是全国第一批重点文物保护单位、国家4A级旅游景区，也是非常独特的旅游资源，它的保护、利用、发展得到各级党委和政府的高度重视。2006年8月乾陵被国家文物局作为丝绸之路跨国申报世界文化遗产的重点项目列入中国世界文化遗产预备名单。2009年6月在国务院批准的《关天经济区发展规划》中乾陵被列入旅游产业发展中的唐文化旅游区重点建设项目。2009年6月陕西省政府出台的《关于进一步加快旅游产业发展的决定》中把乾陵确定为咸阳汉唐帝陵文化旅游区重点建设项目。《陕西省国民经济和社会发展第十二个五年规划纲要》中也强调乾陵作为唐历史文化资源和唐文化旅游区要重点开发和精心打造，形成陕西旅游的系列品牌和十大文化特色园区。陕西省文物局、旅游局与咸阳市政府签署"十二五"战略合作协议中明确提出把乾陵的保护和利用项目列入全省和国家文物局"十二五文化遗产发展规划"，给予政策、项目和经费支持，在规划编制的论证、上报和审批中优先安排，重点支持。这些都为建设乾陵大景区提供了重要机遇。

3. 建设乾陵大景区的初步构想

按照旅游市场区域一体化、主体多元化、经营细分化的发展思路，逐步形成宽领域、多层次旅游市场结构，提高乾陵大遗址景区旅游规模效益和布局效益。

(1)建设乾陵要在理念、模式、体制、机制等方面，突破传统博物馆模式的局限性，把乾陵当作一个世界级的大型文物遗址旅游景区和吸引游客来陕旅游的一线核心景区与独立旅游目的地来打造。改变目前传统的博物馆的空间局限性，将整个乾陵遗址及其外围地区按照一个完整的综合性景区来进行规划、控制与利用，充分展示文物遗址的空间形态、人文形态和自然形态，形成多维的、大尺度的游览体验空间。展示的空间不仅要有一定的尺度，而且还要有一定的景观、文化与服务的内容和形式。

(2)构建大乾陵。即乾陵的建设发展必须打破部门、地域、管理权限等方面的局限，需要省市县三级政府、文物与旅游等相关部门本着"不求所有、但求所在、合成优势、共同发展"的原则，联手进行打造。在可能的情况下，应创新组建多方共同参与的乾陵大景区管理委员会，对乾陵大景区进行多专业统一规划，将景区所涉及的行政权、资产权、管理权、使用权、经营权等集中于管委会，集中力量与优势，统一乾陵的发展。在打造好乾陵的基础上，下一步可以考虑以乾陵为主体，主动整合昭陵、顺陵等唐文化景点或资源，将这些优势资源注入乾陵，一方面做大乾陵，另一方面拉动这些相关景区的发展，同时避免同质竞争和雷同发展。

（3）构建大景区。目前的乾陵景区实际上只是乾陵遗址的核心区，是按照目前文物遗存的自然形态而构成文物景区。要做大核心区，就要将现有大陵内的村落予以移民搬迁，腾出宝贵的空地来发展参与体验性唐文化项目，丰富核心区的内涵与品位；对县城与大陵南侧之间的土地进行统一规划与集中使用，实现县城与核心区的有效连接，拉大景区空间，优化大景区内若干个景点布局结构。此外，将乾陵目前已经形成规模的主陵遗址等景点进行重新整合，修建景区内的专用旅游路，购置景区内部交通工具，实现联票经营。

4. 乾陵大景区应具有的内涵

（1）体验化。要改变传统博物馆单纯的被动参观模式，提高游客参与性，让游客置身于精心展示的情境与场景中，通过游客自身的参与与感悟，来领略文物遗址的丰富内涵，解读文物遗址中各类文化符号的含义。同时，要尽可能地通过文物遗址的衍生物，如参与性较强的文化节目、场景模拟、角色扮演等，来增强游客体验的深度与丰度。

（2）休闲化。营造自然、宽松、优美的休闲游览环境，最大限度地满足现代旅游者的需求。这对于缺乏相关背景知识的普通旅游者而言，可以缓解往往因知识缺乏、被动记忆等而形成的心理压力，以达到身心放松的旅游目的。

（3）文化乾陵。第一，在全景区建立感应式多语种移动数字导游体系，以尽可能克服静态文物所承载信息不能被普通游客完全识读的问题，增强游客游览的兴趣。第二，应尽可能推出一些数字化旅游产品，以克服静态遗存无法充分展示历史原貌的问题，在展室内用影像资料、幻影成像技术等来表现重点文物的相关内涵，从而使枯燥的文物参观转化为生动的游览体验。第三，应策划推出一系列参与性强的文化旅游项目，如自办或引进一些诸如仿唐歌舞、女皇登基、列国朝拜、仿唐车马环陵巡游等唐文化演艺项目，在过渡区开发建设唐市、马球场等仿唐民俗餐饮娱乐项目，甚至在条件成熟的时候可以推出大型实景类演艺项目，增加游客的游览兴趣与停留时间。

（4）绿色乾陵。在对乾陵实施移民搬迁、退耕还林的基础上，应首先实施景区绿化工程、畅通工程等基础项目以及各级政府的植树造林项目等，对乾陵进行大规模植树造林工程等，尽快形成景观林，并在林地内规划建设游客游憩步道和必要的休息设施，使乾陵尽快改变纯文物展示景区的模式，成为历史文化价值与自然景观价值相结合、参观游览与休闲游憩相结合的新型旅游景区。

资料来源：海南旅游超市网（www. tohainan. net/Article/Experts/jq/201107/43877. shtml）。

从该案例我们可看出，在我国旅游景区的开发过程中，除了景区开发与保护的矛盾外，还有很多问题一直是困扰我国旅游景区开发，如何清除旅游景区在开发道路上的种种阻碍，提高我国旅游景区的竞争力，一直是我国旅游业发展的瓶颈。本章将从旅游景区开发管理的角度，探讨理想的旅游景区开发管理的途径，以此提升我国旅游景区的竞争力。

第一节　旅游景区开发现状

一、我国旅游景区开发现状

随着我国旅游业的发展，作为旅游业四大支柱之一的旅游景区也得到了飞速的发展，从全国范围来看，大小不同的旅游景区数量在 2 万个左右，它们可以分为四种类型：第一类是自然类旅游景区，以名山、大川、名湖和海洋为代表；第二类是人文类旅游景区，以人类在长期的历史演进过程中留下的遗迹、遗址为代表，如北京的故宫、颐和园、八达岭等；第三类是主题公园类旅游景区，是人类现代科学技术和劳动的结晶，如深圳华侨城的几个主题公园；第四类是社会类旅游景区，它区别于传统的旅游景区，是传统概念的发展和延伸，如工业旅游景区、观光农业旅游景区、科教旅游景区、军事旅游景区等。

(一)从旅游景区的体制结构来看

我国旅游景区主要以公有制为主。根据相关初步调查，在我国旅游景区中，公有制的比例在 80% 以上，从这一数字可以看出，目前我国旅游景区还承担着多样的功能，如保护、科研等，旅游休闲功能只不过是其中的一种而已；同时也说明我国旅游景区在体制方面对于市场经济和旅游业的快速发展还有相当程度的不适应，导致旅游景区在开发和进一步发展过程中遇到重重困难。

(二)从旅游景区的经营效益来看

绝大部分旅游景区的收入来源主要为门票收入，特别是自然类和人文类的旅游景区，受制于多种因素，旅游景区的其他经营活动一直开展不起来，而景区的管理成本又很高，负担也很重，因此造成了大多数景区的经营效益不甚理想，或者说没有使旅游景区的价值最大化，造成了资源的闲置与浪费。

(三)从旅游景区的发展趋势来看

主要表现为以下三点：

(1)旅游景区数量继续增加。这主要是由我国旅游业蓬勃发展的态势所决定的，旅游业的发展势头使社会认识到了它对经济发展的贡献。各级地方政府都加快了旅游业的发展速度，或将其作为支柱产业来培植，或将其作为先导产业来发展，因而各地大力进行旅游资源开发，形成了一批又一批的新旅游景区。

(2)旅游景区质量持续提升。我国旅游景区在数量上的增长很快，在质量的提升上无论是观念还是实际行动都得到了加强，并成为今后旅游景区发展的重点内容之一，比如旅游景区的精品意识和品牌意识的加强，在此理念的指导下，今后旅游景区将形成越来越多的精品，大大提升其质量，从而实现由量的增长向质的增长的转变。

(3)旅游景区经营不断创新。创新是时代发展的要求，随着旅游业的发展和旅游市场竞争的日趋激烈，旅游景区也需要进行经营和管理创新，根据游客需求的变化，寻求自身与竞争对手的差异，即追求民族化、地方化和差异化，满足游客对差异的诉求，形成自身的特色，逐步挖掘自身的文化内涵，整合多方面的资源，最终形成旅游景区的品牌，增强景区的竞争力和吸引力。

二、旅游景区开发过程中存在的问题

（一）体制是症结

体制问题是旅游景区在开发过程中面临的一大难题，它已经成为束缚我国旅游景区发展的最大障碍，而其中最令人关注的是旅游景区的所有权和经营权问题。有些地方由于受制于体制问题，旅游景区的进一步发展受到了限制，许多对旅游景区有开发兴趣和投资意向的投资商也因此而扼腕叹息。比如，旅游景区经营权外包曾一度成为被许多地方效仿的上佳模式，有些地方也因此推进了景区的发展。可是由于我国的旅游景区隶属于多个部门，比如建设、国土资源、林业、文物等部门，旅游景区的经营权外包后，相关部门就会表示反对，使得旅游景区经营权外包成为敏感问题，因而急需建立一种协调机制来解决这些问题，以促进我国旅游景区的开发，进而推动我国旅游业的发展。

（二）资金是瓶颈

资金一度是我国旅游景区开发所面临的瓶颈。因为在旅游景区的开发过程中，前期投入和基础设施建设需要大量的资金，而旅游景区的开发资金来源主要为政府，政府对景区开发的投入又有限。随着市场经济的发展和金融体制的改革，社会上积累了大量的闲散资金，这些资金的持有者到处寻找资金的投向，而旅游业迅猛的发展态势给了他们把资金投向旅游景区开发的信心，这给我国许多旅游景区的开发和发展带来了希望，但是相关制度又使实际操作变得困难重重。因此从根本上说，资金虽然是旅游景区开发的瓶颈，但随着我国市场经济的深入，真正的问题还是在于体制。

（三）保护是焦点

旅游景区的生态环境较为薄弱，旅游景区开发会对其生态环境造成一定影响，如果开发不当的话，则会对景区的生态环境造成重大破坏。特别是对于人文类旅游景区来说，还会对文物等具有科研、考古价值的资源造成破坏。在我国旅游景区开发过程中，有些地区确实存在如匆忙上马、盲目开发、近距离重复建设等问题，个别地方还重开发轻保护、重建设轻管理，致使出现旺季游客数量失控、白色污染、文物古迹屡遭破坏等问题。对于这些问题，通过正确的引导和相应的控制应该可以解决，但不能把生态环境和文物的破坏完全归结于旅游的开发。旅游景区的开发与生态环境的保护存在密切的联系，开发不是放弃保护，保护也不能放弃开发。旅游景区是一种宝贵的资源，如果不对其进行开发，资源的价值就体现不出来，关键是看如何处理好旅游景区开发与保护的关系。因此，用科学的发展观开发建设景区，是解决争议的主要方法。

三、我国旅游景区开发模式的创新

(一)理念创新——突破传统旅游景区开发思维

传统的旅游景区开发思想受到保护观念的束缚,使旅游景区的开发放不开,没有形成大规模、大动作和大项目。随着我国旅游产业规模的不断扩大,旅游景区的进一步开发将成为我国旅游产业发展的又一助推器,因此我们要在合理保护的前提下,以实现旅游景区开发效益的最大化、持续化为旅游景区发展的一个重要任务。促进旅游景区效益最大化、持续化的措施很多,诸如整合观念、整合资源、整合产品、整合战略、整合先进项目、整合管理体制等。一个旅游景区经营效益好坏,关键在于能否创意新品牌、深挖文化和形成特色。在开发理念上,应强化旅游景区的亮化、美化、洁化工程,使旅游景区开发有亮点、重点,并坚持自然和人文产品相融合,找准市场卖点、切入点。

(二)体制创新——所有权与经营权相分离

随着我国经济改革和转型的深入以及地方发展旅游经济竞争的需要,我国旅游景区的产权制度改革必将进一步展开,旅游景区企业化经营势在必行。而实现旅游景区的企业化经营最关键的是旅游景区如何出让经营权的问题。目前出让经营权的方式很多,主要有租赁经营、委托经营以及买断、拍卖等,具体操作没有统一范本或标准,一般由各地自行界定,因此也不可避免地存在诸多问题,例如,因景区资源价值缺乏客观判断而导致在出让过程中被低估,以及由此伴生的寻租行为等不法现象;因监督机制不健全而出现的民营企业获得经营权后不进行合理开发,以及圈地现象等。在我国加入WTO的承诺中,到2003年,外商可以在我国投资景区,旅游景区可以对外资实行转让经营、出租经营、委托经营等新的模式。因此不管是从我国旅游景区发展的需要还是从面临的大环境出发,都有必要进行旅游景区管理体制的创新,切实做好旅游景区所有权与经营权分离的工作,制定相应的保障措施和监督制度,加强政府对旅游景区规划监督和政府部门监管的力度,使旅游景区经营权的出让确实能够促进旅游景区的开发,并在一定程度上制止旅游景区的经营行为对生态环境和资源造成的破坏。

(三)运作创新——加强政府与企业的合作

近年来,我国一些旅游景区和旅游企业进行了旅游景区开发新的尝试,比如四川省的民营企业投资旅游景区开发的碧峰峡模式、国有企业投资旅游景区开发的海螺沟模式和沿海股份制企业投资旅游景区开发的熊猫基地三种模式,以及被业界誉为中国旅游管理最现代化的旅游企业华侨城的"曲阜模式"等等,其中有成功的例子,也有失败的例子,但不管怎样,这表明了我国旅游景区和有关企业正在进行旅游景区开发新模式的探索,无论合资、独资、股份制合作、租赁、承包还是出让开发权等旅游景区开发的新方式,都是一种积极的、值得鼓励的尝试。

(四)创收创新——挖掘旅游景区价值点(卖点)

随着中国旅游20多年的迅速发展,各种档次和类型的旅游景区增多,游客的选择越来越多，旅游市场的竞争也日趋激烈，谁能在激烈竞争中树立良好的旅游服务和商品，谁能会赢得先机，多年来，由于景区经营者和服务人员对旅游服务概念的不理解，挖掘景区各项资源和功能不到位，仅依靠单个景区在市场上单打独斗，加之多数景区内部管理体制并不适应现在市场的发展，景区忽视整体发展和创收，从而影响景区的整体创收。

为实现景区整体创收，最关键的就是挖掘景区价值点（卖点），确定景区价值点（卖点）应考虑如下因素：

(1)景区的类型；

(2)景区现有主题、文化底蕴（饮食文化、娱乐文化、艺术文化、名人文化、历史文化、著作文化）；

(3)景区现有资源和可挖掘资源；

(4)景区现能满足游客哪些要求，不能提供哪些服务；

(5)景区还能开发哪些配套设施。

通过考虑以上因素确定景区价值点后，就可充分挖掘不同类型景区的创收点，不同类型的景区的创收点有一定的区别，具体见表2-1：

表2-1　　　　　　　　　　不同类型的景区创收点一览表

景区类型	创收点
人文景观类、历史文化类	门票：成人门票、学生门票 内部：景点和商业网点创收、店面出租、娱乐创收、主题表演创收、导游创收、寺庙创收 外部：影视创收（投资创收、演员创收、后勤创收）、旅游商品创收 连带：宾馆创收（餐饮创收、客房创收、康乐创收）、自身队创收、自身施行社创收、自身各种俱乐部创收
自然风光类	门票：成人门票、学生门票 内部：店面出租、娱乐创收、商业网点创收、导游创收 外部：旅游商品创收 连带：宾馆创收（餐饮创收、客房创收、康乐创收）、自身队创收、自身施行社创收、自身各种俱乐部创收
高科技极限类	门票：成人门票、学生门票 内部：娱乐创收、商业网点创收 外部：旅游商品创收 连带：宾馆创收（餐饮创收、客房创收、康乐创收）、自身队创收、自身施行社创收、自身各种俱乐部创收

续表

景区(点)类型	创 收 点
休闲度假类	门票：成人门票 内部：娱乐创收、商业网点创收 外部：旅游商品创收 连带：宾馆创收(餐饮创收、客房创收、康乐创收)、自身队创收、自身施 行社创收、自身各种俱乐部创收
生态科技类	门票：成人门票、学生门票 内部：景点和商业网点创收、店面出租、娱乐创收、主题表演创收、导游 创收、寺庙创收 外部：影视创收(投资创收、演员创收、后勤创收)、旅游商品创收 连带：宾馆创收(餐饮创收、客房创收、康乐创收)、自身队创收、自身施 行社创收、自身各种俱乐部创收

第二节　我国旅游景区开发模式

一、经济开发型旅游景区

经济开发型旅游景区完全以盈利为目的，基本上采用了现代企业管理模式，正在朝"产权清晰、责权明确、政企分开、管理科学"的现代企业制度发展。

(一)主题公园

主题公园用舞台化的环境气氛为游客提供主题鲜明的旅游体验，完全采用市场化运作的方式经营。主题公园的管理体制经历了事业管理向企业管理的转变。20 世纪 80 年代中期出现了中国第一批以观赏为主要特点的影视基地型主题公园。为拍摄《红楼梦》而兴建的北京"大观园"、河北正定的"荣国府"就是其代表。由于其"两栖"性，在当时，盈利并非最重要的目的，在管理上尚未完全企业化。进入 1989 年，有"中国旅游景点建设里程碑"之称的锦绣中华微缩景区的开放，标志着第二代以华侨城为代表的参与性主题公园的诞生，也意味着真正企业化的主题公园的出现。华侨城采取全资、参股、控股与输出管理方式经营以主题公园为主体的旅游业务，并且上市进行资本运作，采用了典型的企业管理模式。

(二)旅游度假区

1991 年，国家推出国家级旅游度假区发展战略，在全国选择了 12 个地点发展度假旅游，希望推动中国旅游目的地由观光型向观光、度假、商务会议综合型目的地转型。它的主要功能是为国际游客提供度假场所。旅游度假区的管理采用的是政府指导下的企业化管理模式，设立国家旅游度假区管理委员会负责规划、基础设施建设与招商。比如，北海银滩国家旅游度假区管理委员会是北海市人民政府的派出机构，代表北海市政府对北海银滩国家旅游度假区实行统一管理，属机关事业单位（正处级）。国家级旅游度假区的开发与经营则采取企业市场化运作方式，企业自主经营、自负盈亏。

二、资源保护型旅游景区

以保护为主的旅游景区往往是以公共资源为依托的，景区的目标具有多重性，景区资源的社会文化与环境价值往往超过经济价值，景区资源具有不可再生性。

（一）自然风景区的开发

自然风景区是自然环境演变下天然产生的景，具有美的欣赏价值和参观乐趣。自然风景区在旅游景区中分布最广，也是大众旅游最喜欢的一种景区。常见的自然风景区包括风景名胜区、森林公园、自然保护区、世界自然遗产等。

经过若干年的开发实践，我国自然风景区开发具有如下特点：

（1）清晰界定保护区范围；

（2）合理分区，并确定分区客容量；

（3）一般都遵循区内游、区外住的原则；

（4）旅游景区门票实行淡旺季区别定价，以此控制客流；

（5）低干扰旅游活动设计，设施少而精；

（6）对生态敏感点和生态敏感季节实行特殊管理；

（7）以生态形象进行促销。

在自然风景区开发的过程中，对于世界遗产的开发更加敏感与关键，目前在世界遗产开发中，面临着如下的矛盾：

（1）有限的世界级旅游资源正在承受着游人数量激增的巨大压力；

（2）不合理的开发和利用加重了生态系统的破坏和资源的失衡；

（3）部分游人不高的文化品位使民族文化的独特性和多样性受到冲击；

（4）科技水平不高，制约了遗产的有效保护。

至2012年7月，中国已有43处自然文化遗址和自然景观列入《世界遗产名录》，其中文化遗产27项，自然遗产8项，自然景观1项，文化和自然双重遗产4项，文化景观3项。这是国家级景区中的顶级品牌。近年来，景区大力进行外围交通设施建设，方便游客前来观光游览；加大对外宣传力度，出台一系列优惠办法，以提高旅游资源和设施的产出水平，取得了不少成绩。但我们也应该看到，这样的经营管理毕竟还停留在较为简单的层面上，尤其是人为扩大某些旅游稀缺资源，以人海战术来增加收入，就更有粗放之嫌。有必要考虑与大众旅游区别开来，走精品景区的发展道路。

从保护角度来讲，开发与保护是自然风景区管理工作中的一对突出矛盾。要使景区保护得更好，需要投入更多的财力，同时当地政府要求景区上缴的财政收入数额往往有增无减，这两方面资金的需求越来越大，迫使景区管委会想方设法提高旅游效益，增加收入。按粗放式经营的做法，景区要想增加收入必须最大限度地吸引游客前来观光游览，而游客过于拥挤会在一定程度上破坏景区的生态、风貌等，从长远来看，得不偿失；若为保护限制游客数量，又会减少收入，而没有财力基础，保护也无从谈起。所以，要解决保护与开发相互矛盾的问题，应该走精品道路，增加景区的内在价值，提高景区的品位与档次，有选择地细分客源市场，按精品进行定价、服务，使保护与效益相互协调统一起来。

从游客角度来讲，大众化旅游已无法满足不同层次的旅游需要，世界遗产走精品景区的发展道路，从精品角度进行宣传，按精品进行管理、定价、服务，就可满足收入与文化层次较高的游客的需求。

走精品景区的发展道路，应反对那种单纯提高价格的做法。有些景区在条件不具备的情况下，试图将门票价格一下拔高许多，遭到社会各方面的反对，其教训不可谓不深刻。走精品景区的发展道路要在营销上将市场定位在国外、国内大中城市及一些收入与文化层次较高的特殊群体；要不断完善旅游基础设施，丰富旅游内涵，提高遗产地的现代化管理水平，提高遗产地的品位和档次，最终水到渠成，实现精品景区的发展战略，使保护与效益相互协调统一起来。

想一想：你是否认同这种解决方案？说说你的看法。

相关链接

自然风景区——开发与保护如何协调

1. 矛盾：旅游开发不断挑战环境和生态保护的底线

西溪国家湿地公园首个"公众日"迎客逾 1.2 万

2005 年 5 月 16 日，杭州西溪国家湿地公园迎来首个免费开放的"公众日"。到下午 4 时，西溪湿地公园共接待 12272 名游人，创出西溪湿地公园开放半个多月以来的最高纪录，也大大超出了西溪湿地公园日接待 3000 人左右的合理环境容量。

九寨沟生态遭遇破坏，专家称其 20 年后可能消失

巨大的游客数量和不良旅游行为对九寨沟生态环境破坏构成直接威胁。九寨沟所在的漳扎镇，沿着白河岸边有十几公里，依山傍河的酒店鳞次栉比，有的楼间距不超过两米。2002 年和 2003 年九寨沟的进沟游客人数分别为 125 万和 110 万（受非典疫情的影响），而 2004 年的游客数量达到 200 万。为了保护好这一珍贵的人类自然遗产，限制进入人数将是首选方案。

错位开发破坏生态，云南最后净土在劫难逃？

云南省香格里拉县的下给温泉是近代热泉形成的典型地质景观，极具观赏性和科考价值，景区内的喷气孔尤为罕见。但在旅游开发过程中，在不了解喷气孔的地质构造及规律的情况下，开发者企图将喷气孔变为"桑拿浴"场所，结果严重破坏了稀有旅游地质景观。该县的另一处地下泉——天生桥"彩泉"，因被"现代化"装饰而失去了"彩泉"再现的自然条件。

2. 探索：我们如何处理两者的关系？

广州开展公园生态建设，营造人与自然和谐发展氛围

据广州市市政园林局介绍，从 2002 年开始，广州市开展公园生态建设，编制了《广州公园生态环境质量评定标准》，以越秀公园、流花湖公园、荔湾湖公园、黄花岗公园、广州动物园、天河公园、东山湖公园和云溪公园 8 个公园为试点，推进全市公园生态建设，营造人与自然和谐发展的生态园林。

青海湖鸟类增加至 189 种 15 万只，稳中有增

青海湖国家级自然保护区的建设逐步落实，开展了有关鸟类保护的科研、湿地监测等活动，对鸟类、湿地进行分类保护。同时，作为王牌旅游景点，青海省注重发展生态旅游，修建了观鸟台，以减少游人对鸟类的干扰，禁止机动车辆进入保护区内，使用环保型电瓶车，对鸟类保护起到了非常重要的作用。

桂林城市环境质量跨入全国最好之列

桂林是我国著名的文化和旅游城市，每年到此观光游览的中外游客人数超过千万，"山清水秀"已成为该市经济良性发展的最大"资本"。为此，近年来桂林市历届政府都坚持科学发展观，既要经济快速发展，更要"青山绿水碧空"，把"环境保护"明确定为经济发展的"第一审批权"，有效地避免了新污染源的产生。

3. 旅游与环保：从矛盾转向和谐？

旅游与环保的理论和谐

旅游业由于基本没有生产活动，主要是直接再生性地利用自然及人文资源，与传统产业相比，旅游业应该是与环境保护、生态建设冲突最小的产业之一，二者本质上是唇亡齿寒的关系，因而能够达成一个互惠互利的良性循环……

旅游与环保的和谐发展

必须承认，就现有国情来看，贫穷才是我国环境最大的污染源。对于我国来说，对资源的开发利用肯定是放在首位的，因为发展中国家经济发展高于一切，何况旅游业相对工业来说确实更符合可持续发展的要求。但也应该看到，旅游产业本身并非无污染产业，旅游开发一定要按可持续发展的规律来办，现有条件有多大开发容量，能走哪一步就得按科学规律走哪一步，否则破坏了青山秀水，皮之不存，毛将焉附？

资料来源：人民网（env. people. com. cn/GB/35525/3483967. html）。

案例 2-2 🔍

黄果树瀑布还能维持多久？

当我们来到这心仪已久的国家级风景名胜区黄果树瀑布时，感到的却是深深的失望。作为中国第一大瀑布，它本应有"飞流直下三千尺"的壮美，可如今，它宽阔的瀑布带已不是一整块"布"，而像一匹锦缎从中间被生生地撕开，大块大块的岩石凸现在瀑布中间，景观受到了严重破坏。据当地旅游部门介绍，前段时间这里还水量充沛，由于近来没有下雨，仅七八天水量锐减。这是上游严重的水土流失导致森林涵养水源能力下降的结果。除此之外，各部门都和大瀑布争水是造成它水量不足的另一重要原因。众所周知，瀑布水量越大就越具有观赏价值，没有白水河的水就没有大瀑布，白水河可以说是黄果树瀑布之母。但一个时期以来，白水河丰富的水能资源被流经之地当成可借以迅速致富的"钱袋"，白水河在形成大瀑布之前就被分了流。如镇宁县建的一座小水电站，在白水河中拦腰筑起一道堤坝，丰水期尚可"坝下留情"放走一部分水形成瀑布，而到了枯水期，有限的水资源几乎都被专门修建的渠道截留。据介绍，黄果树大瀑布枯水期已从20世纪80年代的每年2个月延长到现在的5个月，最严重的时候，甚至出现断流。如果地方上人人都向国家级风景名胜区伸手，久而久之，黄果树还能剩下什么？1992年，黄果树申报世界自然遗产时，因其森林植被差，人工化、城市化现象严重等原因而未获批准。有关方面本应就此警醒，携手同心，尽快解决存在的问题。

可事实却不然：早在1980年，黄果树就成立了瀑布风景区管理处；1999年，管理处被撤销，成立了具有县级政府职能的管理委员会，但景区管理权和门票收取权被划出，交给黄果树旅游投资公司；该公司2000年改制后，享有部分政府职能。这样一来，黄果树就有了两个"政府"，体制不顺给原本就管理不善的景区带来了更多矛盾：双方因职权划分、门票收益等问题，或忙于向上反映，或忙于相互争吵，而对真正需要解决的问题却无暇顾及，以致景区内旅游秩序混乱，房屋、摊点杂乱无章，坑害游客现象时有发生。望着黄果树景区周边10万亩的荒山，我们不由得为黄果树资源品位因绿化率太低而受严重影响深深地感叹。不仅如此，由于资金投入没有保障，黄果树生态环境目前反而呈现日益恶化的趋势——植被稀少，荒山连片，石漠化突出，水土流失严重，说黄果树生态状况已到了"最危险的时候"都不为过。有识之士警告：如果照此继续下去，不远的将来，黄果树瀑布群将从我们眼前消失！

案例思考：如何才能避免黄果树瀑布群从我们眼前消失？

(二)历史文化名城的开发

根据我国《文物保护法》，历史文化名城是指"保存文物特别丰富，具有重大历史文化价值和革命意义的城市"。

国家历史文化名城由国务院确定并公布，是1982年根据北京大学侯仁之、建设部郑孝燮和故宫博物院单士元三位先生提议而建立的一种文物保护机制。被列入名单的均为保存文物特别丰富、具有重大历史价值或者纪念意义且正在延续使用的城市。这些一些城市，有的曾被各朝帝王选作都城，有的曾是当时的政治、经济重镇，有的曾是重大历史事件的发生地，有的因拥有珍贵的文物遗迹而享有盛名，有的则因出产精美的工艺品而著称于世。它们的留存，为今天的人们回顾中国历史打开了一个窗口。

我国是一个历史悠久的文明古国，许多历史文化名城是我国古代政治、经济、文化的中心，保存了大量历史文物与革命文物，体现了中华民族的悠久历史、光荣的革命传统与光辉灿烂的文化。

党中央、国务院历来高度重视历史文化名城、名镇、名村的保护工作。《文物保护法》、《城乡规划法》确立了历史文化名城、名镇、名村保护制度，并明确规定由国务院制定保护办法。2008年7月1日，国务院《历史文化名城名镇名村保护条例》正式实施，规范了历史文化名城、名镇、名村的申报与批准。

国务院于1982年、1986年和1994年先后公布了三批国家级历史文化名城，计99座；此后，分别于2001年增补2座，2004年增补1座，2005年增补1座，2007年增补7座，2009年增补1座，2010年增补1座，2011年增补6座，2012年增补2座。目前中国已公布了120座国家历史文化名城，其中海口市琼山区与海口市根据国务院意见分计为2处（住房城乡建设部、国家文物局在做统计报告及海口市政府在编制城市总体规划或历史文化名城保护规划时则被合并为一处），它们犹如散嵌在祖国大地的颗颗璀璨明珠，散发着夺目的光芒。

中国的历史文化名城主要有以下七类：

(1)古都型。以都城时代的历史遗存物、古都的风貌为特点，如西安、洛阳、南京、北京等。

(2)传统风貌型。保留一个或几个历史时期的完整建筑群的城市，如平遥、韩城。

(3)风景名胜型。因建筑与山水环境的叠加而表现出鲜明个性特征的城市，如桂林、苏州。

(4)地方及民族特色型。由地域特色或独特的个性特征、民族风情、地方文化构成城市风貌主体的城市，如丽江、拉萨。

(5)近现代史迹型。反映历史上某一事件或某个阶段的建筑物或建筑群为其显著特色的城市，如上海、徐州、遵义。

(6)特殊职能型。城市的某种职能在历史上占有极突出的地位，如"盐城"自贡、"瓷都"景德镇。

(7)一般史迹型。以分散在全城各处的文物古迹为历史传统体现主要方式的城市，如长沙、济南。

在中国历史文化名城开发的过程中，由于开发者的不适当开发，盲目地将改造等同于拆迁，模仿等同于保护，高楼等同于现代化，使得中国的城市正在变得千篇一律，一些历史文化名城正在消失。

相关链接

消失的古城古貌

1993年，四川历史文化名城宜宾为建设轮船客运站大楼，拆除一段100米长的元明时期的古城墙。

1995年，国家历史文化名城成都市的推土机连干三天三夜，将长100米、总面积4000平方米的明蜀王府城墙及城门拆除。

1999年，国家历史文化名城襄樊为了建设名城形象工程汉江大道，将仅存的宋城墙拆除。

2000年，福州市仅存的历史街区朱紫坊和"三坊七巷"街区格局被拆除，改造为现代化商业街。

2000 年，舟山市以"旧城改造"之名，大面积拆除定海古城的历史街区和古宅老巷。

2000 年，历史文化名城福建漳州在旧城改造中将誉为闽南文化活标本的明清古街拆除，古城历史街区不复存在。

国内古城的开发模式主要有：

(1)丽江模式。即政府投入巨资，通过建章立制，使积极的保护与旅游开发有机结合。主要包括：

①文化经营：从战略高度经营民族文化产业。

②古城风貌打造：将一座"死城"变成"活城"。

③发展模式：创造了"民族文化和经济的成功对接"的"丽江现象"和"世界遗产带动旅游发展"的"丽江模式"。

④开发保护：坚持保护第一的原则，处理好保护与利用的关系；处理好遗产保护与旅游业之间的协调关系。

⑤可持续发展：着眼未来，不追求黄金周的短期效应，而力求可持续发展。

(2)平遥模式。

一是组建成立全省旅游行业首家股份制企业平遥古城旅游股份有限公司。

二是进行门票管理体制改革，实行古城景区门票一票制，大大加快了平遥古城由社区向景区的转变过程。

三是组建成立了城市管理综合行政执法局和城市管理监察大队，形成了旅游业政府主导，民营、股份齐头并进的局面。

四是通过打包整合旅游资源，开发多层次的旅游产品，实现旅游业向农村的延伸与辐射。全县 14 个乡镇中，有 11 个乡镇的 30 多万农民从中受益。

五是为提升城市功能和品位，营造良好的旅游业发展环境，遵循开发服从保护的原则，围绕"吃住行游购娱"旅游发展要素，不断加快旅游配套设施建设。

六是通过各种节庆活动对外营销平遥古城，如平遥国际摄影节、平遥国际摄影大展等。

(3)周庄模式——旅游业+高科技产业。1998 年传感器这一高科技产业被引入周庄。目前，这一国内最重要的传感器产业基地已经基本建成。基地已引进以研发生产传感器为主体的高新技术企业 18 家，总投资 13.5 亿元，年生产各类传感器 4.5 亿个，其中，95%以上销往美国及欧洲、亚洲的国家和地区。如今，这一高科技产业已在周庄 GDP 中占有近 50%的比重。

(4)乌镇模式。政府在对古镇进行保护的同时，对经营性活动实行政府授权下的特许经营。乌镇通过"开门寻历史、闭门搞保护"，使古镇得到了有效的保护。在保护的基础上，乌镇融入了最具有地方色彩的民间文化进行衬托，如桐乡花鼓戏和皮影戏等，展现了一个立体的历史遗产群。在古镇风貌方面，乌镇采用以线带面、逐步修复的手段，一条街，一条河，线路合理、连贯、封闭，一进其门就使游人远离现代都市气息，眼中所见的全是久违了的明清小镇民居。另外它在旅游线路的设计安排与市场营销的推广和包装以及古镇情景氛围的营造方面也值得称道。因此，被联合国称为古镇保护的"乌镇模式"。

相关链接

理性看待古城保护与开发

在历史文化名城的保护与开发中，"跳出旧城建新城"是得到赞誉最多的模式，即将古城完整地保护下来，发挥旅游功能；同时在附近选址建新城，将大量现代设施置于新城内，实现功能合理分区，实现古城保护、旅游开发和城市建设的多赢。

"跳出旧城建新城"之所以被普遍接受，与著名建筑学家梁思成关系密切。新中国成立后，梁思成与陈正祥就提出了完整保留北京古城，在西侧建新城的"梁陈方案"。遗憾的是这一方案没有被采纳。今天在反思北京城及历史文化名城开发时，应肯定梁思成的贡献以及坚持真理的品格。

一个城市的发展犹如生命肌理，生生不息，以自然为依托，经济为基础，文化为灵魂，千百年来是一个有机更新的过程。试想，汉代认为秦代古城需要保护，就建一个新的汉城，唐代又跳出汉城建新的唐城，推而广之，唐城旁建宋城，宋城旁建元城，明清也都有自己的新城，一个城市岂不成了由一个个古城串起来的"串烧"。

很明显，一味跳出旧城建新城，不符合城市发展演变的客观规律。同时，文化与经济的双赢是古城开发的永恒命题，一个历经自然灾害和社会动荡的古城能够良性发展，说明在选址及诸多方面一定有着较大的优越性，证明了资源利用和城市发展的优化。如果抛弃了旧城，新城是否具有这些优势，能否保证未来的发展？

比如四川的盐边县、剑阁县、青川县等都抛开了千年古城，但是新城的发展并不尽如人意。从产业结构看，能够以旅游作为经济支撑的古城并不多，应该加强旅游和相关产业的融合及互动。"梁陈方案"没有得到实施，其中重要的原因就是梁思成没能科学地解释城市开发的经济投入问题。在新中国成立之初，国家经济水平十分有限，"梁陈方案"在经济承受能力上有些超前。所以，文化、经济、社会等全面的协同研究是古城保护和开发的重要命题，决不能简单地"辞旧迎新"。

目前，古城旅游面临的最大问题是古城在破坏严重的情况下如何保护与开发。经历过"文革"以及后来的建设性破坏，真正完整保留的古城寥寥无几，丰富的历史遗迹呈分散的"孤岛"残存在城市之中。真正可以跳出古城建新城，能够完整复原的古城已不多见，而且完整地恢复古城也没有必要。

侯仁之先生提出的"延续历史剖面"是解决目前现状的重要理论支撑和实践方法，即把最能代表每一个历史时期的历史遗存保护下来，连接成完整的历史剖面，让游客可以感受到历史城市的脉动。

以北京为例，金、元、明、清是北京都城的4个重要阶段，金中都以莲花池为中心，元大都以积水潭为中心，明代建设以紫禁城为中心的内外城都城体系，清代又开发了西北的三山五园，都城建设的空间连续有序。

当年西客站就选址在干涸的莲花池上，侯先生力排众议，将西客站选址东移，虽然增加了拆迁费用，但是，莲花池遗址公园的建设保留了金朝建都北京的重要剖面，这样，北京古城脉络通过一系列历史剖面(莲花池金中都—后海元大都—明代紫禁城—清代三山五园)和一条中轴线(天坛—永定门—故宫)完整展现。

其他如北京的后海、上海的新天地、杭州的御街、成都的宽窄巷子等,已经成为历史文化遗存与旅游共生的典范。

所以,对于古街区、古建筑不能不加选择地复原,对于能够代表每一个历史时期的具有文物价值的遗存,应该严格科学地加以保护。如果不加选择地全面保护,新的城市将无法发展。

资料来源:中国旅游报(http://www.ctnews.com.cn/zglyb/html/2011-08/10/content_28286.htm?div=-1)。

第三节 案例探讨——旅游景区开发的新思路[①]

案例 2-3

中国红石公园丹霞山——露天地质博物馆,打造"大丹霞"

丹霞山风景名胜区位于广东省韶关市东北仁化县和韶关浈江区境内,总面积达 290 平方公里,又称"中国红石公园",被誉为广东四大名山之首,自古为岭南第一奇山。1988年经国务院批准为国家重点风景名胜区,1995 年又被国务院批准为国家地质地貌自然保护区,2001 年经国家旅游局批准授予 4A 级旅游区,2001 年经国土资源部批准为国家地质公园,2003 年经联合国教科文组织批准为世界地质公园。

丹霞山风景名胜区以赤壁丹崖为特色,看去似赤城层层,云霞片片,古人取"色如渥丹,灿若明霞"之意,称之为丹霞山。丹霞山是地学专用名词"丹霞地貌"的命名地,也是国内已发现的 580 多处丹霞地貌中面积最大、类型最齐全、造型最丰富的地区之一。丹霞山地层、构造、地貌表现、地貌发育过程、营力作用表现、自然环境和生态演变等方面的研究在全国丹霞地貌分布区中最为详尽深入,其科研价值主要表现为丹霞山具有一组重要的标准地层(包括丹霞组和长坝组的丹霞山红色岩系)和典型的块状构造。

同时,丹霞山历史人文积淀也非常丰富。丹霞山是历代文人赋诗题咏、怀古忧今之地,唐韩愈,宋苏东坡、杨万里等都曾在此挥毫题诗。保留至今并有较大影响的寺庙有别传寺和锦石岩石窟寺。从女娲采石补天、舜帝南巡奏乐的传说到隋唐而下的宗教名山、众多的诗文、题记、摩崖石刻以及古山寨和洞穴岩墓群等文化景观无一不显示着丹霞山的深厚文化积淀。

1. 丹霞山旅游开发存在的问题

(1)旅游开发历史悠久,但已开发面积不到景区总面积的十分之一。丹霞山开发历史

---

① 本节案例来源于禹贡等主编:《旅游景区景点经营案例解析》,旅游教育出版社 2007 年版。

悠久，隋唐时期已成为岭南风景胜地，同时有僧尼进山经营，兴建佛寺。由此带动香客进山拜佛观光，旅游活动主要为宗教旅游性质。

20世纪60年代，丹霞山得到广东省委的重视，修建了公路、旅馆、商店等，成为广东省的重要风景区。1980年，广东省政府宣布丹霞山为旅游区并对外开放，成立丹霞山中国旅行社。此后，别传寺的重修和锦石岩的新建吸引了越来越多的观光游览客。

但是，丹霞山的旅游开发长期局限于长老峰、海螺峰，直到1994年，旅游开发范围仅为0.5平方公里，游江路线总长3公里。

1995年，管委会新开发了阳元石景区，修筑旅游步道8公里，开发利用面积3.5平方公里，随后开发的翔龙湖景区旅游步道8公里，利用面积1.5平方公里。

2000年，韶石山景区编制了总体规划，其列入开发的景区面积为20.47平方公里，外围保护面积76.05平方公里。现已向游客开放的有朝石顶观光区和金龟岩观光区共5.45平方公里的范围。

（2）旅游效益低，接待能力有限。目前丹霞山已开发区域还不到景区总面积的十分之一，很多精华资源尚未开发，造成游客大多只有半日游到一日游。停留时间短，旅游效益低。

长老峰、阳元山等已开发老景区的酒店、餐厅等旅游接待设施主要处于从外山门至长老峰内山门的轴线上，区内共有1840个接待床位，停车位500个，旺季接待能力有限。由于接待设备基本集中于老景区，而老景区的旅游开发历史较久，许多设备老化，需要更新。此外，其旅游接待的服务质量也有待提高。

（3）条块分割严重，缺乏统一领导，内部无法协调。丹霞山风景区原来分属仁化和曲江两县管辖，其中仁化部分130平方公里，曲江部分160平方公里，涉及仁化县的丹霞镇、董塘镇和曲江县的周田镇、大桥镇、犁市镇及黄坑乡部分山地。目前已开发建设的各景区行政区划具体为：长老峰景区、阳元石景区、翔龙湖景区、大石景区隶属仁化县管辖，主要管理单位为丹霞山管委会；韶石山景区和矮寨景区隶属曲江县管辖，其中韶石山景区为一私人老板承包开发。

丹霞山归属部门较多，造成条块分割，多头管理，影响了丹霞山景区的管理效率。另一方面，政事不分，政府部门自身对其归口管理的事业单位实施监督，影响了监督的有效性和公正性。

2. 丹霞山旅游开发新思路

面对新形势下旅游发展的需要，丹霞山明确了以下发展思路。

（1）统一行政区划，提升管理级别，形成"大丹霞"发展格局。2004年，丹霞山被批准为世界地质公园，为适应管理需要，经国务院批准，原属曲江县的黄坑镇、周田镇、大桥镇划归仁化县，从而使丹霞山景区的大部分都属于仁化县管辖。犁市镇则划归韶关市浈江区，基本结束了丹霞山景区行政区划分属两县的历史。"大丹霞"的发展格局初步形成。在行政级别上，丹霞山管委会升格为副处级，归属于韶关市直接管理，提升了管理级别和管理权限。

（2）明确定位，确定四大发展主题。管委会对丹霞山的发展进行了重新定位，确定了丹霞山的定位是：全方位展示丹霞地质地貌特征和文化生态禀赋的，可供科普教育、游览观光、休闲度假和开展徒步、探险、露营、健身等户外活动的"露天的地质博物馆"和著名风景旅游胜地。规划提出打造四大旅游主题，塑造"丹霞山——露天地质博物馆"的主题形象：

①"科学丹霞"——建设丹霞地貌博物馆，举办世界地质公园论坛，开展修学旅游、科普旅游和科考旅游等形式，使丹霞山成为一个永久性的宣传、普及和研究丹霞地质地貌的基地，力争把丹霞山建设成为一座"科学名山"。

主要打造的旅游产品包括修学旅游产品、科普旅游产品、科考旅游产品等。承担的旅游功能主要表现在三个方面：面向大、中专学生的修学增智；面向大众游客的地质地貌科学普及；面向科研人员的科学研究和科学考察。

②"生态丹霞"——加强生态展示、强化生态宣传、使用生态材料、控制开发强度。

主要打造的旅游产品包括徒步观光产品、探险露营产品、山地自行车运动、自驾车旅游产品、直升机、热气球之旅、水上游船、滑翔运动等。

③"文化丹霞"——丹霞山文化旅游资源丰富，地质地貌文化、韶文化、生殖文化、历史文化、宗教文化、古山寨岩庙文化等资源类型丰富，通过充分挖掘丹霞山文化底蕴，力求使丹霞山成为一座"文化名山"。

主要打造的旅游产品包括韶文化旅游产品、生殖（爱情）文化旅游产品、宗教文化旅游产品、历史文化旅游产品。

④"爱情丹霞"——利用举世无双的阳元石和阴元石、鸳鸯树和丹霞红豆、锦江沿岸的爱情岩画，营造"丹霞之恋"的爱情氛围，让丹霞山成为一座人们表达和宣誓爱意的"爱情名山"。

主要打造的旅游产品包括利用举世无双的阳元石和阴元石、鸳鸯树和丹霞红豆、锦江沿岸的爱情岩画等元素大做文章，在导游词、景区宣传资料中突出丹霞山的"爱情"主题，着重包装鸳鸯树、丹霞红豆等内容。每年的"情人节"、"七夕节"等节日，举办重大的以"爱情"为主题的系列活动，打造丹霞山"爱情名山"的知名度。把鸳鸯树作为一处恋人、情侣们表白情意、永结同心的场所。情侣们可以在此挂同心结、拍情侣照，见证爱情的亘古永恒；扩种红豆树，让情侣们相互拣拾丹霞红豆互赠对方作为爱情的信物。把丹霞红豆作为一种最重要的旅游商品之一出售给游客，使丹霞红豆成为游客到丹霞山必须要购买的旅游纪念品之一。

（3）明确开发与保护的关系，创造利润增长点，提高经济效益。作为世界地质公园、国家地质地貌自然保护区，丹霞山必须处理好开发与保护的关系，把保护第一的理念贯彻在每一个细节。在尊重丹霞山风景区、保护区和地质公园等的区域范围基础上，从旅游开发与生态环境保护的角度考虑，丹霞山把外围公路到丹霞山边界之间的地带列为景观控制地带，统一纳入丹霞山的管辖范围，体现大丹霞的指导理念。外围地带作为丹霞山旅游发展控制用地，尽量避免与旅游功能不符的项目干扰，而丹霞山的主要旅游度假项目建设用地、大型服务设施用地也均安排在外围，实现世界地质公园"区内游、区外住"的可持续旅游的生态目标。

丹霞山旅游发展把握新形势下的发展需求，针对存在的问题，对症下药，对景区进行了准确的定位，明确了发展主题，同时将开发与保护很好地统一起来，促使景区不断壮大和发展。

案例思考： 从景区定位和发展主题方面来看，丹霞山旅游发展给我们什么启示？

案例 2-4

南宁大明山——"岭南八桂奇山，壮乡人间仙境"形象定位解析

大明山风景旅游区位于南宁市东北部，最高峰为龙头山，海拔1760米，跨上林、武鸣、马山、宾阳四县，总面积597.4平方公里，主体山脉位于上林县域。管理上主要分属于大明山国家级自然保护区和上林县龙山自然保护区。

大明山地处北回归线，良好的自然条件和复杂的中山地貌组合，塑造了区内雄伟壮丽的险峰峡谷景观、气势磅礴的瀑布景观、神秘原始的沟谷雨林景观、变幻莫测的气象景观、野趣横生的动物景观，其中以险峰峡谷、溪涧瀑布景观最为迷人，山景、水景、天景、生物景资源丰富，类型齐全，风格各异，并有动人的神话传说，迷人的壮乡风情，风光无限，绮丽多姿，具雄奇、秀丽、幽静、野趣的景观特色，以"春之岚、夏之瀑、秋之云、冬之雪"著称，有极高的旅游开发价值。

大明山自1984年开始发展旅游，到20世纪90年代，游客达到每年1万多人次，随着政府保护力度的加强，基础设施建设投入的加大，大明山的旅游设施不断完善。但由于真正开发旅游起步晚，资金投入少，开发和管理方面缺乏专门人才，旅游区的开发和建设还不到位，发展进步的空间很大。

南宁市委市政府对于旅游业发展高度重视，提出"北有桂林，南有南宁"的旅游业战略决策，决定以大明山为中心，加快环大明山旅游圈建设，做大做强旅游产业，形成广西和南宁旅游业新的增长点。

为配合大明山的旅游发展，南宁市委市政府决定将大明山的形象口号定位为"岭南八桂奇山，壮乡人间仙境"。那么，大明山的形象为什么要定位为"奇山"呢？这个形象定位又有什么内涵呢？

1. 大明山的文脉特征

文脉往往反映并构成一个地区形象的基础，包括旅游资源在内的地方文脉分析是旅游形象策划的出发点，只有准确把握地方文脉，才能进一步挖掘和提炼相应的地方特色，从而构造鲜明、独特、符实的旅游形象，并以形象魅力开拓和扩大客源市场。

综合分析大明山的文脉特征，主要体现在一个"奇"字。大明山的"奇"，突出表现在天象、地质、水文、草坪、佛光等方面，主要有"奇水"、"奇石"、"奇山"、"奇天"。

(1)奇水——赤水。大明山片区的龙湖、橄榄河峡谷等地和核心区的水陈峰附近，有不同颜色的水系。以上山公路为界，公路以北的水色为暗红色，公路以南的长城大峡谷的水则为普通清水，甚为奇特。

(2)奇石——田螺石和石英石带。田螺石位于大明山汉江沟，因水流冲刷而形成田螺状巨石。石英石带位于北回归线标志塔附近沟谷等地，呈带状分布，黑白相间，非常规则齐整。

(3)奇山——天坪、天书和坐佛、卧佛。大明山海拔1200～1300m的山顶部位，有8处不长乔灌木的大草坪，几乎分布在一条直线上，也称天坪。天坪内土壤为矮林草甸土或

草甸化沼泽土，其四周古树参天，密灌丛生，中间却是芳草如茵的高山天然草坪，故壮家人称之为"天坪仙圩"。其中一天坪呈心形，故又称"爱心天坪"。二天坪又称"天书天坪"，因草坪中有好几块生有神秘"文字状"纹理的大石块而得名，人们传言大石块为仙人遗落于此的"天书"，这给天坪增加许多神秘色彩。坐佛和卧佛位于大明山上山公路23公里处，是两处山峰，分别酷似盘坐的释迦牟尼和平躺的释迦牟尼。

（4）奇天——佛光和天籁之音。佛光主要发生于望兵山附近，每当降雨和天气骤然变化的时候，会出现一种当地人称"大明仙镜"的佛光景观，是奇特而美丽的大气光学现象。一般在云雾多，阳光照射较强时，于早上9时前或傍晚16时后可看到。前面是弥漫的密云浓雾，背后有太阳光照射而来，在密云浓雾的孔隙中发生衍射分光作用，观察者的头影或人影出现在浓密的云幕上，其周围还有一圈彩色光环，好像佛像上的光圈，即为佛光，佛光的产生使大明山更具吸引和和神秘感。天籁之音则发生于大明山观音河一带，据武鸣县志载，大明山上"常有声，似风非风，似雨非雨，似雷非雷，似波涛非波涛，故曰大鸣"。据考察，这是大气层的震动声与鸟群鸣叫的混合声，在欧洲莱茵河谷称之为"罗累莱女神的歌声"，是一种极罕见的自然奇声。

2. 大明山形象内涵分析

基于以上奇景奇观，大明山将形象定位为"岭南八桂奇山，壮乡人间仙境"，突出大明山天象、地质、水文、草坪、佛光等奇观，以激发游客的好奇心，去探究大明山的科学生态价值，为发展生态科普旅游奠定了良好的基础。

其中，"奇"字不仅代表了大明山的天象、水文、地质等自然景观方面的奇特性，而且也代表了大明山在未来的开发建设中设施的奇趣性；"岭南八桂"、"壮乡"则指明了大明山的地域特征，"人间仙境"描绘了大明山的优美的环境和神秘感，有利于树立特色鲜明的广西山地旅游形象。

3. 大明山形象徽标设计

为配合大明山形象系统的塑造，大明山还对形象徽标进行了设计，大明山的徽标设计以大明山山峦的外形为设计灵感，以写意的手法突出大明山的灵秀、大气、山水合一。同时也意取大明山的"明"字开头字母"M"，形意结合。在色彩运用上，蓝色和绿色表现了大明山蓝天、绿树、碧水的自然风貌，充分展现了大明山的完美形象和丰富内涵。

大明山的形象设计充分把握住了大明山以"奇"为主的文脉特征，并充分考虑到大明山的空间地域特征，具有较强的层次性，同时又通俗易懂、朗朗上口，容易在游客心中留下深刻印象。

案例思考：试阐述大明山的形象内涵。通过分析大明山形象系统，我们可以得到哪些有益的启示？

案例 2-5

中英街的起落

"中英街"是1898年中英《展拓香港界址专条》签订后具体划界的产物。1899年3月

19 日，清政府道台王存善与港府辅政司洛克签订《香港英新租界合同》。根据附件在沙头角边界竖了 20 块界碑，其中有 8 块在沙头角老镇，均匀树立在桐芜墟侧面的一条小沙石河(沙头角河)中央。后来，这条小沙石河因改道而干涸，当地民众在旧河道两侧填土建房做生意，在旧河道的中间，便形成了一条街，即中英街。街长约 250 米，宽 3～4 米。1997 年香港回归，中英街两侧由深圳市与香港特别行政区分别管理。

改革开放之初，由于国内经济尚未发展，中英街的货物品种多样，并实行免关税政策，港币、人民币可以通用，使得中英街一度成为国内游客心目中的购物天堂和去深圳必游之地，在当时流传着这样一句话："不去中英街，枉到深圳游。"20 世纪 80 年代每天有超过 1 万人次的游客，在节假日高达每天 10 万人次，年游人量 1500 万，店铺 300 多间，是全国知名度极高的旅游目的地。

目前存在的问题主要有：

(1)商业不再繁华。20 世纪 90 年代中后期，随着内地商品的日趋丰富，中英街的商业也由盛及衰。沙头角税收资料显示，1998 年沙头角国税和地税收入总和为 1350 多万元，到 2000 年就下降到了 990 多万元。随着港澳游的启动，特别是港澳自由行的开放，中英街引以为傲的"香港货"没有了竞争力。

(2)商业欺诈盛行。伴随着商业市场萎缩的是商业欺诈。如今的中英街已经从"购物天堂"沦为"购物陷阱"。在众多到过中英街的游客心中，中英街之旅成为心中一道抹不去的阴影，其名字与欺诈、"黑"旅行社、"黑"导游联系在一起。如商家与导游勾结宰客，商品以次充好，虚报价格等问题较突出，且因涉及港方，难以管理，使中英街购物秩序混乱。商业欺诈导致口碑不佳，是中英街商业不振的原因，在一定程度上也是中英街商业不振的一个结果，形成一个恶性循环。

2006 年"3·15"前后，深圳市民抽样调查中，中英街被评为消费环境最差的地方。2006 年 4 月 3 日，深方商铺一夜之间关闭了九成以上。这个最高峰时一天曾经有 10 万游客的中英街，在 2006 年的五一黄金周，一天竟然不足 1000 人！

中英街得以闻名全国，主要受益于它自 20 世纪 70 年代末成为著名的"购物天堂"，这是在特殊的历史条件下形成的，与中英街的"一街两制"特殊地位紧密联系，是利用特殊的关税政策而形成的一种商业形式。这种商业形式，对政策及经济走势比较敏感。在国内生产能力不断增强，进口商品越来越普遍，尤其是中国加入 WTO，以及内地赴港个人游开放等新形势下，中英街的购物优势不断丧失，中英街曾有的神秘感不断减少，中英街不可能再继续以商贸为中心，走商业区的道路。

中英街因划界而生，故自 1899 年划界树碑起，在这条街上一直是两种制度并存。在这条长 250 米、宽 3～4 米的街道上，一边是香港，一边是深圳，1997 年前中、英并存，1997 年后则是深圳与香港、社会主义与资本主义制度相对。

中英街保存了较多的关于一街两制的历史痕迹，除了界碑、旧海关、回归广场等物质载体外，"一街两制"更多更生动地体现于中英街上的生活场景。例如，深方商铺招牌较整齐，多采用简体字；港方招牌较混乱，采用繁体字等。又如深方边防警察与港方警察穿着不同的制服在街道巡视，各自守卫自己的关口。这些生活场景才是是游客最感兴趣的内容。

一街两制是中英街文脉的主线索，也将是中英街至少未来较长时间内最重要的意义与价值所在。因此，未来中英街的发展，必须突出"一街两制"的历史脉络，从单一的商业功能发展到以"一街两制"为主题的文化旅游区，以文化发展旅游，以旅游带旺商业。

中英街因特定的历史条件具有了特定的商业形态而得以兴旺，同样也是因为社会形势的改变，其商业优势不断丧失而走向衰亡，真可谓"成也萧何，败也萧何"。中英街的未来发展，必须具有"二次开发"的理念，必须根据不同历史时期的特征，以及面临的新的发展形式，深入挖掘景区文脉，进行合理准确的定位，唯有如此，才能重新焕发勃勃生机。

案例思考：中英街的兴衰过程给我们什么启示？如何才能实现景区的二次开发？

案例 2-6

洞庭湖旅游开发

旅游业的兴起虽然时间不长，却已成为世界上最大的经济活动。旅游收入和旅游从业人员均分别超过了全球国民生产总值和全球人力资源的6%，成为世界"和平与发展"主题下的"朝阳"产业。同时，科技进步大大缩短了地区之间的距离，旅游者在其间的穿梭，造就了旅游的繁荣。如今我国以最安全、稳定、祥和、快乐的旅游目的地形象，打造着"大旅游、大产业、大市场、大发展"的新格局。加入WTO后，在WTO的框架内，旅游业将更加开放，竞争将更加激烈。在"泛珠江三角洲区域经济合作"下，湖南要抓住机遇、适应发展，必须做好准备，加强策划，改革体制，加大投入，以新的姿态迎接合作与竞争。为此，就如何把湖南省最具特色的洞庭湖推向世界，整体地、科学地将它的自然资源和人文资源转化为湖南省旅游产业的产品，谈谈一些想法和建议。

1. 洞庭湖——湖南省最响亮的旅游品牌

洞庭湖是"世界大湿地"、"中华母亲湖"，是地球的"氧吧"和"粮仓"，历史以来就是中国最著名的大湖，湖南、湖北两省都以它而得名，开发洞庭湖的旅游资源，以它作为湖南最响亮的旅游品牌，其理由有六点：

（1）洞庭湖是一个浩大的湖。历史以来洞庭湖一直是享誉全世界的中国第一大淡水湖。它是一个河道型湖泊，也是一个湖泊型河道，近些年来统计水域面积，常常没有包括河道型湖泊的面积，是不科学的，如果计算在内，加上近些年的退田还湖，根据不少专家研究统计，洞庭湖至今的水域面积至少还有3991平方公里，它仍然是我国的第一大名湖，而且洞庭湖区含湖南、湖北四十多个县市与农场，是其他任何湖泊所不能相比的。

（2）洞庭湖是一个富饶的湖。洞庭湖水土丰润，自古都是人类与生物界生存的好地方，有着"东方大湿地"、"洞庭鱼米乡"和"湖广熟，天下足"的美誉。如今整个洞庭湖区的县、市、农场，大多是土地肥沃、物产丰富的国家商品粮基地、商品麻基地、商品棉基地、商品鱼基地、亚洲最大的造纸原料——芦苇基地、全国有名的柑橘基地、速生林基地、牧畜养殖基地、珍珠养殖基地和蔬菜种植基地等。

（3）洞庭湖是一个美丽的湖。历史以来洞庭湖吞吐长江和湖南四水，大雨季节的汛期气势磅礴、雄伟壮观；其他大部分时间洞庭湖是水碧、天蓝、草绿、苇青，湖光山色与各类飞禽走兽及水生鱼类嬉戏，农民、渔民辛勤劳作，构成了一幅幅优美画卷。正如人们歌唱的"八百里洞庭美如画"。整个洞庭湖从古至今一直是科学家、艺术家和劳动者们向往和歌颂的地方。如今洞庭湖又被列为国际自然生态湿地环境保护区，更加引起人们的关注。

　　(4) 洞庭湖是一个古老的湖。洞庭湖是 1.4 亿年前形成的，既是"自然生态湿地"，也是"人类文明的湿地"。在这块神奇的土地上，发现了至少十万年以前的旧石器和犀牛化石、八千多年前以水稻种植为主体的农业文明——澧县彭头山、城头山文化；滋生了中华民族最具经典性的文学作品——《楚辞》和以其为代表的南方楚文化。不少专家讲"中国历史上真正统一中华民族的文化，就是楚文化"，认为秦王朝只几年工夫就垮了，而楚人建立的汉代政权才真正把中华大汉民族得以确立，这就是楚文化的功劳。所以，洞庭湖文化从某种意义上讲就是"中华先祖文化"。洞庭湖丰厚的文化底蕴为中华民族的文明史创造了不朽辉煌，这些是世界上任何一个湖泊都无可相比的。可以讲洞庭湖是"中华民族的母亲湖"、"人类文明的发祥地"。洞庭湖里有着数不清的古老的奇闻轶事。

　　(5) 洞庭湖是一个战略的湖。洞庭湖是一个战略的湖，主要指它在中国所处的战略位置和发挥的作用。其一，历史上它是连通中国长江、黄河、珠江三条交通主干道的"立交桥"，通过它可以把中国中心区域与外部联系大大拓宽；如今它又处在长江中部和京广铁路、107 国道中端的中国水陆交通大动脉十字架处。其二，它吞吐长江和湖南的四水，在人们与水灾作斗争中起到"大胃"的功能，帮助长江流域的人们缓解险情，保护生命财产，是长江流域人们的"生命湖"。其三，是长江流域鱼类等水生动物最大的产卵场和生存地。每到冬天湖水下降，春季洞庭湖中各种草类植物速长，春夏之交，水势随湖中的植物相应逐涨，最后形成特别适合鱼类产卵和生长的"水下草原"（故洞庭湖又叫"青草湖"），长江流域的鱼类大量回流湖中产卵，有 114 种鱼类在湖中生存。其四，洞庭湖是鸟类的天堂，有各类鸟 164 种，尤其是珍稀鸟类越冬栖息地，每年冬季有达近百万只以上的鸟在此过冬（越冬水禽就达 50 万只以上）。其五，洞庭湖吸收整个湖南境内污染脏水，全部加以处理再输送出去，起到了"肾脏"的功能。其六，洞庭湖历来是兵家争夺的要塞之地，外敌入侵，我军把守都要先占领洞庭。其七，四水的湘人要走出省门，干番事业，要走出洞庭湖，所以湖南、湖北人都流行"搞出了湖"、"冒搞出湖"的口头禅，来形容事业的成功与否。比如说清代的曾国藩、陶澍、左宗棠等人"搞出了湖"。这个湖就是洞庭湖。其八，洞庭湖的旅游战略位置也相当重要，它可把湖南省旅游的"东边一条线，西边一大片"的分离格局连接起来，也可以把我国最壮观的长江三峡和最秀美的张家界两个景区有机地连接起来，它是这一旅游黄金线上最为闪亮的"宝石扣"，是泛珠江三角洲区域最有文化特色的"文明湿地"。

　　(6) 洞庭湖是一个完整的湖。这个区域内长沙、岳阳、益阳和常德的旅游，都在局部地、分割地做洞庭湖的文章，但没有整合起来做整体的大文章，不能给世人留下一个完整的洞庭湖概念。湿地也是分成东、南、西三块。为此，应统一认识：湖南，洞庭湖之南。先有洞庭，才有湖南。做好"大洞庭旅游"的品牌就是做好湖南旅游的招牌。把这个品牌打造响亮，才能对得起三湘的父老乡亲。只有这个品牌做出去了，湖南的旅游产业才有真正名副其实的"龙头"。洞庭湖是一个完整的湖，必须整合资源，统一开发。

2. 天下谜——洞庭湖最本质的旅游特色

一个地方的旅游要"搞出湖",最主要的是要发掘出自身独具特色的东西,只有抓住这个重点,才能让消费者得到"与众不同的享受",这种旅游项目才有生命力。泰山天下雄、黄山天下奇、华山天下险、峨眉下秀、青城天下幽,雄、奇、险、秀、幽是不同山的特色。洞庭湖的特色是什么?特色不是水,水是所有湖的共性。俗话说"洞庭,洞庭,是神仙洞府之庭",为什么它是神仙洞府之庭呢?因为洞庭湖历来十分神秘,人们十分向往,历史上的诸子百家都曾游历过洞庭湖,洞庭湖因而又叫"万子湖",这些"子"就是一些大学问家,神仙们聚集的湖当然是神仙洞府之庭了。所以,洞庭湖的特色当然是天下"谜"了。洞庭湖有集雄、奇、秀、幽于一体的自然环境;洞庭湖有集神、奇、怪、新于一身的文化内涵;洞庭湖是集人文历史、自然生态、地质地理于一炉的知识宝库,需要旅游者在游乐中不断地感受、探求,才能破解这些"谜",这就是洞庭湖旅游的本质特色。在这里粗略地列举一些内容:

(1)成因变迁之谜。洞庭湖是怎样形成的?是如何变迁和发展的?

(2)名人轶事之谜。洞庭湖涉及的名人有娥皇女英、屈原、范蠡、西施、李白、杜甫、岳飞、李自成、毛泽东等。

(3)民俗风情之谜。洞庭湖区有稻农、麻农、棉农、橘农的民风民俗,渔民、樵民的特殊婚丧礼节。

(4)珍奇特产之谜。包括《吕氏春秋》载"果之美者,洞庭之柚"的洞庭柚;洞庭四珍,即君山茶、朗山麻、药山草、赤山花,分别是君山毛尖茶、朗山优质苎麻(唐时贡给杨贵妃做蚊帐)、药山的包茅草(春秋时楚国贡给周天子祭祀沥酒用的贡品)、蠡山上的黄花菜(相传为西施培种),还有西施药豆、斑竹、江豚、白鳍豚、中华鲟、珍珠、金钱龟、洞庭香石等等。

(5)考古发现之谜。如洞庭湖区早期人类活动之谜,湖区大量旧石器遗址、新石器遗址及历代各时期文化遗址、墓葬之谜,古代水稻、苎麻种植之谜,古代城址建筑之谜,古代窑址(铜官窑、湘阴窑)遗物之谜,洞庭湖区出土古代精美青铜器之谜(越王州句剑、楚王戟等),湖区古村落古民居之谜等等。

3. 赤山岛——洞庭湖最适合的旅游基地

世人都想了解洞庭湖,尤其是读书人和境外华人,有一种对洞庭湖神奇的向往。但到了洞庭湖后,往往不能如愿,因为洞庭湖太大了,太奇了,太谜了。就是土生土长常年生长在洞庭湖里的人,对洞庭湖也不真正、全面了解,因为"不知洞庭真面目,只缘生在此湖中"。还有不少人以为到了岳阳楼就是到了洞庭湖,其实那只是洞庭一角,到那里还不能算真正到了洞庭,只能算到了洞庭湖东北角的边上。在湖区从事考古和洞庭湖研究的学者发现,只有到了沅江的赤山岛(因为越相范蠡携西施隐居,故唐代起又名蠡山岛),才能对洞庭湖有比较深刻、比较全面的了解。为什么?

(1)赤山岛是洞庭湖的中心——洞庭湖以它分东西南北。赤山岛的西边是汉寿县和沅江市的目平湖(即西洞庭湖),南边是沅江市境内的南洞庭湖,东边是沅江管辖的洞庭中心地带的万子湖与共双垸(这个垸是历史上的青草湖)和岳阳市的东洞庭湖,北边本来是北洞庭,如今全部围垦成了垸田,仅存大通湖。

赤山岛距长沙 120 公里、岳阳 110 公里、常德 90 公里、益阳 35 公里，距株洲、湘潭、娄底等城市也都在 150 公里之内。它处洞庭湖的中心，也处在湘北七大城市群的中心。它完全可开发成湘北城市群人们休闲旅游的中心。

（2）赤山岛是洞庭湖的核心——资、沅、澧水和长江三口都在它脚下汇聚。资水从益阳经甘溪港到沅江城区流到赤山岛南端；沅水从桃源、常德、汉寿流经赤山岛西部，再沿山的西南与资水在山南汇集；澧水从津市经安乡、南县流到赤山岛的北部，与从长江南下而来的三口之水汇集，如果把湖南地形看成是"人头"，那么洞庭湖是这人头的"脑子"，赤山岛则是这个脑子各路神经的"中枢"。

（3）赤山岛是洞庭湖的脊梁——洞庭湖的形成、发展和变化都在它身上留下痕迹。地质学家们认为赤山岛是"燕山造山运动时期"所形成，处在洞庭湖中心，是"洞庭湖的脊梁"。其中最高海拔达 115.7 米，百米以上岗峰有 20 个，该山全长 30 公里，面积约为 120 平方公里，有 6 个澳门大，是我国最大的内陆岛。山顶大多为河砾石，山底为紫砂红岩，中间多为红色网纹土。

（4）赤山岛是洞庭湖文化的源泉——洞庭湖区的人文史数它最早。在该岛上已发现了几十件至少十万年以前的旧石器和多处原始社会旧石器、新石器时期遗址。考古学家们研究，这里是人类早期最适宜生存的地方，因为洞庭湖中鱼类成群，周围植被丰富，可食的东西很多，饮水方便；山岛上又能躲避水灾和猛兽，相对安全；赤山又是洞庭湖唯一有河砾石加工打制石器的地方，这里是整个洞庭湖区人类最早生存、生活之地。

（5）赤山岛是洞庭湖中的迷宫——洞庭湖中的奇闻轶事数这里最多。赤山岛上有洞庭湖的"湖中湖"，"岛中岛"，"树中树"（樟生腊古树）；有奇人（世界最高少女曾金莲身高 2.47 米），奇石（香石和旧石器），奇树（2100 多岁的樟生腊、九臂樟、百年银杏等古树）；有春秋范蠡、西施隐居之所、有屈原吟诗作赋之处；有三国刘、关、张、赵和孔明征战之迹；有李白、杜甫等唐宋文人夜泊之渡；有南宋岳飞和牛皋与杨幺厮杀的战场；有明末宰相杨嗣昌墓葬之地；相传还有纪念范蠡、西施、屈原、刘备、关羽、张飞、诸葛亮、赵云、岳飞、杨幺等人的九十九座古寺庙（现存部分寺庙和遗址），还有神秘的湖南省第一监狱等等，总之岛上的奇闻轶事最为丰富。

（6）赤山岛是洞庭湖锦上的鲜花——洞庭湖区的景色数它最美。洞庭湖自然风光中除了一望无际的水面和芦苇荡之外，还有广阔的粮田，成行成网的河渠林带。山水之中最美的是茂密的森林和"山嘴"、"湖汊"，赤山岛森林密布，四周全是秀美的"湖汊"和峻丽的"山嘴"，犹如洞庭湖玉盘中的翡翠。

如果要体验洞庭湖、感受洞庭湖、观赏洞庭湖、研究洞庭湖，就必须到赤山岛来。不到赤山岛，就无法全面了解洞庭，无法真正领略洞庭湖的神奇博大和美丽，就不算真正到了洞庭湖。

4. 大而特——洞庭游最切实的策划思路

面对"洞庭天下谜"这么一个规模大、内涵丰富的题材，要将其策划好，不是件容易的事情。有人讲旅游行业是"点子行业"，旅游项目策划要将自然环境、民情风俗、人文历史、生物动态等，通过创新性的艺术思维、科学思维和哲学理念的整合才能得出。但不管怎样，方案必须手笔大。如果项目品位低、规模小，会使今后的"蛋糕"做不大，品位上不去，没有发展空间。也不能"啃别人啃过的馒头"，抄袭项目，尤其上那些雷同的主题公园，没有特色。更不能把一个可以开发的有机整体分割成几块，互相制约，影响开发。我们要珍惜洞庭湖这个独特的旅游资源，努力地宣传它、发扬它和利用它，要把它做成湖南最大的独具特色的旅游品牌。为此，提几点具体的建议，供决策者们参考。

（1）建议成立洞庭湖旅游开发课题小组，继续做好旅游资源的普查、收集和整理，编写《洞庭湖旅游开发项目建议书》，上报有关部门，争取国家支持。

（2）洞庭湖区需要有个区域中心城市。建议将该地区中心的沅江市、南县、汉寿、安乡、湘阴、华容等县市划为一起，组建成"洞庭湖市"。唯有这样，才能改变这一地区的"行政区划的边缘组合"现状，确保国家对洞庭湖区的整体规划和开发，才能确保其财力、物力和人力的集中使用，才能做大做强洞庭湖的旅游品牌，真正有利于洞庭湖区的经济和社会发展。

（3）建议湖南省考古所在此设立一个洞庭湖考古工作站，将沅江的"洞庭湖博物馆"搬迁到赤山岛并将其升格，增拨相应经费。授权在整个洞庭湖区征收文物史料，使其成为洞庭湖旅游的室内基地、参观指南和科研中心。

（4）加大对洞庭湖环境监测站的投入，让其继续做好洞庭湖的各类生物标本的收集制作工作。

（5）严格控制赤山岛的现有建设与开发。建议把赤山岛西侧目平湖退田还湖的农民搬迁他垸；尽快将赤山定为"洞庭湖生态旅游开发区"保护起来。

（6）积极与港澳地区合作，借力共同开发祖国的母亲湖。

案例思考：借鉴本案例，如何对武汉市东湖风景区进行深度开发？

第三章　旅游景区经营管理

第一节　旅游景区的组织机构设置

一、以产品为中心的组织机构设置

这种组织机构的特点是经营管理者把旅游景区作为一种产品来对待，见图3-1。
优点：责任明确，组织内部有分工明确的等级制度，有利于培养经营管理者。

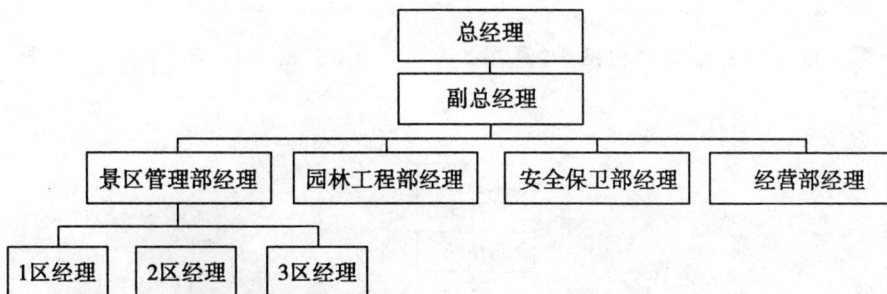

图3-1　以产品为中心的组织机构设置图

二、以市场为中心的组织机构设置

这种组织机构的特点是经营管理者把旅游景区作为一种满足旅游者多样化需求的旅游形态来对待，其行为方式是由旅游者多样化休闲娱乐需求选择决定的，注重市场细分，见图3-2。
优点：把注意力集中到旅游者的选择需求方面。

三、以职能为中心的组织机构设置

这种组织机构的特点是根据分工专业化的原则，以工作或任务的性质为基础来划分部

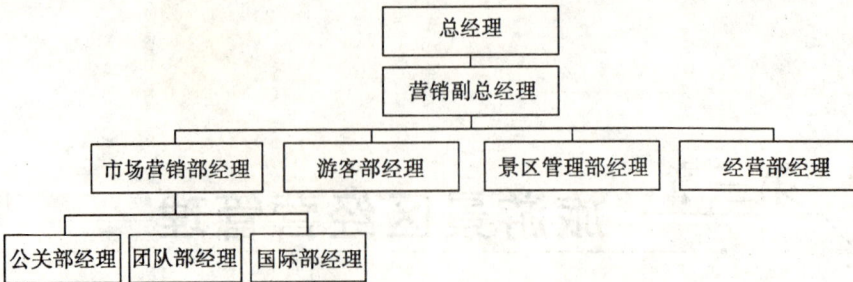

图 3-2   以市场为中心的组织机构设置图

门，见图 3-3。

优点：有利于充分发挥专业职能，使主管人员的注意力集中在组织的基本任务上。

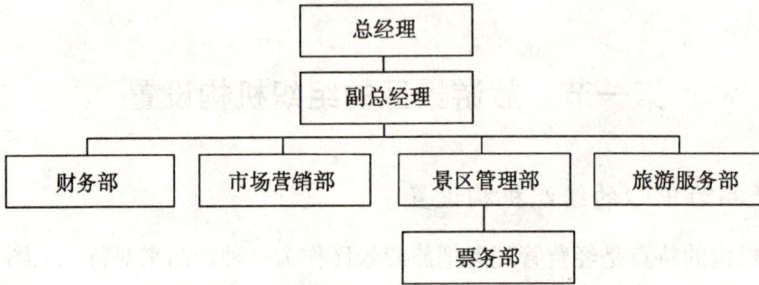

图 3-3   以职能为中心的组织机构设置图

想一想：以下三种组织机构框架（见图 3-4、图 3-5、图 3-6）属于以上哪一种组织机构设置类型？

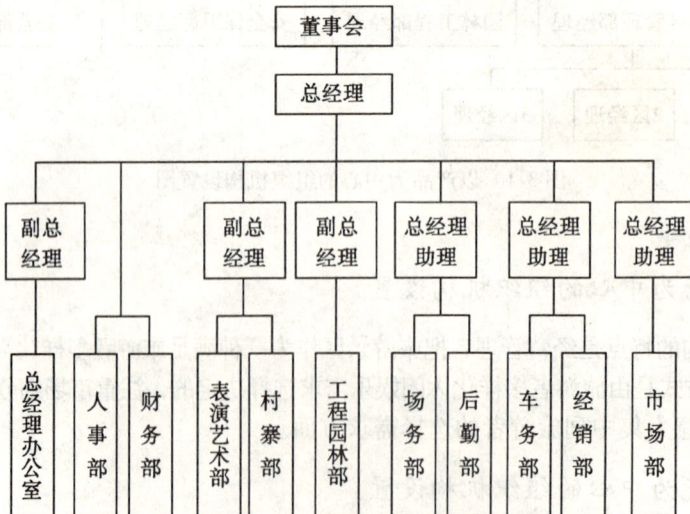

图 3-4   深圳锦绣中华的组织机构框架

```
                                  主席兼总裁
                    ┌──────────────────┴──────────┐
              副主席
         （象征性地由迪斯尼侄子担任）

  ┌──────────────┬──────────────────┬────────────┬──────────────┐
执行副总裁EVP      执行副总裁EVP      运作副总裁COO    财务副总裁CFO
负责法律和政策游税  负责企划、发展

┌────────┬──────────────┬────────┬────────┬──────────────┬────────┐
  电影      ABC电视公司设电视    商品      度假区    区域演出游乐项    体育
4个专业制片厂  制作中心电视台及网  国际生产    主题公园  目多个表演团体    棒球队
  发行机构    络国际电视发展集团  销售网络            多个流动乐园    冰球队
```

```
                                  形象公司
                                  IMAGINE

┌──────────────┬──────────────┬──────────────┬──────────────┐
洛杉矶迪斯尼乐园   奥兰多迪斯尼世界   东京迪斯尼乐园    巴黎迪斯尼乐园

  市政设施管理机构
  营销机构
  工程建筑管理机构
  演出组织机构

┌──────────┬──────────┬──────────┬────────────────────┐
EPCOT公司    魔术王国    MGM影城    度假酒店及度假服务功能设施
```

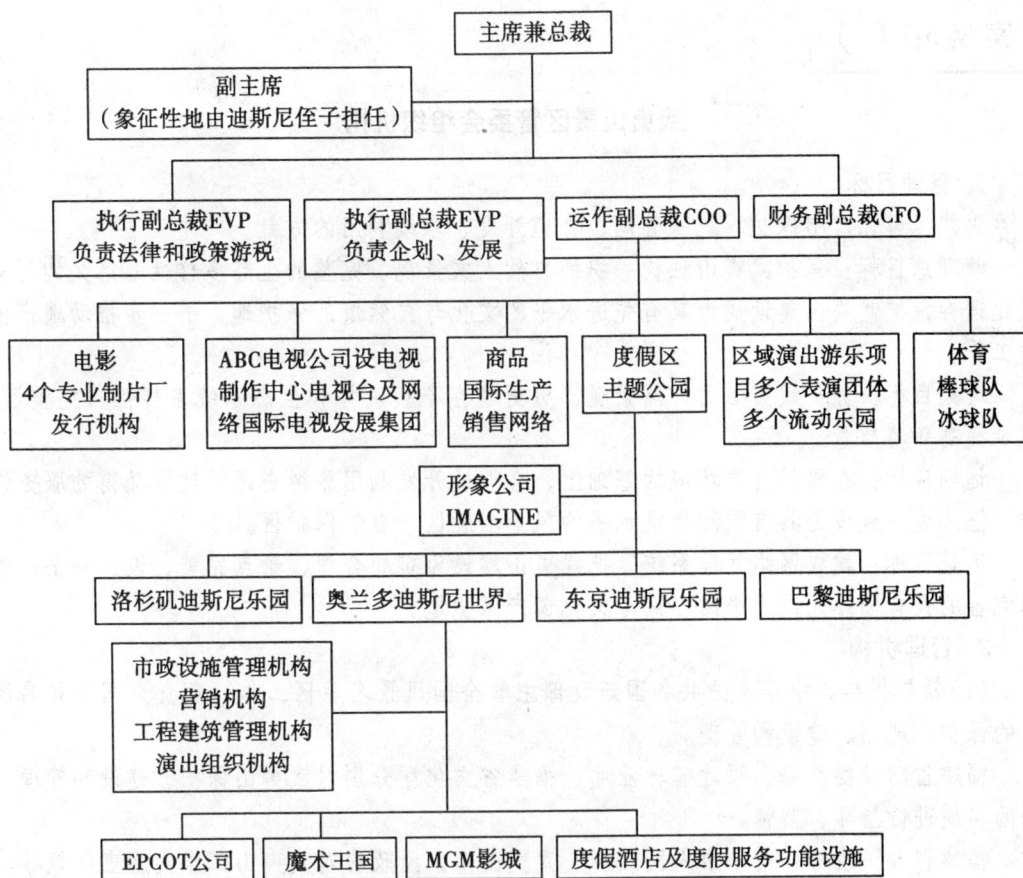

图 3-5 美国迪斯尼集团的组织机构框架

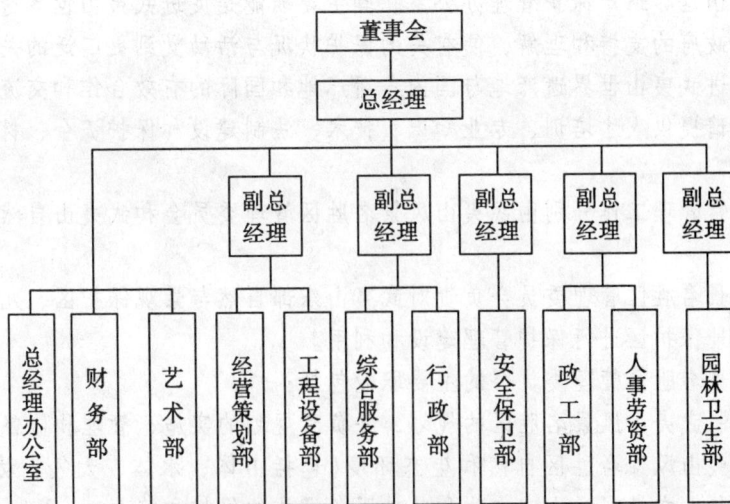

```
                                  董事会
                                  总经理

        ┌────────┬────────┬────────┬────────┐
       副总       副总      副总      副总      副总
       经理       经理      经理      经理      经理

┌────┬────┬────┬────┬────┬────┬────┬────┬────┬────┬────┐
总经理  财务  艺术  经营  工程  综合  行政  安全  政工  人事  园林
办公室  部    部    策划  设备  服务  部    保卫  部    劳资  卫生
              部    部    部          部          部    部
```

图 3-6 北京世界公园的组织机构框架

案例 3-1

武夷山景区管委会组织机构

1. 管理目标

思想：遵循严格保护、统一管理、合理开发、永续利用的方针。

管理总目标：保护武夷山独树一帜的自然人文景观、完整的生态多样性、悠久的历史文化遗存，把武夷山建设成为具有先进水平的文化与自然遗产保护地，进一步推动遗产保护工作。

近期目标：保护武夷山的自然景观、历史遗存不被破坏和生态系统多样性、完整性，逐步提高环境质量。

远期目标：在保护资源环境的基础上，合理地开发利用旅游资源，建设必需的服务设施，把武夷山建设为具有国际先进水平的风景名胜区、自然保护区。

远景目标：建成网络管理系统，把武夷山建设为布局合理、景点完美、设施齐全、管理完善的具有国际先进水平的自然与文化遗产保护地。

2. 管理机构

(1)领导机构。中华人民共和国建设部主管全国风景名胜区工作，负责全国风景名胜区的保护、规划、建设和管理。

福建省建设委员会、福建省林业厅、福建省文化厅分别对武夷山保护、建设和管理计划的实施进行指导、监督。

福建省人民政府、南平市人民政府、武夷山市人民政府对武夷山工作实施直接领导。

(2)执行机构。武夷山保护管理委员会是代表政府对武夷山实行统一领导的管理机构。

下设武夷山世界遗产保护管理办公室。其主要职能是促进武夷山世界遗产地的保护管理，获得各级政府的支持和理解，使有关的保护状况与活动受到更广泛的关注与更严格的审核。同时促进武夷山世界遗产地与国内各遗产地和国际的有效合作和交流，包括向世界遗产委员会申请提供人才培训、专业知识、技术、法制建设和保护资金、材料、设备等方面的援助等。

武夷山日常管理工作分别由武夷山风景名胜区管理委员会和武夷山自然保护区管理局负责。

武夷山风景名胜区管理委员会负责对武夷山东部自然与景观保护区、九曲溪生态保护区、古汉城遗址保护区进行保护管理建设和利用。

武夷山风景名胜区管理委员会的主要职能包括：

①负责编制武夷山风景名胜区的规划，并负责规划的实施、管理和监督。

②负责武夷山风景名胜区自然和生态环境(包括山体、水体、大气、动植物等)、旅游资源、自然与人文景观、古迹文物和基础服务设施的保护和管理。

③负责武夷山风景名胜区的景点、旅游项目和基础设施的开发建设和利用。

④负责武夷山风景名胜区的旅游活动、经营服务、票费管理、环境卫生，依据法规对武夷山风景名胜区所有部门、单位和乡镇(村)涉及景区的工作和活动，实行统一管理和指导、协调、监督。

根据上述职能，景区管委会内设办公室、监察室、财政局、世界遗产保护局、建设发展局、武夷山世界遗产监测中心。

管委会办公室的主要职能包括：

①负责景区党工委、管委会日常工作，落实南平市委、市政府、武夷山市委、市政府、景区党工委、管委会各项决定和工作任务，积极参与政务、管理事务、搞好服务，切实做好领导参与助手。

②负责党工委、管委会的中心工作，对党工委的重要决策、重要活动的协调和落实，及时了解景区各项工作进展情况，搜集信息及反馈，做好文字材料的编写工作。

③负责党工委、管委会文件的核稿及发文把关，负责相关印信工作。

④负责干部、党员、职工的教育培训工作，加强劳动人事管理，做好人才交流工作。

⑤负责文电、机要、档案、行政管理、接待与外联等工作。

⑥加强精神文明建设、搞好机关大院的安全保卫、环境整治、创安等工作。

⑦负责抓好本委党的组织建设、思想作风建设和党员干部队伍建设，端正党风，抓好工、青、妇等方面工作。

⑧负责实施旅游市场开发方案，完成景区党工委、管委会确定的各项旅游宣传促销任务。

⑨承办景区党工委、景区管委会下达的其他各项工作任务。

管委会监察室的主要职能包括：

①贯彻落实政府有关行政监察的工作决定，监督检查本委行政各部门在遵守和执行法律、法规和政府的决定、命令中的问题。

②受理对本委行政部门、公务员和委行政部门任命的其他人员违反行政纪律行为的控告、检举。

③调查处理本委行政部门、公务员和行政部门任命的其他人员违反行政纪律的行为。

④受理行政监察对象不服主管行政机关给予行政处分决定的申诉，以及法律、行政法规规定的其他由监察部门受理的申诉。

⑤做好行政监察法律法规的宣传，教育本委各部门工作人员遵纪守法、为政清廉。

⑥做好机关效能工作。

⑦承办纪工委安排的各项工作。

⑧完成上级监察机关和景区管委会交办的其他工作任务。

管委会财政局的主要职能包括：

①在景区内行使县级人民政府财政部门和国有资产管理部门的同等职能。

②负责制定景区财政预算、财务、会计、国有资产方面的规定和管理制度。负责景区票费的征收和监管，筹集和管理景区建设发展资金。

③负责拟订年度、中、长期财政计划、财政收支预算草案，编制年度财政决算，对各项资金的筹集、使用进行管理、监督、审批。

④参与经济的决策管理，会同有关部门对项目的经济效益进行评估、论证。

⑤负责审定景区内部各单位财务管理制度，制定成本、费用等开支标准及财务处理规定。

⑥负责处理景区所属的企、事业单位在各类经济活动中，国有资产的评估，产权变动和财务处理等问题，参与管理国有资产的发包、租赁、合资、参股经营等资产运作，核定企业税后利润分配和合资企业国有资产股权收益的分配。

⑦负责会计主管人员考核工作，制定财政会计人员的教育计划，对财会人员进行定期培训。

⑧负责组织搜集和处理分析有关经济信息工作。

⑨承办景区管委会下达的其他工作任务。

管委会世界遗产保护局的主要职能包括：

①负责武夷山风景名胜区和上、下游景区的总体规划、小区规划、专业规划、园林建设详细建设规划的编制、管理和监督。

②负责景区驻山单位及个人建设规划的审批、监督。

③实施对违反景区建设规定的违法、违章行为进行监察。

④负责辖区内的自然资源、文物、环境的保护管理工作。

⑤负责辖区内保护管理的宣传工作，提高社会的遗产地保护意识，抓好护林防火工作。

⑥负责古树名木的保护和森林病虫害防治及景区绿地管护的监督工作。

⑦根据保护管理的法律、法规及有关规定，查处违法、违规、违章等破坏资源、环境和设施的行为。

⑧负责自然环境、旅游环境的监测、评估，做好动植物的调查、研究工作。

⑨建立ISO14001环境管理体系，对该体系的实施进行指导与监督。

⑩负责宗教活动场所的管理。

⑪负责协调有关部门、驻山单位和乡、镇、村的关系。

⑫完成上级交办的各项工作任务。

管委会建设发展局的主要职能包括：

①负责编制武夷山风景名胜区开发建设计划(含园林工程)，并组织监督计划的实施。

②制定景区旅游经济发展规划和基本建设、项目投资计划，做好旅游经济发展的调研工作，实施年度发展计划，加强综合平衡，做好旅游项目策划和项目信息反馈工作，为领导提供决策依据。

③协助本委相关部门制定企业年度经济考核指标和企业改革方案，并对本委各企业的经营管理活动进行协调、指导、监督和管理。

④负责景区外引内联项目洽谈与审批、报批工作，参与建设项目的评估、论证、实施与验收。

⑤负责景区投资开发的管理、协调、服务工作，对新上企业项目的可行性进行审核、论证，并监督实施。

⑥研究旅游市场，制定旅游市场开发的方案。

⑦负责武夷山风景名胜区建设工程质量管理和建筑市场管理。

⑧负责组织、实施监督景区疏林地改造、天然林定向抚育、火烧迹地改造、幼林抚育。

⑨负责归口管理闽越王城管理处和大峡谷生态公园管理处。

⑩承办景区党工委、管委会下达的其他工作任务。

武夷山世界遗产监测中心的主要职能包括：

①制定武夷山遗产地监测工作计划和实施方案及建立遗产地有效的监测体系。

②根据国际遗产公约及中国联合国教科文组织全委会、国家建设部、国家文物局对武夷山世界遗产地的保护要求进行定期的专业监测、分析，为上级部门提供科学的决策依据。

③对武夷山遗产地的保护状况、发生事件、所采取的措施及其对保护现状所产生的效应等做出详尽的记载说明。做好遗产地的景观、自然环境(水质、水文、大气、气象、噪声)、生物多样性、土壤、古建筑、古遗址方面的定期监测工作。

武夷山自然保护区管理局负责对武夷山西部生物多样性保护区、科研实验区进行保护、管理、建设和利用。

其内设各部门及岗位职责如下：

办公室：组织人事、劳动工资、文秘档案、安全卫生、机关后勤。

计财科：计划、财务管理、审计、基建管理。

保护科：林政、资源管理、森林植物检疫。

防火办：森林火灾的预防和扑救、森防设施建设、森防队伍培训。

社区管理科：协调社区保护经济发展。

科研科：科研项目管理及推广。

森林公安分局：辖区林业治安、刑事案件查处、行政委托林政处罚及派出所的综合治理。

管理所：辖区资源和环境保护、指导社区经济发展。

邵武办事处：管理局派出机构、协调当地有关部门关系、基地管理、中转接待。

森林旅游公司：发展旅游、科普宣教。

资料来源：湖北大学旅游景区管理精品课程网(http：//202.114.155.239/jpkc_bs/lyjqgl/skja.htm)。

案例思考：根据上述案例，以武汉东湖风景区为例，设置组织机构并画出组织机构框架图。

第二节　旅游景区的经营模式

一、以经营主体为核心依据的二—五—十模式

根据旅游景区经营主体的市场化程度，旅游景区经营模式可以划分为企业型管理和非企业型管理两大类别。

按照旅游景区经营主体的性质，可分为国有企业经营、股份制企业经营（包括国有股份制企业经营和混合股份制企业经营）以及整体租赁经营三种模式。

根据旅游景区与经营主体的行政隶属关系，可以分为经营主体隶属于国有企业、隶属于当地政府、隶属于政府部门三种模式。

根据旅游景区的权属关系划分，最重要的权属关系即旅游景区的所有权与经营权、资源保护权与开发权的相互关系。旅游景区的所有权与经营权是否分开、资源的开发权与保护权是否统一，是旅游景区的核心内涵，四权关系的不同，旅游景区经营模式也就不同。

根据以上划分依据，我国现有的旅游景区经营模式体系具体如图3-7所示：

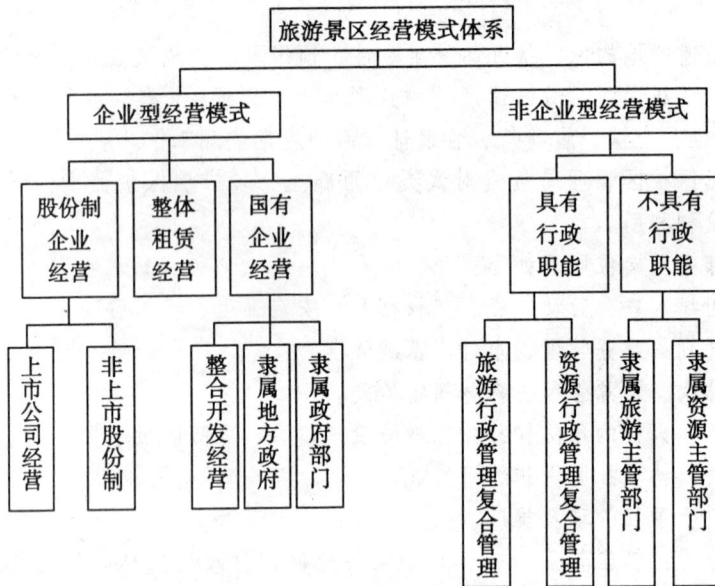

图3-7　旅游景区经营模式体系
资料来源：董观志：《现代景区经营管理》，东北财经大学出版社2008年版。

（一）整体租赁经营模式

整体租赁经营模式，是指在一个旅游区内，将旅游区的所有权与经营权分开，由政府统一规划，授权一家企业较长时间（最长为50年）地控制和管理，组织一方或多方投资，成片租赁开发，垄断性建设、经营和管理，并按约定比例由旅游区所有者和出资经营者共同分享经营收益的旅游区治理模式。该模式结构见图3-8。

整体租赁经营模式是在明确旅游区为国家所有的前提下，将其所有权与经营权有效分离，以追求旅游区最有效的投资规模为基本出发点，由政府授权一家企业垄断性整体开发，各司其职，相互制约，共同保障旅游区的各方利益相关者的利益。

整体租赁经营模式最初产生于四川省雅安市碧峰峡省级风景名胜区。其标志是1998年1月8日成都市民营企业万贯置业投资有限公司与碧峰峡旅游区所在的雅安市政府签订

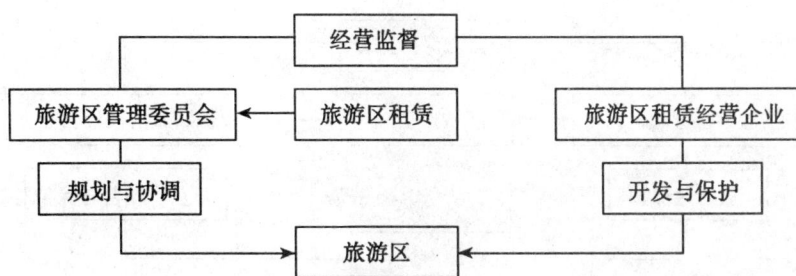

图 3-8　整体租赁经营模式

资料来源：彭德成：《中国旅游景区治理模式》，中国旅游出版社 2003 年版。

《开发建设碧峰峡的合同书》。截至 1997 年底，碧峰峡旅游区累计投入仅 500 万元，年接待旅游者 1 万余人，年旅游收入 30 万元。而开发后的 1999 年 12 月至 2001 年 5 月，旅游区共接待游客 100 多万人次，实现旅游收入近 1 亿元，利润达到 4000 多万元。整体租赁经营模式的成功，产生了巨大的连锁效应。继碧峰峡后，四川甘孜州海螺沟现代冰川国家森林公园、成都西岭雪山国家风景名胜区、阿坝州四姑娘山风景名胜区、汶川卧龙大熊猫自然保护区、凉山泸沽湖的旅游开发都先后按照整体租赁经营的基本模式进行。由于该模式产生于四川，并在四川旅游区中产生巨大影响，因而又称为"四川模式"。这种模式代表性的旅游区有四川碧峰峡旅游区、重庆芙蓉洞旅游区、天生三桥旅游区、金刀峡旅游区、桂林阳朔世外桃源旅游区。

由此可以看出，该种模式最大的优势体现在将旅游区的所有权与经营权进行分离，通过企业出资，有效解决了旅游资源发达而经济相对落后地区发展旅游区的资金障碍，运用现代企业先进的经营理念，产生了显著的经济效益。

但是，该种模式也存在着一定的风险：(1)政策风险。根据相关规定，旅游资源属于国家所有，各地区各部门不得以任何名义和方式出让或变相出让。而整体租赁模式恰恰是对该项规定的挑战，因此，在现有管理体制和政策约束下，该种模式存在着巨大的政策风险。(2)合作与经营风险。该模式是旅游区利益相关者之间的一个均衡契约，一旦这种均衡被打破，就会给旅游区的发展带来致命的威胁。

整体租赁经营模式并非适用于所有的旅游区，选择整体租赁经营模式的旅游区应当具备如下条件：(1)具有吸引投资商的旅游开发潜力；(2)区域经济薄弱；(3)地方政府主导有力。

(二)非上市股份制企业经营模式

非上市股份制企业经营模式是指旅游区为了筹集开发建设资金，对旅游区经营企业实行股份制改造，并由政府委托股份制企业独家经营旅游区，或在旅游区经营企业的基础上新组建一家股份制公司，政府授权其独家经营旅游区资格的方式。非上市股份制企业经营管理模式结构如图 3-9 所示。

非上市股份制企业管理模式是以向社会筹集大量资金进行旅游区的开发为主要动力，

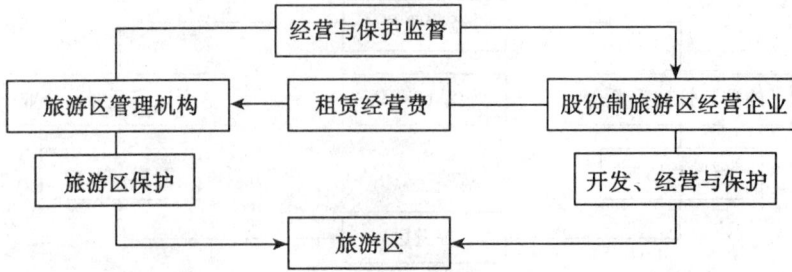

图 3-9　股份制企业经营管理模式

资料来源：彭德成：《中国旅游景区治理模式》，中国旅游出版社 2003 年版。

实行股份制经营企业垄断经营，旅游区经营企业需缴纳一定数额的专营权使用费。

股份制企业经营模式始于 1993 年 12 月 18 日浙江富春江旅游股份有限公司的成立。该公司成立时股本总额 6000 万元，由国家股、发起法人股、社会定向法人股、个股组成，是全国首家以旅游区资源为主要投入的股份有限公司，开创了国内股份制企业开发经营旅游区的先河。随后，青岛琅琊台风景区、浙江绍兴柯岩风景名胜区、山东曲阜"孔府、孔庙、孔林"文物旅游区也都先后采取了股份制企业经营模式。受 20 世纪八九十年代我国宏观经济背景的影响，非上市股份制企业经营模式一度盛行，成为旅游区管理模式中市场化程度最高、旅游区企业型管理中较受欢迎的模式之一。

该模式以其巨大的融资能力、垄断的经营地位、先进的经营机制成为旅游区管理中最受欢迎的模式之一，但该模式由于其垄断经营的特点也带来了极大的由于决策不当或决策人能力不足产生的经营风险。

非上市股份制企业经营模式适用的旅游区类型为：

(1) 该区旅游资源具备较强的吸金能力；

(2) 邻近主要的客源市场；

(3) 该区具备发育较好的融资市场环境；

(4) 该区具备市场化程度较高的人文投资环境。

(三)上市公司经营管理模式

上市公司经营管理模式是指旅游区经营企业经过股份制改造上市后，受旅游区管理机构的委托，代理经营包括旅游区门票在内的一切旅游业务，成为旅游区内唯一负责的旅游经营机构，对旅游区实行垄断性经营的方式。上市公司经营管理模式的结构如图 3-10 所示。

上市公司经营管理模式是旅游区管理模式中市场化程度最高的模式之一，是典型的旅游区经营权与管理权、开发权与保护权四权完全分离的旅游区管理模式。借助现代金融市场，上市公司经营管理模式具有强大的融资能力和经营优势，因此，成为许多旅游区努力的方向之一。

事实上，目前国内部分旅游区或其经营企业也以各种方式争取上市，采取上市公司经

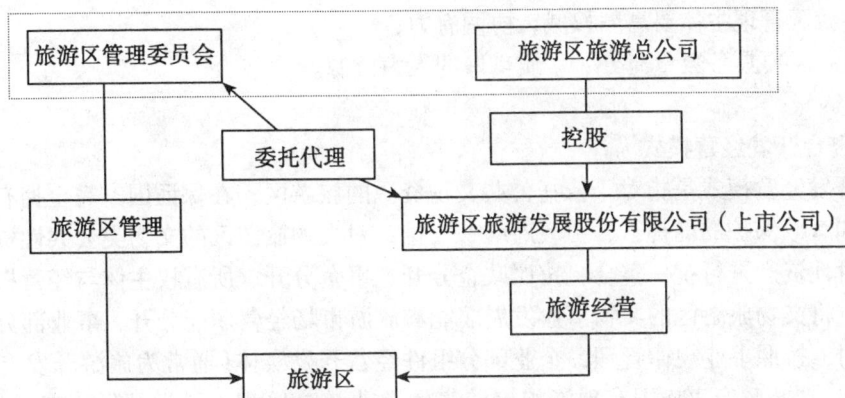

图 3-10　上市公司经营管理模式

资料来源：彭德成：《中国旅游景区治理模式》，中国旅游出版社 2003 年版。

营管理的方式。但由于受到我国相关法律法规限制，建立旅游区股份制公司并成功上市、实行完全意义上的上市公司经营管理模式的旅游区仅有黄山和峨眉山。

采取上市公司经营管理模式的黄山和峨眉山两大旅游区，上市以后募集了大规模资金投入旅游区开发建设，使两大旅游区都已发展成为我国最重要的旅游区之一，充分显示了上市公司在旅游区开发建设、经营管理上的优势。黄山旅游发展股份有限公司上市后，下属企业由公司成立之初的 12 家增至 30 家，总资产从 2.3 亿元上升到 10 多亿元，股票市值 40 多亿元，峨眉山旅游股份有限公司上市后，经济效益以年均 28% 的速度高速增长。

可见，该模式最突出的优势之一就是经济效益显著，而经济效益的显著也归功于该模式极大的市场融资的优势，例如，黄山旅游 4000 万 A 股和 8000 万 B 股的成功发行，从证券市场募集资金 4 亿元；峨眉山旅游 4000 万 A 股上市，募集资金 2.8 亿元。这种短时间、大规模的资金募集效果，是其他任何融资方式都难以达到的。除此之外，多元化的法人治理构架使旅游区的发展受到各方的监督和制约，管理更加规范、透明，凸显了上市公司经营管理模式的经营机制上的优势。

但是，由于资源的特殊性、经营的多重目标性以及相关法律的滞后，上市公司经营管理模式存在着制度安排的局限性，可能在运作过程中带来政策、资源保护和经营风险。上市公司经营模式设计一种特有的制度安排——当地政府首脑、旅游区管理委员会主任、旅游区上市公共董事长三位一体的集权机制，不符合现代企业制度，不符合上市公司规范法人治理结构的要求，带来潜在的政策风险。

该模式实行旅游区资源的开发权与保护权的完全分离，不能确保资源开发者与资源保护者之间存在利益约束机制，会给资源保护带来风险。高度的集权体制带来旅游经营的高风险，一旦决策不当就会给旅游区的经营管理带来极大的风险。

尽管上市公司经营管理模式拥有极强的优势，但在我国旅游区经营中并不普遍，除了法律法规方面的限制之外，上市公司经营管理模式与其他模式相比，要求的条件更高：

（1）从政策环境看，要求有宽松的政策环境和健全的法规体系；

（2）旅游区资源要具备一定的规模和持续的吸引力；

（3）旅游区管理主体要高度权威，协调有力；

（4）旅游区要具备数量充分、素质良好的人力资源。

（四）整合开发经营模式

整合开发经营模式是指对于依托公共文物资源的旅游区，在保证国家完全拥有文物资源所有权和有效保护的前提下，由政府统一安排，对文物旅游区的文物类公共性资产和非文物类经营性资产进行统一整合，按照政企分开、事企分开、所有权主体与经营权主体分离的原则，将文物旅游区的文物事业发展职能和旅游市场经营职能分开，事业部分统一划归文物部门，按照事业规律管理，企业部分组件经营开发实体（通常为旅游开发有限责任公司），统一划归政府直属国有独资的旅游集团企业统一管理，科学开发，市场化经营。整合开发经营模式的结构如图 3-11 所示：

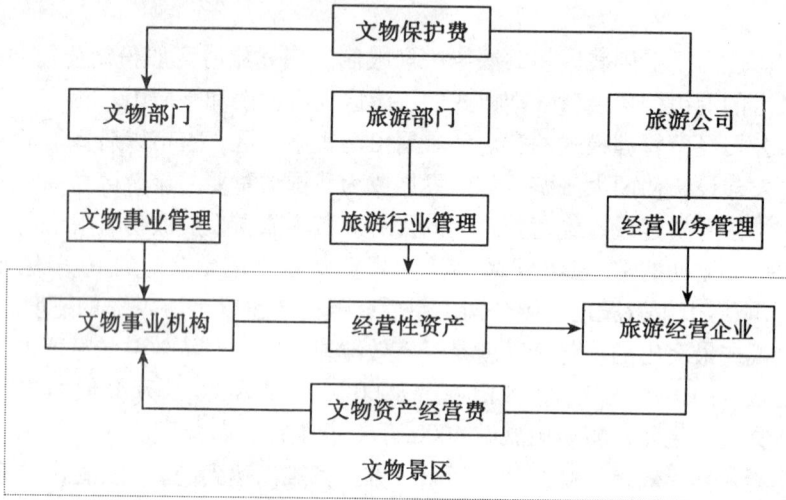

图 3-11　整合开发经营模式

资料来源：彭德成：《中国旅游景区治理模式》，中国旅游出版社 2003 年版。

整合开发经营模式以确保旅游区的文物资源所有权完全为国家拥有并对其进行有效保护为前提条件，以坚持在以贯彻文物保护为主的前提下实行文物资源合理利用与有效保护的结合，坚持旅游产品的科学开发，实现文物资源优势向旅游经济优势的转化为原则，以政企分开、事企分开、两权统一、主体分离、国有经营、全面整合，文物事业性管理，旅游市场化经营为核心，创立以国家保护为主，动员全社会参与的文物保护新体制，建立投资主体多元化、产品开发市场化、经营活动企业化的旅游经营新机制，利用优势资源，打造旅游知名品牌，充分调动各方积极性，保障旅游区相关利益者的利益。

整合开发经营模式主要出现在 20 世纪 90 年代后期文物旅游资源丰富的陕西省。经过文物旅游管理体制和经营机制改革以后，陕西省主要旅游区特别是文物类旅游区的经营模式发生了根本性变化,从传统上隶属文物部门,以文物保护、研究、宣传等事业发展为主,转变为适应市场经济要求的政事分开、政企分开、事企分开、文物所有权主体与旅游经营权主体分离的保护为主,经营并重的整合开发经营模式。其代表性旅游区有陕西华清池、华山等文物旅游区及海南天涯海角、桂林七星公园等。这些旅游区均由国有旅游区公司负责经营,分别隶属于陕西旅游集团公司、海南三亚市旅游投资有限公司及桂林旅游总公司。

整合开发经营模式的优势主要体现在:(1)该模式强调旅游与文物的结合,打破了地区与行业的限制,实现了旅游资源的全面整合和优化配置;(2)该模式通过组建旅游集团公司,统一经营旅游区经营性资产,重组精华资源,充分发挥投融资主体的作用,形成强有力的投融资平台;(3)该模式通过政府强有力的资金支持,改善一些文物保护地及其周边的环境,动用政府和公安的力量对文物类旅游区实行强有力的保护,倡导全社会保护文物旅游资源,将对文物的保护从由政府保护发展转变为全社会参与,由专家保护发展转变为全民保护的新局面。

除以上优势外,该模式也存在着一些风险和局限,具体体现在:在政策风险方面,整合开发经营管理模式的形成依据的合法性受到挑战;在对文物的保护方面,文物保护权和开发权的分离可能会给文物的保护带来风险;在融资能力方面,国有独资的企业形态一定范围内限制了旅游区的融资能力;在经营权方面,子公司的地位一定程度上制约了旅游区经营企业的自主经营权;在管理成本方面,单一的股权结构扩大了旅游区经营决策和监督管理的机会成本;在协调各利益主体方面,该模式较多地关注了地方政府和相关部门的利益,却忽视了旅游区所在地居民的利益。

整合开发经营模式适合的旅游区类型为:

(1)地区经济不发达,事业经费严重不足,发展压力较大;

(2)旅游区性质以公共资源为主体,能够进行技术性的划分;

(3)旅游资源品位高、特色强、规模大,有一定的垄断性;

(4)对旅游区产品的有效需求旺盛;

(5)实施主体是主导有力的地方党政机关。

整合开发经营模式常见于文物型旅游区或成为遗产型旅游区,是比较适合文物旅游区的旅游区管理模式之一。该模式划分旅游区文物类公共资产和非文物经营性资产的方法,具有科学性与合理性,能够从根源上有效解决这个问题,值得其他旅游区借鉴。但因该模式大多与市场化经营争议较大的文物旅游区相联系,这种非经营性资源和经营性资源的划分方法往往被旅游区市场化经营所忽视。

(五)旅游行政管理复合管理模式

旅游行政管理复合管理模式是指在一个旅游区内设立拥有政府管理权限的旅游区管理机构,同时行使同级旅游行政管理部门的职权(即合并同级旅游行政管理部门),对旅游区实施一体化(即只有一个管理主体)的封闭式、全方位的管理模式。旅游行政管理复合管理模式的结构如图3-12所示:

该模式是在具有政府职权与旅游部门相结合的网络管理机构的管理下,以自主经营为

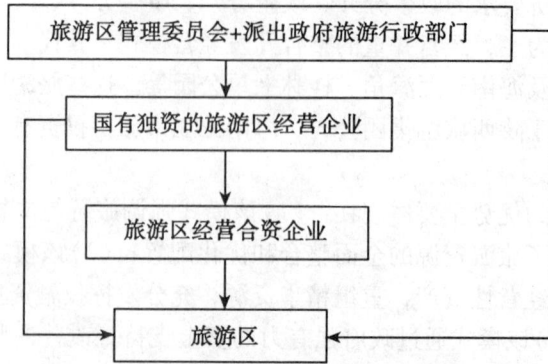

图 3-12　旅游行政管理复合管理模式

资料来源：彭德成：《中国旅游景区治理模式》，中国旅游出版社 2003 年版。

主体，以建立现代企业制度为主要动力，但该模式中最具特色的则表现在"四权"的分配上，由于旅游区的公共资源属性和自然资源的脆弱性，旅游区的所有权与经营权、资源的开发权与保护权，在总体上是结合的，都统一在旅游区管理委员会的管理下，但对公共资源类旅游区的经营有其特殊性，对该类旅游区的经营一方面要追求经济效益最大化，另一方面又要保障公众利益和社会的长远利益，因此，旅游区的所有权与经营权采取部分分离的形式，有管理委员会的国有独资企业负责经营活动，部分经营项目由国有独资企业直接经营，部分经营项目由国有独资企业控股的合资企业经营，所有权与经营权的部分分离也决定了开发权与保护权的部分分离。

　　旅游行政管理复合治理模式是旅游区非企业型管理的典型代表，常见于我国的自然旅游区和自然保护区。这一模式首先产生于吉林省长春净月潭旅游区，2000 年初，长春市旅游局与净月潭旅游经济开发区管理委员会合并，实行"一套班子，两块牌子"。净月潭的管理主体是地方政府——长春市政府。净月潭旅游开发区管理委员会被政府赋予很高的行政能力，拥有统一的净月潭旅游区的所有权和经营权。净月潭旅游开发区管理委员会代表市人民政府全权负责旅游区的经营管理，在收回了有关部门的管理权之后，将部分经营权转让给旅游发展集团公司（主要负责净月潭国家森林公园的经营），而净月潭国家名胜风景区和净月潭旅游度假区则由开发区管理委员会直接管理经营。2000 年 1 月到 2004 年 9 月，市旅游局与净月开发区合署办公期间，全市旅游业总收入由合署办公前 1999 年的 18 亿元增加到 2004 年的 96.7 亿元，5 年年均递增 40%，相当于全市生产总值比重由 2.5% 提高到 6.3%，结束了长春市旅游业在全国 15 个副省级城市中长期排名末位的局面。长春净月潭旅游区现已发展成为以森林和冰雪为特色，包括春踏青、夏避暑、秋观景、冬赏雪四大主题在内的知名旅游区。采用该模式的旅游区还有江西龙虎山、山东蓬莱阁等旅游区。

　　由长春净月潭的案例可以看出，以体制创新、机制创新而实现旅游区超常规、跨越式快速发展的旅游行政管理复合管理模式是优势资源、优势区位、优惠政策、优良网络、权威主体、市场机制的集成。

旅游行政管理复合治理模式借助旅游区管理机构的政府权威和优惠政策，利用旅游部门的优良网络，依托旅游区自身的资源优势，具有较大的经营优势；旅游区管理机构与旅游行政管理部门合并所构建的管理体制，为旅游区发展提供了更大的内外空间。

但在该模式中，因其非企业型管理及其对旅游区管理结构的多重身份与角色而受到主张旅游区市场化经营者的抨击。旅游区管理机构既作为所有者与管理者，又很大程度参与旅游区经营的管理体制是争议的焦点所在。尽管存在缺陷，这一模式不失为近年来旅游区体制改革和机制创新的成功实践，具有一定的发展优势和发展前景。

该模式是在确保旅游区资源完全为国家所有并得到有效保护的前提下，旅游区实行自主经营，有条件地吸纳社会资本的参与，依托旅游部门的网络化拓展经营，因此，采用该种模式的旅游区应具备以下条件：

(1)政府指导有力，旅游区管理机构职能充分、职权到位；

(2)旅游区管理委员会与当地旅游管理部门合作；

(3)旅游区以其资源特色在旅游业发展中处于区域内的龙头地位；

(4)对于旅游招商引资的政策优惠；

(5)拥有高素质的旅游区管理的专业团队。

除以上使用广泛的五种模式外，目前我国旅游区常见的管理模式还有隶属地方政府的国有企业经营管理模式、隶属政府部门的国有企业经营管理模式、资源行政管理复合管理模式、隶属旅游主管部门的自主开发管理模式、隶属资源主管部门的自主开发管理模式等。由于篇幅有限，在此就不一一介绍了。

由上面的具体分析可以看出，以上的十种管理模式主要是围绕所有权、经营权、开发权、保护权展开探讨。这十种模式的比较具体见表3-1：

表3-1　　　　　　　　　　　旅游区各种经营模式比较

模式	发展导向	经营主体	所有权与经营权	开发权与保护权	实例
整体租赁经营模式	经济发展导向	民营企业或民营资本占绝对主导的股份制企业	分离	统一：由经营企业负责	四川碧峰峡、重庆芙蓉洞
上市公司经营管理模式	经济发展导向	股份制上市公司	分离	分离：上市公司行使开发权，旅游区管理机构行使保护权	安徽黄山、四川峨眉山
非上市股份制企业经营模式	经济发展导向	非上市股份制企业：国有股份制企业或国有与非国有参与的混合股份制企业	分离	统一：由经营企业负责	曲阜"三孔"、桐庐瑶琳仙境

续表

模式	发展导向	经营主体	所有权与经营权	开发权与保护权	实例
整合开发经营模式	经济发展导向	国有全资企业	分离	统一：由经营企业负责	陕西华清池、海南天涯海角
隶属地方政府的国有企业经营管理模式	经济发展导向	国有全资企业	分离	统一：由经营企业负责	浙江乌镇、江苏周庄
隶属政府部门的国有企业经营管理模式	经济发展导向	国有全资企业	分离	统一：由经营企业负责	宁夏沙坡头、南宁青秀山
旅游行政管理复合管理模式	综合效益导向	旅游区管理机构（与当地旅游局一套班子）	统一	统一：由旅游区管理机构负责	江西龙虎山、山东蓬莱阁
资源行政管理复合管理模式	综合效益导向	旅游区管理机构（与当地文物、建设、园林等某一资源主管部门一套班子）	统一	统一：由旅游区管理机构负责	山东泰山
隶属旅游主管部门的自主开发管理模式	综合效益导向	旅游区管理机构	统一	统一：由旅游区管理机构负责	河北野山坡、重庆四面山
隶属资源主管部门的自主开发管理模式	综合效益导向	资源主管部门下设机构	统一	统一：由资源主管部门负责	湖北神农架自然保护区

资料来源：董观志：《现代景区经营管理》，东北财经大学出版社 2008 年版。

综上所述，以上十种模式均有一定的政策风险、法律风险、经营风险和保护风险。

整体租赁经营模式的政策风险最大，争论的焦点集中在如何协调利益相关者各方的关系，维系旅游景区在均衡的合作体制下健康发展。

上市公司经营管理模式的市场化程度最高，争论的焦点集中在公共旅游资源的市场化与公共资源公共性的矛盾。

非上市股份制企业经营管理模式的特点介于整体租赁经营模式和上市公司经营管理模式之间，该模式与整体租赁经营模式相比，少了政策风险，多了融资能力，但其融资能力弱于上市公司经营管理模式。

整合开发经营管理模式关注资源的保护，将文物旅游资源划分为非经营性资源和经营性旅游资源，理论上解决文物保护的问题，但在实践中，文物的稀缺和垄断性与呼之欲出的市场化经营存在矛盾。

兼具旅游行政管理的网络复合管理模式中对"一套班子，两块牌子"提出质疑，主张旅游区实现市场化经营的经营者抨击该模式中旅游区管理机构的多重身份。

相关链接

谈谈旅游景区的"两权分离"

风景名胜、文物景点是公益性事业，如何吸引更多的社会资金用于旅游开发？人们提出了"两权分离"。

湖南省凤凰县将其所属的黄丝桥古城、沈从文故居、熊希龄故居、奇梁洞、南方长城、凤凰古城、沱江及杨家祠堂等8大景点，以50年经营权转让给湖南黄龙洞投资股份公司。按照合同规定，受让方黄龙洞投资股份公司将在经营期内向凤凰县政府支付转让费8.33亿元人民币，黄龙洞公司将在前两年内投资8500万元人民币用于凤凰古城部分城楼、南方长城和游道的修复及其他主要景点保护和游览设施的修建改造。由于有资金和人才优势，经过一年的运作，这些景点已为凤凰县旅游业的发展带来示范效应。

华山景区两权分离后，投巨资布设了山上垃圾回收系统，安装了免冲生态厕所，关闭了影响景区的小商店和瓷器陈列室。

张家界黄龙洞景区经营权转让后，黄龙洞股份有限公司为强化对资源的管理，为洞内一石笋——"定海神针"投保1亿元，并完善了景区灯光、护栏、观光走廊。而对于世界自然遗产九寨沟，新中国成立以来国家的总投入仅1000万元左右，这些投入连治理九寨沟泥石流灾害都不够，根本谈不上保护。

四川雅安市碧峰峡在成都万贯集团介入前，可以说是毫无名气。该市为发展旅游，"倾其所有"，投资580万元，对碧峰峡进行开发建设，年接待游客还不到2万人，门票收入不过20万元。周围的农民过着"日出而作，日落而息"的农耕生活，年收入仅300来元，吃的是玉米和土豆，生活十分贫困。万贯集团介入后，投资数亿元，高起点规划，高质量开发，高水准包装推介，使碧峰峡名声大震。2000年，碧峰峡旅游收入8600多万元，利润2600万元，创税收500万元，为当地带来综合收入1.6亿元。政府财政收入增加了，周围的老百姓也随着旅游业的繁荣富裕起来。

2000年12月6—13日，曲阜市孔子国际旅游股份有限公司在接手对"三孔"的经营管理后，即对孔庙、孔府、孔林等文物景区进行卫生清理，他们采取用水冲刷、用硬物摩擦和擦拭文物的清洁方法，结果造成3处古建筑群的22个文物点不同程度受损，有的损坏严重，已无法弥补。此事惊动国家文物局和山东省委、省政府，迫于舆论压力，孔子国际旅游股份有限公司退出对"三孔"的管理,"三孔"旅游景区的经营管理重新由曲阜市文物管理委员会统一负责。

资料来源:湖北大学旅游景区管理精品课程网(http://202.114.155.239/jpkc_bs/lyjqgl/skja.htm)。

思考:根据上述事例,探讨两权分离的优缺点。

二、剧场型管理模式

剧场一词来源于希腊语"drao",它的意思很简单,就是"去做"。对于剧场的研究,是从亚里士多德的《诗学》开始的,在书中,他提到对于情节的注解即对事件的安排是提供体验的基础,除此之外,情节的组成、角色的选择都是一部好的戏剧的必要组成要素。只有这些要素有机地融合在一起,才能给观众创造一种美的体验。

国外学者 Edensor、Desmond、Coleman、Crang、Franklin 都把旅游看成是一种表演(performance)。根据他们的观点,旅游区就是一个剧场,而旅游的过程就是一场表演。

从体验产品的要素看,它包括主题、情节、布景、角色和表演。在旅游区的游览过程,它不是静态的,而是随着时间的推移和场景的转移,获得不同的旅游体验。根据旅游产品综合性的特征,要素的设计要贯穿旅游活动中的吃、住、行、游、购、娱等六个环节,从各个方面和不同的角度强化旅游主体的某一种体验,因此一次旅游活动实际是在向游客讲述一个完整的故事,故事的情节如何发展,要靠演员们的表演,而在旅游区中,体验型旅游产品的开发者就相当于一名剧作家,他要创作一出以地方特色为基调、以客观旅游区为舞台背景、以游客为主角的一场主题鲜明、情节精彩的大剧。

(一)剧场型管理模式模型

借鉴戏剧的组成要素,剧场型的管理模式同样由主题、情节、布景、角色、表演等因素组成。具体来讲,在设计旅游区体验式旅游时,以主题为核心、以故事情节的安排和场景的布置为两翼,以角色转变和员工表演为辅,组成了一个五角星形的体验设计模型(具体如图 3-13 所示)。①

图 3-13 体验设计模型

――――――――――

① 邹统钎:《中国旅游景区管理模式研究》,南开大学出版社 2006 年版,第 141 页。

（二）剧场型管理模式的塑造

从构成体验旅游的五大要素入手，塑造剧场型管理模式：

1. 主题的塑造

明确的主题是旅游区体验的第一步，而主题塑造的依据及重点就是旅游区内最核心的旅游吸引物，即旅游资源。

首先，旅游区是一个地域的概念，因此其地格特征决定整个旅游体验的大舞台背景，简言之，旅游区的文脉和地脉对旅游区主题的塑造产生重大影响，按照旅游区剧场型管理模式的体验原则，地格展示应体现一—二—三—四—五—六法则①。具体内容如下：

坚持一个主题：也就是任何一个地区的显著特征，例如，武汉被称为"江城"，那么水资源就是武汉地区最核心的地格特征。

展示两条主线：这两条主线指的是地脉主线和文脉主线。地脉通过植被、地形地貌、建筑等形式表现，文脉则通过建筑、餐饮、娱乐、节庆、服饰等展示出来。

贯穿三大阶段：地格的展示要贯穿于旅游的全过程，具体指的就是旅游前、中、后三个阶段。

覆盖四个季节：不同的时间，展示不同的地格特征，如春踏青、夏避暑、秋赏菊、冬观雪。

激活五种感官：使地格的特征激活游客的听觉、视觉、嗅觉、味觉、触觉等五种感官。

连接六大要素：从吃、住、行、游、购、娱六个方面全面展示地格的全貌。

其次，依托于旅游区的现有资源，立足资源，高于资源，结合旅游者的消费需求与旅游区内资源本身的特色，确定旅游区的主题。谜一样的香格里拉就是该旅游区结合该区自然特色并立足消费者需求最终对香格里拉旅游区的主题定位。

2. 情节安排

相对于旅游区而言，旅游规划、导游手册、宣传手册就是这部剧的剧本。值得一提的是，剧本必须围绕主题而展开，不能偏离主题。除此之外，就像戏剧一样，情节中有高潮，而对旅游区而言，就是整个旅游区规划的重点区域或最具特色的区域。

3. 布景与道具

沙滩、高山、城市、遗产地、博物馆、主题公园、地质公园、河流等都能成为旅游表演的场景。例如东京迪斯尼乐园主要分为世界市集、探险乐园、西部乐园、新生物区、梦幻乐园、卡通城及未来乐园等7个区，在每个主题园区中，为了配合主题氛围，都修建了与之相配的建筑群，除此之外，为使游客有身临其境的感觉，每个园区结合主题都涉及了相应的故事环节及演出，角色扮演在原声音乐中尽情发挥，使旅游者感到前所未有的满足。旅游区的布景除了强调环境硬件之外，应同样重视情景软件的设计，在布景当中可以通过重现、虚构、嫁接、重组等形式再现旅游区的地格特征。

在道具方面，即旅游区为塑造某种体验而配备的设施或设备，从大门到出口，大到每

---

① 邹统钎：《中国旅游景区管理模式研究》，南开大学出版社2006年版，第122页。

一个主题建筑，小到一个垃圾桶的设计，应协调统一，全景布局。在功能上，为旅游者吃、住、行、游、购、娱活动提供完善配套的旅游服务设施和设备。

在规划上，采取情景规划的理念，力图能最大限度地激活旅游者的五大感官，实现其旅游的快乐体验。

4. 游客与员工的互动表演

剧场型管理模式最终的目的是使游客获得快乐的体验，因此，游客才是整部剧的主角，而工作人员则应在其中扮演粉丝的角色，这一个因素要求运用该模式的旅游区必须在游客的参与性设施及情景方面下足工夫，让游客有充足的空间发挥和"表演"。

随着体验经济时代的到来，为了顺应旅游市场上的需求，迪斯尼乐园、环球嘉联华、欢乐谷等类似的主题公园相继出现，旅游者从求新求异当中得到了极大的满足，但这只是限于浅尝辄止的阶段，而旅游者对此并不满足，于是一些新型的旅游形式如蹦极、漂流、冲浪、探险等极限运动日益成为旅游者的新宠，这类参与性强的极限运动极大地冲击了旅游者的感官神经，使旅游者从浅浅的快乐体验升华到了一种置之死地而后生的畅爽体验。

(三)剧场型管理模式应注意的问题

第一，由以上对剧场型管理模式的发展历程来看，该模式最核心的因素即为旅游者需求，但是，值得一提的是，旅游者的需求随着社会的发展在不断发生变化，因此旅游需求是一个动态的过程，那么，该模式也应顺应旅游者需求的变动而做出相应的调整。

第二，剧场型管理模式最大的优点体现在静态景观与动态游乐设施的结合，实现了旅游者主动参与到旅游活动过程当中的愿望。但如何将其合理搭配是一个值得深思的问题。

第三，在围绕主题安排情节、配备布景与道具的同时，要考虑到旅游者的感官疲劳或体力状况，动静结合，循序渐进，为调动旅游者旅游时的积极性与兴奋度，应注意高潮的迭起，合理将高潮穿插在整个旅游活动当中。

(四)剧场型管理模式适合的旅游区类型

由对剧场型管理模式的内涵分析可以发现，该类旅游区的创造性活动较多，因此比较适合主题公园、旅游度假区之类以经济开发为主要目的的旅游区，这类旅游区的核心是通过生产快乐满足游客的需求中获利，它依托的是富有竞争性的资源，当然也不乏人造景观，其最关键的一点就是满足旅游者是需求。

三、遗产型管理模式

所谓遗产型管理模式，是针对以遗产资源作为核心旅游吸引物的旅游区的经营、开发、保护模式的统称。目前中国遗产型旅游区管理体系如图3-14所示。

由图3-14可以看出，该模式从管理性质上来看，遗产型旅游区采用的是政府主导，以事业管理为主，企业经营为辅的模式。政府拥有所有权、负责旅游区的保护、监督以及

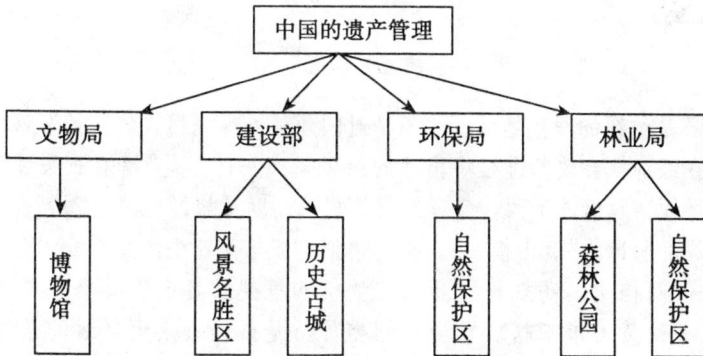

图 3-14　中国遗产型旅游区管理体系

资料来源：邹统钎：《中国旅游景区管理模式研究》，南开大学出版社 2006 年版，第 240 页。

相关法律的制定，旅游区内相关的经营项目可以适度出让给企业来经营。这与遗产资源的经济属性是相对应的。

从遗产资源本身的特性来看，高度的垄断性和不可再生性，决定了遗产型旅游区管理模式的关键是以保护为主，在保护的基础上发展，因此要实现该模式的顺利运作必须在旅游可持续发展理念的指导下，科学合理地规划遗产型旅游区的功能分区，旅游产品以静态观光为主，在保护资源的真实性、完整性与多样性的同时实现旅游区经济效益和社会效益的最大化。

从遗产资源的功能与价值的层面来分析，该模式要在实现科研教育价值的同时实现其经济价值，必须调动各方利益相关者共同参与遗产型旅游区的管理，分级开发，合理利用，实现各方共赢的局面。

对于遗产型旅游区的管理，我国这类旅游区由于早期开发与建设缺乏严格及时的规划，环境意识薄弱，污染处理滞后，多头管理造成管理目标混乱等问题，使国内的遗产资源受到重创，在联合国教科文组织的监督下，在各方面的努力下，终于迎来了理性的回归。但由于遗产类旅游资源的公共属性，在其管理体制方面存在多头管理的现象一直得不到妥善的解决，而资金的缺乏是目前该类旅游区面临的一个重大困境，因此对于遗产型旅游区到底是采用企业化管理还是事业型管理一直存在着争议，即使支持采取企业化经营管理，仍然存在着该类旅游区是否能够上市、门票价格如何控制、经营权是否能转让等诸多疑虑。而强烈要求事业型管理的则认为只有进行事业型的管理才能避免因盲目追求经济效益而造成遗产资源的破坏，但是资金问题又成为制约采用该类管理模式的遗产型旅游区的发展。就国内而言，碧峰峡成功引进了市场经营的模式，而武陵源则是一个失败的案例，从整个遗产型旅游区管理的现状着眼，对于遗产型管理模式的探讨，作为世界文化与自然双重遗产，黄山一直被视为中国世界遗产地管理的样板。

案例 3-2

黄 山 模 式

黄山模式既不是纯粹的理论结晶，也不是对国外某一现成模式的仿效与移植。它与中国20世纪八九十年代在经济社会改革进程中出现的诸多模式一样，是"摸着石头过河"实践的产物。宽松的国家改革环境，政府的干预，管理经费的短缺，以及旅游经济的蓬勃发展，导致现有黄山管理体制的形成。所谓的"黄山模式"，徐嵩龄把它概括为四个组成部分，即：

行政建制——高档次、高规格、高权威的机构框架。黄山管委会主要领导由黄山市主要负责人兼任，并受黄山市管辖。黄山规划委员会是根据省人大通过的条例，由省委、省政府牵头成立的。规划委主任由省长兼任，分管的副省长任副主任。黄山的市委书记是景区的第一书记，市长是管委会主任。

经营体制——一套班子，两块牌子。由"黄山旅游发展股份有限公司"与"黄山旅游集团"这两个实体按照市场方式运作，通过股份公司上市的形式进行社会融资。1996年11月，黄山旅游发展股份有限公司成功发行8000万B股、4000万A股，成为我国股市上第一只完整意义上的旅游概念股。

旅游管理方针——以"严格保护，统一管理，合理开发，永续利用"作为指导方针，并将"山上游、山下居"作为协调旅游与保护的基本方式。

内部能力建设——面对遗产保护与旅游服务的双重要求，黄山管委会采取了一系列措施强化自身能力的建设。其中包括旅游区土地使用与规划，旅游区生态环境、安全卫生的管理，旅游配套服务体系的完善，股份公司的资本运作等。

这些措施有效地提高了遗产管理的质量，增加了旅游经营的收益，加大了对周边社区与区域经济发展的贡献。但该模式随着外部经济和社会环境的变化，自身固有的弊端日益明显，主要体现在三个方面：

一是在遗产质量管理方面，大型旅游服务设施的建设破坏了黄山的生态和环境质量。

二是在经营体制方面，遗产的公共性受到极大的挑战。据调查，黄山旅游区收入的增长速度大大超过了其游客数量的增长速度，由此可见黄山旅游收入是靠提高门票的价格来实现的，这与公共资源本身的公共性形成一个强烈的反差，损害了游客的利益。

三是在与地方的经济关系上，固有的行政建制使黄山的经济利益分配失衡甚至颠倒。黄山对地方经济的贡献中，最大的受益者是屯溪，黄山对黄山区及黄山周边社区的经济贡献相对有限。作为旅游热点黄山脚下的黄山区，竟出现贫困现象与大量居民外出打工的现象，这在任何旅游热点地区是难以想象的。

第三节　旅游景区的门票价格管理

一、旅游景区门票收入概况

根据国家旅游局官方网站公布的数据显示，截至2013年1月22日，我国5A级旅游景区总数达到 153 家，按其分布情况来看，南方地区较北方拥有数量高出很多。通过对这些景区门票价格的统计、梳理、对比，不难发现，大部分景区皆存在门票之外的"票中票"、"票套票"等高价套（联）票收费怪现状。

　　旅游景区门票收费价格排名最高的前十位分别为：广西桂林漓江景区 270 元、湖南张家界天门山旅游区 258 元、湖南张家界武陵源 248 元、安徽黄山景区 230 元、浙江宁波奉化溪口—滕头旅游景区 230 元、四川阿坝州九寨沟旅游景区 220 元、湖北十堰武当山景区 210 元、四川阿坝州黄龙景区、江苏常州环球恐龙城休闲旅游区 200 元、湖北恩施神龙溪纤夫文化旅游区 200 元。其价格均在 200 元/张或以上，这些高价门票景区主要分布在黄河以南地区，其中湖南、湖北、四川各 2 个，广西、安徽、浙江、江苏各 1 个。

　　景区联（套）票收费价格排名最高的前十位分别为：福建三明泰宁风景旅游区套票 689 元、重庆武隆喀斯特旅游区联票 650 元、广州长隆旅游度假区套票 630 元、湖北十堰神农架旅游区联票 620 元、深圳华侨城旅游度假区套票 570 元、杭州市千岛湖风景名胜区联票 490 元、金华市东阳横店影视城景区联票 390 元、保定野三坡景区联票 325 元、黑河五大连池景区套票 310 元、福建土楼（永定南靖）旅游景区联票 300 元，其价格均在 300 元或以上。从地域分布来看，福建、浙江、广东各 2 个，重庆、湖北、河北、黑龙江各 1 个。

　　景区门票外独立收费项目价格排名最高的前十位为：新疆阿勒泰地区喀纳斯景区 804 元、福建南平武夷山景区 695 元、四川乐山峨眉山景区 658 元、云南丽江玉龙雪山景区 526 元、山东泰安泰山景区 500 元、厦门鼓浪屿景区 460 元、贵州安顺黄果树大瀑布景区 378 元、河北保定安新白洋淀景区 355 元、四川成都青城山—都江堰景区 322 元、吉林长春净月潭景区 308 元，其价格均在 300 元以上；从地域分布来看，福建、四川各 2 个，新疆、云南、山东、贵州、河北、吉林各 1 个。

　　在这 127 个国家 5A 级旅游景区名录内，仅有 4 个景区是免收门票的，分别是杭州西湖景区、天津古文化街旅游区（津门故里）、南京夫子庙、石家庄西柏坡景区。

　　与国外相比，中国景区的门票普遍偏贵，如九寨沟旺季门票 220 元，张家界 245 元，莫高窟 160 元，黄山 230 元。而国外的一些景点如日本富士山免费，韩国汉拿山免费，俄罗斯克里姆林宫 150 卢布（约合人民币 45 元），法国卢浮宫 8.5 欧元（约合人民币 85 元）。国外公园和自然景观基本不收费，商业性娱乐休闲设施不乱收费。

相关链接

旅游景区票价陷"三年必涨"怪圈

　　根据已公布的调价信息显示，未来数月内，全国将有超过 20 个知名景区门票涨价，涨幅从 20% 到 60% 不等。同时，国内一批景区也正在酝酿门票提价。值得警惕的是，除了知名景区外，一些和市民生活相关的城市公园也进入此轮门票涨价的行列，如武汉植物园的门票将由 30 元/人次调整为 40 元/人次；石家庄动物园门票将由 40 元/人次调整为 50 元/人次。记者发现，这轮正在出现的旅游景区门票上涨风潮中，有三个特点：

　　一是出现"三年必涨"怪圈现象。

国家发改委的规定本是抑制票价过快增长，而现在"3年解禁"似乎成了景区涨价的借口，造成了票价"3年必涨"的怪圈。而运营维护成本上升、旅游产品结构单一、景区之间攀比等是门票"三年必涨"的主要原因。

二是多地景区门票价格呈"报复性"上涨趋势。

从相关媒体报道来看，一些景区门票调价幅度惊人。如山东台儿庄古城门票价格由每张100元涨至160元，一次性涨价幅度达60%。绝大多数酝酿或已上调的旅游景区门票涨价幅度在20%以上。

三是"偷梁换柱"等涨价花样层出不穷。

一些游客反映，有一些知名景区在不触动涨价红线情况下，通过剥离门票中交通费或提高索道交通费提升景区收入。安徽省九华山今年门票价格表面上继续实行旺季190元淡季140元，但实质已变相涨价：2月1日开始，30元交通费被剥离出门票，需游客另付。

危害——工薪阶层抱怨"玩不起"

让一些游客颇为恼火的是，很多景区门票上涨了，但服务设施却总是跟不上。不少游客反映，一些景区的配套设施建设非常落后，游客休息座椅不足，甚至连上厕所都不方便。此外，一些景区内的餐饮、住宿更是搭车涨价。

有关媒体对全国(不含港澳台)130家5A级景区门票价格(非淡季全票)统计发现，近半5A级景区门票已上百元，超过一成5A级景区在200元以上。其中山东省泰山、蓬莱阁、南山、刘公岛在内的8家5A级景区，门票价格几乎全部迈入百元序列；另有一些4A景区甚至暂不在A级序列的景区门票也突破百元大关。

在众多"百元景区"中，风景资源最好的5A级景区受到诟病最多。不少游客对此多有抱怨，认为高达百元的门票超出了多数民众的承受能力，将把他们挡在景区门外。

专家认为，旅游景区过度关注眼前利益，价格一再飙升，一味把增加的运营成本都转嫁到游客身上，势必造成恶性循环，导致客源流失，最终景区也会失去自己的竞争力和吸引力，这种行为将危害我国旅游业的长远发展。

治理——专家建议实施"异地听证"

当前各地景区正在酝酿或掀起的涨价风，令众多业内专家对我国旅游发展的可持续性产生了忧虑，认为景区门票已偏离公益性，成为一些地方政府和部门不断索取经济利益的平台和筹码；更导致一些地方出现门票依赖症，难以在服务环境改善、产业延伸发展等方面拓展旅游业的可持续发展空间。

江西省旅游局监督管理处相关负责人承认，参与景区门票涨价听证会的多是利益相关方，而在涨价中可能受影响最大的外地游客，基本没有表达意见的机会。对此，专家建议，应该用异地价格听证制度，改变"本地人听证，外地人买单"的现状。

同时，专家认为，从长远看，应该用补贴支持公益性景区进行长远发展规划，开展志愿者服务来解决人力问题，保障景区可以在低成本、低盈利的空间内运行。

资料来源：新浪网(finance. sina. com. cn/money/dzxf/20120425/140811920267. shtml)。

二、旅游景区票价模式

(一)一点一票制(大、小门票制)

所谓一点一票制,即景区门票收费标准以景区内景点的数目为准,每个景点都必须买票。

案例3-3 🔍

10个景区一票大团圆,50元游尽南海西樵山

西樵山在整合前有4个旅游企业管理景区,各自为政出售门票。其中,森林公司管理山上的南海观音文化苑等7大景区;山下的白云洞景区、黄飞鸿狮艺武术馆、黄大仙圣境园则由其他企业管理。游客游完这10大景区要花90元购买4张门票。

这种条块分割、各自为政的管理模式,造成旅游资源浪费,无法形成规模效益和集聚效应。对这种"路路设卡、门门收费"管理体制,不少游客怨言颇多。

近年来,西樵一直探索有利于形势发展需要、有利于管理、有利于打响品牌的旅游景区管理架构。2002年通过收购股权和租赁的方式,接手管理白云洞景区和黄飞鸿狮艺馆。旅游资源大整合后,推动了西樵旅游业向集团化、规模化、一体化方向发展。据统计,2002年西樵共接待游客270万人次,实现旅游收入6.4亿元。资源的整合和集中又催生了旅游资源的开发和利用,公司新建了桃花源景区,还进行了黄飞鸿武术狮艺馆二期工程开发,新建了黄飞鸿武术训练基地,正在兴建黄飞鸿水寨。

现在,游客只要花50元买一张门票,就可以游遍西樵山10大景区。"一票游西樵"终于实现了。

资料来源:南方网(www.southcn.com/news/gdnews/informations/200301080415.htm)。

(二)区内通票制(一票制)

所谓一票制,与前面所提到的一点一票制恰恰相反,景区实现一票制,一张大门票畅游整个景区,不存在小景点另收门票的现象。

案例3-4 🔍

普陀山景区的门票一票制

《浙江省游览景点价格及收费管理办法》第九条规定:"严格控制'园中园'收费,一般的游览景点门票均应实行'一票制'。"普陀山风景名胜区从2002年12月1日起全面取消园中园、票中票,对普陀山景区实行门票"一票制",门票每张(每人次)为110元,每逢节假日(即元旦2天(1—2日)、"五一"节(1—5日)、国庆节(1—5日)、春节(初一至初

五)各 5 天,全年共计 17 天)门票价格上浮到每张(每人次)130 元。

实行景区门票"一票制",有哪些具体管理办法?

实行景区门票"一票制"后,原由普陀山园林管理处管理的西天、梵音洞、南天门、千步沙、天灯(佛顶山)和普陀山镇政府管理的百步沙六处景点不再设卡收费,实行免费开放。同时,切实加强沿海港口的管理,把工作精力转移到景区管理和游客服务上,促使普陀山风景区不断上档次、上水平。

对本市市民和有关方面人员进山,有哪些优惠政策?

(1)舟山市民可继续办理入山年卡,全年通用。本市未办理身份证的学生凭学生证也可办理入山年卡。舟山市民还可凭本人身份证免费进入普陀山的"三寺一庵"(即普济寺、法雨寺、慧济寺和大乘庵)。

(2)全国现役军人(含武警)、记者、僧尼、导游、离休干部和本市退休干部可凭本人有效证明、证件(导游须凭市级以上旅游部门核发的导游证、本市退休干部凭本人退休证并须带普陀山园林管理处发放的免费票)免收景区门票。

(3)浙江省内年满七十周岁以上的老年人,可凭本人身份证免收景区门票。

(4)身高 1.40 米以下的儿童免收景区门票。

(5)全日制普通学校的学生凭学生证给予 50% 的票价优惠。

(6)革命伤残军人、烈士家属凭有效证件免收景区门票,残疾人可凭有效证件减半购买景区门票。

(7)普陀山居民、在普陀山工作的外岛干部、职工凭有关证件免收景区门票。

(三)多景区联票制

所谓多景区联票制,是近几年来地方政府利用知名景区带动劣势景区发展的一种有效途径,将多个景区门票进行捆绑销售,整个票价会比单个票价之和便宜,这种方式能给旅游者的出游带来一定的优惠,同时也存在强卖的嫌疑。例如,武汉市黄陂区就推出木兰八景的联票。

相关链接

这样做联票是否合理?

在我国有些比较著名的景点旁边,往往有许多"卫星景点",这些"卫星景点"一般都是特色不太显著,或是人造景观。这些景点如靠单独售票,很难吸引游客。于是,有经营者就把这些景点的门票和著名景点门票捆在一起卖联票,不管游客去不去看,票都得一并卖给你。

(四)年票制

所谓年票,即只需一次性购买,就可以享受一年内不限次数畅游某景区。例如,湖北省武汉市推出的东湖年票,可全年不限次数畅游东湖风景区磨山景区(不含楚天台)、梅园、樱园、荷园、落雁景区、马鞍山森林公园。

想一想：武汉市年票制景点及其牌价为：宝通寺 10 元、中山舰 20 元、东湖磨山 40 元、长春观 5 元、归元寺 20 元、古琴台 20 元、黄鹤楼 60 元、海洋世界 80 元、森林公园 40 元、木兰山 40 元。十景点牌价总和 335 元。

这十个景点若实行联票年票，年票该卖多少钱？年票所得收入如何在各景点间实现合理分配？

相关链接 👆

武汉市旅游年票调查问卷

1. 您是：

□武汉市民　　　　□外地游客

2. 您的年龄在：

□12 岁以下　□12～18 岁　□19～25 岁　□26～50 岁　□51～69 岁　□69 岁以上

3. 您的月收入在：

□500 元以下　　□500～1000 元　　□1000～2000 元　　□2000 元以上

4. 您的职业是：

□工人　□农民　□教师　□军人　□公务员　□学生　□商人　□个体职业　□业务员　□离退休

5. 请您根据您的旅游兴趣对以下 10 个景点进行排序：

□宝通寺　□归元寺　□中山舰　　□森林公园　□东湖磨山　□木兰山
□长春观　□黄鹤楼　□海洋世界　□古琴台

6. 您希望"武汉市旅游年票"包含以下的哪些景点（多选）：

□宝通寺　□归元寺　□中山舰　　□森林公园　□东湖磨山　□木兰山
□长春观　□黄鹤楼　□海洋世界　□古琴台

7. 您认为"武汉市旅游年票"合适的价位应是多少（注：上述 10 个景点一次性游览单票合计为 335 元）：

□100 元　　□150 元　　□200 元　　□250 元　　□300 元

8. 如果您购买了"武汉市旅游年票"您会选择在什么时间游览以上景点？（多选）

□周一至周五　□双休日　□寒暑假　□旅游黄金周　□其他机动时间

9. 您认为造成您未去过上述景点中的某些景点的原因是：

□门票太贵　□基本上没有旅游时间　□景点的服务质量、环境或知名度方面有待改善　□其他原因

10. 您在汉的停留时间是：

□1 天以下　□1～2 天　□2～3 天　□3 天以上

11. "武汉市旅游年票"发行后会购买吗？

□会　　□不会　　□不清楚

案例 3-5

异议——周庄门票分景点卖如何

被誉为"中国第一水乡"的周庄，近年来声名鹊起，中外游客络绎不绝。确实，久居城市的人们，踏上古镇周庄，觅得一份野趣，领略"小桥、流水、人家"之韵味，可谓一大快事。

具有 900 年历史的周庄以其清纯幽静、处处可画、时时有诗的风情，有别于其他风景名胜。它给文人墨客、书画家、摄影爱好者等群体汲取灵感、写生、创作提供了极佳的素材，以至于许多人对周庄情有独钟，每年总要光顾几次，然而这些"常客"对周庄 60 元一张的"通票"颇有微词，他们希望周庄景点门票能够分开卖。

他们提出旅游景区可以根据不同人群的需要，采取灵活的经营方式，将门票设"通票"和"分票"两种："通票"仍可定为 60 元一张；"分票"则分进镇大门、沈厅、金福寺、叶楚伧故居等近 10 个景点，每个景点 10 元一张门票。前者与后者累计价格相比显然要优惠一些，对于第一次来到周庄的人们，肯定每个景点都要看一看，自然乐意买"通票"；后者则可满足一些特殊群体，他们只想到镇内或个别景点就足矣。这样不仅能够得到游客的欢迎，而且自己的门票收入亦不会减少，岂不乐哉。

资料来源：人民网(www. people. com. cn/GB/paper53/7896/749962. html)。

三、旅游景区门票价格的变动

(一)旅游景区门票价格变动的原因

(1)主要是调节供需矛盾。在旅游旺季，旅游景区通过价格上调放弃部分市场，减少客源，缓解过多游客对景区的压力，以保护景区旅游资源及环境并获得较好的经济收入；在旅游淡季，旅游景区通过降价以增加客源，减少景区资源、设施闲置带来的损失。

(2)门票收入在我国景区收入中所占比重太大，景区过分依赖门票收入，导致门票价格频繁变动。

表 3-2 列出我国景区门票收入在营业收入中所占的比例，因此，一旦景区需要增加收入，想到的最直接的方式就是涨价。

表3-2　　　　　　　　　　我国景区门票收入占营业收入比重

景区等级	营业收入(亿元)	门票收入(亿元)	门票收入占营业收入比(%)
A	47. 52	32. 2	67. 8
AA	75. 24	71. 07	94. 5
AAA	377. 06	140. 18	37. 2

续表

景区等级	营业收入（亿元）	门票收入（亿元）	门票收入占营业收入比（%）
AAAA	1744.84	747.96	42.9
AAAAA	413.94	158.53	38.3
总计	2658.6	1149.94	43.3

资料来源：国家旅游局规划财务司(2012)。

（二）调整景区旅游产品价格应考虑的因素

门票价格是景区旅游产品价值的反映。景区旅游产品不仅包括景区资源、环境条件，还包括景区管理、资源保护、景点开发及提供的各种有偿服务等。

门票体现的景区旅游产品价值中，资源仅是一个基础要素。资源只有经过开发利用，完善配套设施，创建优美的旅游环境并提供良好的服务，才能形成完整的景区旅游产品形态，而门票价格浮动对客源、旅游企业、相关行业都有很大影响。

因此，景区在制定价格时，除了依据旅游资源的级别、景区开发管理成本、旅游服务外，还需考虑游客的经济承受能力以及与相关行业的关系：

（1）景区价格应与资源的特色相联系，门票价格应反映旅游资源的品位、价值和稀缺状况。按质论价，优质优价，稀有旅游资源可制定垄断价格。

（2）景区价格应与旅游资源的管理与保护、景区环境容量相协调，有利于资源、环境的可持续利用。制定门票价格时，应含有景区资源管理保护费和对资源、生态损耗的补偿费用。准确把握景区旅游容量与价格的平衡点，实现景区门票价格、客流、容量三者的和谐统一，对于景区旅游资源的管理保护和可持续发展都是非常重要的。

（3）景区门票价格的调整要与景区环境质量、旅游设施的完善程度、服务质量的高低联系起来。一般来说，景区干净整洁、优美宜人的旅游环境，安全方便的旅游设施及员工热情、细致、周到的服务往往使游客感到物有所值。对于处在开发初期且软件设施不完善的景区，门票价格不可定得太高。

（4）景区门票价格与其他行业具有很强的关联性，价格调整要与各相关行业的价格协调。

景区价格变动往往产生连锁反应，引起相关行业如餐饮、饭店、交通等部门的价格的变动。有些景区门票单方面的涨价，造成了一些旅行社经营困难，使本来微利的旅行社不得不放弃这些景点，不利于这些景点的长远发展。

（5）景区旅游产品价格的调整要考虑旅游者的经济承受能力，价格上涨应与居民的可自由支配收入增长的水平相一致。

（6）景区在制定价格时，还应该考虑旅游行业的整体效益、社会效益和环境效益。景区价格调整时，可召开价格听证会，应有相关旅游企业和其他相关行业的人士参加，广泛听取旅游者意见，严密论证景区价格调整的必要性和调价的可行性，克服调价的盲目性。

四、旅游景区门票设计

（1）邮资明信片门票。邮资明信片门票集三种功能于一身，它既是入门凭证，又是邮品，更是收藏品。旅游者入出景区后写上几句祝福话语向家人报声平安，不再花费一分钱通过当地邮局寄出，免却了亲友对你的牵挂之心。据了解，目前国内众多风景区(点)已纷纷采用邮资明信片门票，旅游者爱不释手。以前的纸质门票有人四处丢弃，既不利于品牌推广又污染了景区景点环境，如今被邮资明信片门票取代后，旅游者大多将其留存起来，景点的回头客也越来越多。邮资明信片门票将是今后我国风景名胜区开发的主要品种之一。

秦皇岛山海关六景区使用的是邮资明信片条形码门票，它是在邮资明信片门票的基础上加印条形码，与电子化门禁系统配合，可实现自动检票、实时监控、数据统计、远程传输等景区管理功能。

(2)树叶门票。湖南舞阳河风景区就地取材，用树叶经过脱脂脱色后，印上图案，经塑封制成，可谓新颖独特。

(3)标本门票。南京蝴蝶博物馆的门票，是用一只美丽的蝴蝶标本制作而成的。南京中山植物园则用小野花制作的植物标本门票，突出了植物园的特色，增添了自然气息。

(4)音乐门票。江苏淮安周恩来纪念馆制作的三折形门票，打开后游客能听见歌曲《绣金匾》，可谓看得见，听得着。

(5)激光全息门票。北京颐和园佛香阁采用激光全息技术，在门票上展示了千手观音佛像，在固定的光源下，可从各个角度看到图案的色泽变化。

(6)金属门票。即用铜、钢、铁、铝等金属材料制作的门票。如故宫博物院举办的《中国文物精华展》门票，即用紫铜冲模成古面具图案。

(7)立体门票。北京大观园的门票，采用现代新型工艺，用塑料制成，票面用波纹折光面来表现立体景致《红楼梦》中的大观园，可以从左中右三个方向看出不同的画面。

(8)书签门票。山东省潍坊市博物馆1989年举办"世界风筝都潍坊大型民俗艺术展"的门票制成书签式，既是精致的书签，又是参观的凭证，一举两得。

(9)奖券式门票。门票兼作彩票实属少见。1999年泰山举办"第十三届泰山国际登山节"出售的即为奖券式门票。该奖券式门票为即开即兑式，分为特等奖至纪念奖等5个奖项。

(10)磁卡门票。磁卡这一新材料，运用于门票是近年的事，但发展迅速，至今已有五六百种之多，如黄山、西安秦俑博物馆等。

(11)嵌章门票，又称"镶币券"。即在门票上镶入铜币或塑质币。

(12)彩色电脑人像门票。彩色电脑人像门票是采用计算机图形、图像技术在计算机与影视设备上独立开发研制的最新实用门票。这可以使游客拥有一张有自己清晰人像的独特门票，使一张门票更具有纪念意义与收藏价值。该门票还具有根据管理的需求打印输出票价、日期、门票的种类及统计门票出售和票房收入等先进的统计管理功能。一张画像门票除去票本身外仅增加0.2元的制作成本。

(13)指纹识别电子门票。湖南张家界武陵源景区使用这种门票。游客在购票后得到一张IC卡，入门时把卡插入读写器，然后将手指放到采集器上，这时游客本人的指纹信息和进门时间、次数、票种等信息会快速录入IC卡中。由于门票有效期为两天，游客在购票当天和次日可多次从不同入口进入景区，所以当再次使用时，计算机将自动识别指纹信息，确认人卡合一后才允许游客进入。除 IC 卡外，门票册中有使用须知、游览图、张家界各主要景点介绍等内容，像一本小型张家界的百科全书。

（14）景区通票式门票。朱家角游览券设计独特，特色有三：一是采用小本册通票形式，对各景点有较详细的介绍，其中封面采用了明信片形式，内有导游图、区域示意图等；二是券在册中，游览券采用三折叠式收入小本册中，而副券留在小本册的外面，便于验票；三是游览券上列出 12 个参观景点的照片和简要文字介绍，下方专门盖纪念戳，来参观者进门要盖一下戳，与其他地方景点通票打孔不同。这是一种特殊的纪念戳门票，证明你参观过该景点。此券设计独具匠心，反映了独特的宣传策略，是一枚不可多得的门票设计珍品。

（15）旅游指南式套票。新疆和硕的金沙滩景区采用的是旅游指南式套票。这种套票不同于一般的单页式景区门票，它采用合页成册的方式，兼具入门凭证和旅游指南的双重功能，多视角全景式地展示旅游景区。

案例 3-6

旅游景区门票：涨不涨是现在时，降不降、有没有是未来时

2003—2009 年，国内旅游业收入年年增长。然而，增长的收入中有几成来自门票？"门票经济"是否会一直持续？

据中国旅游研究院近日发布的《中国休闲旅游客户需求趋势研究报告》显示，国内游游客的景区门票花费已经超过交通，上升为最大开支。

旅游景区门票的价格，为什么说涨就涨？有人认为，自 2000 年 9 月，20 个著名游览点门票价格管理权限下放地方后，旅游景区门票价格涨幅就相对偏快。究竟是成本压力推动下的市场化效应，还是攀比跟风促成的盲目涨价？对于正在大力发展旅游业的中国来说，应该是一个哈姆雷特式的自省题。

门票定价有规则可循吗？

画条线圈了个地怎么就成了停车位开始收费，而且价格时常审一审，都是他说了算？民众对于旅游景区门票涨价的愤懑，大概就类似于上述情绪。

在大多数人来看，旅游资源的重要组成部分——山高水长、万草千花均是鬼斧神工的大自然赐予的"无偿资源"。如著名的九寨沟景区，其童话般的翠海、彩林、雪山，无一不是自然资源和自然环境，但经旅游开发商一利用，就成了旅游产品。旺季门票从 2000 年的 115 元一路涨至如今的 220 元。如果以旅游经济学中对旅游商品价格的经典定义（旅游商品价格＝生产成本＋利税）来看，刨除最初的开发费用，以及每年资源维护费、景区管理费等流动成本，似乎这些商品的生产成本可以忽略不计。

而门票价格中的资源维护费又有几何？张家界武陵源景区门票在 2005 年涨至 245 元后才声称抽取涨价部分的 60%（约 64 元）用于景区资源保护，其中还包括老百姓的安置费用、基础设施建设等。此前，景区 158 元的门票价里，资源保护费只有区区 8 元。

不过，北京巅峰国智旅游投资管理有限公司副总经理赵铭熙在接受中国经济导报记者

采访时表示，门票价格需要考虑的因素其实很多，除了资源维护之外，还包括景区投资建设成本、投资回报周期、员工成本、营销宣传成本、设备运营成本等因素。一般来说，景区在综合考虑这些因素之后，算出一个总价，上报物价局，经过物价局论证、成本审核通过后最终确定。"但目前，国内大多数景区的门票定价没有经过科学论证，主要是当地政府或景区领导的意愿定价，上报也更多是走过场而已。"赵铭熙向本报记者透露。对此，中国社会科学院旅游研究中心副主任李明德也表示了类似的看法："你要是询问怎么定价，人家可以给你列出一大堆考量因素，但实际上门票的价格制定没有绝对依据，只能说是根据流行的估算，大体按照成本、投资等因素确定的。"

实际上，已经有国内学者指出，旅游景区的门票价格不是旅游景区产品的价格，不是景区产品价值的货币体现，而是一种管理工具。这也意味着，景区门票定价，不能套用传统的"成本加成法"，要考虑多因素影响下的层次定价思路。而多因素、多层次的一个直接后果，就是景区门票的价格，定得了"性"，而定不了"量"。

根据北京大学旅游研究与规划中心的黄潇婷的研究，目前与门票价格相关度最高的是旅游景区的级别。如黄山、张家界、九寨沟等国家 5A 级景区，门票价格均突破了 200 元，处于全国门票最贵的景区行列。

门票涨价，肥了谁？

票价一旦定下来，要再涨价其实并不是件容易事。据悉，2007 年，国家发展改革委下发景区门票价格管理的相关办法，对实行政府定价和政府指导价管理的门票价格，要求其在调价前 2 个月向社会公布，同一门票价格上调频率不得低于 3 年。此外，政策还根据票价的不同区间规定了涨幅上限，门票越高，涨幅受限越大，如最低档 50 元以下的（不含 50 元），一次提价幅度不得超过原票价的 35%，但最高档 200 元以上的（含 200 元），一次提价幅度就不得超过原票价的 15%。

政策制定的初衷，是要抑制景区门票的涨价冲动，还民众一个稳定的旅游环境。结果却事与愿违——上限 35% 的涨价额度成为旅游景区不能错过的底线，过去 6 年中，九寨沟、张家界等著名景区几乎都是踩着上限在涨价；而每隔 3 年的解禁期沦为旅游景区的集体狂欢年，因为再不涨就又要等待 3 年。

有业内分析师向中国经济导报记者透露，此轮旅游景区门票上涨，就是因为相当一部分景区又到了 3 年一遇的涨价期。"再加上经济大环境的影响，CPI 涨得快，民众对'涨价'这事儿积怨已久，所以这次反应特别强烈。"该分析师说。

一般来说，景区门票上涨，多数出于两方面考虑：分流游客和应对成本上涨。但就像门票制定的规则谁也说不清楚一样，门票涨价的理由，也多有难言之隐。

"门票经济"是第一个关键词。旅游业"十二五"规划指出到 2015 年，旅游业发展目标是：总收入达到 2.5 万亿元，年均增长率为 10%。国家对旅游业的期望之高可见一斑，但旅游景区发展的现状又是否能跟得上如此迫切的增长需求？国家旅游局党组成员、规划财务司司长吴文学在规划发布后接受新华社记者采访，指出目前旅游业发展体制机制不完善，许多地方仍处于单纯依托门票的经营模式，没有形成完善、高效的产业链。

依靠门票赚旅游的钱，这就是中国旅游业发展的现状。李明德告诉中国经济导报记者，现在中国的旅游业仍处于粗放式经营阶段，不管是旅游企业还是当地政府，发展旅游业大量依靠的都还是门票收入。尤其在需要进一步加大投资以拓展旅游资源的时候，门票涨价是一种简单高效的融资渠道。用赵铭熙的话说，"很多景区用门票背上了开发投资的沉重包袱，涨价是必然"。如此次扬州瘦西湖门票的涨价，瘦西湖风景区管理处主任边卫明在票价听证会上直言，"瘦西湖要建设成世界级公园，仍然需要在各项服务功能上加大投入"，而门票重新定价后，"门票收入可以增加 3000~4000 万元，有利于将瘦西湖这张扬州'旅游名片'做大"。

事实上，"门票经济"在全国范围内业已成型，要改变绝非朝夕。如果此时再遇上当地是以旅游业为支柱产业，则门票涨价更是骑虎难下的事。赵铭熙表示，一部分地方，旅游景区的门票收入就是当地财政的主要来源、政府考核指标。

李明德也质疑：景区每次涨价都是需要当地政府和物价部门批准的，但为什么板子每次都只打在企业头上。有分析师告诉中国经济导报记者，部分国有景区管委会的领导都在当地政府里有任职，涨价其实就是当地政府的意愿，所谓的申报、论证只是走程序而已；反而是那些私营景区，想要门票涨价并不容易。

最终趋势是"西湖模式"

那么，景区门票到底能不能涨？该不该涨？

对此，赵铭熙则认为应该分情况对待。那些生态环境脆弱，旅游资源稀缺程度极高，经济发展又落后地区的景区，门票涨价在现阶段应该得到支持。"通过涨价提高地方收入，分流超负荷旅游人流，既可以促进地方经济发展又可以实现可持续发展，我们没有理由不为之'喝彩'。"赵铭熙说，"但那些处在经济发达地区的旅游景区，我们建议就不要跟风涨价了！"

巅峰国智在调研后得出的结论是：国内大型山水风景类景区门票价格控制在 200 元以内，人文古镇休闲类 100 元内，游乐主题类控制在 150 元左右，中小型风景类景区控制在 100 元内比较合理。

尽管如此，门票并不是旅游业发展的最终出路。也许现阶段，伴随着民众生活水平的提高，对旅游业的需求空前高涨，所以他们依然可以为景区门票涨价买单，景区依然可以坐地涨价却游客不减，但这个发展的"初级阶段"终会成为过去。

中国旅游业的未来是什么模样？杭州西湖景区是众多专家学者共同推崇的范本。实际上，当无数网民感叹，去一次九寨沟的门票可以游览美国黄石公园、印度泰姬陵、日本富士山后仍有余之时，他们列举的这些世界著名景区，基本上都是"西湖型"，或者更确切来说，是西湖已经步入了上述的旅游景区盈利模式，即景区本身作为一种吸引物所招徕游客，因此门票低价甚至取消，旅游收入则主要来自景区内外的一系列配套服务，如餐饮、住宿、购物、娱乐等。

赵铭熙分析说："吸引物所的主要目的不是产生经济效益而是如何延续吸引力，而周边的商业开发要拿出巨额利润来保护吸引物所，以延续生命力，这就构成了良性循环。"在他看来，目前中国的景区仍然没有区分吸引物所和商业开发，导致一说涨价就是景区涨价，甚至更直接的就是门票涨价；但在国外，涨价多采取商业开发涨但吸引物所不涨的形式。"这是不能简单对比国内外景区门票的原因，也是中国旅游业未来的发展方向。"赵说。

未来，当门票不再是重点，那么旅游景区也不再仅仅是一个目的地。人们可以摆脱门票带来的时空束缚，依据自己的喜好驻足、流连、忘返，到时候，旅游景区也将进化成另一个家。

资料来源：中国经济导报(www. ceh. com. cn/ceh/shpd/2012/5/22/114084_2. shtml)。

案例 3-7

黄果树瀑布的困境

每年 3000 余万元的门票收入，该由政府收取，还是由企业来收取？过去大约两年时间，在著名的贵州黄果树国家级风景名胜区，这一直是困扰着当事各方的一道难题。

尴尬之处在于，这道难题的出现，居然是在贵州省下决心理顺长期混乱的黄果树旅游管理体制之后。两年以来，有关人士私下用"政府企业打架，各项建设完全停滞不前"来对改革加以盘点。

改革：画了个动人的圆圈

以黄果树大瀑布在海内外的巨大知名度而言，将其比为贵州旅游业的"龙头"毫不为过。过去，由于黄果树风景区地跨安顺市的镇宁、关岭两个自治县，风景区管理处又是个典型的"政企不分"、与省市县三级政府及建设、旅游等职能部门都有"交道"的机构，导致景区内诸多矛盾十分突出，极大地制约了旅游产业化步伐。黄果树旅游收获的实际经济效益与其巨大的品牌和景观价值并不相称。

为此，1999 年 4 月 21 日，作为当时全国第一份旅游体制改革的文件，贵州省人民政府发出了《关于进一步理顺我省旅游景区管理体制有关问题的通知》，决定以"全省统一规划，属地行政管理，部门行业指导，企业自主经营"为原则，以黄果树景区为"近期工作重点"，着手理顺全省旅游景区管理体制。

7 天后，"贵州省黄果树风景名胜区管理委员会"挂牌成立。与原有的旧体制不同，管委会被赋予了相应的政府职能，包括镇宁、关岭两县部分乡镇的 36 个行政村在内的 115 平方公里的区域划归其托管。

与此同时，按照文件精神，将黄果树中心风景区内经营性存量资产剥离出来作为国有资本金，贵州黄果树旅游(集团)有限公司也相应组建。

2000 年 2 月 15 日，贵州省政府省长办公会进一步研究决定，在对历史形成的省市县三级国有投资进行产权界定的基础上，充分考虑市县利益，省及市县分别持有黄果树旅游公司股本的 55% 和 45%，且 5 年内省让利按 40% 分成、市县按 60% 分成，另 5 年后再按股分成，三级收入全部用于景区建设的再投入，不得挪用。

黄果树旅游公司副董事长李勇认为，黄果树景区的旅游体制改革告别了政企不分，打破了条块分割，又顾及了各方利益，比较合理，堪称"画了个动人的圆圈"。

焦点：门票是否经营性资产

贵州省政府的文件提出了"经营性资产"的问题，但对作为景区主要收入来源的门票收入是否属于"经营性资产"并未作明确界定。这在某种程度上为争议的出现埋下了伏笔。

事实上,几乎从双方分头挂牌的一开始,黄果树风景区管委会就一直对由黄果树旅游(集团)公司收取门票提出异议,两年来从未停息。双方各执一词,均通过各种渠道向上不断反映,大打笔墨口舌官司,其情形一如改革前各"条块"之间没完没了的相互指责。

管委会副书记何忠品及常务副主任韩治平告诉记者,1999 年 9 月 2 日,建设部城建司在对黄果树景区门票管理权属的答复中明确指出:"门票是政府对风景名胜资源实行统一管理的重要手段,是国家利益的唯一体现,也是风景名胜区保护管理的重要经济来源……门票经营权的转移,不仅使政府失去了必要的保护管理资金,也使国家对风景名胜资源的所有权受到肢解,属于'变相出让风景名胜区资源'的行为。"此外,建设部的其他一些文件也确认门票不属于经营内容。

何说,管委会负有组织实施风景区总体、详细规划,建设、管理生态、基础设施、公共服务设施及社会化服务事业等主要职责,然而,财政税收仅 400 多万元,而辖区有近800 名财政供养人员,门票收入旁落,使其根本没有财力支撑上述工作正常开展。

韩也强调,企业的经营目标是追求利润最大化,不会也不可能拿出大量资金对瀑布景观至关重要的周边生态进行建设,两年中安排给旅游公司的 4000 亩造林任务,1 亩也未完成。由于公司对景区形成事实上的垄断经营,亦令其他投资商望而却步。

据旅游公司方面称,1999 年 9 月,在动用了公安的情况下,管委会曾经收取了两天的门票,后经省里有关方面干涉,方将收票权交还公司。

"假设上海市政府缺钱,是否自己去卖桑塔纳?"对此,公司副董事长李勇用一个比喻开头:门票该由谁来收,本不应成为问题,政府既然对门票收入征了税,就说明其已经承认门票是一种商品,如果人家投了资,政府却来坐收门票,哪个投资商还敢进入?既当管理者,又想当经营者,这才是真正的"垄断经营",谈何政企分开?政府的职能应该是为企业搞好服务,创造一个公平良好的竞争环境、投资环境,而不是"事必躬亲"。企业发展了,政府的税收自然会多起来。

他指出,公司并非如管委会所说的那样,不重视生态建设。公司已为此投入约 200 万元,并且融资 3000 万元,正准备进行包含环境保护在内的相关建设。同时,整个黄果树瀑布群有 18 个风光各异的瀑布,目前由公司经营的不过两三个,垄断何在?

问题:谁的观念没有转变

黄果树旅游公司的陡坡塘瀑布景区开发施工工地被管委会下令停工。据了解,作为双方分歧的具体表现,这样的事情已多次发生。同样被下令停工的,还有黄果树宾馆保龄球馆等工程,而以大型电扶梯替代现有索道的项目进展得也并不顺利。管委会有关人士解释,对陡坡塘等项目做出停工决定,是因其没有办理某一相关手续,甚至干脆就是无项目立项手续、无环境质量评价、无规划审批手续、无建设施工手续的"四无"工程。按理,在景区内任何开发、经营行为,未经地方政府批准和特许,均为违法或违规。

旅游公司有关人士则称,管委会的行为是"屁股决定脑袋",如保龄球等项目,系管委会有的人员在管理处时操作的,现在换了位置,竟又倒过来进行查处。与旅游公司认为管委会企图"以政代企"、"观念需要转变"如出一辙,管委会也指责旅游公司"以企代政"、"尚未从原管理处的旧工作观念和拥有的某些政府职能中转变过来,还习惯于'我说了算'"。"政企分开"、"观念转变"成了双方共同的"旗帜"。

尽管分歧暂时还没有缩小的趋势，但双方都承认"内耗"、难以形成合力对景区建设发展带来的负面影响：成堆的垃圾无人清扫、一度有所遏制的小贩拉客现象回潮、资源深度开发步履缓慢、与环境和谐相融的黄果树新城依然是诱人的沙盘模型……尤其令人痛心的是，10年前景区申报世界自然遗产失利的两大原因———周边"绿化率低"及"人工痕迹重"没有得到根本性改观。

韩治平以国内类似景区的水平估算，正常情况下，黄果树仅年门票收入就应该上亿元。正所谓因小失大。

一位贵州旅游界资深人士就此评价，观念转变，常常不是一时一地，也不是某几个人、几个单位的事情。也许，只有当事各方共同努力，黄果树风景区的新体制才能有施展魅力的空间，黄果树大瀑布才能止住纷飞的泪水。

案例思考：

1. 你赞成政府的说法还是企业的说法？
2. 假如你是贵州省旅游局特派的协调员，你准备提出一个怎样的解决方案？

相关链接

旅游景区经营权——不得不说的话题

近两年来，山东三孔、四川碧峰峡、九寨沟、三星堆遗址、四姑娘山、滕王阁、武当山等景区经营权被转让的声音一直不绝于耳，据不完全统计，全国至今已有至少19个省市区、300多个大小不一的景点加入此列。与此同时，针对景区经营权能否出让问题，学者专家们各持己见，争论是时缓时急，有时甚至达到白热化程度。

能否出让景区经营权？

有关专家认为，和风景旅游资源相关的内容应分为经营性项目和非经营性项目。经营性项目是指涉及风景名胜范围内的旅行社、餐饮、娱乐文化、运输服务、房地产等。非经营性项目则是指风景资源、自然与文化遗产以及风景区特有的专营项目(如风景区的门票专营权)。

中国社科院环境研究中心主任郑玉歆认为，经营性项目经营权的出让非始自今日，也非中国独有，它的出现盘活了资源，有助于经营活动的改善。然而，具有不可替代性和唯一性的风景资源本身，绝不能等同于一般的经济资源，不能按一般的商品原则处置。

自然文化遗产资源和风景名胜区至少具有一定范围内的独特性和相当程度的珍稀性、非人工再造和不可逆性、不能改变其原有形态的特性等资源特殊性。它们是公共资源，但又不是一般意义上的公共资源，因为它们还具有全国或全世界的唯一性、不能重现性、不能再造性。郑玉歆认为：对遗产资源的开发一定要本着对后代负责的精神，采取慎重态度。让脆弱的、具有不可逆性的遗产资源担当起拉动经济增长的重任是一种短视行为。

世界自然遗产、国家风景名胜区具有科研、启智、教育、游览、审美等多种功能，而具有经济价值的游览只是其功能之一，且只占全部价值很小的部分，非经济价值才是价值构成的主体。而且，占据很小份额的经济价值深深地依托于那些并不为大众所识的、具有丰富内涵的非经济价值。所以不能本末倒置，错误地将风景名胜区混同于经济开发区，将保护性的社会公益事业性质的世界遗产和国家风景名胜区，片面地当作第三产业旅游资源进行经济开发，导致遗产遭受破坏。

郑玉歆指出：世界上大多数国家对于自然文化遗产资源的管理采取政府统一管理模式，这一方面是由于政府应该是广大人民利益的代表，另一方面政府可以采取强制性措施、限制破坏资源的行为。

然而，北京联合大学旅游学院的刘德谦教授却认为：目前某些企业通过合同获得某一旅游区域的有时段限定的经营权，实质上是我国法律允许的一种租赁活动。国家将国有资产授权地方或部门管理经营，被授权方在不改变所有制的前提下，有期限、有条件、有偿地将经营权暂时让渡给承租方。就所有权的占有、使用、收益、处分这四个权项而言，这里承租方所暂时获得的经营权，只是出租方从国家授权中所获得的占有、使用、收益权中的一小部分，不仅这些权利必须按时归还，最重要的是处分权一直在出租方手中(即在国家手中)。因此，这一让渡并没有改变风景名胜的权属本质，其原所具有的科研等多种价值也并不一定会降低。有些风景名胜的经营权并没有出让，也并未保护好。有资料显示，"水洗三孔"事件早已成为事实，若是这样，就不能完全断定为景区经营权出让的错。另外，受我国经济能力的限制，有些贫困地区，根本无力开发旅游资源，而有期限地出让景区经营权则是吸引社会资本、解决就业、发展地方经济的一个途径。

当然，什么事情都不能搞一刀切，而应该具体问题具体分析。除了租赁活动双方应该遵守法律规范和合同责任外，目前由于有关条件尚不成熟，因而应当制定出区别对待的办法，划出经营权可以出让、可以部分出让、不能出让的界限：如具有特殊价值的世界级或国家级自然与文化景区，是不能出于商业目的随意开发的；而有些景区的经营权，则可以转让或部分转让。

不是能不能出让的问题

长期以来，政府职能部门集风景区管理者、资源保护者、旅游服务市场经营的参与者于一身，很容易混淆了风景资源保护管理与旅游业经营之间的界限。这种政企不分的管理模式导致一些部门把风景区单纯看作经济、利润载体，只重视其经济功能，而忽视了生态、教育等方面的功能。加之，国家把风景名胜区一律交由地方管理，导致一些地方的国家风景名胜区和自然文化遗产的所有权"虚化"，名为国家所有，其实际管理、收益、支配和处置权则归地方政府。专家指出，这已成为风景资源屡遭破坏、资源所有权以各种形式变相转移的主要原因。

目前的景区经营权转让，通常的做法是企业与景区所在地方主管部门签订开发经营协议，其他利益主体并不参与协议的商定，如此很容易引发国有资源利益受损或寻租行为。此外，国内还没有评估旅游景区无形资产的标准，例如滕王阁、九寨沟等景区所提出的经营权转让价格远远不及潜在的价值，因此极易造成国有资产流失。况且，许多景点在出让经营权时过分注重眼前利益，而忽略对长远资源的维护和投资的限制，以至于经营者不能兑现当初的承诺，使景区流于粗放型开发，所有者却无从监管。

被多家媒体评价为具有示范效应的"碧峰峡模式"其实也有一定不足。例如，万贯集团对于碧峰峡景区独家垄断经营权的获得并没有引入市场机制，很容易产生寻租行为。另外，政府监管约束力度也不够。

谈到这种现象时，中国社科院博士依绍华认为，实际上，出让景区经营权等市场化手段并不一定造成资源破坏，而真正的破坏往往是规划不周、认识不足、政府部门监管不到位的结果。

我国目前对景区缺乏统一的管理监督，条块分割，职能交叉。国外大多数国家遗产资源和风景资源(如国家公园)由环境保护部门(环境部)或资源部门(内政部)管理，机构独立，资源属性清楚，责任明确。而中国的自然保护区涉及的主管部门达9个以上，以致出现了报上所登载的武当山"管景区的管不了景点，管城建的管不了规划，管山的管不了林，管庙的管不了人"这一奇怪的现象。中国社科院旅游研究中心主任张广瑞指出："这样非常不利于景区的统一规划和监督管理。"

因此，刘德谦认为，关键不是由谁来经营的问题，而是怎样经营，能不能经营好，如何才能经营好的问题。尽管国家有关方面三令五申不允许出让，但根本阻挡不住一些地方已经下定了的决心，反倒可能使这种行为更加隐蔽，更不利于管理和监督。当务之急是对有关景区经营权出让做出明确的法律规定。

呼吁改革体制尽快立法

国务院1985年发布的《风景名胜区管理暂行条例》，是唯一一份关于国家风景名胜的法律文件。因该条例制定时间较早，后来也未根据实际变化情况做出相应调整，以致出现了监管的"真空"。

因此，被采访的所有专家几乎无一例外都呼吁尽快完善相关的法律体系，对景区出让经营权问题给予明确规定，对经营者的资质要科学审核，签订的合同对经营者的责任和义务应有明确细致的规定。比如规定企业的营业收入中，必须拿出一定比例用于景区保护；合同期满后，景区保护水平必须不低于一定的指标；经营期间，应严格遵守景区总体规划，应根据环境承载力来确定客流量；在项目增设过程中，应遵守国家相关法律法规，并必须经国家有关方面及各方专家严格论证等。再如，在目前无法精确计算景区价值的情况下，可综合专家和公众的意见，对资源进行价值界定。还应强化分级分区管理的力度，如明确哪类景区不可以出让，哪类可以，可以出让到何种程度，对于景区和项目开发必须有严格论证和规划。总之，法律规章要力戒空话，在强调相关原则的同时，还应出台实施细则，以使之具有较强的可操作性。

另外，现有的资源监督管理机制已经不能有效地管理和监督保护自然风景资源。专家建议，政府职能部门从风景区的市场经营性项目中退出，不直接承担任何盈利性业务，专司管理职责；加强行业管理权威，理顺管辖区内各职能部门的权力归属；采用完备的监督措施，由各方专家、官员以及公众共同组成监督委员会，对开发经营行为实施全程监控。

由于经济基础的差距，我们不可能照搬发达国家的旅游资源的管理模式，但是它们完备的法律体系、详细而严格的开发规划、明确而到位的管理措施，无疑对我国的资源保护和开发具有极大的借鉴意义。

只有对企业的投资行为进行正确的引导和约束，同时改进和完善我国现有自然和文化资源的管理方式，建立切实有效的监督机制，引导公众参与监督企业的行为，运用法律和市场的手段，保证国有资源的保值增值，保护生态环境，才能真正做到利用和保护的双赢，实现开发利用和保护环境的和谐统一。

资料来源：光 明 日 报（http：//www.gmw.cn/01gmrb/2002-07/15/25-FFD3F74CD54CA68348256 BF700023A06.htm）。

第四章 旅游景区营销管理

峨眉山旅游专卖店

峨眉山风景区在海内外已发展了 135 家"专卖店"，这些专卖店是景区从全国条件最佳的旅行社中挑选出来的。专卖店的义务是重点向旅游者推荐峨眉山旅游，权利是拥有峨眉山旅游的价格优势和质量保证。

峨眉山旅游专卖店的经营理念是：以峨眉山为龙头，突出四川世界遗产精品旅游线；以专卖店为基点，打造风景区与旅行社紧密合作的旅游联盟。

峨眉山风景区既有区域内的互动合作，又有跨区域的互动合作。

在区域内，峨眉山将四川全省 4 大世界遗产的 6 个景区团结在一起，签订了《四川世界遗产之旅营销联合体章程》，向全国推出"四川世界遗产精品旅游线"（峨眉山—乐山大佛、都江堰—青城山、黄龙、九寨沟）。这把市场营销学中有关品牌的集聚效应的应用推向了极致。

在跨区域互动合作上，峨眉山与"广之旅"合作组建了"四川峨眉广之旅国际旅行社有限公司"；与中旅集团联合组建"中旅四川遗产假期"旅游联盟；与"上海春秋国旅"合作，通过其在上海的 30 个门市部、在全国的 31 家分社和上海春秋网站向市场投放峨眉旅游产品；与沈阳和长春联合组织"峨眉山号"入川专列；与苏州和无锡联合发起"千名江南人游峨眉"大型活动。

资料来源：湖北大学旅游景区管理精品课程网（http：//202.114.155.239/jpkc_bs/lyjqgl/skja.htm）。

第一节 旅游景区营销管理概述

旅游景区营销管理指为满足旅游者观光旅游、休闲度假、娱乐的需要，并实现自身经营目标和发展目标，通过旅游市场将旅游景区与游客之间的潜在交换变成现实的一系列有计划、有组织的社会和管理活动。

一、旅游景区营销管理的步骤

(一)选择旅游景区目标市场

1. 以地域为界选择市场

遵循由近到远、逐步扩大的原则展开市场营销。以旅游景区所在地为中心，以距离远近为半径，按地域把旅游市场划分为近、中、远三个梯次，分别对应于景区市场发展的近期、中期和长期规划。

旅游市场基本属于集群偏好型的异质市场。人们的旅游偏好容易受周围人群的影响，同时也在影响着周围人群，形成旅游趣味相投的顾客集群。集群与集群之间还会发生相互的影响，在一定地域范围形成旅游消费时尚。这种影响总是近距离发生的。

2. 瞄准中心城市

消费有梯次传递的规律，一般是从大城市到中等城市，再到小城市，最后到农村。时尚消费更是如此。旅游是一种时尚消费，所以重点要抓中心城市旅游市场。

(二)旅游景区产品市场定位

1. 攀附定位

攀附定位是一种"借光"定位方法。它借用著名景区的市场影响来突出、抬高自己。比如把三亚誉为"东方夏威夷"，把小浪底水库誉为"北方的千岛湖"。采用这种定位方法的景区并不去占据攀附对象的市场地位，与其发生正面冲突，而是以近、廉、新的比较优势去争取攀附对象的潜在顾客群。

采用这种定位方法不可与攀附对象空间距离太近，因为这种定位是吸引攀附对象远途的潜在顾客。

对于已出名的旅游景区和具有独特风格的旅游景区不能随便采用此种定位方法，市场已经赋予其特定的位置。对于新开发的旅游景区，如果能从与其他景区的比较中找出自己突出的、有特点的风格，就不要贸然采用攀附定位，因为攀附定位永远做不到市场第一，并且会掩盖景区真正的特色。

2. 心理逆向定位

心理逆向定位是打破消费者一般思维模式，以相反的内容和形式标新立异地塑造市场形象。例如河南林州市林滤山风景区以"暑天山上看冰堆，冬天峡谷观桃花"的奇特景观征服市场。深圳野生动物园一改传统动物园将动物囚禁在笼中观赏的方式，将游客与动物对调，人被囚禁在车中，而让动物在笼外宽阔的空间自由活动。这种模拟野生动物园第一个打破我国消费者对动物园的惯性思维，从而赢得了市场的认可。

3. 狭缝市场定位

狭缝市场定位是指旅游景区不具有明显的特色优势，而利用被其他旅游景区遗忘的旅游市场角落来塑造自己的旅游市场形象。比如河南辉县有名的电影村郭亮村，本来是一个普普通通的太行山村，自从著名导演谢晋在此拍过一次电影后，山村开始走旅游发展道路。他们以洁净的山泉水、清新的空气、干净卫生的住房条件，用比市场低得多的价格（包食宿每天10~20元）去占领附近城市的休闲旅游市场和美术院校校外写生市场。

4. 变换市场定位

变换市场定位是一种不确定定位方法。它主要针对变化的旅游市场，市场发生变化，景区（点）的特色定位就要随之改变。

（三）旅游景区的市场拓展

1. 内涵型发展模式

内涵型发展模式是指旅游景区在景区内开展多种经营，全方位满足目标顾客的需要，提升景区服务档次和扩大服务内容。

按照市场营销理念的认识，需要就是市场，多种需要为景区服务提供了无限的空间。旅游产品是综合性的，所有服务项目组合在一起能发挥更大的乘数效应。服务的项目越多、越全面，就越能留住游客、越能刺激游客在景区消费。

2. 外延型发展模式

外延型发展模式是指景区企业在景区以外开展经营活动。这种发展模式是根据企业的经营战略来实施的。一般可分为以下几种：

（1）主业延伸发展模式，即一体化发展模式，就是将景区业务向有联系的行业发展。如向前延伸到旅行社、旅游交通业开展业务，向后延伸到饭店业、旅游商品生产行业开展业务，横向则投资开辟新的景区。这种模式不管向哪个方向发展，都离不开景区原有的经营主业，都是以原先主业为中心向外围逐步拓展的。这种市场发展模式需要景区投入资金，是一种投资发展模式，需要慎重对待。

（2）围城打援模式，即多角化发展模式。其用意不在于主业的转移，而是在跨行业的两个行业领域同时经营，利用相互的影响作用取得综合经济效益。以浙江宋城集团为例，宋城集团是中国最大的民营旅游开发投资集团之一，其投资方向以旅游休闲业为主，同时涉及房地产开发、高等教育、电子商务等领域。宋城集团1995年起步，先在杭州兴建主题公园宋城，短短几年间，相继在萧山等地投资开发了杭州乐园、美国城、山里人家等景区，总共开发的旅游景区面积达26万亩，年接待游客达到400万人次。集团在开发旅游景区的时候大量购置周围土地，开发房地产，围绕景区建成一批宾馆、温泉度假村、高尔夫俱乐部、网球俱乐部等度假休闲配套项目，在景区经营火起来的时候，房地产价格也一路攀升，短短5年已成为拥有13个项目、40亿元资产的大企业集团。

（3）管理输出模式。这是指经营出色的、有名的旅游景区企业利用专业化管理技术，向同行业扩张的发展模式。这种模式一般不需要直接投资，是一种把无形资产效益化的发展模式，但有时也会以参股、抵押承租、保证金等形式部分投资。这要视具体情况而定。业务类型有开业管理、培训管理和跨年度管理三种。这种发展模式需要景区拥有一批高素质经营管理专业人才队伍，并且母体景区经营效益良好。目前我国景区经营从体制到管理还存在许多问题，需要接受专业化经营管理的景区很多，而能够向外输出管理的景区企业尚不多见。

二、旅游景区营销组合要素

(一) 旅游景区吸引物(attraction)

旅游景区吸引物就是景区内标志性的观赏物。它是景区旅游产品中最突出、最具有特色的景观部分。旅游从某种角度讲也可称为"眼球经济",游客正是为观赏旅游景区某一特定物才不远千里、不怕车马劳顿来景区旅游的。这是旅游景区赖以生存的依附对象,是旅游景区经营招徕游客的招牌,是景区旅游产品的主要特色。没有这个吸引物,游客就不可能来景区旅游消费,尤其在今天旅游市场竞争日益激烈的情况下。吸引物不仅靠自身独有的特质来吸引游客,还要有良好的形象塑造和宣传才能起到应有的引力效果。所谓对旅游景区吸引物的塑造实际上就是对景区旅游产品定位,就是把景区最吸引人、最突出的特色表现出来。这个特色进一步打造还可以形成景区的品牌,进而形成旅游市场的名牌。世界上著名的旅游胜地都是以其独特的地貌景观、建筑景物、历史遗迹、风俗民情等来吸引四面八方的游客前往游览的,如埃及的金字塔、纽约的自由女神、北京的长城和故宫、西安的秦始皇兵马俑、长江三峡的神女峰、云南少数民族风情等。

(二) 旅游景区活动(activity)

旅游景区活动是指结合景区特色举办的常规性或应时性供游客欣赏或参与的大、中、小型群众性盛事和游乐项目。景区活动的内容非常丰富,如文艺、体育表演、比赛,民间习俗再现,各种绝活演艺,游客参与节目,寻宝抽奖等。这些活动不仅是景区旅游产品的一部分,而且还可作为促销活动的内容。旅游景区活动能使游客的旅游感受更有趣味性,使旅游服务的主题更加鲜明和更有吸引力。例如,近几年落成的河南省博物院除了在造型古朴别致的建筑内展示中原五千年的出土文物外,每天进行两场古乐器演奏会,一下使中原古文化以丰满的姿态展现出来,大受中外游客的欢迎。

(三) 旅游景区管理与服务(administration)

旅游景区产品的表达形式尽管多样,但其核心内容仍是服务。服务的特点就是它的提供与消费常常处于同一时间段,每一次服务失误就是一个不可"回炉"修复的遗憾的废品。服务过程中的管理尤显重要。实际上管理就是最核心的服务。旅游景区管理包含两个层面,一是对员工的管理,二是对景区的管理。对前者的管理要靠各项制度做保证。正所谓"治事先治人,治人先治规"。"治事"指的是管理旅游景区,"治人"指的是管理旅游景区员工,"治规"指的是制定各项规章制度。对后者的管理主要体现在对游客的服务上。旅游景区服务可分为前台服务和后台服务,也可分为有人值守服务和无人值守服务,还可分为基本服务和有偿添加服务等多种形式。不管是哪种服务,都要以最大限度满足游客需要为宗旨。

(四) 旅游景区可进入性(accessibility)

可进入性指的是旅游景区交通的通达性。很多景区处在交通不方便的偏僻地区,使得游客进出旅游景区大受限制,交通甚至成为营销瓶颈。旅游景区(点)的产品销售过程与有形商品销售不同,是景定人动,顾客必须来到景区享受服务,经营要靠大量的客流。目前,在国家交通条件改善的情况下,影响旅游景区可进入性的不是主干交通,往往是旅游景区门前的最后"十公里",必须引起重视。

第二节　旅游景区营销的本质及法则

美国经济学家约瑟夫·派恩和詹姆斯·吉尔摩在 1999 年出版了《体验经济》一书,认为人们正迈向体验经济时代,体验经济将取代服务经济。他们认为:企业以服务为舞台,以商品为道具,以消费者为中心,创造能够使消费者参与、值得消费者回忆的活动。在消费者参与的过程中,记住了对过程的体验,由于体验美好、非我莫属、不可复制、不可转让,消费者愿意为体验付费。体验已彰显出其独特价值,并且消费者愿意为这种体验付费。同一种商品,在农业经济中只值 5 元,在工业经济中值 10 元,在服务经济中值 20 元,在体验经济中就可以值 30 元。这是因为在体验经济中,消费者对体验享受的评价最高,也愿意付出更高的价格。在体验经济中,人们第一次用金钱来衡量物质以外诸如心情、记忆、感觉等摸不着的事物,而不是传统意义上把体验打包到服务和商品之中。这造成体验对不同的人有不同的主观价值,甚至同样的体验对同样的人在不同的时间也有不同的价值。

《体验经济》一书将经济类型划分为产品、商品、服务、体验。通常我们把旅游归类为服务经济,但按照派恩和吉尔摩关于把体验从服务中分离出来的基本思想,准确地说,旅游无疑属于彻头彻尾的体验经济,这为旅游业提供了真正有价值的思考方式。

如今旅游业尤其是景区管理当局,普遍缺乏正确的营销观念,很多景区管理部门认为景区只是由风光、建筑以及其他设施构成的,游人进入景区,就是走走看看。这导致了众多景区处在极为初级的观光旅游阶段,结果游客人数每况愈下,景区部门不去反思自身的问题,反而将这种状况归结为外部的客观因素。这是典型的"产品近视症"!根本的解决之道,是树立起正确的营销观念,按照营销的基本规律来经营管理景区。

一、旅游景区的本质是一种体验

要树立正确的营销观念,就必须正确认识景区的本质,景区本质上是一种产品,由有形部分和无形部分组成,既可以是像建筑、游乐设施、文化遗产等一类具体的东西,也可以是像"感受"这样的抽象概念。而"感受"或者游客的"体验"显然更加重要。景区产品实际上是一种体验!

(一)旅游景区产品特征

旅游景区产品跟一般的服务不同。首先,景区向服务对象(游客)提供的是一种共享的使用权。如主题公园的游客必须和去那里的其他游客一起游览公园,共享娱乐设施;你登上雷峰塔的时候,不能禁止别人同时与你登上雷峰塔。其次,服务对象只享有景区产品的暂时使用权。各个景点的门票只能使用一天,消费在一天内完成。最后,游客必须到景区才能实现消费。景区的地点是固定不变的,因此,到景区去的交通方式便成了游览过程中一个不可分割的部分。

因此,景区产品本质上就是一种体验。这种体验从打算游览景区开始。接下来是游览的过程,包括前往景区和离开景区的过程,以及在景区的活动。最终,形成旅游的整体印象。

(二)影响旅游景区体验构成的因素

(1)景区的有形部分。主要包括景区建筑、文化遗址、商店、餐厅等,这些会给游客视觉的感受,是景区营销的基础。比如雷峰塔景区,包括雷峰塔本身、如意苑、康熙乾隆夕照碑、状元祭母台、金涂塔安奉处等,这是人们感受雷峰塔的基本元素。有形部分是游客获得旅游体验的基础。

(2)提供体验的要素。这些要素包括员工的仪表仪容、态度、行为和能力。如果景区是体验的剧场,景区的工作人员就是剧场的演员,工作人员的表现将给游客直接的体验,所以必须使景区的员工融入景区的氛围,与游客互动,共同创造令游客难忘的深刻体验。

(3)游客的期望、行为和态度。游客通过各种途径,了解景区的主要背景,对景区的主题有自己的期望。比如打算到雷峰塔的游客,会对雷峰塔的"白蛇传"的主题有所了解,因此,有一种体验"白蛇传"的渴望。游客在景区的游览活动、景区设计的参与活动,都将形成一种体验。

(4)景区管理当局和游客都无法控制的一些因素,比如,在某一特定时间游览景区的游客的构成、前往景区的交通状况、景区的天气状况等。

以上因素之间的关系很复杂,致使每个顾客的体验都不一样。从以上分析可以看出,景区体验实际上是综合的游客感受。所以,景区营销的目标,就是提供给游客最令人难忘的体验,这样才能够保持景区的生命力。

二、旅游景区营销的准则——体验主题化

旅游景区营销的本质,就是不断结合景区的主题、设施,创造出令游客难忘的体验。景区营销创造体验的方法,重要的一种就是"体验主题化"。景区营销人员必须设计精练的主题,从而迈出通往景区体验之路的第一步,而且是关键的一步。反之,构思拙劣的主题不能给游客留下深刻印象,也不能产生持久记忆。迪斯尼乐园是一个出色的主题公园,其主题是"人们发现快乐和知识的地方":"这将是父母和子女分享快乐时光的地方,是老师和学生找到更好的方式相互理解、进行教育的地方。老年人在这里能找到值得怀念的流逝岁月,年轻人在这里可尝试挑战未来的滋味。"

为景区体验寻找合适的主题并不容易,一般而言,可以从这九个方面来寻找:历史、宗教、时尚、政治、心理学、哲学、实体世界、大众文化、艺术。创造令人难忘的景区体验,景区营销人员必须跳出景区的圈子,从更广泛的层面进行横向与纵向的联系,这样才能不断推出吸引游客的体验项目。

无论景区体验主题来源于哪里,景区体验主题成功的关键在于什么是真正令人瞩目和动人心魄的,一般而言,优秀的景区体验主题有五大标准。

第一，具有吸引力的主题必须调整人们的现实感受。人们到某一景区游览，是为了放松自己或者寻求平常生活中缺乏的特殊体验。景区体验必须提供或是强化人们所欠缺的现实感受。比如人们游览雷峰塔，可能需要感受经典爱情或团圆气氛，所以雷峰塔景区必须提供类似的体验，才能吸引更多的游客游览雷峰塔。

第二，景区的主题能够通过影响游客对空间、时间和事物的体验，彻底改变游客对现实的感觉。比如，"美国荒野体验"融真（动物）、假（人造树林）、虚（电影特技）于一体，创造了"在广阔的户外漫步"的后现代旋律。而杭州的"宋城"主题公园，通过对《清明上河图》的再现，通过宋文化的真实演绎，满足了游客"给我一天，还您千年"的体验，因而获得极大的成功。

第三，景区体验主题必须将空间、时间和事物协调成一个不可分割的整体。游客的体验是完整的，是空间、时间和事物的整合，要做到让游客"在适当的地方、适当的时间做适当的事"。因此，任何一个景区体验主题必须根据景区的特性，寻找关联的主题，并根据不同时间游客的心理氛围来推出，才能真正有吸引力。生搬硬套的活动对景区是没有什么帮助的，好的主题必须符合景区本身的特性。

第四，好的景区体验主题应该在景区内进行多景点布局。景区是一个立体的景点的集合，推出的景区体验主题，要让游客对景区进行立体的体验。美国荒野体验从森林、高山、沙漠、海滨到山谷的风景变化，囊括了影视中的故事，调动了人们的积极性。而杭州东方文化园，则是将释、儒、道三种东方文化的典型进行立体布局，融合了东方文化的精髓。

第五，景区体验主题必须符合景区本身的特色。推出的体验活动，必须与景区本身拥有的自然、人文、历史资源相吻合，才能够强化游客的体验。景区体验主题的设计要素和体验事件要统一风格，如此，体验主题才能吸引游客光临。

景区是一种体验，景区体验必须主题化，这就是景区营销的基本思路。但是，我们必须看到，某一种景区体验是不可能长期存在的，人们并不喜欢一成不变的东西，因此体验必须不断创新推出，如此才能够保持景区的吸引力。无论如何，体验经济的新思维，给景区营销提供了革命性思维。

案例 4-2

迪斯尼乐园深入演绎互动体验营销

1955 年，世界上第一个迪斯尼乐园在美国诞生，随即便席卷世界，成为世界第一娱乐帝国；44 年后，中国的第一个即时通信软件——腾讯 QQ，也以另一种方式演绎着同样的神话。高度叠合的目标消费群让两大娱乐帝国走到了一起，联袂开启了一段精彩的"海盗"之旅。

娱乐与网络的碰撞

以年轻人为目标消费群，销售欢乐的迪斯尼以"梦想成真"为口号，在全球建立起强大的娱乐帝国。2005 年 9 月 12 日，投资 31 亿美元的香港迪斯尼乐园在大屿山正式开业，成为香港旅游业新的经济增长点。

香港迪斯尼乐园是继日本之后亚洲的第二个迪斯尼乐园，也是中国第一个迪斯尼乐园。作为世界级娱乐中心，香港迪斯尼已经成为吸引内地游客的一个亮点，其主题园区包括幻想世界、探险世界、明日世界以及美国小镇大街，为中国游客提供原汁原味的美国风情体验。

借火热大片《加勒比海盗：魔盗王终极之战》上映之际，香港迪斯尼乐园筹备了"魔盗王玩转迪斯尼乐园"特别节目，推出各项以海盗为主题的互动娱乐活动、拍照景点，包括海盗造型的人物、各式各样的游戏、特色餐饮等。宾客一踏进这个海盗世界，随即体验到海盗历险之旅。

作为中国流量领先的网络媒体，拥有5亿注册用户的腾讯网覆盖了一二级城市、高达95%的中国网民，其中2.7亿为活跃用户，这些用户年龄集中在18～30岁，大专及本科以上学历的用户比例超过65%，与其他门户网站相比，腾讯网的用户活动参与性强、消费观更时尚、更具购物冲动，消费特征与迪斯尼的目标群体高度重合。

为进一步推广暑期的海盗世界，2007年6月5日至8月12日，香港迪斯尼乐园携手腾讯发起名为"夏日魔盗王'夺宝大行动'"的大型互动游戏活动，整合运用腾讯QQ群、QQ秀、QQ堂、Qzone四条优势产品线，与网友展开深度互动和模拟体验，以娱乐营销影响潜在消费者。

与网络共舞，营销"娱乐"

借助互联网，通过快速便捷的网络来实现爆发式品牌推广的方式越来越为企业所看重。"夏日魔盗王'夺宝大行动'"也不例外，活动充分发挥了腾讯QQ的产品优势，通过前后紧扣的游戏环节，让网友在游戏中产生对迪斯尼的强烈愿望和品牌认知。

网友开始"夺宝大行动"后，需要在活动主题网站登录QQ，建立QQ群，或者加入已有的群，每一个群就是一艘海盗船，让网友有一种身临其境的感觉。每一艘船的"船员"都不超过4人，有了海盗船，"船员"们即可驾驶海盗船驶入下一环节，而迎接他们的是更多的未知。

"最露脸大比拼"

拥有海盗船后，当然要为自己亮出独具个性的海盗标志，活动期间，每位船员要将QQ昵称更换为含"魔盗王"的字样，如"魔盗王来了"；将全体船员的QQ昵称和海盗标志一起截图并上传，即可赢得第一笔宝藏。

迪斯尼乐园借助QQ用户庞大的人际圈，以海盗船替换QQ群概念，引发了网友间不断模仿的"羊群效应"。而通过鼓励网友秀出全船成员的QQ昵称及海盗标志，无形中使网友充当活动的传播媒介，形成病毒式传播。

"Flash 快问快答游戏"

在这个环节，船员们要在指定的时间内快速回答对所有问题，这些问题与香港迪斯尼乐园相关，通过这种游戏体验的方式，让他们在游戏中享受惊险刺激，在潜移默化中对香港迪斯尼乐园产生了丰富的认知。

"QQ堂多人对多人PK赛"

QQ堂是腾讯自主开发的第一款中型休闲网络游戏，注册用户6800万，是香港迪斯尼乐园的核心消费群高度云集之地，本次海盗夺宝行动的高潮也恰好集中于此——魔盗王终极争霸赛。

为配合活动的深入推广，QQ堂布置了海洋历险场景，将香港迪斯尼乐园海盗世界的真实环境植入游戏之中。争霸赛模拟海盗的抢宝行动，不仅进行个人之间的比赛，也进行船与船之间的比赛，网友们将发挥团队精神，共同向宝物发起冲刺，体验海盗的抢宝乐趣。

"博客赛"

Qzone是年轻族群互动参与、交流情感、表现最为活跃的空间，因此本次活动还借助Qzone开展海盗日志大比拼。通过再现"探险夺宝之旅"，评选海盗人气王，让"海盗"在博客中交流分享快乐，让消费者体验迪斯尼品牌丰富的游戏乐趣，形成了活动的二次传播高潮。

经过刺激的游戏，胜出的团队会登上每周的TOP25王牌海盗榜，展示自身的实力与财富。不仅如此，胜出的团队将凭借积分获得QQ秀海盗升级装备、QQ秀套装升级产品等虚拟奖品，而最终获胜者将会获得迪斯尼门票大奖，大大调动了网友参与游戏互动的积极性。

"夏日魔盗王'夺宝大行动'"自上线以来，得到了网友的积极响应，惊险、刺激、富有趣味性和体验感的互动游戏活动让网友对迪斯尼乐园有了深层次的了解，也改变了年轻人对迪斯尼品牌孩童化的传统印象，对迪斯尼乐园有了全新的定位和认知。

资料来源：中国公共关系网(www.17pr.com/76764/viewspace_64735.html)。

第三节　旅游景区实用营销方法

一、广告促销

广告促销是指在主要客源地的广播、电视、报刊、互联网等大众媒体上通过刊登广告的方式进行促销。具体措施包括：(1)制作VCD风光片；(2)邀请旅游形象大使；(3)开通以景区名称命名专列、专机。

案例4-3

四川九寨沟面向全球招募景区形象大使

为了宣传推广九寨沟旅游形象，全方位展示九寨沟藏族风情及九寨沟地域文化，为活动注入更丰富的民俗人文元素，九寨沟景区于2013年冰瀑节前期开展第二届"九寨卓玛"评选大赛，为九寨沟景区评选出2013年旅游形象大使，为冬季冰瀑节旅游季拉开一道亮丽的帷幕。

圣雅卓玛，花开九寨。活动将在九寨沟官方网站九寨卓玛活动专题上全面展开，并在九寨沟官方微博上同步播报，面向全球招募九寨沟景区形象大使及大众评审。通过网络海选、才艺综合考评、网友投票等方式初选出 10 名优秀选手于 2013 年 1 月 17 日在九寨沟进行现场决赛，通过魅力展示、才艺比拼、风情展示等环节，最终角逐出"九寨卓玛"冠军一名，单项奖四名；届时由网络评选出的 10 名大众评审也将亲临冬季九寨美景，决定这些选手的去留。最后在九寨沟第八届冰瀑节开幕式当天正式聘请"九寨卓玛"大赛冠军获胜者为九寨沟景区 2013 年形象代言人。

得益于冬季九寨沟童话般的美景、九寨卓玛美女的风采、领先于全球所有景区的互联网平台应用，以及新兴媒体推广的爆炸裂变效应，"九寨卓玛"必将成为万众瞩目的行业盛事，让全世界关注九寨沟的人们在欣赏冬季九寨童话美景的同时，领略九寨沟浓郁的人文风情。

资料来源：中国网(www.china.com.cn/travel/txt/2012_11/28/content_27250087.htm)。

二、公共促销

公共促销指邀请、接待旅行社和旅游专栏记者、作家、摄影家采风，在主要客源地的媒体上发表新闻报道、专题采访、特写或游记。具体措施包括：

(1)为游客量大的旅行社提供优惠和年终奖励；

(2)在景区管理者和促销人员的名片等公关载体上印制景区介绍和通达路线；

(3)制作招贴画、地图、游览图等免费赠送的促销材料；

(4)举办有积极意义的公益活动；

(5)借助名人和公众人物促销。

案例 4-4

黄河丹峡景区：两项公益活动献礼旅游节

为把第十七届中国(三门峡)国际黄河旅游节举办的横渡母亲河和大黄河漂流活动打造成为"黄河巅峰之旅"和"探访之旅"，黄河丹峡景区在黄河旅游节期间将开展两项公益活动。

渑池县旅游局携手三门峡游泳协会、三门峡黄河丹峡旅游开发有限公司，将制作一条印有"争当爱心天使　争做砥柱勇士　共建天鹅之城　增辉黄河明珠　打造泳士之都　献礼伟大祖国"的横幅，于 5 月 12—22 日在豫晋陕三省七市开展万人签名大型公益活动。黄河丹峡景区还将为参加横渡母亲河的"泳士"们提供 10 条救护船，并组织一支由 30 名精英组成的水上救护队为其"保驾护航"。

资料来源：西部在线(www.smxdaily.com.cn/html/xbcf/2011/5/9/201159214833.shtml)。

三、业内促销

业内促销指在行业内部通过一系列的活动加大景区的宣传力度，以此达到促销的目的。具体措施包括：

(1)参加各种旅游交易会、展销会、专业论坛，设立展台；

(2)组团到主要客源地举行说明会、推介会；

(3)在特别纪念节日举办优惠活动(如儿童节、老人节、妇女节)。

案例4-5

2013 年上海欢乐谷开心女人节

时间：3月8日(周五)至10日(周日)

约"惠"女人心

智慧女人，用实惠折扣享无价快乐！3月8—10日，女性游客享受欢乐谷全价门票半价优惠，即100元/人。3月8日当天，本市区级以上妇联表彰的三八红旗手凭获奖证书原件及本人身份证即免费入园。如此心动的价格只在女性专属的开心女人节，化身行动派，赶快来约"惠"吧！

美丽女人心

上海欢乐谷牵手上海养生堂保健食品有限公司，每天向前1000名女性游客赠送养生堂体验装，在这个春天为所有女性送上扮靓秘籍，祝愿所有女性在春暖花开的日子早早美起来！

活力女人心

3月8—10日，每天将在欢乐谷上演沪上最大牌的枕头大战！面对繁忙的工作、快节奏的都市生活、不断飞涨的物价等种种压力，还等什么？拿起枕头来，狠狠砸吧！甩走压力，保持活力，释放魅力向前冲！

甜美女人心

欢乐谷微笑丽人搜索行动，3月8—10日，上传在欢乐谷游玩靓照@上海欢乐谷官方微博，即有机会获得"微笑丽人"殊荣，还将获得即将盛大开放的水公园体验团指定日免费体验资格！

勇敢女人心

释放压力，找寻最简单的快乐！心跳加速勇闯"绝顶雄风"，翻滚"完美风暴"转出女人的风采，这是女人的季节，爱怎么"疯"就怎么"疯"，12大顶尖游乐项目带你过个潇洒女人节，摇摆伞、矿山历险将每天随机抽取20名女性幸运游客获得高速摄影照片一张！

欢乐女人心

可爱玩偶迎宾队、春日精灵单车、花开丽人专线为你定制专属女人的尊贵服务！女人节，欢乐走起！

资料来源：中国上海网(www. shanghai. gov. cn/shanghai/node2314/node2315/node17239/node18222/u21ai714979. html)。

四、公共信息促销

公共信息促销是指利用公共信息渠道宣传旅游景区，以此达到促销的目的。具体措施包括：

（1）拍摄电视散文或专题片。如无锡灵山景区通过策划"无锡灵山大佛与美国纽约自由女神对话"的电视节目提升灵山的国际知名度和美誉度。

（2）唱响一首主题歌。

（3）编写景区导游丛书、文化丛书、摄影丛书等。

（4）利用电影促销，成功的例子有《庐山恋》、《少林寺》、《大红灯笼高高挂》、《红高粱》、《刘三姐》、《卧虎藏龙》等。

案例 4-6

武陵源首次借助微电影推介旅游资源

继微电影《外面的世界》5000万点击大获好评后，超人特工队的《超人音乐急诊室》又红遍网络。《做你的奥特曼》、《末日之前爱上你》等又欢乐又感动的音乐让人们心怀释放。

细心的观众会发现，在《超人音乐急诊室》、《末日之前爱上你》专辑上，世界自然遗产——武陵源宝峰湖风景区、盛美达（张家界）度假酒店作为背景巧妙地融入其中。无论是片中的主人公还是网友，不约而同地有这样的一个感慨：只有到张家界，人生才算是最完美的！

据介绍，近年来，武陵源景区在旅游宣传营销上妙招连连，继利用《阿凡达》成功进行网络营销之外，又接连打好一系列网络牌，如举办国际网络摄影大赛、进行新浪微博实时直播等，取得了良好的宣传效果。为抢占旅游市场先机。武陵源景区利用当下流行的微电影这一有效载体开展景区形象宣传，开创了武陵源乃至湖南省旅游景区利用微电影进行旅游营销的先河。

参与《超人音乐急诊室》、《末日之前爱上你》专辑策划的盛美达（张家界）度假酒店营销总监陈女士接受采访时表示，相比传统的酒店市场营销，微电影成本低、周期短、媒体适用度高，同时还具有一定娱乐性、创意性和广告价值，颇受市场青睐。《超人音乐急诊室》、《末日之前爱上你》专辑在网络热播后，不少游客慕名而来。

资料来源：张家界政府旅游网（www. zhangjiajie. gov. cn/html/39/n_8539. html）。

五、网络营销

网络营销（on-line marketing，E-marketing）就是以互联网为基础，利用数字化的信息和网络媒体的交互性来辅助营销目标实现的一种新型的市场营销方式。简单地说，网络营销就是以互联网为主要手段进行的，为达到一定营销目的的营销活动。

例如三清山风景名胜区的 E 游网，2001 年 3 月 18 日正式投入运行，为一个大型门户型虚拟旅游网站，为上网单位及个人提供全方位多层次的网站信息和功能服务。它具有如下特点：

(1)全国首家在线实境仿真虚拟旅游网，在网络中和现实旅游所见所闻均无差异。

(2)完善的留言簿功能，在线下订单，快速反馈。

(3)全面囊括三清山风景名胜，资料齐全，图片丰富，并配有最新的三清山摄影画册供欣赏。

六、特殊事件促销

特殊事件促销指利用一些特殊事件进行宣传造势，以此达到促销的目的。例如，克林顿访华(西安、北京、上海、桂林、香港)；柯受良飞越黄河壶口瀑布；文学作品描述地或故事、事件发生地(如金庸武侠小说、中国古代名著等)。

在百度键入"广州亚运会志愿者信使团"(以下简称"亚运信使团")，用时0.002秒，可搜索到相关网页37500个。这个数字充分说明了在广州亚运会举办前后"亚运信使团"见诸新闻媒体的高密度和高频次。细心的读者不难发现，在这些报道中屡屡提及一个名字——广之旅。广之旅组织的"亚运信使团"，因其参与层面宽、时间跨度长、覆盖范围广、活动内容多，为宣传亚运和宣传广州立下了汗马功劳，体现了旅游和大型体育赛事活动的完美结合。

广之旅组织的"亚运信使团"活动得到了社会公众和新闻媒体的广泛好评，给国内旅游界留下了诸多思考和营销启示。据调查，98.7%参加广之旅"亚运信使团"的游客表示在旅游的同时尽心尽力地宣传亚运、宣传广州，许多亚运信使还精心准备了赠送当地民众的具有岭南特色的纪念品。81%的亚运信使反复多次参与这一活动，去不同地方宣传亚运，宣传广州。

第四节 旅游景区创新营销案例分析

一、旅游景区文化营销案例分析

案例4-7

将白娘子镇压到底！

雷峰塔重建为世人所关注，重建之后雷峰塔将成为一个文物景区进行商业运作，作为一个旅游景区，如何定位就成为一个重大的问题，雷峰塔景区营销服务公司通过对雷峰塔历史纵向与旅游景区横向的比较分析，提出了雷峰塔景区的文化营销思路。

雷峰塔作为一个文物景区，由于地宫的挖掘重新为世人所知，而从地宫挖掘的成果来看，似乎多种文化扑面而来，包括吴越文化、佛教文化、民俗文化、建筑文化、印刷文化等。根据专家做出的判断，雷峰塔可以成为这些文化的载体，但是，作为一个文物景区，它的定位是什么？雷峰塔能够在多大程度上诠释这些文化？我们应当为雷峰塔塑造一个怎样的形象，从而真正体现它的旅游价值？雷峰塔的"躯壳"即将屹立在西子湖畔，但它的"精神"是什么？它将以何种文化姿态从杭州、西湖的文化丛林中脱颖而出？它靠什么来打动游客？

从文化营销的角度思考雷峰塔的文化定位，我们发现，特定的历史人文景观总是与特定的历史文化相联结而打动游客的，这些特定的历史文化，是促使游客游览文物景观的内在的文化冲动，再由文化冲动转而成为游览冲动。通过收集雷峰塔的多方资料，运用整合性的营销思维，我们认为，潜藏于雷峰塔目标游客的文化冲动，既不是吴越文化、佛教文化，也不是建筑文化、印刷文化，而恰恰是广泛流传于民间的、经典的、凄美的《白蛇传》文化。《白蛇传》文化是使雷峰塔真正区别于其他文物景区的东西，体验白娘子的千古爱情悲剧构成游客游览雷峰塔的文化冲动。因此，应将雷峰塔景区的文化定位界定为忠贞不渝的爱情圣地，以《白蛇传》来引领雷峰塔文化，理由如下：

1. 三个文化属性界定雷峰塔景区定位

雷峰塔景区的定位，必须从它所蕴含的文化进行。

（1）从文化的唯一性考虑，《白蛇传》忠贞不渝的爱情与雷峰塔形成一一对应的关系。毫无疑问，任何一个文物景点都是多层次文化的结合体，但必定有一种文化是该景点所独有的，这才是能够真正吸引游客的文化亮点。咸亨酒店承载了绍兴文化、酒文化、饮食文化等多种文化，可以说是蔚为大观，但真正成就咸亨酒店的，唯有《孔乙己》而已，没有《孔乙己》这一文化亮点，咸亨酒店所承载的文化就成了无水之源、无本之木。同样，雷峰塔也承载了太多太丰富的文化，如吴越文化、佛教文化、民俗文化、建筑文化、印刷文化等，可是，反过来，这些文化能以雷峰塔作为它们的典型代表吗？

代表吴越文化？雷峰塔（黄妃塔）充其量只是吴越王用来纪念他的一个妃子而建造的一个塔而已！代表佛教文化？那么你把灵隐寺、净慈寺放到什么位置？雷峰塔会比它们更有资格代表杭州的佛教文化吗？成为其他文化的代表更是无从谈起！但《白蛇传》文化却实实在在是以雷峰塔为载体的：冯梦龙《警世通言》第二十八回的标题赫然是"白娘子永镇雷峰塔"。《白蛇传》提到的其他地名如断桥，也与其有关，但它只是许仙与白娘子结缘之地，是一个短暂过程；金山寺只是争斗之地，还是过程；而雷峰塔却实实在在是白娘子最后的悲惨的归宿！因此雷峰塔无庸置疑地成为这一千古爱情悲剧的唯一见证，也是忠贞不渝爱情的体现，所以，只有《白蛇传》是真正属于雷峰塔的，是不能为任何其他景区所替代的，这就是雷峰塔的文化价值，是雷峰塔文化的根本，从而也就是雷峰塔的旅游价值。

（2）从文化的大众性考虑，《白蛇传》才是为大众所认知的雷峰塔文化。在学者们、专家们看来，地宫的挖掘开启了丰富多样的文化，这一点是不可置疑的，如果纯作学术研究，这些文化的挖掘意义重大，雷峰塔的学术研究为雷峰塔景区旅游开发奠定了基础，但仅此而已！而作为景区，作为旅游资源开发者，视角必须超越学术的范围，我们必须关心：游客所知道、所关心的到底是什么？雷峰塔景区的定位，从营销传播的角度考虑，必须符合潜在游客群体的认知事实，这样才能吸引、打动游客，因此，我们必须明确区分学术眼里的雷峰塔和大众眼里的雷峰塔。实际上，潜在游客所关心的，绝不是那些高深的、抽象的吴越文化等,他们所关心所好奇的只是压住白娘子千年的雷峰塔到底是怎么一回事。在大众眼里,《白蛇传》就是雷峰塔的全部事实,他们到雷峰塔,实际上就是来体验《白蛇传》,他们期望从雷峰塔那里寻找到心灵的共鸣,从而释放他们埋藏在心底已久的微妙情愫。当然,以雷峰塔作为媒介,大众可以更深入地感受雷峰塔所承载的诸多丰富文化,但首先是《白蛇传》激起了大众的兴趣,因此,将雷峰塔文化定义为《白蛇传》,是由大众的文化认知决定的。

(3)从文化的功能性考虑,《白蛇传》忠贞不渝爱情的文化定位有利于区分吸引游客进入雷峰塔的理由与游客在雷峰塔逗留的理由,从而界定雷峰塔宣传的重点和内容建设的重点。文物景区所承载的文化在旅游营销要素中的作用是不同的。实际上,《白蛇传》文化是雷峰塔潜在游客的文化旅游动机,它是激发游客将雷峰塔纳入他的旅游决策的引擎,更是促使游客游览雷峰塔的关键因素,它由始至终给予游客强烈的情感体验,所以宣传只能强化它而不能泛泛而谈!而完成雷峰塔的文化旅游价值,使游客形成较高的满意心理感受,就必须将雷峰塔所承载的丰富文化色彩斑斓地呈现在游客面前,从而使游客在体验千古爱情悲剧的同时增长各种文化的见识,这些诸如吴越文化、佛教文化等丰富的文化内涵的全面展示,是促使游客流连雷峰塔的重要理由!因此,雷峰塔内容建设的重点,就是依托雷峰塔,将本身蕴含的诸多文化深入挖掘,形成点面结合。

2. 以《白蛇传》文化定位雷峰塔契合华人传统文化心理

文化的唯一性、大众性、功能性决定了雷峰塔的文化定位,事实上,这一定位也非常契合华人的传统文化心理。雷峰塔主要从两个方面满足华人的心理:

一是中国民间非常崇尚对爱情的忠贞不渝,它深刻地表达了人们美好的愿望,是中国人的精神家园。确实,影响深远的四大著名民间传说(牛郎织女、孟姜女、梁祝、白蛇传)均以自身独特的方式表达了这一主题,忠贞不渝的爱情是我们血液中关于情感的至高境界。忠贞不渝的爱情是通过什么来表现的呢?具体方式千差万别,但实际上又如出一辙,即忠贞不渝不是通过幸福美满来表达的,而是通过负面的形式来表达的,以悲剧的形式来表现。在人们的心底,悲剧比喜剧具有更强更美的震撼力,古今中外概莫能外(如《罗密欧与朱丽叶》)。这就是所谓的刻骨铭心的爱情,正如鲁迅所说的,悲剧是把美的东西毁灭给人看!《白蛇传》所表现的千古爱情悲剧,表达的正是最凄美、最震撼人心的忠贞不渝的爱情,几乎所有人的心灵都曾经被震撼过。因此,人们需要借助具体的媒介来抒发心中的感慨,这个媒介就是雷峰塔,因为雷峰塔是白娘子悲剧爱情的最后归宿,它是忠贞不渝爱情的见证。

镇压白娘子的雷峰塔是"有罪"的,但恰恰是"有罪"的雷峰塔才最有资格见证忠贞不渝、地老天荒的爱情!因此,将雷峰塔定位为忠贞不渝的爱情之塔,具有震撼人们心灵的力量,从而成就雷峰塔的旅游价值。

二是因缺憾而美丽的期待心理。人们没有机会经历轰轰烈烈的爱情,只能通过体验别人的故事,来获得心理的补偿,这一缺憾造成对雷峰塔的美丽期待;同时,以雷峰塔为主体的雷峰夕照,作为西湖十景之一,以"一湖映双塔,南北相对峙"令人心驰神往,但雷峰塔的倒塌使雷峰夕照成了缺憾的风景。所以,雷峰塔的重建,《白蛇传》文化的定位与传播,势必重新唤起西湖游客的兴趣。人们因缺憾而美丽,届时,忠贞不渝爱情的情感体验与"孤峰有待夕阳红"的雷峰夕照景色交相辉映，将极大提升雷峰塔的文化品位；所以，雷峰塔只有充分挖掘和体现《白蛇传》文化，以《白蛇传》文化带动其他文化，才能切合中国人的文化心理，从而使雷峰塔成为西子湖畔独特的文化景观，真正实现雷峰塔景区的文化价值。

3. 千年等一回——SUP 传播理论之于雷峰塔《白蛇传》的文化定位

营销传播的原则说明，对产品或服务的传播必须抛弃全盘出击的做法，要选取最强有力的一点，集中火力，单一直接地进行传播，从而以最高的效率影响顾客的心智。营销传播讲究攻心为上，传播必须单一而尖锐，必须找到产品或服务的 SUP！SUP 全称 Unique Selling Proposition，即独特的销售主张。SUP 要求宣传必须找到一个点，这个点必须是独一无二的，必须是为顾客所接受从而产生销售力的，并且把它提炼为一句能够击破顾客心灵的说辞，这是营销传播的重要手段。雷峰塔提供的文化旅游服务，承载着丰富的文化，但其中真正独特的、别的景区无法替代的，就是白娘子的千古爱情悲剧，这也是广为人知从而能够吸引游客的关键因素。

因此，雷峰塔景区的 SUP，必然是与《白蛇传》紧密联系的，基于这个考虑，我们将雷峰塔的 SUP 提炼为"千年等一回"，用曾广泛热播的《新白娘子传奇》的主题曲《千年等一回》来演绎雷峰塔的文化定位，借此来号召游人到雷峰塔感受体验这一文化。

资料来源：势能学习网（www. cneln. com/club/pubset/column_list_detail. php？id=3897）。

案例思考：

1. 你赞同雷峰塔景区的文化营销定位吗？为什么？
2. 请给景区的文化营销下一个完整的定义。
3. 景区的文化营销应该怎样做？你能举出其他景区文化营销的例子吗？

二、旅游景区品牌创新营销案例分析

案例 4-8

旅游景区品牌创新分析——以南岳衡山品牌创新为例

旅游景区如何进行品牌创新是当前我国旅游发展中存在的一大难题，同时也是迫切需要研究的重要课题。这里我们以南岳衡山为例，从品牌形象、品牌传播、品牌管理三个方面深入分析旅游景区的品牌创新，以期推动中国旅游景区品牌建设的快速发展。

南岳衡山，是我国五岳名山之一，绵延七十二峰，逶迤八百余里，宛如一条巨龙盘亘在湖南省境内。南岳衡山风光秀丽、人文荟萃、人杰地灵，素以"五岳独秀、宗教圣地、文明奥区、中华寿岳"而誉满天下。南岳衡山为国家首批重点风景名胜区、AAAA 级旅游区和湖南首个全国文明风景旅游区示范点，现已成为衡阳乃至湖南对外开放的重要窗口。近年来，南岳衡山瞄准"把南岳建成国内外知名精品旅游区"的总目标，按照申报"世界自然与文化遗产"的总要求，围绕"打响名山牌、舞活旅游龙"的工作主题，大力实施旅游品牌战略，全面进行旅游品牌创新，促使名山市场吸引力、市场竞争力、社会影响力和获利能力大为增强，全区旅游品牌不断提升，旅游经济蓬勃发展，南岳正向着旅游品牌强区阔步迈进。

1. 品牌形象创新：从"五岳独秀"到"中华寿岳"

南岳衡山是一个老牌景区，自古有"五岳独秀"的美誉，但随着新景区的不断增多，全国旅游市场竞争日趋激烈，如何使老品牌焕发出新活力便成为南岳发展旅游的最大问题。

针对世界旅游发展已进入休闲时代的新趋势和人们普遍追求健康长寿的新要求，结合南岳寿文化源远流长的资源特征，南岳区于 2000 年提出了"旅游品牌强区"的发展战略，在品牌上进行了大胆创新，将南岳衡山的品牌形象重新定位为"中华寿岳"，确定了打"中华寿岳，天下独寿"这张王牌，以品牌树立形象，以形象扩大影响，以影响促进发展。

南岳衡山称为"寿岳"由来已久，《周礼》、《星经》、《史记》等诸多古籍中记载：南岳衡山对应天上 28 宿之轸星中主寿命的长沙星，故称"寿岳"。自宋徽宗在南岳黄帝岩上留下"寿岳"石刻和"天下南岳"题词后，"寿岳"之名更盛。康熙四十七年《御制重修南岳庙碑记》的第一句话是："南岳为天南巨镇，上应北斗玉衡，亦名寿岳。"雍正十年上谕第一句也是"南岳为皇上主寿之山"。

鉴此，南岳深挖寿文化资源，大做寿文化文章，2000—2002 年连续举办了三届"中国南岳衡山寿文化节暨庙会"，在驾鹤峰上筑立了中华寿坛，铸造了世界上最大、最重的中华万寿大鼎，寓意民族团结、共兴中华，九九归一、中华一统，江山永固、万寿无疆。通过成功举办三届寿文化节暨庙会，突出了"运动、长寿、健康、祈福"的寿文化主题；此外精心策划了阿迪力高空走钢丝世界挑战赛、高空攀云梯世界挑战赛等一系列旅游活动项目，创造了 15 项世界纪录，奠定了南岳"天下独寿"的至尊地位，实现了从"五岳独秀"到"中华寿岳"这一品牌形象的再造和创新，真正使南岳成为中华主寿之山、天下祈寿之地，达到了创造品牌、提升产业、调整结构、发展经济的目的。

2. 品牌传播创新：从经营形象力到经营注意力

品牌经营不仅要经营好形象力，还要经营好注意力。宣传就是培育市场，知名度就是生产力。当今旅游的竞争，其实就是争夺眼球、争夺注意力的竞争。而好的知名度、好的注意力，则要靠品牌的有效传播。

近年来，南岳衡山在品牌传播上进行了创新，通过加大旅游品牌市场营销力度，进一步吸引了人们的注意力，实现了品牌传播从经营形象力到经营注意力的质的飞跃，很好地进行了品牌传播。

2002 年，南岳衡山顺应世界旅游发展大势，以超前的意识确立了南岳 2002 年"生态文化旅游年"的工作主题，提出了"中华生态游，寿岳写春秋"、"五岳衡山独秀，天下南岳主寿"、"祈福到南岳，求寿上衡山"、"寿山福地南岳游"等时尚化、个性化的旅游形象主题宣传口号。针对三个黄金周，突出参与性、娱乐性和文化性，南岳衡山分别策划了"幸运香火游"、"南国冰雪游"、"十万游客名山赏烟花"、"寿岳送福"文艺晚会、第二届南岳衡山山地车赛等特色旅游活动。特别是 2002 年中国南岳衡山第三届寿文化节暨庙会再一次成为南岳品牌传播的成功之举。10 月 6—7 日，南岳"节会"分别推出了"挑战吉尼斯绝技绝活擂台赛"、"中国明星足球赛"、传统庙会游园、吴桥艺人组团献艺、"相聚就是缘"大型文艺晚会等一系列独具特色的旅游活动。

"节会"系列活动成了吸引人们注意力的焦点。媒体聚焦南岳，社会关注南岳，中央电视台、新华社及省内各大电视台、广播电台、报刊网站等200多家新闻媒体对南岳"节会"活动进行了大量的宣传。南岳衡山在2002年湖南旅游节首届中国旅游品牌高峰论坛上被作为品牌典型推介。

同时，南岳衡山以2002年作为全省首个景区纳入全国旅游黄金周假日预报体系为契机，进一步加大了旅游宣传力度，全年共在《人民日报》、《光明日报》、《中国旅游报》、新华网、中国网、中国旅游网、新浪网、搜狐网、红网、香港凤凰卫视等众多媒体发表外宣文章、新闻稿件3000多篇次。尤其是南岳雾凇两次在中央电视台《新闻联播》栏目播出，南岳冰雪之秀名扬天下。

众多新闻媒体的大力宣传报道，把广大游客的注意力一次又一次吸引到了南岳。新兴的注意力资源在千古名山南岳释放出巨大的潜能，"中华寿岳"品牌越来越响，南岳的知名度和美誉度日益提高，旅游品牌的形象力转化为持续的生产力。2002年，游客档次明显提高，香客型结构逐步转变为游客型结构，客源市场明显扩大，游客遍布全国20多个省市；海外游人也明显增多，全年共接待来自美、英、加、澳（澳大利亚）、日、新（新加坡）、台、港、澳（澳门）等10多个国家和地区的海外游客10000多人次，同比增长了30%。

2003年1月下旬以来，南岳衡山精心策划、周密组织，与《中国旅游报》、《南方都市报》、红网联合举办了"'祝融杯'百万游客评点南岳衡山旅游品牌"有奖活动，开全国旅游品牌由广大游客评点之先河。

此次活动主要采取问卷调查的形式，问卷调查表分别刊载在《中国旅游报》、《南方都市报》、红网和中国南岳衡山旅游网上。广大游客纷纷参与评点南岳衡山旅游品牌活动，通过网上评点、报上评点和到南岳现场评点等多种方式，从知名度、影响力、品牌定位、品牌传播、旅游环境、旅游管理、发展潜力等多方面对南岳衡山品牌进行了客观的评价。这一活动吸引了无数游客的注意力，对南岳衡山旅游品牌进行了有效的传播，极大地提升了南岳衡山的品牌形象。

3. 品牌管理创新：从自由发展到政府主导

近年来，南岳衡山在品牌管理上致力创新，变传统的无意识的自由发展为自觉行动的政府主导，全面推行政府主导品牌建设。

2002年，南岳衡山充分发挥政府主导的优势和作用，进一步增强了旅游品牌意识，将品牌经营管理摆到战略管理的高度，在科学决策的基础上对南岳旅游发展和品牌建设进行指导、引导和协调，采取"走出去、请进来"和"市场运作、业主负责"的全新模式进行品牌管理和"节会"运作，举办了国内首次以"品牌"为主题的旅游推介会，跳出了过去那种就产品推介产品的传统做法，开全国旅游品牌推介之先河。经过多年的苦心经营，南岳正式向国内外游客推出了"中华寿岳"这一品牌发展战略。这一战略包括"三园"和"四线"，即把南岳打造成为"信教人的精神家园、文化人的寻根故园、都市人的休闲乐园"，推出运动健身、祈寿朝圣、文化寻根和生态农家游四大特色旅游线，促使南岳早日成为国内外知名精品旅游区。

同时，南岳衡山把塑造文明的旅游形象作为旅游品牌管理的重要内容，真正把优化旅游形象、强化品牌管理摆到了最重要的位置，放在先于一切、高于一切的重中之重地位。一是加大了景区建设投资力度。投资 9800 余万元，加快了景区拆迁整治和绿化、美化、亮化步伐，兴建了文化长廊、庙西小区和星级厕所等基础设施，景区面貌焕然一新。二是加大了管理工作力度。建立了"两套班子、三层管理、四级落实"的工作模式和"政法护航、城建为主、街道配合、各方支持"的工作格局，实行"月评、季考、年总"、"优奖、平罚、劣汰"的动态管理，基本上杜绝了宰杀游客行为的发生，确保了景区干净、环境优美。三是广泛开展了文明素质教育。全区上下深入开展了"我是南岳人，南岳是我家"和"笑迎天下客，满意在南岳"为主题的文明素质教育活动，市民素质明显提升，服务质量明显提高，"爱我名山，兴我南岳"的品牌意识明显增强。通过全区动员，全民维护旅游品牌形象，南岳旅游环境全面优化。

资料来源：瞧这网（http：//www. 795. com. cn/wz/65330. html）。

案例思考：

1. 请谈谈旅游景区品牌创新的实施步骤。
2. 你认为南岳衡山品牌创新的例子对我国旅游景区实施品牌创新有何借鉴意义。

案例 4-9

深圳世界之窗的道德营销

深圳世界之窗由香港中旅集团和华侨城集团共同投资 6.5 亿元人民币兴建，占地 48 万平方米。它以弘扬世界文化为主题，"让中国人了解世界"历史文化为背景，集 118 个世界著名景观，再现了一个美妙的世界，并以其深厚的旅游文化内涵，通过科技与艺术结合的舞台表演，成为有竞争力、有生命力的文化主题公园，并成为深圳市接待国内外政要和知名人士的重要场所。

随着旅游形势发展的需要，世界之窗不断变革创新，不断提升品质，树立品牌形象，强化景区的吸引力，即使在受东南亚金融风波负面影响的 1997—1999 年，实现的利润都是以 1～4 倍的速度增长。开业六年来，共接待中外游客 1800 多万人次，经营收入达 20 多亿元人民币，仅 4.5 年收回全部投资，实现利税 6 亿余元人民币，荣获了全国五一劳动奖状、全国青年文明号景区等光荣称号，连年被评为"全国外商投资双优企业"，取得了显著的经济效益和社会效益。

深圳世界之窗之所以取得巨大成功，原因就在于公司领导层始终贯彻道德营销战略，对其旅游产品、价格、营销渠道、促销、公共关系等一系列可控因素进行符合道德要求的组合，从而实现满足市场需要的目标，使企业真正为社会和消费者所接受。

1. 产品定位与市场促销策略

一个旅游项目能否得到社会认可，能否迅速占领市场，在很大程度上取决于是否高起点地建设项目。这就要本着"注重品质、突出特色、不断创新"的原则，简单地说就是要恰当选好项目，选好地址，塑造好品牌。为此世界之窗做到了"三个明确、两个结合、一个注重"。

（1）选择项目要做到三个明确。

一是主题定位要明确。

旅游景区是观赏型、参与型、娱乐型还是科幻型，是与历史、文化、科普相结合还是与体育、影视相结合；无论哪种，首先必须突出主题，突出特色，一定要有所取舍。深圳世界之窗是以"让中国人了解世界"这样的主题来定位，赢得了市场；如果主题不鲜明，特色不突出，就会像有的景点开业不到一年，就出现门庭冷落的局面。

二是市场导向要明确。

一个景区是吸引中老年人市场，还是吸引青年人市场，或是吸引中、小学生市场，要有明确的市场定位，确定项目的市场导向。深圳世界之窗是以"您给我一天，我给您一个世界"的大众旅游为市场导向。

三是效益原则要明确。

要注重效益，将资源、科研优势向经济优势转化，要通过一个项目造福一方民众，就要实现经济效益、环境效益、社会效益同步增长。近年来深圳世界之窗由于效益原则明确，在市民的投票结果中，被评选为"鹏城第一景"。

（2）选择地址要注意两个结合。

一是交通方便与都市功能的结合。

旅游项目的选址既要考虑交通疏散，又要具有服务设施配套等功能，同时对未来的发展要预留一定的空间。

二是区域环境与居住商流的结合。

项目建设的地点要有一定的商流，不同的功能区域有不同的商流；还要注意当地居民层次和数量，收入高低决定消费能力。

（3）注重品质和品牌。

追求品质、突出特色、不断创新是主题公园经久不衰的保证。探索主题公园特色、品质、创新的协调统一以及观赏性、知识性、趣味性和参与性的有机结合；追求世界一流水平的管理质量，创造良好的旅游环境；探求文化艺术与旅游紧密结合的模式，是提高品牌的有效途径。深圳世界之窗在建设期就建立了精品目标，提出了精心规划、精心设计、精心建造、精心管理的建园原则。1994年江泽民莅临深圳世界之窗时曾称赞世界之窗"景点错落有致，绿化搞得很好，景区有文化内涵"。如果不讲品质，就会像有的景点由于盲目仿造，粗制滥造，导致经营日益艰难。

俗话说"商场如战场"。但世界之窗认为，旅游景区是游客休闲娱乐的场所，旅游的竞争既不是商场，也不是战场，而是一场高水平的球赛，要想争取冠军、保持领先水平，就要适应复杂性和多变性，牢牢掌握主动权，要在经营过程中讲市场、讲效益、讲团队精神，才能最后赢得胜利。

一个旅游产品是否具有生命力，要看它能否得到社会公众的认可，是否能占有一定市场。世界之窗在经营活动实践中摸索出"新增项目+活动策划+艺术表演+节日庆典=市场"的规律，确定了"强化品牌、突出主题、启动特色、主攻近郊"的市场促销原则。不断推出新项目和新活动,使公司形成了以珠江三角洲和内地为基础的国内客源市场和以东南亚地区为主体的亚洲客源市场,构筑了以珠江三角洲为重点、同时扩展到东南亚的销售网络。

2. 价格策略

世界之窗投资大,单靠门票收入难以收回成本,且门票价不能定得太高。因此要为客人提供多种多样的服务和项目。据统计,美国迪斯尼乐园的收入有1/3来自游客购物和非游乐项目;英国主题公园的收入中有40%来自餐饮、纪念品销售和其他服务。就门票来说,世界之窗采用多种票价,成人、儿童、老人、残疾人的票价均不同,同时还有月票、年票等不同价格的优惠,从而适应了各层次消费者的需求。世界之窗在1994年开业之际,推出"65岁以上老人免费入园"的敬老办法,在深圳特区旅游业乃至国内主题公园同业中产生了很大的影响,其他同业纷纷效仿,同时在游客中树立了良好的口碑和社会形象,甚至引导了政府决策。2000年5月,深圳市政府发文,要求全市各公园和旅游景区对65岁以上的老人实行免费入园的敬老优惠政策。

世界之窗景区内的餐饮服务,开业之初定位于"三高"(即高价格、高品位、高质量),运行一段时间后发现:进餐人数不多,营业收入不高,游客投诉较多(尤其是家庭和团队游客反映,不能品尝到价廉物美、有特色的风味餐)。公司立即调整策略,实行"一降三改变"(即价格降低,品种改为具有风味特色,口味趋向大众化,服务质量更上一层楼)。这样既满足了广大游客的需求,又提高了经济效益,使游客充分感受到世界之窗是世界饮食文化之窗、文明之窗、礼貌之窗。

3. 公共关系与宣传策略

旅游产品属于服务产品,具有无形性和不可储存性,人们在接受旅游产品的同时更多的是接受提供服务的旅游企业。因此,旅游企业的品牌(企业形象)与其产品的品牌往往是一体的,至少是同等重要的。创知名品牌除了依靠过硬的产品质量和服务质量外,还离不开宣传促销。

(1)广告宣传。世界之窗从开业至今所做的全部电视广告中,一直用贝多芬《命运交响曲》中的"欢乐颂"做背景主题音乐,使消费者看到世界之窗广告就联想到世界之窗是欢乐之窗、艺术之窗,其员工皆为欢乐大使。

(2)利用公共关系进行宣传。世界之窗对有重大社会影响的活动都认真去做,增大了公司的社会影响力。如承办首届中国国际高新技术成果交易会开幕式暨晚会《拥抱未来》,得到了中央领导、国内外嘉宾极高的赞誉,公司受到了市委市政府的表彰。此外,世界之窗还与中央电视台合作,举办《春节歌舞联欢》和《第五届中国音乐电视颁奖晚会》,都在游客中产生了轰动效应。特别值得一提的是在美国悍然对我国驻南斯拉夫大使馆进行野蛮轰炸后,世界之窗与香港凤凰卫视合作在不到48小时的时间举办了"中国人今天说'不'"大型音乐会,虽然因停演正常演出影响了游客的安排(尤其是旅行社组织的团队,原来是专程看大型音乐史诗《创世纪》的),但游客们对世界之窗的安排一致表示理解和支持,认为此举长我中华民族志气。此活动通过香港卫视实况转播后,世界之窗在社会上树立了良好的企业道德形象。

4. 市场竞争与创新发展策略

在市场经济条件下，"只有发展中的企业，没有成功的企业"。一个企业要重视未来发展，就需要重视规划和目标。

（1）创新是激烈竞争的需要。迪斯尼落户香港，给国内的旅游业带来了很大的冲击，尤其是毗邻香港的深圳旅游业更是面对着巨大的挑战。既然"狼来了"，只能"与狼共舞"。但与"狼"共舞，要有新招。只有全面改造充实企业的软、硬件，不断提升景区品质，保持竞争力，才能"共享一片蓝天，分享不同的市场"。世界之窗积极调整经营策略，不断加大新项目的建设力度，在突出"世界文化主题"，保持原有景观特色的基础上，逐步实现由原来以单纯观赏型为主向观赏、参与、娱乐综合型的转变。

（2）创新要做到"有所不为，有所必为"。近年来世界之窗对项目改造投入巨资，新建了一些参与性强、有一定科技含量的新项目，如新开放的大峡谷探险漂流、金字塔幻想馆和正在抓紧施工的阿尔卑斯山大型室内滑雪场，起到了吸引游客、拓展市场的作用。在这些项目的选择建设中，世界之窗本着"有所不为，有所必为"的原则，即坚持了"六搞六不搞"。

"六搞"即：

①能够树立企业形象的项目要搞，如城市光效艺术标志牌、金门大桥灯光装饰、前广场改造等，此类项目虽不能产生直接的经济效益，但其隐性宣传和号召作用不能忽视。

②有利于提高产品科技含量的项目要搞，如公司对《创世纪》晚会进行科技包装，增加了晚会的观赏娱乐效果。

③与景区原有景点文化特色相吻合的项目要搞，如大峡谷探险漂流项目，景点借漂流被带活，漂流借景点的文化内涵而生辉，相得益彰，深受游客欢迎。

④与大企业合作有一定效益的项目要搞，如公司借助深圳华强智能技术有限公司的技术成果和开发实力，合作对原有景点进行文化包装，争取了市场，达到了双赢的效果。

⑤能填补旅游市场空白的项目要搞，阿尔卑斯山大型室内滑雪场，不仅填补了南方地区无真雪娱乐场所的空白，也填补了国内无室内滑雪场的空白，而且因为它的唯一性的独特性产生了强烈的市场反响。

⑥能够发挥自身优势，产生连带效益和边际效益的项目要搞，如把舞台改造成"白天是景点、晚上是表演舞台"的项目，完成后，将进一步提高公司承办高水平大型演出和活动的能力，吸引更多的高水平演出在此举办。

"六不搞"即：

①以牺牲环境为代价的项目不搞；

②影响景区品质和特色的项目不搞；

③没有通过科学论证和决策的拍胸脯、拍脑袋工程坚决不搞；

④对资源不清、市场不明、科技含量不高的项目不搞；

⑤对合作伙伴不理想，且容易导致扯皮和纠纷的项目不搞；

⑥周边其他景区已引进开发的项目不搞。

公司原来准备在麒麟山兴建嬉水广场项目，由于对环境的破坏及与周围景点风格不协调，公司就放弃不做。

深圳世界之窗的领导层卓有远见地认识到：要加深游客对世界之窗的认识，就必须提炼公司的核心价值，提升公司社会形象。经营主题公园不仅要创造利润，还要创造出人文价值。要在景区里创造一种价值观感染游客，增加游客的心理附加值，并以游客的高度满意反过来激励员工，要把经营主题公园从事务层次、赢利层次上升到理念层次。

资料来源：51766 旅游网(http://www.51766.com/jingdian/1100063484.html)。

案例思考：

1. 道德营销在今天有何意义？

2. 以世界之窗为例，说明如何将道德营销在景区营销中发挥到极致。

第五章　旅游景区游客管理

案例 5-1

到底该怎么管？

五一期间，福州各大景区游人如潮，人们尽情地享受假日的美好时光。但遗憾的是，在不少景区看到了许多与美景不和谐的现象。

在鼓山，每天约有 2 万人次爬山，人流量大给景区的管理带来了困难。据鼓山风景区管理处副主任介绍，五一前夕，鼓山新登山道两侧种植了两万多株乔灌木，但节日期间有两三百株被偷盗、采摘或践踏，带花的毛鹃、三角梅被连根拔起。不仅植被遭破坏，许多游客不按游览线路行走，自辟线路，随意攀爬，给游客安全、景区防火带来隐患。至于一些游客信手乱扔果皮、食品袋和塑料袋等现象更是随处可见。

在闽江公园新开的南园，五一期间可谓人山人海。由于是开放式公园，且地处城乡结合部，游园的市民素质参差不齐，加上管理人员不足，许多不文明的现象也就接踵而至。一是车辆乱闯乱停现象严重。公园设有 4 个停车场，是能够满足游客停车的需要的。但许多人为了省几元钱，不是将车子开进停车场，而是越过草坪，直接开进林间小道。公园管理处仅有的 15 名工作人员嗓子都喊哑了，仍收效甚微。二是园内设施遭到不同程度破坏。在"梦里田园"景区，许多人攀爬假山，还有一些人竟然跳进瀑布池洗澡，新种的草坪不少被践踏得不像样。

在动物园，尽管猩猩馆的铁笼上挂有"珍稀动物，严禁投食"的牌子，但猩猩们照样遭到游人的戏弄，不少游客仍然乱投食品。一男士将甘蔗递给猩猩，我们真替它捏把汗，如果猩猩吞下去，弄坏了胃肠怎么办？

资料来源：道客巴巴网（www.doc88.com/p-199579938226.html）。

从该案例可以看出，游客的行为给旅游景区的管理带来了诸多的不便，在旅游景区管理的过程中，到底该如何对游客进行管理，实现旅游景区的和谐发展，本章将对此进行探讨。游客管理是景区管理的重要组成部分，通过组织和管理游客的行为活动，通过调控和管理来强化旅游资源和环境的吸引力，在提高游客的满意度和体验质量同时实现旅游景区资源的可持续发展。游客管理是保障旅游景区正常运转的基础，可以减少游客因不文明行为对景区资源和环境的破坏，倡导文明的社会文化氛围，保护旅游资源、优化游览环境、保证游客心情畅快，从而提升游客的满意度，促进景区管理目标的实现。

随着近年来我国旅游业快速发展，游客数量的急剧增加，很多旅游景区在旅游旺季都出现了人满为患的现象。大量涌入的游客，使景区旅游资源的保护成为难点，特别是自然资源极易遭到破坏的自然保护区和遗产类景区，游客游览所带来的资源破坏的局面制约了景区开发利用及其可持续发展。因此，对旅游景区的游客进行管理显得尤为重要。

第一节　旅游者二元行为理论[①]

旅游者二元行为理论，"二元"是指二元情境，即常居地情境（惯常）和异地情境（短暂）。该理论运用消费者行为学、行为经济学和行为地理学的综合视角探寻了旅游者在异地情境下的行为相对于其在常居地情境是否发生了变化，发生了怎样的变化以及变化的原因是什么。

旅游者二元行为理论认为：

（1）旅游者的行为是具有二元性的。旅游者在异地情境下的行为不同于常居地情境下的行为，也就是说同一个旅游者在二元情境下的行为可能会发生变化。

（2）第一个变化是旅游者的行为会有更强的冲动性。这种更强的冲动性不仅表现在购买行为等经济行为上，也可能表现在社交行为等社会行为上。就像许多人说的同事出门旅游就像变了个人似的，这正应了钱钟书先生说过的一句话，旅游是让人原形毕露的过程。那么为什么人们在旅游情境下会有比在惯常（常居地）情境下更强的冲动性呢？研究发现，至少有四个因素在其间发挥了作用——文化差异、时间压力、重购成本、购买压力。文化差异是指旅游目的地与旅游者原住地之间的文化差异。旅游者感知的文化差异越大，其冲动购买意愿越强。时间压力是指旅游者在旅游目的地的停留时间有限而产生的时间压力，旅游者在旅游目的地停留的时间越短，其冲动购买意愿越强。重购成本是指消费者再次购买同一商品时所需要额外付出的成本。距离、时间、便利程度和交通费用等都会对重购成本产生影响。旅游者的重购成本越高，其冲动购买意愿越强。旅游者往往会在旅行中惦记着为家人和朋友购买一些东西，虽然他们没有明确的购买计划，也不一定明确在哪个商店购买，但是这种心理会对他们的购买行为产生压力。旅游者的购买压力越大，其冲动购买意愿越强。上述四个因素是人们在旅游情境下才会感知到的，而在家里（惯常情境）是没有这种感知的。

---

① 李志飞：《旅游购买行为：异地情境、体验营销与购后效应》，华中科技大学出版社2009年版。

针对这个研究发现，该理论提出了三点启示：

第一，对于旅游者，挖掘其家人和朋友的需求可能比挖掘其本人的需求更重要。这与购买压力有关，研究表明购买压力越大，其冲动购买意愿越强。所以对于旅游者，商店的促销员的促销重点可能不仅仅是放在引导和满足消费者自身的需求上，而是要更多地放在挖掘和满足消费者家人和朋友的可能的需求上。因为消费者自身可能并没有多少购买欲望，而促销员通过刺激消费者的购买压力的心理需求，使其产生冲动购买行为。

第二，对于旅游者，介绍商品的文化背景可能比介绍商品本身更重要。这与文化差异有关，研究表明感知的文化差异越大，其冲动购买意愿越强。所以对于异地消费者，促销员在进行商品促销时不能仅谈商品本身，而要谈其文化背景、传说故事，赋予商品更多的文化内涵。商家可以通过表演、解说、展示等方式从文化传播入手，让游客对文化产生兴趣，继而对商品产生兴趣，从而引发冲动购买。

第三，对于旅游者，有些商品在原产地销售可能比在全国布店销售更好。这与重购成本有关，研究表明感知的重购成本越高，其冲动购买意愿越强。所以并不是所有的商品都要在全国布店销售，有些商品需要保持当地性和原产地特征，把商品和原产地捆绑在一起，通过稀缺性提高消费者对重购成本的感知，从而引发其冲动购买。

（3）第二个变化是旅游者的行为会趋向于真实。这种真实趋向可能会影响到旅游者对旅游要素的选择偏好。在二元情境下旅游者对同一要素的评估和选择偏好可能会呈现不同。著名美学家宗白华先生说，旅游是对外发现自然，对内发现自我的过程。这可以用社会学里的舞台（面具）现象加以解释。人们在惯常（常居地）情境下好比是生活在舞台上，扮演着各式各样的角色。作为一名社会人，你受各种社会规范的约束，你很想但也很难做回自己。而在旅游情境下，你可以生活在自我世界里，你可以暂时离开一种社会规范，暂时卸下一些角色的面具，去感受不同，从而找回自己。

第二节　旅游景区游客引导管理

在旅游景区的管理过程中，由于游客的种种不适当行为，景区在管理过程中处于被动状态，为实现旅游景区的和谐发展，对游客的引导管理是非常重要的，引导游客的旅游行为可以从以下几个方面着手。

一、编制旅游指南：让游客明白自己的责任

为使旅游指南达到引导游客的目的，旅游指南的编制应达到如下要求：

（1）色彩鲜明，吸引眼球，生动有趣，有吸引力。

（2）免费发给游人。

（3）游客购票时附赠效果最好。

（4）手册内容除了常规事项外，还应有景区自身资源特点。

相关链接 🖑

美国旅行商协会(ASTA)制定的生态旅游景区游客行为指南

尊重资源的脆弱性，让后代也能享有美丽风景。

只留下脚印，只带走照片。

充分了解和尊重你所参观的地方的地理、习俗、礼仪和文化。

拍照时要征得别人的同意。

不要购买用濒危动植物制成的产品。

要沿着划定的路线走，不干扰动植物及其栖息地。

了解并支持环境保护规划。

只要可能，就步行或使用对环境无害的交通工具，机动车在停车时尽量关闭发动机。

以实际行动节约能源。

熟读有关景区旅行指南。

资料来源：道客巴巴网(www.doc88.com/p-199579938226.html)。

二、设施引导：建立旅游警示标志

通过设施引导游客，告知游客各种安全注意事项、禁止游客的不良行为。为达到醒目的目的，设施多采用红色和黄色，如游园须知、请勿前行、请勿吸烟等。除此之外可采用卡通形象，语言柔性化设计，切忌生硬，如留下的只有脚印，带走的只有照片；小动物是人类的好朋友等。

案例 5-2 🔍

没有"警示牌"的景区管理

在深圳，到"锦绣中华"可获得一步迈进历史、一天畅游中国的收获；在"中国民俗文化村"可得到一日走遍民族村寨、一天观尽民族风情的快乐；在"世界之窗"可得到一日看遍五大洲名胜的满足。

到国内的一些景区游览，随处都可以见到一些警告牌警告游人，不准这样不准那样，违者罚款。可在深圳这三大景区即使你细心地找，也找不到这类警告牌。这里根本就没有一块警告牌，有的只是旅游路线、服务网点等指示牌。据旅游界的人士说，这不仅在全中国，即使在全世界也是少有的。说来也怪，虽然没有警告牌，可这里比那些警告牌比比皆是的旅游区管理得还好，你几乎看不到烟头、纸屑、果皮、痰迹，条条道路清洁干净，处处景点环境宜人。

"锦绣中华"开业时，也是设有警告牌的。随着游客的剧增，这些警告牌形同虚设，即使管理人员疲于奔命也无济于事。有些游客对那些警告牌视而不见，数量有限的管理员嗓子都喊哑了，不得不以吹哨子的方式警告那些不讲公德的游客。尽管如此，还是没能杜绝乱扔垃圾、踩坏草坪、跨进景点内照相、损坏景点设施等现象。

面对这种局面，景区管理者启发员工不要把精力放在如何对付游客上。他们站在游客的立场上提出，游客花钱买票进园，获得的应该是轻松愉快游览的权利，得到的应该是尊重，不能把他们当成管理防范的对象。

管理得有新招数，就要提高文化品位；要游客遵守规矩，得有个文化氛围。没见过有人在宾馆的红地毯上吐痰的，而在沙尘滚滚的大街上就有人到处乱吐——人改造了环境，环境反过来影响人。管理人员在讨论中达成共识，要在景区内营造一种高尚的文化氛围，改防范加惩罚式管理为文化氛围式管理，以文化氛围影响游客，感染游客，唤起他们的自尊、自律和自爱。

于是在一夜之间，园内各种各样的警告牌全部撤掉了，警告罚款没有了，清洁工默默地跟在游客后面将其随手丢弃的杂物扫起，这叫跟踪式清扫；反复播放的清场广播声消失了，代之以轻松流畅的音乐，管理人员陪同到了闭园时间还没有离去的游客游览并耐心为之讲解，这叫陪游式清场。这样一来，各种不文明难管理的现象销声匿迹，文化氛围式的管理取得了意想不到的成功。

三、集中引导：建立旅游信息中心

旅游信息中心（游客中心）的功能包括：展示景区景观，提供旅游信息，提供导游讲解服务，出售导游手册和相关书籍碟片，进行游客教育等。

案例 5-3

游客咨询中心在美国

不管是大城市，还是中小城市；不管是辽阔的国家公园，还是小城市的植物园；不管是门票昂贵的主题游乐园，还是免费参观的博物馆；也不管是热闹的市区，还是人迹较少的高山深谷景点；甚至火车站、地铁和公共汽车总站总能看到标志醒目的游客咨询中心——美国是一个旅游高度发达的国家，因此为游客服务的咨询中心到处都可以见到。

凡是来往游客较多的地方，一般都设有游客中心（visitors' center），或者称游客咨询中心（visitors' information center）。这些游客中心，规模有大有小，人员有多有少，但一般都免费提供导游资料，而且答复游客的各种问题。

以加州的圣芭芭拉为例，这是一个人口只有9万多的小城市，但它又是一个著名的旅游城市，其游客中心设在旅游者必到的海滨。一间小平房，面积不过十多平方米，中间有一个柜台，靠墙放着两个盛放各种印制精美的免费导游资料的柜子，既有介绍当地各景点的资料，也有介绍周边地区景点的资料。柜台里只有一两个人接待游客。

柜台上放着一叠印制精美的《圣芭芭拉导游图》，游客可自由取阅。该导游图每个季度出版一次，内容包括行、游、购、娱四大要素，正面是圣芭芭拉的简明地图，不仅标明市区的所有街道，而且标明近郊的主要道路，还有 15 处主要景点的简介，包括开放时间和门票价格；此外，还有市区免费区间浏览车的线路图及徒步旅游的详细介绍、郊区葡萄酒厂的分布图，并介绍游客需要的关于文化艺术和剧场、古迹、公园和娱乐场所、公共服务、购物以及公共厕所的地址和电话等。背面介绍本季度即将举行的各项活动的内容、地点、时间和联系电话。

这样的导游图对来访的游客是非常需要的，而印制的费用应该是很低的，因为其正面的内容基本上不会有多大变化，只是背面的内容需要不断更新。

所以大多数来访者会带走一张。如果游客想了解某一个景点的情况，那么在靠墙的柜子里就可找到当地所有景点的资料。此外，游客提出的任何问题，都会从接待人员那里得到满意的答复。

即使在小城里的小小植物园，也有专人为游客提供导游资料和咨询。在一些免费参观的著名博物馆里，同样会免费提供精美的导游资料，例如加州洛杉矶的盖蒂博物馆不仅提供英、法、德、西等语种的导游资料，如《地图与指南》、《浏览重点》、《建筑与花园》以及《盖蒂博物馆本月活动安排》等，而且在一些展厅还提供专门介绍展出内容的资料，图文并茂，印制精良。

在旅游城市设置游客中心自不待言，但在高山深谷，为满足游客需要也会建立游客中心。如在华盛顿州北部海拔较高与加拿大接壤的北喀斯喀特国家公园里就设有游客中心。

在一些游客较少的景点，设置了盛放导游资料的木箱，游客到此可自由取阅。不仅如此，火车站、地铁和公共汽车总站都免费提供公共汽车的路线和时刻表，因为这里的乘客并不多，公共汽车一般半个小时左右才开一班，但都很准时，所以，乘客可以根据时刻表上的时间到站上车，非常方便。

四、景区旅游解说与游客行为导向系统

(1)音像制品播放系统，内容包括景区内观赏到的景点、各个景点背后的人文历史解说及其形成过程的三维动画模拟，可通过景区游客中心放映厅向游客播放。

(2)牌示系统。要与景区风格协调一致，文字说明使用中英文对照。包括：

①全景指示牌，设置于景区大门内侧一处，内容包括景区总体平面图与道路、景点服务设施(如餐厅、公厕等)的分布，以及主要景点的文字介绍。

②道路指示牌，设置于道路交叉处，向游客清晰标示景点方向、名称、距离等要素。

③景点指示牌，说明单个景点的名称、内容、背景等信息，包括解说词、照片、示意图等组合。

④忠告指示牌，主要是提醒游客远离危险的一些指示牌，如动物园里常见的"请勿靠近"。

⑤服务指示牌，服务功能设施的导引牌示，包括厕所、餐厅、购物地点、休憩点的牌示。

⑥文化公益牌示，主要是展示一些公益广告类宣传语的牌示。

⑦观赏提示牌示，是为了帮助游客更好地观赏景观，所做的一些善意的提醒的牌示。

⑧便携式解说系统，宣传册、导游图等方便自助旅游者。

⑨景区导游员，针对不同层次游客的需要，提供富有特色的导游讲解服务。

第三节　旅游景区游客数量管理

一、排队管理

排队管理是在不同的地方根据游客流动规律采取不同的队形和接待方式。

（一）排队管理的形式

1. 单列单人型

特点：1 名服务员。

优点：人工成本低。

缺点：等候时间难以确定；游客进入景区视觉有障碍。

改进措施：设置座位或护栏；标明等候时间。

2. 单列多人型

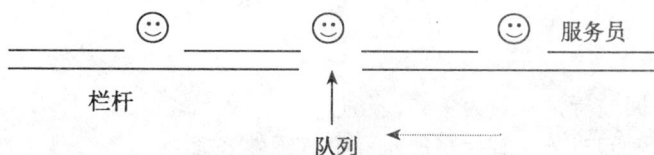

特点：多名服务员。

优点：接待速度较快；适用于游客人数集中的场合。

缺点：人工成本增加；队列后面的人仍然感觉视线较差。

改进措施：设置座位或护栏；队列从纵向改为横向。

3. 多列多人型

特点：多名服务人员。

优点：接待速度较快；视觉进入感缓和；适用于游客流量较大的场合。

缺点：人工成本增加；队列速度可能不一。

改进措施：不设栏杆可以改善游客进入景区的视觉感受。

4. 多列单人型

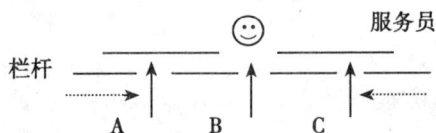

特点：1 名服务员。

优点：游客进入景区感觉缓和；人工成本低。

缺点：队首是否排好非常关键；栏杆多，成本增加；游客需要选择进入哪一队列。

改进措施：外部队列位置从纵向改为横向，可以改善视觉。

5. 主题或综合队列

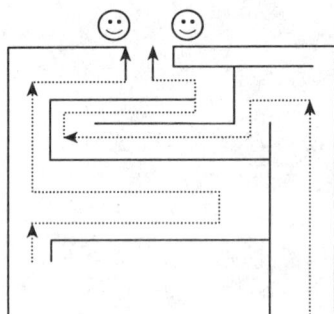

特点：队列迂回曲折，一般为单列，超过 2 名服务员。

优点：视觉及时间改善；有信息展示；排队硬件舒适。

缺点：增加硬件建设成本。

改进措施：单列变双列。

二、游客数量管理

(一)借助预订系统调控旅游需求

以威尼斯为例，这一预订系统的具体表现形式就是"威尼斯旅游智能卡"。旅游者在出游之前可以通过互联网订购智能卡，在订购的过程中互联网会将威尼斯目前旅游动态信息传递给旅游者，例如游客数量、游客密度、旅游接待设施情况、旅游建议等。旅游者通过这种适时互动的方式，在全面了解威尼斯旅游信息的基础上再做出选择什么时间出行的决定。这在很大程度上分流了一部分旅游旺季的客流，因为毕竟不是所有的旅游者都能够忍受旅游旺季恶劣的旅游环境：旅游交通设施严重超载，游客人满为患，食宿困难，服务质量下降，旅游花费提高等等。"威尼斯旅游智能卡"的另一个重要功能是在便利游客消费的同时有效地掌控了客流量。为了有效控制游客数量，智能卡的发行数量由威尼斯城市中心的旅游承载力决定。如果游客数量接近当地旅游环境承载力的门槛值，主管部门就会停止发行智能卡以抑制客流。

(二)改变旅游线路合理分布客流

以威尼斯为例，威尼斯为调整游客在空间上的合理分布采取了两项措施：一是开发新的旅游线路改变旅游者游程，降低城市中心区域的接待压力，实现更合理的游客空间分布。二是对旅游基础设施的使用进行限制以引导客流流向，包括不让私人轿车、旅游车进入城市中心和历史文化遗迹；游客在中心城区使用公共设施时征收一定的附加费，例如每次上公厕都要缴付一定费用，外地游客乘船进入大运河的费用则是本地居民的 8 倍以上。高昂的旅游成本在调控游客缩短城区逗留时间方面收到了一定的成效。

案例 5-4

法国景点控制游客数量的办法

任何地方一旦被列入世界遗产，游客数量势必剧增。如何在旅游迅速发展的同时做好遗产保护，是不少国家面临的课题。法国多处著名景点严格控制游客数量，在实现利用与保护平衡方面的努力可谓突出。

巴黎塞纳河两岸建筑群于 1991 年被列入世界文化遗产，埃菲尔铁塔与卢浮宫博物馆分立塞纳河两岸，是游客不可不看的两大景点。

埃菲尔铁塔每年接待游客 600 多万人次，无论铁塔的保护还是游客的安全，都对管理者提出了很高的要求。铁塔分三层，一二层可乘电梯或走楼梯到达，上第三层则需在二层转乘专门的电梯。在正常情况下，游客可在铁塔脚下的售票处购买通往各层的门票，但在旅游旺季，售票处仅出售通往一二层的票，若想登顶则需到二层重新购票。顶层游客满员即关闭，游客人数减至限额以下方可再度开放。

卢浮宫展馆众多，且有多个入口，在控制游客数量方面没有明确规定。不过，博物馆一直通过票价政策调节人流。周三和周五 18 点之后门票优惠，就是为了将部分游客吸引到这个时段参观，缓解白天的参观高峰。团体参观需提前预约，博物馆一般会将参观安排在清早等游客较少的时段，同时协调多个团体的参观时间以避免"撞车"。

每到"遗产日"——每年 9 月第三个周六和周日，法国各地众多历史性建筑都免费开放，参观人数之多自不必提。这两天里，许多景点会根据建筑物容纳参观者的能力，将游客分批放入，所以几乎每处景点门外都排着长长的等候队伍。

凡尔赛宫则为游客设定了专门的参观线路，开放的展厅仅是建筑群的一小部分，安检入口与售票处均可视需要控制参观人数。此外，也有一些景点规定了每日售票限额，限额一到就停止售票。

为了研究遗产景点的保护和管理，法国政府设立了专门的机构——国家遗产学院，以培养高水平的遗产地修护人员和管理人员，针对不同性质的遗产地制定相应的旅游规划和管理法规。遗产地管理机构与旅行社及时沟通协调，游客自身也应了解目的地的情况，自觉遵守相应法律法规。

资料来源：百度文库(www. baidu. com/view/de7c7921bcd126fff7050bf3. html)。

第四节　我国旅游景区游客管理的未来发展

一、我国旅游景区游客管理目前存在的问题

(一)重视经济效益，忽视对游客不文明行为及游客数量的管理

因过度重视旅游经济效益，大多数旅游景区经营管理者的管理目标重点在于如何吸引大批量的游客，缺少对大批量游客对景区环境所带来的负面影响的考虑，缺乏可持续发展的前瞻性；部分地方为增加旅游带来的经济利益，促使游客消费，对游客的不文明行为充耳不闻；即使部分大的景点实行游客管理，通常也是在旅游旺季将旅游工作的重心倾向于游客管理，但一旦到淡季，便忽视了游客管理。

旺季时游客拥挤会产生一系列的问题，由于旅游者骤增，突破景区的承载能力，可能产生对旅游资源、生态环境、景区设施的破坏性影响。在几个旅游黄金周期间，许多热点旅游景区的客流都大大突破了景区的最佳接待量，有些地区甚至超过了最大接待量。假日旅游时间短、节奏快、人数多、消费大的现象，导致景区景点以及旅游线超负荷承载，以致景区管理、配套服务失控，个别地区出现了对自然生态环境以及公共设施的人为破坏。

(二)多种因素促成旅游景区游客安全管理方面的隐患

1. 旅游安全管理机构已逐步建立，但尚待健全

根据国家有关政策和法规，除国家旅游局外，旅游业正常运作尚有其他主管机构参与，例如，饭店的主管机构有旅游局、工商局、税务局、技术监督局、烟草专卖局、外汇管理局、文化厅、劳动厅、环保局、消防队、卫生防疫站、公安局、物价委员会等；旅游景区的主管机构有旅游局、建委、林业厅、环保局、消防队等。这些部门形成旅游安全管理的外围机构群体，从专业化角度对旅游安全加以管控，能比较有效地抑制安全问题的发生。但由于主管机构多而分散，往往容易给旅游安全管理带来"三不管"地带，造成旅游安全管理的低效。

政策、法规不完善或执行不力是明显的制约因素之一。一方面，旅游政策、法规相对于经营实践存在滞后性。一些颇受旅游者欢迎又对安全需求较高的特殊旅游项目未能纳入安全管理范畴，至今尚无相关管理法规。另一方面，安全管理政策在实际中贯彻得并不彻底。虽然国家旅游局有相关规定，但尚有为数不少的旅游景区至今连专门的安全管理人员也没有。

2. 新开发特殊旅游项目尚未纳入安全管理范畴

旅游业发展使得一些颇受旅游者欢迎又对安全需求较高的参与型、探险型特殊旅游项目如蹦极、漂流、空中滑翔、热气球观光等迅速兴起。由于管理法规、措施相对于经营实践的滞后性，这些新兴项目尚未及时纳入安全管理范畴。加之地方和企业急功近利的短期行为，安全事故的发生在所难免。2000年4月16日，天津两少年跳蹦极严重受伤。

3. 内部管理不完善、旅游设施设备老化使安全隐患客观存在

因折旧年限、资金问题，旅游设施设备尤其是旅游交通设施老化较为严重。加之部分设施设备难以确认安全使用年限，使得安全性难以保障。

旅游安全问题有很多方面的原因。除了以上一些客观原因之外，还有些旅游安全事故是游客自身安全认知不够造成的，如在景区抽烟，不听工作人员劝阻，违反游乐设施的操作规程等。

二、旅游景区游客管理的新举措

(一)逐步引导游客不文明行为，形成规范的管理措施

旅游景区管理者应当做出自己的努力，进行景区环境和秩序的维护与管理，引导旅游者文明旅游。旅游景区应当加强环境保护问题重要性的宣传，让公众意识到生态环境是旅游业可持续发展的前提；大力宣传旅游活动可能造成的危害，尤其是让公众认识到游客不文明旅游对旅游环境、景观的污染和破坏；通过法律法规、制度等手段对游客行为进行管理。旅游景区应制定游客文明管理条例，通过这些规范对旅游者进行教育和引导，使游客认识到哪些行为是正当的，哪些是不文明的，意识到自己对旅游景区环境应负的责任，从而约束自己的不文明旅游行为。

相关链接

中国公民国内旅游文明行为公约

1. 维护环境卫生。不随地吐痰和口香糖，不乱扔废弃物，不在禁烟场所吸烟。

2. 遵守公共秩序。不喧哗吵闹，排队遵守秩序，不并行挡道，不在公众场所高声交谈。

3. 保护生态环境。不踩踏绿地，不摘折花木和果实，不追捉、投打、乱喂动物。

4. 保护文物古迹。不在文物古迹上涂刻，不攀爬触摸文物，拍照摄像遵守规定。

5. 爱惜公共设施。不污损客房用品，不损坏公用设施，不贪占小便宜，节约用水用电，用餐不浪费。

6. 尊重别人权利。不强行和外宾合影，不对着别人打喷嚏，不长期占用公共设施，尊重服务人员的劳动，尊重各民族宗教习俗。

7. 讲究以礼待人。衣着整洁得体，不在公共场所袒胸赤膊；礼让老幼病残，礼让女士；不讲粗话。

8. 提倡健康娱乐。抵制封建迷信活动，拒绝黄、赌、毒。

资料来源：中国网(www. china. com. cn/policy/txt/2006-10/02/content_7212278. htm)。

(二) 树立游客安全意识，加强旅游景区游客的安全管理

由于游客安全问题的诱因不同，游客的安全管理就要采取不同的、有针对性的措施。首先要通过各种手段来提高游客的安全意识，如在危险地段设立警示牌，工作人员对游客进行提醒，对可能会带来危险的行为进行劝止等。其次要制定完善的安全问题预防机制。安全问题预防机制包括对其游客服务设施进行定期检查，编写游客安全手册，包括旅游禁止事项、某些特殊活动要求的生理和心理状况、急救措施等。旅游景区对于游客安全管理应以预防为主，但是安全问题有时仍然不可避免要发生，一旦发生游客安全事故，这时安全事故的处理显得尤为重要。安全事故后妥善处理有利于降低安全事故的影响。旅游景区内应设立急救中心和培训一支训练有素的救援队伍，救援人员要掌握包括疾病救援、救护、失踪寻找、水生救护、火灾抢险、突发事件的应急救护（塌方、泥石流、雪崩等）各种技能。另外旅游景区还要建立一套紧急救援的程序和其他的一些事故处理程序。一旦出现安全问题，可按照这些程序快速开展科学的救援工作或其他事故处理工作。

(三) 完善旅游景区的基础设施及服务，建立良好的引导系统，关注游客的数量管理

1. 建立健全旅游景区的基础服务设施

游客在旅游景区除了游览观光之外，最为关心的是在景区能否享受食、住、游、购、娱等服务。景区要提供这些服务，离不开完善良好的服务设施，如在景区平台区设立游客服务中心，提供自助餐厅和艺术走廊等散步和休息场所，在停车区和某些景观处建卫生间；在景区内铺设小径，避免游客对草地随意践踏；增加景区中的保安，为游客提供安全保障。

2. 建立良好的引导系统

大多数游客对于景区的历史、文化、环境、发展等不了解。在很大程度上，他们对旅游是否满意，通常取决于信息的获得。他们的信息来源主要是导游的讲解，此外地图、介绍景点的小册子、指示牌等可对游客进行引导，指导游客在什么地方行为举止应该怎样，为什么不能拍照等，这些都是很重要的，但大多数景区对此缺乏考虑。因此，对于景区来说，应该建立完善、有效的语言标志系统，主要包括手持和固定地图、路标、公共信息标志系统、指南、景观说明、公示栏、游览线路标志图、中英文或多语种标志、交通标志、广播通知系统等。这些标志系统可以提供基本信息和导向服务，以简单、多样的方式给游客提供服务信息，使游客获得安全、愉悦的旅游感受，帮助游客了解并欣赏旅游景区的资源及其价值，对旅游资源和设施加以保护。

3. 对游客进行引导和限制，实行游客分流对策或队列管理

景区都有一个或多个出入口，进入景区后，在导游的带领下，或在导游图或路标系统的导引下，会沿着一定的线路或景区游览。游客在进入某一空间时，可安排他们朝一个方向走；分散游客的注意力，把游客吸引到那些宣传不多的地方；把大团队游客分为小团队，各团队参观不同的地点，避免拥挤在某几个重要的景观；对于陵墓和洞窟来说，可以适当限制游客游览人数，有时还可以要求游客必须戴口罩、穿鞋套，以免游客对古迹造成不可修复的破坏。

限制游客进入数量对于游客来说总是不愉快的事，无法实现其计划好的旅游目标。因此，对于多数景区，应该考虑实施游客分流，降低客流在景区内部某些景点的时空集中程度，从而减少某些景点的游客拥挤。根据游客和配备工作人员的数量，可将队列分为单列单人型(一队游客有一个服务员)、单列多人型、多列多人型等，改变硬件设施，让游客在比较宽松的环境中排队等候，排队等候地方，最好选择较好的区域，设置相应的座位和防护栏等，让游客耐心地等待。

(四)管理手段多样化：由硬强制性罚款改为软强制性谴责

由于在管理内容上倾向于游客行为管理，管理方法和手段会过于硬性化，如对一些不文明行为实行巡视、处罚或限制活动等，不仅无法让游客意识到文明化环境氛围，甚至在管理过程中出现了对抗性行为，硬性管理还存在着被动性、高技术性、高成本等问题，因此硬性旅游管理效果不是很理想。而张家界的跟踪式景区保洁，游客前脚丢，保洁员后脚捡，让你不忍心乱扔乱丢，由硬强制性罚款改为软强制性谴责，则收到很好的效果。

案例5-5

杭州景区游客管理现状分析

1. **游客容量管理**

杭州景区在处理游客容量问题上有着独特的方式，门票免费和营造四季特色文化减少了旅游旺季因游客数量激增而引起游客排队时间长、可玩项目减少、满意度下降的问题；同时也增加了旅游淡季的游客量，由于西湖周边的免费景点较多，游客排队的时间减少，从而增加了游客满意度和体验感。

杭州实行低碳旅游，公共自行车、电瓶车在方便、环保及降低费用的同时，对游客进行了分流，同时也成为杭州景区内一道特色的风景线。水上巴士、游船的运用，减少了部分陆地游客量，水上巴士同时连接了西溪湿地、京杭大运河、钱塘江、西湖，形成"五水"相通的水上旅游线路，增加了旅游收入。

2. **游客满意度管理**

为了提高服务质量、完善设施、规范景区服务，杭州景区每年都采用抽样问卷调查方式，对景区游客满意度进行调查、统计与分析，根据调查内容编写年度游客满意度分析报告，并反馈给相关部门与公司领导。根据游客的需要改善环境，同时更新旅游热点，如对西湖、西溪等老景区不断进行升级改造。2009年第二季度调查结果显示，在40个样本城市中，杭州、无锡、广州、珠海、沈阳、北京、天津、上海等城市的满意度指数较高，均超过80。其中，杭州排名第一。

2010年国庆黄金周杭州景区新推出江洋畈西湖湿地、新中东河、中山南路中华美食夜市、城北半山游步道等新景点，吸引了大量的游客和市民，并推出游船体验。这些都进一步提高了游客满意度。

3. 游客行为管理

杭州景区对游客的行为进行明确规定：禁止随地吐痰、乱扔垃圾、毁坏财物等不文明行为，如经发现后不听劝阻者，景区有权要求游客无条件离开公园；景区内严禁打架斗殴、寻衅滋事、偷窃等违法犯罪行为，景区内安保部门及工作人员有权现场制止，并协助公安部门依法处置。

在夏季的时候，西湖禁止游客跳入湖中游泳、洗澡，不文明行为一旦被安保人员发现，安保人员先温馨提示、及时制止，如经劝导依然继续不文明行为者，景区通过协助公安部门依法处置。

4. 游客体验管理

随着旅游方式向休闲旅游转变，体验成为杭州景区新兴的旅游方式和生活方式。杭州景区为游客提供新、奇、特的游乐体验和安全优质的游乐服务，打造中国休闲城市。杭州西湖景区的游船体验，让游客享受从水中看西湖，在水中看杭州，使游客们体验不一样的旅游方式，体验水中杭州。此外，西溪湿地的采柿子节、采菱角活动，游客们可以来此采摘柿子和菱角，让游客们感受西溪特色的民俗活动，加上西溪越剧、说大书、皮影戏、龙凤舟体验，让游客更亲近西溪，体验节庆的热闹。

5. 游客投诉管理

以前，杭州景区在野导游、堵车、停车上投诉较多，为此杭州景区管理在处理黑车、野导方面进行了专门跟进调查，在停车场专门有负责人员管理，并进行停车电子扣费；对于无证导游，备有一套野导黑名单，在投诉时可以快速查询目标，进行跟进。

现已推行异地投诉，游客可通过来电、来信、网络等各种形式进行投诉。游客服务中心首先填写《游客投诉登记表》，初步判断责任归属，并做出答复。运营管理中心督导室负责对事件进行调查和处理，并拟好回复意见，答复投诉人。对网上投诉，市场部网络管理员负责将督导室的处理意见回复给投诉人，并及时向相关部门领导反馈情况。

6. 游客安全管理

杭州景区始终将把安全（包括设备安全、餐饮安全、游玩安全以及财物安全）放在第一位。杭州景区设置的基础设施均符合国家安全标准，一些大型进口设施同时拥有国际、国内双重安全标准保证，通过了国家级、市级相关检测管理机构的认证。管理对景区内设备定期进行安全检查，定期更新一些设备，始终以游客安全为己任。

景区内湖边、河边、溪边的活动特别注重游客安全管理，重点宣传游客安全须知、制定漂流安全管理制度、设置安全警示标志、准备应急处置预案等，加强船只、游艇、皮筏的日常检查、落实救生设施配备、设置沿线安全岗哨、督促游客穿好救生衣等，景区管理人员根据管理部门的建议完善和改进相关设施与制度。加强景区内管理、严格执法，加强山林保护和文物保护，防止山林火灾，杜绝一切安全隐患，确保游客安全。

7. 游客管理不足的方面

（1）景区从业人员及导游培训、管理不到位。就对景区实际情况而言，杭州作为国际风景旅游城市，景区从业人员及导游的水平和素质都还未到国际级旅游城市水平，从业人员及导游对游客管理的认识还不够全面，在游客管理方面考虑不周全，同时很多导游属于兼职，导致导游水平参差不齐。杭州部分农家乐景区，由于从业人员的水平和素质不是很高，对其管理不是很到位，存在投诉现象。

（2）人性化管理不够全面。针对游客不文明行为，会采用硬性化手段处理，缺乏人性化处理手段；停车场地较少，公共自行车一旦到旅游高峰期，不是缺自行车就是无法归还自行车。

（3）夜游景区缺乏安全性。杭州部分景区推出夜游活动，但在夜游景区内通常夜游指示牌不明显，缺少适当的照明指示，导致夜游出现找不着厕所、出口等现象，需要帮助时不太容易找到服务人员，夜间管理人员巡逻少，一旦在湖边、溪边、河边发生不安全事故不容易找到人救助。

资料来源：朱少明：《旅游景区游客管理研究》，《商场现代化》，2010 年第 33 期。

案例思考：

1. 通过以上案例剖析，对比当地旅游景区游客管理的现状，谈谈当地旅游景区游客管理目前存在的问题。

2. 针对当地目前旅游景区在游客管理方面存在的问题，为当地旅游景区的游客管理提出改善意见或建议。

第六章 旅游景区质量管理

迪斯尼乐园的经营理念与质量管理

给游客带来欢乐，营造欢乐氛围，把握游客需求，提高员工素质和完善服务系统——迪斯尼的经营理念和质量管理模式简明而又实际。把握和了解它们并不难，难的是把它们落实到实际工作之中，成为每一位员工持之以恒的追求目标。

享誉全球的迪斯尼乐园(Walt Disney World)每年接待着数百万慕名而来的游客。人们来到这里，仿佛到了童话般的世界，世界建筑荟萃、海底世界珍奇、三维立体电影、地震洪水模拟、高空坠落、探险者之路、民族歌舞、彩车游行，晚间灯火璀璨、礼花绽放，真是人间胜景，美不胜收。游客们惊讶不已，流连忘返。然而，人们更为称赞的是这里的服务质量，环境清新洁净，氛围高雅欢乐，员工热情友好。

事实上，迪斯尼乐园的成功之处，不仅在于其高科技的娱乐硬件，更重要的在于其服务质量管理的经验和软件，核心部分是迪斯尼的经营理念和质量管理模式。

经营理念之一：给游客带来欢乐

"迪斯尼乐园"含魔术王国、迪斯尼影城和伊波科中心等若干主题公园，整个乐园拥有大量娱乐设施，32000 余名员工，1400 多种工作(角色)。如此众多的员工和工种，一年 365 天，每天要接待成千上万的游客，夏季高峰时，气温常达摄氏 36 度以上，确保服务质量的确不是件易事。因此，必须形成全员管理上的共识，即经营理念和服务承诺。

40 多年前，"迪斯尼乐园"的奠基人迪斯尼先生首先明确定义了公司的经营理念，即通过主题公园，给游客带来欢乐。

通过主题公园的形式，迪斯尼致力提供高品质、高标准和高质量的娱乐服务。同时，公司还提供餐饮服务，销售旅游纪念品，经营度假宾馆、交通运输和其他服务支持行业。许多游客慕名远道而来，在乐园中花费时间和金钱。迪斯尼懂得，不能让游客失望，哪怕只有一次。如果游客感到欢乐，他们会再次光顾。能否吸引游客重复游玩，恰是娱乐业经营兴旺的奥秘所在。其实，游客对欢乐的体验，客观上是对员工们服务质量的一种评价。所以，员工们提供的每一种服务，都是迪斯尼服务圈整体的各个"关键时刻"。游客们在一系列"关键时刻"中体验着服务质量，并会记住其中最好和最差的。因此，公司"给游客带来欢乐"的经营理念，必须转化落实到每一员工的具体工作中，成为员工们的工作理念和服务承诺。为了实现服务承诺，迪斯尼公司花大力气，对员工工作表现进行评估和奖励。员工工作表现欠佳者将重新培训，或受到纪律处罚。

此外，迪斯尼公司在经营中力求完善，不断改进和提高。任何时候，整个乐园中都有10%~20%的设施正在更新或调整，以期带给游客新的刺激和欢乐。尽管追求完善永无止境，但通过追求完美的努力，可将工作推进到更高境界和标准。

经营理念之二：营造欢乐氛围

由游客和员工共同营造"迪斯尼乐园"的欢乐氛围，这一理念可理解为，园区的欢乐氛围是游客和员工的共同产品和体验，也许双方对欢乐的体验角度有所不同，但经协调是可以统一的。

在共同营造园区氛围中，员工起着主导作用，具体表现在对游客的服务上，包括微笑、眼神交流、令人愉悦的行为、特定角色的表演，以及与顾客接触的每一细节。

引导游客参与是营造欢乐氛围的另一重要方式。游客们能同艺术家同台舞蹈、参与电影配音、制作小型电视片、通过计算机影像合成成为动画片中的主角、亲身参与升空、跳楼、攀登绝壁等各种绝技的拍摄制作等等。

员工的主人角色定位。在"迪斯尼乐园"中，员工们得到的不仅是一项工作，而且是一种角色。员工们身着的不是制服，而是演出服。他们仿佛不是为顾客表演，而是在热情招待自己的客人。当他们在游客之中，即在"台上"；在"台上"时，他们表现的不是他们本人，而是某一具体角色。根据特定角色的要求，员工们要热情、真诚、礼貌、周到，处处为客人的欢乐着想。简而言之，员工的主体角色定位，是热情待客的主人或主妇。

经营理念之三：把握游客需求

为了准确把握游客需求，迪斯尼致力于研究"游客学"（guestology）。其目的是了解谁是游客，他们的需求是什么。在这一理念指导下，迪斯尼站在游客的角度，审视自身每一项经营决策。在迪斯尼公司的组织构架内，准确把握游客需求动态的工作，由调查统计部、信访部、营销部、工程部、财务部和信息中心等部门分工合作完成。

调查统计部每年要开展200余项市场调查和咨询项目，把研究成果提供给财务部。财务部根据调查中发现的问题和可供选择的方案，找出结论性意见，以确定新的预算和投资。营销部重点研究游客们对未来娱乐项目的期望、游玩热点和兴趣转移。

信息中心存储了大量关于游客需求和偏好的信息，具体有人口统计、当前市场策略评估、乐园引力分析、游客支付偏好、价格敏感分析和宏观经济走势等。其中，最重要的信息是游客离园时进行的"价格/价值"随机调查，以确定游园是否物有所值。

信访部每年要收到数以万计的游客来信。信访部的工作是尽快把有关信件送到责任人手中。此外，把游客意见每周汇总，及时报告管理上层，保证顾客投诉得到及时处理。

工程部的责任是设计和开发新的游玩项目，并确保园区的技术服务质量，例如，游客等待游乐项目的时间、设施质量状况、维修记录、设备使用率等，其核心问题是游客的安全和效率。

现场走访是了解游客需求最重要的工作。管理层经常到各娱乐项目现场上，直接同游客和员工交谈，以期获取第一手资料，了解游客的真实需求。同时，一旦发现系统运作有误，及时加以纠正。

研究"游客学"的核心是保持和发挥"迪斯尼乐园"的特色。把握游客需求动态的积极意义在于：其一，及时掌握游客的满意度、价值评价要素，及时纠偏；其二，支持迪斯尼的创新发展。从这一点上说恰是游客的需求偏好的动态变化，促进了迪斯尼数十年的创新发展。

经营理念之四：提高员工素质

管理者应具备创新能力和高超的领导艺术，对未来发展应规划全新的蓝图，并以此激励员工。迪斯尼的管理者努力使员工们懂得，这里所做的一切，都将成为世界娱乐业的主流和里程碑。迪斯尼制订 5～10 年中长期的人力资源规划，并每年更新一次。在经营管理中，每年都拨出足够的经费预算，进行人员培训。

明确岗位职责。迪斯尼乐园中的每一工作岗位，都有详尽的书面职务说明。工作要求明白无误，细致具体，环环紧扣，有规可循。同时强调纪律、认真和努力工作。每隔一个周期，将严格进行工作考评。

统一服务处事原则。服务业成功的秘诀在于，每一位员工都能正确对待顾客。基于迪斯尼"给游客带来欢乐"的经营理念，公司要求 32000 余名员工学会正确与游客沟通和相处。为此，公司提供统一服务处事原则，其构成要素按重要顺序依次为：安全、礼貌、演技、效率。游客安全是第一位的。与安全相比，礼貌则处于次一等的地位。公司以此服务处事原则考察员工们的工作表现。

推进企业文化建设。公司经常对员工开展传统教育和荣誉教育，告诫员工，迪斯尼数十年辉煌的历程、商誉和形象，都具体体现在员工们每日对游客的服务之中。创誉难，守誉更难。员工们日常的服务工作，都将起到增强或削弱迪斯尼商誉的作用。

由游客评判服务质量优劣。迪斯尼认为，服务质量应是可触摸、可感受和可体验的，并且游客掌握着服务质量优劣的最终评价权。公司指出，游客会根据事先的期望值和游园后的体验，加以比较评价，然后确定服务质量之优劣。因而，迪斯尼教育员工，一线员工所提供的服务水平，必须努力超过游客的期望值，从而使"迪期尼乐园"真正成为创造奇迹和梦幻的乐园。

经营理念之五：完善服务系统

完善整个服务体系。迪斯尼乐园的服务支持系统，小至一个电话、一台电脑，大到电力系统、交通运输系统、园艺保养、中心商场、人力调配、技术维修系统等等，这些部门的正常运行，均是迪斯尼乐园高效运行的重要保障。

岗位交叉互补（cross-utilization）。管理者对园区的服务质量导向有重大影响。管理者勤奋、正直、积极地推进工作，员工们自然争起效仿。在游园旺季，管理人员放下手中的文件，到餐饮部门、演出后台、游乐服务点等处加班加点。这样加强了一线岗位，保证了游客服务质量。与此同时，管理者也得到了一线员工一份新的友谊和尊重。

资料来源：行销网（www.xingxiao.com/article/bm/shiwu/2006/02/1260.html）。

各地景区都十分注重景区质量管理，而且越来越与国际接轨，那么，什么是景区质量呢?

景区质量包括哪些内容呢？对于旅游景区的质量管理又应从哪些方面入手呢？本章将对以上问题进行一一解答。

旅游景区质量是反映旅游景区满足游客明确和隐含需要的能力的特性的总和。景区质量一般包括设施设备质量、服务质量、环境质量。

第一节　旅游景区设施设备质量管理

一、旅游景区设施设备类别

(一)基础设施类
(1)道路交通设施，包括车行道、步行道、特殊交通道(如索道等)。
(2)排水排污设施。
(3)美化绿化设施。
(4)电力通信设施。
(5)建筑设施。
(6)安全设施。

(二)服务设施类
(1)导游服务设施，包括引导标示、全景图、标示牌等。
(2)游览游乐服务设施，包括安全警报、危险地带安全防护设施、特色交通工具、游乐设施、救护设施等。
(3)环卫服务设施，包括厕所、垃圾箱、垃圾收集站、垃圾处理设施。
此外，还有表演设备类、娱乐设施设备类、景观设施设备类。

二、旅游景区设施设备管理的内容

(一)安全管理
安全管理的主要内容是：
(1)对各种设施设备制定相应的操作规程。
(2)制定景区设施设备的维护、保养、检测制度。
(3)设施设备的操作人员需要持证上岗。
(4)建立健全的设备安全管理体系。

案例6-2

黄山风景区全面拉响游乐设施安全预警

2011年8月，黄山风景区质监分局拉响安全预警，要求辖区内所有管式滑道以及其他大型游乐设施使用单位认真吸取江苏某景区滑道事故教训,全面加强游乐设施安全管理。

预警通知明确要求区域内各大型游乐设施使用单位务必按照"三落实、两有证、一检验、一预案"规定,切实强化设备的日常维护和保养,坚决杜绝操作人员无证上岗、脱岗和违章操作等现象发生。同时,要切实做好恶劣条件下设备运行管理和操作人员培训工作,进一步提高作业人员掌握设备异常和紧急情况时的判断和处置能力,防止类似事故发生。

资料来源:中国质检网(www.cqn.com.cn/news/zgzlb/disan/456771.html)。

(二)档案管理

档案管理是对景区的设施设备的购进、使用、维护与保养、维修与更新情况进行全面的登记存档,以备在今后工作中查阅翻看。

(三)应急管理

应急管理是针对景区设施设备出现的突发状况,制定应急管理的方案,以便及时处理因设施设备出现突发状况引起的管理混乱。

案例 6-3

宁波九龙湖旅游度假区旅游安全突发事故处理应急预案

为有效预防旅游安全事故的发生和一旦发生旅游安全突发事故时能做到迅速、有效控制事态的发展,把损失减少到最低限度,根据上级有关文件精神,特制定本预案。

观光车紧急情况的应急预案

一、观光车半路抛锚应急反应须知

1. 做好游客的安抚工作,稳定游客心情。

2. 检查车辆是否能够立即修复。

3. 如无法修复,通知组长,立即调派其他车辆带游客继续游玩。

二、观光车撞伤游客应急反应须知

1. 停车检查被撞游客伤势,如有擦伤应进行现场包扎。

2. 通知领导,调派车辆送伤者至卫生院治疗。

3. 通知组长,调派其他车辆带游客继续游玩。

救援电话:0574-86533965

救援人员:观光车所有工作人员

滑草场意外事故紧急预案

1. 做好游客的安抚工作,并把游客移至安全区域以免再次受伤。

2. 立即将此事上报景区管理部说明情况,要求尽快调派车辆将受伤游客送至九龙湖镇卫生院。

3. 等车辆到达后，由滑草场组长陪同将受伤游客送至卫生院进行医治，并随时将游客受伤情况报告景区管理部。

救援电话：0574-86533965

救援人员：滑草场所有工作人员

滑索项目安全事故应急处理预案

一、机械设备、站口系统、牵引系统发生重大故障导致滑索不能正常运行

1. 工作人员必须在最短的时间内将游客从滑索架上撤离至地面。

2. 配备适宜的营救设施，如绞车、凳子、救护袋等，根据实际需要借助营救设施实施抢救。

3. 在营救工作中，营救工作时间尽可能短，一般少于 30 分钟，并按此来配备营救设备和营救人员。

二、游客下滑过程中不能到达下站台

1. 工作人员从下站台出发，乘坐滑车滑行到游客停留位置进行救援。

2. 游客若离下站台较近(2 米以内)停留，工作人员在下站台抛出救援滑车进行救援。

三、安全带松动、断裂造成游客在滑行中不慎落水

1. 救生员立即驾驶快艇(营救艇)赶赴事发地点，将救生圈抛向落水游客，将游客拉至快艇(营救艇)，做好游客安抚工作，并将游客转移至安全位置。

2. 若落水游客神志不清，无法使用救生圈进行救援，救生员应立即跳入水中实施营救，将游客转移至安全位置后进行相关的急救。

3. 与指定卫生部门进行联系，并及时向单位领导进行汇报。

4. 进行书面总结，提出整改措施。

营救电话：0574-86533965

营救人员：谢××、王××、何××、钱××、徐××、叶××

资料来源：豆丁网(www. docin. com/p-434811137. html)。

三、影响景区设施设备质量的因素

(一)设施设备因素

主要指设施设备本身出现的质量问题，如因年久失修产生的游乐设备的锈损。如2012 年 7 月 6 日，号称全世界最安全的过山车在广州长隆欢乐世界发生故障，造成 28 名游客被困。事故调查结果称过山车突然停驶是由一电源模块出现故障引起。[1]

(二)操作者因素

主要是指因为操作者操作失当所造成的设施设备的损坏。如据共同网 2012 年 6 月 4 日报道，东京迪斯尼海洋乐园过山车事故系操作失误所致，员工在过山车出发前发现空座

---

[1]　中国广播网(http://www.cnr.cn/qxwtp/201207/t20120707_510141498.shtml)。

上的安全压杆尚未完全放下，遂暂时解除了安全锁，之后因操作顺序有误，过山车在安全压杆没有完全放下的情况下启动。来自北海道带广市的一名男性公司职员（34 岁）因感到危险而想下车，导致右脚受轻伤。①

（三）维护因素

主要体现为对设施设备没有进行及时的维护，导致设施设备无法继续为景区服务。例如，2010 年 6 月 29 日下午，深圳东部华侨城游乐项目"太空迷航"发生安全事故，造成 6 人死亡，10 人受伤，其中重伤 5 人。事故调查组查明的事故原因是："太空迷航"设备存在严重的设计缺陷，安装调试期间已发现隐患但未有效整改，使用过程中维护保养不到位。②

（四）游客因素

主要表现为游客不按照设施设备的使用方法，不遵守设施设备的相关管理制度，导致设施设备出现问题。

案例 6-4

顺德检查少儿游乐场所

在顺德青少年官，升降飞船还没有停稳，一个男孩私自打开安全带扣，匆匆从飞船走出来，谁知一下子失去重心，从上面摔了下来……操作人员立即关闭总电源，该处的应急救援方案马上启动……这是顺德区质量技术监督局对全区一些大型少儿游乐场所检查及应急抢险演习出现的一次"意外事故"。

据了解，大型游乐设施是特种设备重特大事故的危险源之一，一旦发生事故，极易造成群死群伤。游乐设施是否安全主要与游乐设施安装、操作人员的操作技能及游客是否遵守相关规则等三个方面有关。据了解，顺德一些大型游乐设施都是由质量技术监督部门安装的，并且经过省质量技术监督中心检测，设施本身的安全是有保障的。同时，顺德大型少儿游乐场所的操作人员都通过相关的培训，并考取了相关上岗证，素质比较高。现在最让人难以防范的是游客的安全意识不强，不遵守相关的规定，很容易引发事故。质量技术监督局昨天对顺德青少年官、龙江新世纪农业园的水上乐园等地都进行了检查，检查过程中没有发现问题。

资料来源：新华网（www. gd. xinhuanet. com/newscenter/2004-06101/content_2227564. htm）。

（五）环境因素

主要是指受到天气因素的影响，导致设施设备在某种程度出现损坏。例如，2011 年 1

---

① 共同网（http：//china. kyodonews. jp/news/2012/06/31456. html）。
② 百度百科（http：//baike. baidu. com/view/3884110. htm）。

月24日中午，上海松江区的欢乐谷绝顶雄风过山车运行至60米最高点时，突然发生机械故障，25名游客均悬在半空中长达半个多小时，随后工作人员通过轨道两侧紧急走廊将被困游客分批护送下至地面。机器经检测系传感器故障所致，该传感器故障初步判断与上海近期雨雪低温天气有关。随后过山车更换零件测试后无异常，已恢复正常运行。①

四、旅游景区设施设备质量管理的内容

（一）景区设施设备的前期管理

前期管理的基本环节包括：

（1）项目提出：提出设备项目的理由和要求。

（2）调查研究：首先收集相关资料，然后在资料收集的基础上进行数据分析，最后提出调查方案，内容包括：供水供电能力、通信基础设施、交通道路状况、环境绿化要求、现有服务接待设施、娱乐文化设施、尚未满足的旅游者需求等。

（3）项目论证：研究项目的可行性，涉及如下内容：景区各类设施设备现状、与设施设备规划项目有关的市场状况和前景分析、设施设备安装和施工的环境条件、设施设备项目技术方案、设施设备投资方案的经济评价、设施设备项目实施计划、投资效果分析等。

（4）投资决策：根据国家有关政策、景区设施设备的市场状况和投资效果、景区投资预算、设施设备项目的有关费用等做出投资决策。

（5）计划编制：根据决策编制实施计划。

（6）采购订货：选择型号和生产厂家，签订合同。

（7）到货验收：设备进场，验收立账。

（8）安装调试：安装并测试运行，投入使用。

（9）评价反馈：初步评价，反馈厂商。

（二）景区设施设备的维护与保养

具体包括：

（1）设施设备的保证系统。

（2）设施设备的维护制度，包括日常维护、定期维护、区域维护等。

（3）设施设备的点检制度，包括日常点检、定期点检和专项点检。

（三）景区设施设备的维修与更新

（1）设施设备维修，包括定期维修、监测维修、更换维修、故障维修。

（2）设施设备更新与改造，对于出现质量问题的设施设备，应及时更新，进行升级改造。

---

① 人民网（http：//unn.people.com.cn/GB/13806328.html）。

案例 6-5 🔍

白水洋鸳鸯溪景区强化特种设施设备安全运行制度

日前，为了加强观光车、竖井电梯等特种设施设备的安全运行，屏南白水洋鸳鸯溪景区与质量技术监督局市特检院形成一致意见，完善各种制度，将责任落实到位、到人。

一是将观光车的应急救援制度常态化。白水洋景区观光车每年增加一次车辆检验(原每年一检)，建立淡季期间观光车维护制度，定期(每周)将车辆进行试驾、维护，要求观光车驾驶员与景区车队签订《观光车驾驶安全责任状》。

二是鸳鸯溪竖井电梯在今年提前做好安全评估(正常情况下15年做安全评估)。

三是制定景区基础设施防护制度，定期、定人巡查并做好记录，如发现隐患，及时上报整改。

四是制定详细的安全生产事故隐患排查、整改、监督制度，定期、专人进行跟踪监督。

资料来源：福建旅游之窗(www.fjta.gov.cn/news/xydt/201205/20120510291515.shtml)。

第二节　旅游景区服务质量管理

一、旅游景区服务质量的内涵

从经营者角度来看，《旅游服务基础术语》(GB/T 16766—1997)对旅游服务质量的定义是旅游服务活动所能达到效果和满足旅游者需求的能力与程度。

从旅游者的角度来看，旅游服务质量是指旅游者在旅游过程中享受到的服务的使用价值，得到的某种物质或心理满足的一种感受。

二、旅游景区服务质量管理的内容

(一)景区对客服务的管理

景区对客服务包括：导游服务、餐饮服务、购物服务、表演服务、乘骑服务、活跃气氛。

(二)景区展示服务的管理

景区展示服务包括：建筑景观的展示服务、园林园艺的展示服务、动物的展示服务、博物馆的展示服务。

(三)景区跟进服务的管理

景区跟进服务包括：环境卫生服务、安全保卫服务、应急医疗服务、特殊服务、旅游者投诉处理。

相关链接

湖北省国家质量等级旅游景区优质服务承诺

1. 严格遵守法律法规。认真执行国家标准《旅游区（点）质量等级的划分和评定》（GB/T17775—2003），自觉保持与旅游景区国家质量等级相应的质量品质。

2. 坚持以人为本、游客至上的服务宗旨。景区工作人员要为游客提供主动、热情、细心、贴心、耐心服务，用语文明、礼貌，不与游客发生争执、冲突。导游人员态度好、业务熟、水平高。

3. 景区服务设施维护良好，齐全有效。游客服务中心功能完善，服务人员职责明确，服务规范。景区各类指示标志完整规范，维护良好。

4. 加强景区安全管理，保障游客安全。安全制度完善，游乐设备设施无安全隐患，危险地段设立防护设施、警示牌，消防、救护等设施和预案齐全、完好。

5. 保持景区环境优美，干净卫生。景区绿化良好，空气清新，水质良好。景区卫生整洁，无乱堆乱放、无乱倒垃圾、无乱排污水等脏乱差现象。厕所干净卫生，无异味、无污物。

6. 维护景区良好的经营秩序，诚信经营。景区游览、住宿、餐饮、购物等经营场所管理规范，公平交易，明码标价。不得擅自摆摊、设点，不出售过期、变质和假冒伪劣商品，不得纠缠、诱骗、胁迫旅游者购物或者接受服务。

7. 完善监督机制，及时处理游客投诉。景区向游客公布投诉电话，并安排专人值守，及时处理游客投诉，维护旅游者的合法权益。

资料来源：咸宁旅游网（www. xntour. gov. cn/Article/201011/1163. htm）。

案例 6-6

泰山景区：注重服务质量，提高旅游满意度

两月查处"黑车""野导"40 多　两人被拘三人挨罚

天外村广场周边的"野导"主要凭泰山游览证进山，充当导游角色，欺骗外地游客。当游客存在疑虑时，"野导"就拿出假导游证蒙混过关。还有一部分闲散人员以派出所安全信息员为幌子，使用假导游证充当导游。

对影响景区环境、景区形象、景区发展的人和事，"谁砸泰山牌子，就砸谁的饭碗"。

泰安市旅游满意度提升行动开始后，天外村广场执法大队加大整治旅游秩序力度。目前重点打击天外村广场周边"黑车"、"野导"以及无业人员领客、顺客、跟客等欺诈行为。执法大队 3 月起共查处"黑车"和"野导"40 多例，其中 2 人被警方行政拘留，3 人被治安处罚。

12 个执法人员分早班、大夜班和小夜班，24 小时检查。商贩晚上在广场尾随游客兜

售商品，凌晨 4 点多"黑车"和"野导"在广场拉客，这些情况都需要劝阻处理。

执法大队还加强驻山单位工作车辆进山管理。早上 8 点到下午 4 点前不允许工作车辆上下山，把更多的交通资源留给游客。

严查"野线"偷上山　三天劝阻 932 名驴友

"五一"期间泰山景区加强对非正规旅游线路进山游客的劝阻，三天内共劝阻 932 名驴友。现在明显感到通过非正规旅游线路进山的驴友数量少了很多。

泰山景区管委会早在 2012 年 1 月 6 日就制定《关于加强泰山风景名胜区非游览线路进山管理的通告》。根据通告，非游览线路进山的游客将处以 100 元以上 5000 元以下的罚款。通告中规定泰山中路盘道、秦御道盘道、天外村游览公路、桃花峪游览公路四条购票进山游览线路及玉泉寺、普照寺等周边景点游览线路为泰山风景名胜区开放的游览线路。其他进山线路及周边相关区域为非游览线路，任何单位和个人不得经非游览线路进山游览。

在天外村执法时也发现有驴友违规进山。"五一"期间，黑龙潭附近有 3 名从济南来的非正规旅游线路进山游客。景区执法人员告知他们不能从非正规旅游线路爬山，并将他们带回天外村，引导他们购票从正规线路上山，让游客安心上山，安全下山。

新设 200 个垃圾桶　23 处公厕修一遍

"五一"小长假前，泰山景区新设放置的 200 个垃圾桶。之前游客反映景区内垃圾桶不足，游客爬山时手里的食物包装袋和矿泉水瓶没地方扔，就顺手丢在山路两边。一些垃圾桶比较小，很快就塞满，垃圾只能堆在桶外。有垃圾桶的地方，往往都有一个小垃圾堆。"五一"前安放的 200 个垃圾桶间距近了，山上的垃圾明显少了。

泰山景区还对 23 个旅游公厕进行全面维修维护，完善基础服务设施，24 小时都有保洁员值班。岱顶天门居宾馆和星级公厕"五一"小长假前启用，中天门到三盘星级公厕改扩建工程马上开工。景区内还会新建 2 处公厕。

资料来源：中国泰安网（www. taian. gov. cn/zwgk/zwdt/bmdt/201205/t20120515_330458. htm）。

三、旅游景区服务质量的特点

旅游服务质量与一般产品质量相比，除了具有一般产品质量的共性外，如质量的广义性、时效性和相对性，还具有旅游服务质量的自身特色。

（一）质量构成的综合性

旅游服务质量是由服务设施和设备质量、服务环境质量、服务用品质量、实物产品质量和劳务质量等构成的。

（二）质量显现的短暂性

在旅游服务过程中，每次具体服务所提供的使用价值，其质量的显现时间都比较短，如导游服务中的接送服务、景点介绍等。

（三）质量内容的关联性

旅游服务质量的具体内容包括有形质量和无形质量两个方面。每一个方面又由很多具体因素构成，这些因素互相关联、互相依存、互为条件。如导游服务中，接团质量不好，直接影响游客的第一印象；导游讲解乏味，又影响景点质量的发挥。

（四）对员工素质的依赖性

旅游服务质量的高低，在很大程度上取决于景区员工的素质。他们的主动性、积极性和创造精神的发挥程度以及服务态度、服务技能、专业技术水平和劳动熟练程度，都直接影响旅游服务质量。

四、旅游景区服务质量管理体系的构建

（一）构建景区建立质量管理体系的必要性

(1)有助于实现景区的经营目标。

(2)实现对旅游产品和服务提供过程的系统管理。

(3)提供对旅游产品及服务规范的有效补充和更正。

(4)保证旅游者、景区、投资方三方利益。

案例 6-7

北京 11 家 A 级旅游景区因服务质量差被摘牌

北京市旅游委最新公布了"2011 年北京市旅游景区质量等级复核"的最终结果，11 家 A 级景区因存在管理、服务、设备设施不达标等问题被摘牌，退出 A 级景区行列；另有 5 家 4A 级景区被勒令限期整改。

北京市旅游委介绍说，经过复核，全市 200 家 1A 至 5A 级景区中，184 家 A 级景区达标，达标率为 92%；16 家 A 级景区因管理不到位、服务质量差、设备设施不达标或停业等原因，被取消 A 级景区资格或限期整改，不达标率为 8%。

此次被取消资格的 11 家 A 级景区有：徐悲鸿纪念馆、八达岭温泉度假区、卧虎山长城景区、十三陵碓白峪自然风景区等。此外，元大都城垣遗址公园、北京奥林匹克水上公园、司马台长城景区、天龙源温泉家园等 5 家 4A 级旅游景区被限期整改。

北京市旅游委副主任于德斌表示，5 家被勒令限期整改的景区，将有 3 个月左右的时间整改自身问题，未来存在保留 A 级景区资格的可能；而 11 家直接被摘牌的 A 级景区则只能在一年后，经过自身整改，完成达标验收后，才能重回 A 级景区行列。

于德斌表示，A 级景区被摘牌之后，相信一定会对景区产生震动，并认真考虑如何对待未来的经营管理。他说，摘牌不仅仅是"把 A 级景区的牌子从门前拿掉"，未来会提醒游客尽量前往挂牌景区，从而对被摘牌景区形成压力。

此次旅游景区质量等级复核，实际上是去年"景区环境整治工程"的延续。自"A 级旅

游景区环境整治提升工程"正式启动以来,市旅游委联合市政府督察室等部门多次对旅游景区服务和环境进行暗访,经过专家组审核评议,最终得出的结果。

资料来源:中国新闻网(finance. chinanews. com/life/2012/02-10/3659580. shtml)。

(二)旅游景区服务质量管理体系的内容

旅游景区服务质量体系一般包括3个组成部分:

1. 质量管理职责

包含质量方针、质量目标、质量指责和权限等。

第一,制定使顾客满意的服务质量方针,并确保其传达到每个员工,使他们自觉实施和保持。

第二,确定质量目标,如适当的质量度量,明确规定顾客的需要。

第三,对影响服务质量的所有人员明确规定职责和权限,使他们参与服务质量,承担义务,并有效地合作,以持续实现质量改进。

第四,最高管理者对服务质量体系进行正式的、定期的、独立的管理评审,以确定质量体系是否持续稳定和有效。

2. 人员与物质资源

根据景区实际情况,把设施设备与员工服务有机结合起来,充分发挥各种服务功能。

基于质量管理体系的基本要求,资源至少应包括人力资源、基础设施和工作环境、信息资源、合作伙伴资源、自然资源和财务资源。

3. 服务质量体系结构

一般来说,服务组织的质量体系文件包括四个层次。

(1)质量手册,是描述服务组织质量体系的纲领性文件。

(2)质量程序,即程序文件,是针对某一特定的服务项目,规定专门的质量措施、资源和活动顺序的文件。

(3)服务规范,阐明服务质量要求的文件。

(4)质量记录,是为已完成的服务活动或达到的服务结果提供客观证据的文件,可以是书面的,也可以存储在任何媒介上。

相关链接

景区服务质量管理体系的构建

旅游景区服务质量管理组织机构,主要包括三部分:服务质量管理机构、多方参与制和激励促进制。

1. 建立服务质量管理机构

建立服务质量管理机构,确立各级组织机构的职责和权限是旅游景区服务质量管理的基础工作,同时对景区全体员工包括质量管理小组人员进行质量管理培训也是景区提高服务质量必不可少的工作。

（1）质量管理领导组。质量管理领导组由统领整个景区运作的核心人物构成，主要包括景区高层管理者和各主要部门负责人。在创 A 的关键时期，质量管理领导组除管理、安排、协调日常工作外，还要引导景区向既定目标健康发展。对于领导组来说，安排、引进合适的人去做相应的工作是比较关键的。事关景区服务质量的点点滴滴，并不由领导组亲自参与，但领导组应制定远景目标、内外统筹、协调管理。

具体到景区创 A，其制定的景区升级工作流程如下：

明确目标—项目分类—提出实施方案及推进时间表—制定工作标准—实施—过程和结果检查—问题反映—责任追究—持续改进。

（2）项目实施工作组。项目实施工作组是景区内具体执行领导组的命令、安排，改善景区服务质量的组织机构。一般情况下，项目实施工作组是在创 A 的关键时期临时组建、短期存在的。项目实施工作组按照创 A 标准，分别承担硬件、软件等方面的整改与服务质量管理，可以帮助景区在短时间内迅速解决景区发展中各种问题。

2. 建立服务质量管理多方参与制

旅游景区服务质量管理体系的构建与景区升级需要包括景区全体员工、游客、外部组织在内的多方积极参与。

（1）游客参与制。游客是旅游景区的直接服务对象，其对服务质量的切身感受对景区质量的评判与改进最有说服力。景区应通过问卷调查、游客意见箱、各种投诉等获取景区现有服务存在的问题，使游客真正参与到景区服务质量管理过程中。同时要鼓励游客为景区出谋划策，帮助景区在服务上再上新台阶。

（2）全体员工参与制。员工是景区服务质量改进的参与者与具体实施者，他们是景区服务管理活动的主要力量。景区的点滴进步都需要员工发挥主观能动性，积极实现。大理崇圣寺文化旅游区在申 5A 过程中就积极组织员工参与 5A 知识问答竞赛等各项活动，明确每一位员工在申 5A 过程中的职责与作用，在提高员工对 5A 认识的同时提高其工作、服务积极性。

（3）跨部门参与制。景区的服务质量管理涉及安全、绿化、导览、质量等主要职能部门，它们对景区的服务质量管理都负有重要责任。少了任何一个部门的参与，景区的服务质量管理都不达标。在创 A 过程中，景区的各个部门都要明确各自的目标和任务，同时强化各部门之间的联系。

（4）专业规划设计公司与行业组织人员参与制。外脑对景区的帮助作用往往是巨大的。某些问题是景区自身难以解决的。比如游人休息、活动空间的打造，文化、环境氛围的布置等。专业的规划设计公司可以对景区的升级提供切实有效的整改措施，帮助其在短时间内实现质的飞跃。旅游行业组织的专家等人员对景区评定标准的理解更加透彻，也能对景区提出中肯的整改建议，指明景区前进方向。因此，景区应当积极与规划专家、旅游行业组织的人员进行沟通，邀请他们为景区的服务质量提升献计献策。

3. 制定景区员工激励促进制

哈佛大学的一项调查研究表明：员工满意度每提高 3 个百分点，顾客满意度就提高 5 个百分点。道理很简单，员工满意度决定游客满意度。景区员工满意度高，为游客提供满意服务才有可能。因此，为了提高员工的满意度，实现人性化管理，景区有必要设计合理有效的薪酬制度、实施积极全面的奖励制度。

（1）设计合理有效的薪酬制度。旅游景区服务业属于劳动密集型行业，员工的服务是景区产品的一部分。员工薪酬制定得合理与否对景区员工的工作态度和行为影响较大。景区应根据企业自身特点，引入绩效工资制，在为员工提供相应的薪酬回报的同时，提高员工的工作热情，稳定景区用人队伍，这也可以帮助景区引进更多的外部优秀人才，提高景区的人才素养与整体服务质量。

根据总体薪酬与景区效益挂钩程度的不同，将薪酬结构模型分为四类：高弹性薪酬模型，即薪酬水平与景区效益高度挂钩，浮动部分薪酬所占比例较高，激励性很强，薪酬主要依赖于工作绩效；高稳定薪酬模型，即浮动薪酬比例较低，员工收入稳定；调和型薪酬模型，即薪酬水平与景区效益挂钩的程度视岗位职责的变化而变化，既有激励性又有稳定性；加减法薪酬模型，即一般可以实行年薪制，假如薪酬总额不变，加法薪酬制度可以设计为固定工资加绩效奖金，减法薪酬制度可以设计为总年薪减未完成业绩对应薪酬。

要根据景区的综合效益与员工的级别制定不同的薪酬制度，使工员薪酬与业绩挂钩，提高景区员工的薪酬满意度与整体素质。

（2）建立服务质量培训制度。旅游景区从业人员素质的高低在很大程度上影响着景区服务质量管理体系是否良好。为此，景区必须建立培训制度，这是服务质量管理的基础性工作。

5A级景区要求做到培训机构、制度明确，人员、经费落实，业务培训全面，效果良好。上岗人员培训合格率达100%。要求对管理人员及服务人员进行全面培训。对每一位正式员工建立培训档案。

我国旅游景区服务质量培训工作的开展情况并没有引起应有的重视，主要是没有认识到培训的重要性，或是因为资金、时间、成本等顾虑而对人力资本投入不足。景区服务质量管理体系要想取得理想的效果，必须建立良好的服务质量培训制度。步骤如下：

首先，通过对照服务质量标准、质量检查及游客投诉的情况确定培训需求；其次，从景区的实际出发，确定培训方式、项目，合理安排课程，并制定相应的评估标准；在确定培训内容后，安排合适的师资对需要培训的员工进行辅导培训；培训结束后，通过考试、跟踪调查等手段，对景区培训工作进行评估。

（3）实施积极全面的奖励制度。为了支持旅游景区服务质量管理活动的有效开展，景区应当制定能调动员工积极性的奖励制度，对那些在质量管理过程中为管理目标的实现做出贡献的部门和个人，进行物质、精神奖励和进一步的鼓励。例如，在景区开展"优秀员工"和"服务之星"等评选活动，树立一些先进和典型，使员工在精神上有前进的目标和方向，同时，给予一定的物质奖励。"奖励旅游"、"全家免费旅游"等活动都不失为精神激励的好办法。

资料来源：深圳安信达信息技术有限公司(isocsr. cn. gongchang. com/news/730499. html)。

第三节　旅游景区环境质量管理

一、旅游景区环境质量的内涵

所谓旅游景区环境质量，是指在特定的历史时期和特定的空间条件下，旅游景区环境系统状态的整体表现，即环境的总体或其中的某些要素，如空气、水体、地质、地貌、生物、设施等对游客的生理、心理及旅游活动的适宜程度。

二、旅游景区环境质量管理的内容

(1)空气质量，参考 GB3095—1996 的一级标准。

(2)噪声质量，参考 GB3096—1993 的一类标准。

(3)地表水环境质量参考 GB3838 的标准，污水排放参考 GB8978 的规定。

(4)景观、生态、文物、古建筑保护状况。

(5)环境氛围：出入口、建筑与景观的协调性、建筑体量适度、绿化状况。

(6)采用清洁能源的设施设备状况。

(7)采用环保型材料状况。

(8)旅游景区卫生质量状况，具体包括：

①环境卫生：各类场所全部达到 GB9664 规定，文化娱乐场所达到 GB9664 规定。

②废弃物管理：污水排放、垃圾管理、垃圾箱、垃圾处理。

③吸烟区管理：合理划分(吸烟区与非吸烟区)、管理到位。

④食品卫生：餐饮场所达到 GB16153 规定。

⑤厕所：位置、数量、残疾人厕位、设备、服务达到《旅游厕所质量等级的划分与评定》(GB/T18973—2003)。

⑥旅游景区工作人员个人卫生管理状况。

三、旅游景区环境质量管理的方法

(一)旅游景区环境评价

旅游景区环境质量评价是旅游环境质量控制和环境管理的重要手段，是指对人们的旅游发展需要与环境系统状态之间存在的客观关系进行界定。

1. 旅游景区环境质量评价的类型

(1)从评价时间角度可分为回顾评价和现状评价。

旅游景区环境质量回顾评价是指对某一个旅游景区过去一定时期的旅游环境，根据历史资料进行的回顾性评价。通过回顾评价，揭示旅游景区环境污染的发展变化过程。目前，我国只有少数旅游景区开展回顾评价。

旅游景区环境质量现状评价一般是根据近两三年来的有关环境资料，对待定区域范围内的旅游环境质量进行的现状评价。它着眼于当前的现实情况，通过现状评价，可以阐明环境的污染现状，为环境污染的综合防治及保护旅游环境提供科学依据。

(2)从环境要素角度可分为单个环境要素的质量评价、部分环境要素的联合评价、整体环境质量的综合评价。

(3)从参数选择角度可分为美学参数评价、生态学参数评价、卫生学参数评价、污染物参数评价等。环境质量评价的类型不同，目的不同，所选择的参数和标准也就不同，得出的结论也会随之而变化。

2. 旅游景区环境质量评价的内容

（1）旅游景观质量，包括旅游景区的美学价值、历史文化价值、科学价值、奇特性、规模与组合状况等。

（2）自然环境质量，包含大气、水体、地质、土壤、生物、噪声等六个方面。

（3）旅游基础设施质量，包含住宿、娱乐、安全、卫生设施质量等内容，以上几项均可参照国家及行业的相关标准。

（4）社会经济环境质量，包含旅游者所接触的旅游地社会、经济及文化状况，如旅游地政府的旅游政策、物资供应、社会治安、当地居民对游客的态度等。

案例 6-8

广西宜州刘三姐故里景区旅游基础设施建设项目环境影响评价

1. 建设项目简述

广西宜州刘三姐故里景区旅游基础设施建设项目规划范围是：西起龙江叶茂电站大坝以下 1 公里处，东止龙江下游鲤鱼山，北以临江中枧坝为界，南与矮山社区、洛西镇接壤。依托两山，规划范围整体呈"人"字形，总面积 9.6 平方公里。

项目建设内容共分两类七大项，包括旅游集散中心、旅客服务中心等公共服务设施，景区道路、停车场、码头、环卫设施工程等基础设施工程。项目建设不在宜州水上石林国家地质公园保护区内。

宜州市旅游发展公司委托西南交通大学《广西宜州刘三姐故里景区旅游基础设施建设项目环境影响报告书》，根据国家环保总局环发〔2006〕28 号《环境影响评价公众参与暂行办法》的规定，2012 年 12 月 4 日，宜州市旅游发展公司发布了环境影响评价第一次信息公告。环境影响评价机构目前已完成了环境影响报告书简本的编制，现予公示，再次征求公众意见。

2. 评价区域环境质量现状

（1）环境空气。监测结果表明，1#冯京公园监测点位的 TSP 超标，超标率为 25% ~ 79%，冯京公园靠近宜州市城区，且园区内部分道路、景点建筑等正在施工建设中，受施工扬尘的影响，园区内空气中的 TSP 超标，但施工扬尘影响为暂时影响，工程施工结束后，扬尘影响也随之消失，园区内空气质量将有所改善。除 1#冯京公园监测点位的 TSP 超标外，其他监测点位的 TSP、SO_2、NO_2 的日均浓度值均满足 GB3095—1996《环境空气质量标准》的相应标准，总体而言，项目区域空气环境质量良好。

（2）地表水。地表水五个监测断面中各监测因子全部达到 GB3838—2002《地表水环境质量标准》中Ⅲ类标准。

（3）噪声。项目环境敏感点声环境质量现状良好，达到 GB3096—2008《声环境质量标准》中相应标准要求。

（4）生态环境。规划区地处大石山区，适宜多种阔叶林、藤本植物及药用植物的生长，树种资源比较丰富，气候、地理环境优势形成了区域生物多样性的特点，属于国家一级保护植物有 1 种，属二级保护植物有 7 种。但由于人为因素影响，下枧河旅游区区域森林植被覆盖率并不很高，森林蓄积量低，林种单一，生态功能差的问题比较突出。

(5)宜州市域内旅游景点分布范围较广，大部分的旅游景点分布在龙江、下枧河旅游区，而旅游区以外的景点相对分散布置，规模不大，其中以沿323国道分布为主，主要景点有龙隐洞、九龙岩、丹霞山、六坡水库、仙女岩、怀远八滩山、德胜古城等。

3. 建设项目对环境可能造成的影响

(1)项目热源采用太阳能、电能和液化气，饮食油烟经净化处理，处理达到《饮食业油烟排放标准(试行)》(GB18483—2001)的排放浓度限值后通过专用烟道引至楼顶高空排放，最大限度减轻空气污染物对环境的影响，因此，项目对景区环境空气质量影响较小。

(2)刘三姐旅游集镇、歌源竹韵度假村排放的废水水质简单、污染源强小，下枧河现状水质较好、纳污自净能力强，项目废水正常或非正常排放情况下，都不会降低下枧河现状的水质功能级别。景区内植被覆盖率高，农业生态园经济果林、绿化带草坪等占地面积广，有足够的土地面积可以消纳刘三姐故居及望妹石生态农业园片区产生的生活污水，确保项目污水不直接排放河流。污水处理站出水可达到《污水综合排放标准》(GB8978—1996)一级标准，水质较好，则雨水冲刷被施肥土地产生的地表径流污染物浓度低，有效保护下枧河水质不受污染。综上所述，"刘三姐故居及望妹石生态农业园"片区运营期间的污水处置方案对下枧河影响较小。

(3)项目社会、生活噪声对景区敏感点影响不大。

(4)项目规划在旅游景区内合理设置垃圾收集筒，便于游客投弃垃圾。工作人员将垃圾收集筒中的垃圾进行集中收集堆放至景区内的垃圾收集点(项目内设置两处垃圾收集点)，然后由环卫部门定期清运，项目运营期间固废对周边环境影响较小。

(5)刘三姐故里旅游区现状精华部分的自然、人文资源大多数集中在这"一园一带七区"。规划的一些新项目和配套设施也主要安排在这些景区中，根据刘三姐故里旅游区的统一规划布局，形成既有联系又各具风格特色的不同区域。"一园一带七区"应境而设，情境相融，旅游功能各具特色又巧妙地相互联系，遥相呼应，构成一个有机整体，体现自然、和谐、古朴的意境。

(6)遵循"因地制宜，适地适树"的科学原则，以恢复地带性植被类型为目的，采取多树种、多林种、乔、灌、草相结合的方法。点、线、面相结合，山体的面上绿化和景区、景点、道路的绿化相结合。

4. 预防或者减轻不良环境影响的对策和措施

(1)废气污染防治措施分析。项目热源采用太阳能、电能和液化气，饮食油烟经净化处理达到《餐饮业油烟排放标准(试行)》(GB18483—2001)的排放浓度限值后通过专用烟道引至楼顶高空排放。

(2)废水污染治理措施分析。

①旅游集散中心污水经管道收集进入化粪池和隔油池处理达到《污水综合排放标准》(GB8978—1996)三级标准后接入城市污水管网，进入宜州市污水处理厂处理。

②刘三姐旅游集镇、歌源竹韵度假村污水经污水管道统一收集后，进入污水处理设备进行处理达到《污水综合排放标准》(GB8978—1996)一级标准后，就近排入下枧河。

③刘三姐故居及望妹石生态农业园污水经污水管道统一收集后进入污水处理设备进行

处理达到《污水综合排放标准》(GB8978—1996)一级标准后，用做农业生态园灌溉水。

④水上地质公园采用生态卫生间，则无需考虑污水排放问题。

项目拟在刘三姐旅游集镇、刘三姐故居分别建设 1 座污水处理站，规模分别为 800m³/d、400m³/d。采用"ETS 生态水处理技术"作为污水处理设施的处理工艺。

(3)废渣处置措施分析。项目规划在旅游景区内合理设置垃圾收集筒，便于游客投弃垃圾。工作人员将垃圾收集筒中的垃圾进行集中，堆放至景区内的垃圾收集点(项目内设置 8 处垃圾收集点)，然后由环卫部门定期清运。

另外，为防止白色污染，景园内应限制使用不易降解的包装用品。

(4)噪声控制与防治措施。

①进入景区的车辆一律不准鸣喇叭，车道放限速牌，车辆减速行驶。

②沿公路、停车场两侧种植绿化带，以乔木、灌木和草地相结合，形成连续密集的障碍带，以发挥林带的吸声、降噪作用。

资料来源：宜州党政网(www.yzdzw.gov.cn/news/2012/1204/ggl/092931.htm)。

(二)旅游景区环境保护

陕西境内两千多公里的古长城人为破坏日益严重，其中 850 公里的明代长城就有三分之一永远消失了；长达 600 多公里的齐鲁长城，大部分墙体已经坍塌；素有"长城博物馆"之称的宁夏境内 1500 多公里的历代长城正在迅速"缩水"。又如，素有"人间天堂"美誉的九寨沟，由于景区内基础设施的建设和大量游客的涌入，景区内原始的生态环境正遭受严重的破坏，湖泊、瀑布消失，土质、水体在恶化，植被受到破坏等。由此可见，旅游景区的环境保护直接影响到旅游资源的永续利用，解决旅游景区环境问题刻不容缓，加强旅景区的环境保护是当前景区管理工作的重中之重。

案例 6-9

"大美黄山"是如何打造的？

以奇松、怪石、云海、温泉、冬雪"五绝"著称于世的安徽省黄山风景区，是我国名山胜水中一颗璀璨的明珠，是世界文化与自然遗产、世界地质公园。多年来，黄山风景区遵循"科学规划、统一管理、严格保护、永续利用"的原则，始终恪守《世界遗产公约》，高度重视黄山旅游资源和生态环境的保护与管理工作，景区环境质量不断提升。景区编制实施了《黄山风景名胜区生态环境保护规划》，提高了景区生态环境保护的科技含量，为黄山保护管理工作提供了科学依据。

实施污水统管，探索垃圾减量化

近年来，随着黄山游客量的持续攀升，在旅游经济效益不断增长的同时也带来了大量的污染物。面对新问题，黄山风景区成立了污染治理管理站，对全山污水处理设施实行统一管理，改变过去各自为政的局面。这一举措开创了全国山岳型风景名胜区之先河。2010—2011 年，管委会投资 1450 万元对西海片污水设施进行了改建。

污管站成立以来，根据各污水处理设施运行要求，制定了《污水处理设施管理章程》、《污水处理设施统一管理实施意见》等各项规章制度。此外，为确保管理到位，还对操管人员采取岗前培训和定期培训相结合的办法，不断提高操作技能和管理水平。污水统管工作实施几年来，通过不断完善制度，强化设施的运行管理，对改善生活污水排放水质、提高景区环境质量起到了强有力的保障作用。

同时，为有效减少景区垃圾的产出量，减轻对景区环境的压力，黄山风景区积极探索垃圾减量化，倡导绿色管理、绿色经营和绿色消费，实施净菜供应和山下洗涤，取消袋装食品，逐步取消一次性用品，在源头上实施减量化。在废物回收利用方面，力争做到3个100%，即生活垃圾无害化处理率100%，废电池、废日光灯管、废机油等危险品无害化处理率100%，生活垃圾分类收集、集中处理处置和清运率100%。

为加强对景区建筑垃圾、工程渣土的管理，最大限度地减少开发建设、维修改造、装饰出新等过程中产生的固体废物给环境带来的负面影响，景区出台了《关于进一步加强黄山风景区建筑垃圾管理的规定》。该规定明确了建筑垃圾的临时堆放、清运路线及处置等过程的责任单位和管理部门，要求施工单位必须到环保部门申报、填写《建筑垃圾排放申请表》，并按规定缴纳一定比例的保证金。为从根本上解决山上建筑垃圾的处理问题，景区目前全面实施将建筑垃圾运送下山，缓解精华景区的环境压力。

创建全国低碳旅游示范区，开展生态环境观测站项目建设

2010年6月30日，黄山风景区全面启动由环境保护部批准，中华环保联合会、中国旅游协会旅游景区分会主办的"全国低碳旅游示范景区"创建工作。同年12月，黄山风景区成功入选首批"全国低碳旅游实验区"，并顺利通过"全国低碳旅游示范区"初审。2011年，景区结合"6·5"世界环境日，组织开展了内容丰富、形式多样的"6·5"低碳旅游环保宣传活动。

黄山风景区生态环境观测站项目建设于2011年开始，根据黄山风景区现状与基础条件，拟通过配置大气、水质、植被、土壤、森林防火等先进观测设备，实现景区内的大气、水质(饮用水、污水)、重点古树名木、森林防火、野生动物等因子的在线监测和监控，提升科学观测与研究水平，力争在3年内建成国内山岳景区内集生态环境观测、生物多样性展示、环境交流平台于一体的一流生态环境观测站，从而为世界遗产地生态环境的保护以及实现旅游可持续发展提供科学依据和战略决策。

加强森林防火工作 保护古树名木资源

为加强森林防火工作，黄山成立了护林防火领导指挥机构，由管委会主要负责人担任指挥长。此外，管委会还编制了《森林防火工程规划》、《防火办法》和《扑火预案》，层层落实森林防火目标管理责任制；组建了130多人组成的专业防火队伍，配备了交通、通讯、人工降雨高炮等防灭火设施和装备，游道沿途设置防火蓄水池；利用防火宣传站(车)、张贴防火标语、设置禁火标志等形式，对游人进行防火宣传。截至2010年底，黄山已连续31年无森林火灾发生。

景区内重点古树名木资源保护率达到100%，迎客松保护创造了"单人独树"管护的世界创举，"梦笔生花"扰龙松移植技术被认为是一项重大技术创新，开创了国内风景区古树名木保护的先河，对全国风景名胜区著名古树景观的恢复具有重要的借鉴意义。黄山在全国首创景点"封闭轮休"制度,为景点生态环境落实了"法定假",促其自然生息,实现生态景观持续利用。

黄山风景区还精心实施了光明顶环境综合整治项目。采取实施地形改造,移植黄山松、黄山杜鹃、黄山花楸等以"黄山"命名的乡土树种为主体,乔、灌、草合理搭配,形成高低错落有致、立体层次清晰、与周边环境和谐统一的设计方案,并经专家论证通过。这一工程于2008年4月30日全面竣工,成为黄山风景区迄今为止海拔最高、坡度最陡、面积最大、树种最多、施工最难、效果最佳的环境综合整治工程。

资料来源:中国环境网(www.cenews.com.cn/xwzx/st/qt/201201/t20120115_711682.html)。

第四节　旅游景区质量等级的划分与评定标准

一、我国景区管理质量标准体系

(一)旅游区(点)质量等级划分与评定标准

中国国家质量监督检验检疫总局和中国国家旅游局2003年颁布了国家标准《旅游区(点)质量等级的划分与评定》(GB/T17775—2003)(详见附录一)。标准将旅游区(点)质量等级划分为五级,从高到低依次为AAAAAA、AAAA、AAA、AA、A级旅游区(点)。

该标准的制定旨在加强对旅游区(点)的管理,提高旅游区(点)服务质量,维护旅游区(点)和旅游者的合法权益,促进我国旅游资源开发、利用和环境保护。该标准总结了国内旅游区(点)的管理经验,借鉴了国内外有关资料和技术规程,并直接引用了部分国家标准或标准条文。同时,根据《旅游区(点)质量等级的划分与评定》(GB/T17775—1999)自1999年的实施情况,在原标准基础上对一些内容进行了修订,使其更加符合旅游区(点)的发展实际。

(二)游乐园(场)安全及服务质量标准

中国国家质量监督检验检疫总局和中国国家旅游局1997年颁布了国家标准《游乐园(场)安全和服务质量》(GB/T1667—1997)(详见附录二)。该标准规定了游乐园(场)的安全措施和服务质量的基本要求,适用于设有游艺机的游乐设施的各类游乐园(场)。标准对游乐园(场)安全和服务质量的基本要求可概括为:安全第一,服务优质,卫生整洁,秩序良好。

二、国际景区管理质量标准体系

(一)绿色环保21系列质量体系

1992年在巴西举行的联合国环境与发展首脑会议上通过《21世纪议程》,1994年世界旅行旅游理事会正式创立绿色环保21条列质量体系,是目前全球旅游业唯一公认的可持续旅游标准体系。不限规模大小、类型和地点,只要一个组织承诺改善环境和社会形象即可加入该体系。迄今全球已经有30多个国家和地区的1000多家旅游企业与机构开展了绿色认证。

我国国家环保局于 2002 年 10 月 15 日签订合作协议。

中国第一批通过认证的单位是四川九寨沟和黄龙风景区。

中国加入该体系的第一个博物馆是三星堆遗址博物馆，第一个度假村是北京蟹岛绿色生态度假村，第一个五星宾馆是浙江世贸中心大饭店，第一个国际会议中心是九寨天堂旅游度假村。

绿色环保 21 系列质量体系关注经济、社会和环境的全面健康发展，要求采取有效措施增强企业对社会和环境的责任感以及让公众了解该机构对社会的承诺。

该标准涵盖了旅游企业标准、旅游社区标准、旅游设计和建筑标准、生态旅游标准四个类别。通过该体系认证，可以节省运营成本，增强景区竞争力，促进市场推广，有效改善旅游环境。

(二) ISO14000

ISO14000 环境管理系列标准是国际标准化组织(ISO)发布的序列号为 14000 的一系列用于规范各类组织的环境管理的标准。国际标准化组织成立于 1974 年，是当今世界上最大的国际标准化机构，也是最大的国际科学技术组织，已发布了大量的工业与产品标准，也有管理标准如 ISO9000 质量系列。

国际标准化组织为制定 ISO14000 环境管理系列标准于 1993 年 6 月设立了环境管理技术委员会(TC207)。它是在国际环境保护大趋势下，在 1992 年联合国环境与发展大会之后成立的，下设 6 个分委员会和一个工作组，内容涉及环境管理体系(EMS)、环境管理体系审核(EA)、环境标志(EL)、生命周期评估(LCA)、环境行为评价(EPE)等国际环境管理领域的研究与实践的焦点问题，是近十年来环境保护领域的新发展、新思想，是各国采取的环境经济贸易政策手段的总结，内容非常丰富。TC207 的工作是卓有成效的，用三年时间完成了环境管理体系和环境审核标准制定工作，其他标准因内部分歧较大，作为正式国际标准出台尚需时日。我国于 1995 年 10 月成立了全国环境管理标准化委员会，迅速对 5 个标准进行了等同转换，因而环境管理体系及环境审核也构成了 ISO14000 的主要内容。

这 5 个标准是：

GB/T24001—ISO14001 环境管理体系——规范及使用指南

GB/T24004—ISO14004 环境管理体系——原则、体系和支持技术通用指南

GB/T24010—ISO14010 环境审核指南——通用原则

GB/T24011—ISO14011 环境审核指南——审核程序——环境管理体系审核

GB/T24012—ISO14012 环境审核指南——环境审核员资格要求

(三) 旅游景区全面质量管理

1. 全面质量管理

全面质量管理(TQM)起源于 20 世纪 60 年代的美国，是质量管理发展的最新阶段。它在美国和日本的巨大成功引起了世界各国的瞩目。后来欧洲的工业发达国家也纷纷开展了全面质量管理活动，并在实践中不断丰富。最先提出 TQM 这个名称的美国通用电气公

司总裁费根堡姆在他的著作《全面质量管理》一书中认为："全面质量管理是为了能在最经济的水平上，并考虑到充分满足用户要求的条件下进行市场研究、设计、生产和服务，把企业内各部门的研制质量、维持质量和提高质量的活动，构成一种有效的体系。"

2. 旅游景区全面质量管理

旅游景区全面质量管理是指旅游景区以游客的质量需求为导向，以服务质量为核心，以全员参与为基础，通过综合运用管理技术、科学方法，为游客提供全过程、全方位的优质服务，从而实现游客满意、景区效益及景区长期、可持续发展的一种管理活动。

旅游景区全面质量管理的特点是：

(1)强调全面性。TQM采用广义的质量范畴，景区全面质量管理面对的是一个庞大的质量体系，包括资源景点质量、景区规划建设质量、景区服务质量、景区产品质量和景区各项工作质量等。

(2)强调全过程。全面质量管理要求景区服务前、服务中及服务后等一系列过程必须在受控的状态下，以确保景区整体质量。

(3)强调全员参与。景区中上至管理层，下至一线员工，每一个环节、每一岗位的工作质量都会直接或间接地影响景区服务质量，因此，必须充分调动景区所有工作人员的积极性和创造性，齐心协力为游客提供满意的服务。

(4)强调预防为主。预防胜于补救，对景区质量要采取预先控制的做法，防患于未然。其程序如下：参标实施—控制—衡量—预测—修标—纠偏—引用。

(5)强调管理方法多样化。对景区质量产生影响的因素来自方方面面，要根据不同的对象，从景区自身状况出发，科学、灵活地运用各种管理方法、手段，控制景区管理活动的整个过程，保证质量水平。

(6)强调用数字说话。景区全面质量管理离不开全面的数字化建设，通过信息监管、智能控制、多媒体展示等手段，强调准确性与科学性，帮助景区更直观地了解景区的情况，做出科学的决策。

(7)强调持续性。景区要想在激烈的市场竞争中获得长久竞争优势，必须通过全面质量管理，以全员的努力不断对景区实施持续的质量改进。即景区每个一员工都要有强烈的持续改进意识，每个工作组或部门都能制订完整的计划推动改进工作持续、有效。

3. 旅游景区实行全面质量管理的意义

对于旅游景区，尤其是以5A为代表的高品级旅游景区来说，其资源品级与稀缺度一般较高，资源保护尤其重要。旅游资源是景区的核心吸引物，是服务提供的主要凭借，其保存状况的好坏直接影响着游客的体验与满意度。因此，景区可持续发展需要把游客看作景区管理的参与者，以游客为中心进行全方位的服务管理，在为游客提供尽可能完善的优质服务的过程中，可通过景区内各种标志标牌、人员行为所营造的整体氛围，让游客更多地了解有关景区的情况，通过自身体验，使其自觉、自发地对资源、环境产生保护意识。可见，在景区实行全面质量管理可以推进旅游景区的可持续发展。

案例6-10

旅游景区服务质量距国标有多远

　　暑期来临，旅游市场掀起了一股新的热潮，很多人都是全家组团去旅游。人们在选择旅游地点时，往往非常看重服务质量。旅游景区服务质量是否达标？旅游时如何判断服务质量的优劣？近日，记者怀揣《旅游景区服务指南》国家标准，实地调查北京旅游景区的服务质量，发现一些景区距离"一流服务"还有很长的路要走。

　　国家标准，旅游服务的指南针

　　国家质量监督检验检疫总局、国家标准化管理委员会于2011年1月14日发布公告，批准《旅游景区服务指南》(GB/T26355—2010)国家标准(以下简称"服务指南")，自2011年6月1日起实施。"服务指南"从质量管理要求、人员服务、服务设施和管理、安全设施和管理、投诉处理和管理等5个方面，规定了旅游景区的服务标准。

　　"服务指南"对旅游景区质量管理提出了全面要求，如旅游景区管理层应编制《服务质量手册》；与游客接触的员工应着统一的工作制服，佩戴能被明显辨识的胸卡或胸牌，应使用文明礼貌用语、主动热情、微笑服务。

　　人员服务是旅游景区服务的核心所在，"服务指南"的规定涉及售检票服务、购物服务、卫生保洁、咨询服务等的标准。

　　旅游景区提供售票服务时，售票员应主动介绍所售票的种类和价格，耐心解答游客询问；售票时应做到细心、准确、迅速，唱收唱付。购物服务要做到购物环境秩序井然，商户亮照经营，可主动向客人介绍富有本旅游景区特色的旅游商品，但不应强迫游客购买或尾随兜售。卫生保洁方面，标准规定，厕所应配备专人负责保洁，保证室内整洁、无异味，洁具洁净、无污垢、无堵塞，清洁工具摆放整齐、不外露，应提供厕纸。咨询服务是最基本的人员服务，旅游景区宜设置游客中心或游客咨询台，提供景区咨询服务；应有相应的网页，为游客提供景区的地理位置、开放时间、游览内容、门票价格、联系方式等基本信息服务。

　　服务设施和管理方面，"服务指南"对交通通信设施、垃圾箱设置等的标准做出了详细规定，如通信设施布局合理，入口、出口及游人集中场所和游步道沿途应设有公用(投币或磁卡)电话；垃圾箱应按可回收与否分类设置并标示清晰。

　　夏天天气炎热，游人游玩时易出现中暑等病症，及时而周到的医疗救援必不可少。标准规定，旅游景区应设立医疗站(室)，有相应资质的医护人员，且配备必要的急救药物、医疗器械设施，医疗服务制度完善。

　　游客在游玩时，遇到服务不满意的，很多人都会想到投诉。标准规定，旅游景区应设立投诉受理机构并配备专门人员，制定有完善的受理和处理制度，并在旅游景区售票处、网站/网页、宣传资料、门票上公布监督投诉电话，设置游客意见箱、意见簿和投诉站。

　　记者调查，"冷眼"看服务质量

　　近日，对照我国旅游景区国家标准《旅游景区服务指南》的相关规定，记者实地探访了北京动物园、北海公园、北京民俗博物馆、龙潭公园等4处旅游景区，发现旅游景区在人员服务、服务设施和管理、安全设施和管理、投诉处理和管理等方面仍存在一些问题。人员服务方面出现的问题最多，也最典型。

北京动物园售票处门票价目表显示，4月1日至10月31日为旅游旺季，门票分为普通门票和联票两种，前一种票价格为15元，后一种20元，两种票的区别在于，联票包含参观大熊猫馆的费用。记者注意到，游客在买票询问门票价格时，售票员没有执行"服务指南"规定的标准——主动向游客说明门票的种类及价格，而是直接收取20元钱。记者排队购票时也遇到同样的情况，记者说想买15元的票，并问售票员为何不主动询问游客是否参观大熊猫馆时，售票员不耐烦地反问记者："用得着问？大家来动物园不都是冲着熊猫来的吗？"

北京动物园导游图显示，北京动物园占地约86公顷，园区分为东区、西区和北区，面积非常大，记者在游园的一个多小时里，除了一些收费景点有工作人员外，大多数景点不见工作人员的踪影。如果游客遇到问题需要帮助，景区服务人员又怎能做到标准中规定的"及时主动地施以援手"？

众所周知，购物及交通环境优良是评价旅游景区人员服务质量的重要依据。国家标准也规定，提供购物服务时"不应强迫游客购买或尾随兜售"。但记者走访发现，4处景区都或多或少存在这方面的问题。

从北海公园北门入园，向南走不远就会看见照相部，游客可以穿上所谓的"皇服"拍照留念，照一张打印版的4寸照片费用为15元，记者询问价格等详情后准备离开，照相部的工作人员立即追问记者："10元1张，照不？"，记者摆摆手表示拒绝，径直往前走去，走出了十多米，工作人员仍紧追不舍，并焦急地询问："给你10元两张，照不？"见记者确实没有照相之意后才离去。北京动物园也存在类似的情况，园区周边及园内游商较多，小商小贩沿途叫卖，而且一些固定商业点也没有证件，商业秩序较为混乱。

在北海公园，记者注意到，环湖快艇已经被个人承包，乘坐时不在公园内的统一售票口买票，票据仅仅是工作人员自己开的一张简单收据。此种情况，游客在乘艇游玩时，一旦遇到纠纷，能否维护好自身的合法权益是个疑问。在公园南门，北海游船常常是游人们选择的游玩方式，在游客乘船说明中，第二条赫然写着："1米以上儿童照章购票。"记者在北海公园游览时注意到，除了北海游船景点外，其他景点购票都是规定"1.2米以下的儿童免费"。而且根据相关规定，从2006年6月开始，北京市公交、地铁及公园等场所执行的是身高1.2米以下的儿童免费的政策。当记者询问为何这儿的规定和北海公园的其他景点规定不一样时，售票员给出了这样的答复——"我们这是分区承包的"。

标准要求，"与游客接触的员工应着统一的工作制服，佩戴能被明显辨识的胸卡或胸牌"。但在北京民俗博物馆，售票员、保洁人员并没有统一着装，检票员及博物馆工作人员穿着白衬衣、黑裤子，也没有统一佩戴表明身份的胸卡或胸牌。另外，咨询服务方面，旅游景区的工作也存在一些漏洞。比如北京民俗博物馆的官方网站就没有提供开放时间和门票价格等基本信息服务。

记者感言，一流服务缘于标准

北京旅游信息网显示，2010年，北京市旅游局受理旅游者对A级旅游景区的有效投诉276件，投诉反映的主要问题包括：服务质量问题（196件，约占71%）、收费问题（51

件，约占 18.4%）、违背承诺问题（19 件，约占 6.9%）、服务设施问题（10 件，约占
3.7%）。由此可见，目前旅游景区存在的主要问题是服务质量问题，而记者的实地调查
也恰恰证实了这一点。

在旅游景区基础设施等硬件不断完善的今天，如何让服务质量更上一层楼是摆在旅游
景区面前的一道谜题，更是游客们殷切的期盼。想解开这道谜题难不难？并不难！难的是
敢不敢去解，愿不愿意去解。记者走访下来，体会较深的一点就是，相比以前，大部分旅
游景区在服务方面已经做出了不少改进，但是离一流服务、离游客的期望还有一定的差
距。旅游景区只要严格按照国家标准做好服务，牢固树立服务意识、标准意识，就一定能
够赢得游客的信赖与赞赏，展现出旅游景区应有的面貌与吸引力。

资料来源：中国质检网（www. cqn. com. cn/news/zgzlb/dier/445699. html）。

案例思考：

1. 目前，我国的旅游景区质量存在哪些问题？
2. 我国旅游景区质量标准与国际标准差距体现在哪些方面？

第七章　旅游景区利益相关者管理

案例7-1

桂林蝴蝶谷生态旅游景区的发展困境

桂林蝴蝶谷生态旅游景区，位于广西桂林市临桂县宛田乡东部，距桂林市区40.5公里，距321国道3.5公里，地处桂林市至龙胜龙脊景区的黄金旅游线上，区位好，距离适中，交通方便。景区总面积约18平方公里，旅游资源十分丰富。景区内还居住着已有200多年历史的东宅江瑶寨土生土长的瑶族同胞，古老的瑶寨依山而建，其建筑无论在规模还是在气势上在桂北地区都是首屈一指。此外，别具特色的"同心楼"，体现了引人入胜的瑶族文化，不失为桂林乡村旅游的理想目的地。

景区由桂林市蝴蝶谷生态旅游有限公司于2003年8月开始投资建设，2005年9月挂牌营业。先后投入资金2450万元，用于景区生态旅游项目的开发。景区规划为四个功能区：蝴蝶谷观赏区、瑶寨综合服务区，峡谷瀑布生态观光区及两江坪休闲度假区。建设目标是：以优美的自然生态环境为核心，以神秘盘瑶文化为主，以蝴蝶文化、竹文化、农民画文化为辅，开发生态观光、民俗体验、休闲度假为主要功能的生态旅游景区，建成为4A级国家旅游景区。景区的建设促进了当地的经济开发，提高了当地人民的收入。

令人意想不到的是，2007年4月28日，村民公开张贴大字报，以开发商与村民利益分配问题为由阻止游客进入村寨游览，并有少数村民对景区内的景点设施进行蓄意破坏；2007年6月，蝴蝶谷景区内大批村民员工提交辞职报告，于7月底相继离职；2008年2月到今，景区经营基本处于停滞状态。据景区相关负责人介绍，近年来景区已毫无收入，景区投资商因与社区居民的矛盾难以调和等问题，拟改变经营策略，暂时舍弃与瑶寨居民有密切联系的蝴蝶谷观赏区、瑶寨综合服务区、峡谷瀑布生态观光区三个旅游功能区，将景区旅游活动重点区域转移到两江坪休闲度假区，预备筹款兴建两江坪休闲度假区星级宾馆及娱乐设施，并从景区大门口处修建一条直达两江坪休闲度假区长约3公里的索道，让游客在索道上游览蝴蝶谷自然景观与瑶寨建筑人文景观，以此避开瑶寨村民的阻挠。

桂林蝴蝶谷生态旅游景区是典型的乡村旅游社区，在旅游发展进程中社区居民与开发商之间的矛盾冲突日益尖锐，导致绝大部分居民对社区旅游发展产生了消极抵触态度而使景区目前面临倒闭的困境。据了解，景区开发伊始曾得到当地居民的热烈欢迎，积极努力建设成了蝴蝶谷生态旅游景区，并于 2005 年 9 月挂牌试营业，2006 年 11 月被评为"全国农业旅游示范点"。然而，随着景区旅游的发展，社区居民态度从开发初期的大力支持演变成后来的公开对立，导致景区目前处于瘫痪状态。什么原因促使社区居民对景区旅游发展的态度形成前后巨大反差？

经调查发现，导致景区居民旅游感知消极和产生不满态度的原因主要有：一是社区居民后期参与景区经营与管理程度降低且认为租地补偿与收益分配不合理，引发居民与开发商的矛盾纠纷；二是居民自身需要层次升级但文化水平普遍低下，对社区旅游的可持续发展认识不足而过度追求短期经济效益；三是当地政府行政职能软弱无力、相关约束法规不健全等。

根据调查发现，目前蝴蝶谷景区开发商与瑶寨居民的矛盾并非不可调和到令开发商另辟蹊径来避开社区居民的地步，与其大费周章地浪费资源和人力物力与时间，倒不如积极采取相应措施加大社区的参与程度、重新制定合理的利益分配制度，充分保障居民权益，从而取得居民谅解与支持，尽快恢复景区正常营运。当地政府应以中立者身份，协商解决现存问题，引导和组织开发商与社区居民从满足双方利益达到最佳平衡点的角度出发重新制定合作协议以及各种法律法规来保障双方的利益，使双方的矛盾解决做到有法可依，而对于那些破坏景区正常运行的非法行为做到执法有理，树立执政威信，以确保景区旅游可持续发展。

资料来源：人民论坛(www. rmlt. com. cn/qikan/2012-11-28/63992. html)。

由以上案例可以看出，旅游景区的发展牵涉众多的利益相关者，如何在众多利益相关者中进行协调，促进旅游景区和谐健康的发展是当今对旅游景区管理工作者提出的新的挑战。本章将从旅游景区利益相关者的矛盾出发，探讨如何实现旅游景区利益相关者之间的协调发展，确保旅游景区的可持续发展。

第一节　旅游景区利益相关者概述

一、利益相关者理论

利益相关者理论(stakeholder theory)是 20 世纪 60 年代，在美国、英国等长期奉行外部控制型公司治理模式的国家中逐步发展起来的。利益相关者理论既不同于只考虑供应商和消费者的生产观念，也不同于只关注所有者、员工、供应商和消费者的传统管理观念，而是将政府、社区以及相关的政治、经济和社会环境乃至非人类的因素如自然生态环境等纳入其中，将企业的社会责任和管理紧密联系起来，提供了一种全新的管理理念和模式。

该理论奉行的核心思想为：企业的经营管理活动要为综合平衡各个利益相关者的利益

要求而展开，任何一个企业的发展都离不开各种利益相关者的投入或参与。企业追求的是利益相关者的整体利益，而不仅仅是某个主体的利益。利益相关者理论要求企业管理层在经营决策中妥善处理与不同利益相关者的关系，平衡他们正当的权益要求，抵制他们的非分要求，争取利益相关者最大程度的合作，以便实现企业的战略目标。

目前，旅游领域对利益相关者的研究主要包括三大类：利益相关者管理理论与管理方法研究；利益相关者理论在旅游规划与目的地（或旅游企业）管理中的运用；利益相关者理论在旅游规划与目的地管理中的应用效果评价。

二、旅游景区的利益相关者①

（一）政府

旅游景区开发过程中所涉及的范围之广以及旅游产品的综合性使得各方面难以总体协调，加上我国旅游业在发展过程中还有很多不够完善的方面，所以很多问题只能由政府出面解决，政府是旅游的调控者。

（二）旅游景区的投资者

旅游景区的投资者是旅游活动中不可或缺的桥梁和纽带，是旅游发展中一个重要的合作者，是景区开发和建设的主要资金来源，也是景区的首要利益群体。其为旅游社会文化环境系统注入新的人流、物流、资金流和信息流，既具备专业技能又可服务于旅游者；但旅游景区的投资者是以营利为目的的经济组织，追求经济效益最大化是其根本目的，对自然资源和文化方面的成本不承担直接责任，这就使其在企业经营活动中极少考虑对资源的破坏。

（三）旅游景区规划专家

旅游景区规划专家主要由各高等院校、科研机构及业界的专家学者组成。在进行整个景区的旅游开发过程中，规划专家应该具有强烈的社会责任感，理性对待旅游规划，立足于当地可持续发展，并且与当地政府、企业，以及社区居民充分沟通，共同完成景区规划的制定，充分考虑委托方、社区居民、消费者等利益相关者的要求，以便景区在未来的发展中实现更大的环境、经济、社会效益。

（四）潜在旅游者

旅游景区的目标市场即潜在旅游者，他们是旅游景区持续经营和盈利的关键。旅游者是旅游市场的消费者，是旅游产品的需求者。所有的项目开发都是为了旅游者购买，因此在旅游景区开发中旅游者是行为主体，真正影响旅游者出游的决定因素是旅游地在旅游市场中的口碑。因此，在对景区进行开发时应以人性化为原则，体现对旅游者的终极人文关怀，在细微方面为旅游者提供细致入微的服务。

① 方微：《试对景区开发中利益相关者之间协调机制的研究》，《广东轻工职业技术学院学报》，2010年第6期。

(五)旅游景区所在地的社区居民

在旅游景区开发中当地居民既是利益主体，也是构成社会环境的一部分，甚至是人文旅游资源的重要部分，同时也是旅游消极影响的承受者。社区居民参与当地旅游业主要体现在参与旅游管理决策和利益分配两个方面，追求经济利益和社会需求的双重满足。社区居民的主动参与是当地旅游业发展的内在动力，通过参与，可以减少社区居民与开发商、旅游者的矛盾与冲突，更好地实现当地旅游业的可持续发展。

三、旅游景区开发中主要利益相关者之间的矛盾分析

在旅游景区开发过程中，利益相关者之间的各种权利与利益交织在一起，多元化的利益主体、多样化的利益需求、多途径的利益实现方式构成了一个错综复杂的利益网络，也引起了各种各样的矛盾和冲突。主要表现在以下几个方面：

(一)政府与旅游景区的投资者

政府部门与旅游景区的投资者在旅游开发中所扮演的角色不同，在发展目标上更是存在严重分歧。政府在发展旅游业的同时不仅要考虑经济效益，还要考虑社会、文化、环境的协调发展；而景区的投资者追求的是利益最大化，往往不会注意其他方面的影响。近年来，某些知名景区破坏性的开发就是旅游景区投资商追求经济利益最大化的有利佐证。

(二)旅游景区的投资者与社区居民

景区的投资者进入旅游景区目的地后，为社区居民提供了就业机会，但双方在资源占有状况和经济地位方面极不相称。开发商从对当地景区的开发中获取大量利润，成为最大受益者。当地社区居民虽然也获得利润，但同时承受着开发所带来的各种负面影响，例如盲目开发对于当地生态的破坏。著名的黄山风景区就曾出现过坐拥优质资源的黄山市市民纷纷外出打工的现象，可见如果景区的投资仅仅从自身利益的角度考虑问题，不顾及当地居民利益，使利益分配的差异越来越大，势必会导致双方矛盾激化。

(三)政府与旅游景区所在地社区居民

在我国，由于景区当地居民自身文化素质、技术水平等因素，政府往往不信任他们，不让他们完全参与到旅游开发与管理活动中来。旅游景区的建设影响了当地某些传统的生产方式，但当地政府又没做出适时引导，当地居民与政府之间就会产生不信任和抵触情绪。

(四)旅游景区的投资者与旅游者

在我国，大多数旅游景区的投资者以追求经济利益的最大化为自身的最大目标，他们都希望以较低的成本实现最高的收益，因此会通过价格杠杆来达到自己的目的。而旅游者则以自身效用最大化为其消费目标，他们希望能够实现以较低的投入获得最大的消费满足，从经济学的角度来看，旅游景区的投资者与旅游者的矛盾自古以来就存在。加之目前

旅游者更加追求个性化的需要，如果投资者未能从旅游者的需求出发盲目进行旅游产品的开发，势必会造成旅游产品的滞销。

（五）旅游规划专家与旅游景区所在地社区居民

旅游规划专家与社区的矛盾主要体现在社区居民能否参与规划的编制，其建议和意见是否能够被采纳。虽然国家标准《风景名胜区规划规范》（GB50298—1999）中在专项规划部分确定了居民社会调控规划，但无论是《旅游规划通则》还是《风景名胜区规划规范》，对如何在规划中体现社区参与，以及社区居民的旅游参与方式、途径等并没有进一步的规定。在实践中，更是难以实行。

（六）旅游景区所在地社区居民和旅游者

在旅游旺季，旅游者大批进入旅游景区，会造成旅游者与当地居民争水争电的现象，类似基础设施设备被旅游者占用，会影响当地社区居民的正常生活，而政府出于旅游发展的初衷，会尽量优先满足旅游者的基本旅游需求，因此，会加剧旅游景区所在地社会居民与旅游者的矛盾，甚至在某些地区，社区居民对旅游者抱有敌视态度，破坏了当地和谐的社会环境。

案例 7-2

公盂岩景区

1. 公盂岩景区概况

公盂岩景区位于浙江省台州市仙居县南部的田市镇内，面积约 31 平方公里，是仙居国家级风景名胜区五大重点景区之一，目前尚处于未开发状态，被誉为华东最后的香格里拉。当地政府已确定将公盂岩景区的开发权和经营权转让给公司，由于涉及土地征用，公司一方采取迂回方式做开发前期村民的思想工作。当地的游客仅仅是背包客，住宿一晚加吃饭需 15~20 元。

2. 公盂岩景区利益相关者分析

（1）社区居民。当前公盂岩的村民全部是小学以下文化水平，年收入平均在 1500 元左右，对于收入增长有着热烈的期盼。但涉及征用土地的时候，村民集体呈现的态度就是犹豫或拒绝，显然他们对于唯一能够保障自己基本生活的土地不会轻易放弃。若没有一个合理公平的利益分配机制，公盂岩村民一定会追求短期利益，导致乡村旅游的乡土文化气息和原生态环境遭到不可复原的破坏。

（2）仙居县政府。公盂岩是仙居国家级风景名胜区唯一一个处于未开发状态区块，是最后一个生态支撑点和潜在的新增长点。从政府的公共利益来说公盂岩景区的成功开发会给仙居整体的旅游开发增加浓厚的生态特色，从而带动整体形象向更好方向发展，政府的"5 年计划"也能有一个很好的开端。而从政府的自身利益来说，只要 3 年内公盂岩旅游开发不会出现土地征用或其他混乱，就会取得较好的政绩。

（3）规划者。一般来说，当前规划者的利益实际上和"雇主"的利益接近，虽然也会考虑到弱势群体的利益诉求但只能停留在文本上，这一点和规划团队的领导人有直接关系。因此，在这个项目中，规划者的责任心会在整个规划的战略发展以及项目设置上体现出来，为当地的旅游发展做好铺垫。

（4）开发商。公盂岩景区的旅游开发商是本地开发商，集团实力比较强，是第一次涉足旅游业，容易出现急功近利的心态，希望能从旅游开发中迅速得到一套行之有效的经验从而可以复制到后期更大规模的项目中去，而且通常会希望依靠"门票经济"或是房地产来获取丰厚利润。

（5）游客。公盂岩景区目前以自助背包客为主，其最大的卖点就在于原汁原味的乡土风情和户外气息。这部分户外活动消费者的特点是消费水平高，欣赏水平和文化层次相对来说也很高，他们的核心利益就是高质量的生态支撑性和乡村文化依托性的旅游产品；另外，诸如交通的便捷性、旅游的安全性、购物以及金融服务的周到性等因素也是游客利益之所在。所以公盂岩必须按照"非景区式开发"的思路进行规划，关注其所针对的市场群体进行产品开发，关注其核心利益实现的各种条件的创造和保护。

3. 制衡机制建立探析

通过以上分析，可知公盂岩内部利益群体之间存在信息严重不对称，开发商完全可以用很低的价格完成土地的征用，带来的后果就是：由于规定此地不能进行拆迁，还要尽可能征召当地人作为景区经营公司的员工，在发展到一定阶段时，随着公盂岩人气提高带来的土地升值让村民内心产生严重不平衡，接着就出现"公地悲剧"和"飞地现象"，因此，必须在开发之初就建立一种利益的制衡机制以保证可持续的发展。

（1）股份公司制经营的可行性探析。可以设想，景区经营公司采用股份公司制，按照目前股份制公司的运作方式和收益分红方式操作。董事会是最高权力机构，由大股东组成，下设总经理主管运营，增设独立董事，独立董事中必须有各种类型的旅游专家。居民以自己的土地经营权和不动产估价入股，目前学术界也有研究认为应该将当地的农耕文化这种软资源估价入股，使居民认识到这种生活方式也是一种资源，可凭此进行利益分配，避免出现"飞地现象"，标准应该让政府组成代表团（有农民参与）与开发商进行协商，同时这部分资源的分红所得应该作为村落保护基金不予分配，由农民旅游合作协会掌管，同时受到政府下派的景区管理委员会监督。开发商就以特许经营权入股，公盂岩景区只能有一家开发经营公司，其他资本若想进入必须通过公盂岩旅游股份公司，以保证景区经营公司的独立地位。公司成立以后，招收当地居民作为其员工，规定当地居民必须从事接待工作才能得到股份的分红。公司对员工采取持证上岗机制，定期培训考察，不合格的就停止工作接受再培训，有相应的经济奖惩措施。同时对接待农户也进行资格认证，如内部装修的要求、服务质量的要求等。整个村落的内部装修和改造可以由公司统一安排，费用可以用分红冲抵。

（2）社区居民利益组织的设置。实际上在这种股份制模式中，居民属于弱势群体，在此可以考虑应用一个过渡性的融资方式即资产证券化。社区居民可以将由于旅游开发而带来的房屋出租收益作为可预期现金流保证向银行贷款，银行可以将此打包承包给SPV（我国目前是建设银行和国家开发银行）来进行市场融资。居民可以用这些贷款作为入股资

本,避免居民在股份公司出现被排斥的结果。成立农民旅游合作协会,设立协会章程,代表社区居民利益,主要负责:

①组织业务培训,技术咨询和信息交流;

②参与公司决策;

③代表行业进行行业发展动态调查;

④参与员工上岗标准和服务标准的制定;

⑤参与价格协调;

⑥监督和管理会员单位依法经营;

⑦协调协会会员和非会员的关系,对非会员也进行利益补偿;

⑧广泛开展经济技术合作。

由于开始居民不知道怎样维护自己的权益,为避免协会成为虚设,在开始阶段可以让政府部门的官员担任协会会长,村支部书记担任副会长,当然正确的人选是很重要的。然后由股份公司培训协会成员,提高服务意识,可以到其他已经开发成熟的景区学习农民旅游协会的运作和管理。

(3)政府管理机构的设置。成立景区管理委员会,主要负责可持续发展观念的教育宣传、各政府相关部门与景区经营公司利益的协调、生态保护标准的制定和监督管理公司的运作。目前我国官员是5年任期制,导致政府监管不力,大部分想在任期内取得好的经济效应,解决就业问题,环境问题一般要在相对较长的时间才出现,那时很可能就不在任期了,所以也无关紧要。据此,从机制上短期还不能有效解决这个问题,但是随着国家发展战略的调整,未来环境生态效益必然会成为官员政绩考核的一个重要砝码,会使景区管理委员会真正负起责任。委员会会长由政府掌握实权的官员担任,会员从环境、林业、工商、税务等抽调,并聘请有关专家做咨询顾问。该机构不能干涉公司的经营,运作费用通过收取公司特许权发放费解决,只能通过定期和不定期的生态环境检查来影响公司的决策并实施相应的奖惩措施,奖励可以是返还一部分税收用于环境的维护,惩罚可以通过罚款额限期整改、收回特许经营证等措施来实现。

资料来源:胡江川:《利益相关者理论视角下的乡村旅游景区管理模式探析》,《现代商贸工业》,2009年第3期。

第二节 旅游景区与地方政府之间的协调管理

一、政府的角色定位

政府的角色定位一般是指政府在社会发展、人民生活、文明进步中应该发挥什么样的作用。我国政府的角色定位普遍为权力的所有者、规则的制定者,容易导致与人民群众的隔阂。胡锦涛同志提出权为民所用,情为民所系,利为民所谋,为新时期执政党及政府的角色定位做了更好的诠释。细化到旅游行业就是,政府支持发展旅游经济,创造条件发展各种形式的旅游类型,最终让居民享受到旅游带来的合理的利益。

根据我国的现状，政府在我国旅游产业发展中具有四重身份：一是旅游景区的所有者，我国实行国有土地所有制，旅游土地资源属于国家所有，政府代表国家成为所有者。二是旅游景区的经营者。三是旅游景区的调控者或监督者，经济学理论告诉我们，要使市场实现资源的优化配置，必须凭借两只手，一只是看不见的手——价值规律；另一只看得见的手——政府的宏观调控，旅游市场也不例外。四是旅游景区的服务者，我国政府的宗旨是全心全意为人民服务，因此，在旅游景区管理中，政府应充当服务者的角色，与旅游景区经营者共同促进旅游景区的和谐健康发展。

二、政府介入旅游景区管理存在的问题

(一)政府大包大揽，过度干预束缚了旅游景区的发展

例如，县级城镇不同于大中城市，经济发展相对缓慢，在政绩方面县级地方政府很难有大的作为，所以在进行旅游开发时，一些县级政府官员为了政绩需要，不进行科学的旅游市场分析，就轻率地开发一些景区景点等旅游项目，甚至有些县级城镇误把"政府主导"理解为"政府主财"，即由政府财政拨款来包办一切，束缚了自己的手脚，丧失了抢占旅游市场的有利时机；或者超越政府财政实力，大包大揽，干了一些有始无终的旅游工程，造成国有资产的大量流失；或者旅游景区运作后，政府对旅游企业的微观经济活动干预过多，束缚了旅游业本身的发展活力。

(二)政府自身利益最大化偏离公共效用最大化的目标

所谓政府自身利益最大化是指政府偏离公共效用最大化的目标，追求自身效用最大化的行为。政府机构追求自身利益，权力性质必然发生变异。在旅游资源的开发过程中，某些县级地方政府为了追求眼前的或本部门的经济效益，对企业的破坏性开发行为往往是睁一只眼，闭一只眼。这种政府的利益最大化行为，必然促使企业对旅游资源的保护不当一回事，对资源进行掠夺式的过度开发，或者把需要保留的资源也拿来进行开发，造成旅游资源的过量耗费和生态环境的破坏。例如，某些县域旅游目的地为了在景区内增加更多的旅游接待设施，使游客的参观游览活动更加便利，对当地的森林资源进行大规模的砍伐，并在景区内架桥、筑路、兴建大量的旅馆饭店，其结果是公路修建后道路两侧的植被受到严重的破坏，曲径通幽的野趣变成了车辆来往的闹市景象，使游客来当地旅游的兴致完全消失。旅馆饭店所产生的废水、废气和生活垃圾更是影响了当地的生态环境。有些县城吸引游客的特色就是当地建筑的古色古香，而为了方便旅游者的进入，将本来极具特色的石板路面改为柏油路，路面与县城的风貌格格不入，反而使当地的旅游价值大打折扣。

(三)政府的"长官意志"阻碍旅游业的发展

旅游业特定的优势和不可替代的作用已引起许多县级地方政府领导的高度重视，许多县级政府都做出了发展旅游业的决定，但一些政府并没有认真分析自身的优势，缺乏投入与产出的分析和旅游市场的调研，忽视了旅游业发展的内在规律和旅游市场的内在要求，盲目地做出了发展旅游业的远大规划，虽然热闹了一阵子，但最终还是门前冷落，没能吸引多少旅游者前来，其结果是既造成了资金上的浪费，又破坏了当地的旅游资源，使本来

就比较脆弱的地方经济雪上加霜。用传统的计划经济模式来管理旅游业，必然会违背市场经济规律，阻碍旅游业的发展。

案例7-3 🔍

河南贫困县建观光火车，一句"怀旧"耗资千万

近日，网络曝光河南省周口市郸城县竟在县城中耗资近千万元修建了4.5公里长的观光窄轨铁路，名为观光但铁路沿线却无任何景点可供观赏，铁路建成4个月来，一直没有投入运营，成了烂摊子。

不少网民质疑，这或许又是一个"三拍"工程。而郸城有关部门回应此事却称，花费近千万元建窄轨铁路是为了满足群众的"怀旧"情结。

争议——观光小火车开进县城

网帖曝光称，在轨距762毫米、只相当于现用准轨铁路一半轨距的窄轨铁路已经被淘汰的情况下，位于豫皖交界的河南郸城县花费了近千万元在县城新区修建了一条西起人民公园、东至县委门前世纪广场共计4.5公里的观光窄轨铁路，还迟迟无法投入运营。

此事一经披露，立即引起一片争议。网友表示很不理解，称"1公里就是200万元，1000万元在县城建小火车很不值，希望政府能把钱用到刀刃上"。

据了解，郸城140多万人口中，农村人口110万，财政底子薄，是省级贫困县。

回应——建观光铁路是为怀旧

据郸城县政府网的信息显示，2010年11月1日，郸城县政府以郸政文[2010]97号文件答复县住建局关于观光小火车项目建设的请示："同意该项目建设，决定由县财政投资921.45万元，建设人民广场至公园观光小火车项目。"

对于建设观光小火车项目的初衷，郸城县住建局张振军解释说："修建窄轨铁路是以市政公益事业立的项，主要是为满足群众的'怀旧'情结。"

据郸城县相关部门介绍："郸城原有一条通往许昌的窄轨铁路，始建于1966年，全程280多公里，2010年底停止运营，是全国运营时间最长、轨道最长的地方小铁路，为留住这一美好回忆，不少群众建议筹建观光小火车项目。"

但郸城县82岁的李大爷说："以前出郸城最方便就是坐小火车，但'怀旧'可以把小火车拍成照片放到博物馆，也用不了1000万元，并且现在汽车很舒服，我们经历过那个年代的人也不怎么怀念小火车了，反倒是对县城里跑小火车很有意见。"

调查——火车没跑一天就转手

在郸城县城最西边的人民公园内，记者看到，由于远离县城，除了在建的几个小型游乐场外，公园内几乎没有任何娱乐设施，连了一节车厢的小火车就停在公园的湖边，空空荡荡的车厢里只坐了几个小孩，而另外两节车厢则孤零零地停在另一条轨道上。

同时，声称"小火车项目是市政公益项目且效益巨大"的郸城县住建局证实，目前小火车项目已由郸城县唯一的一家四星级酒店接手。

耗资近千万元的市政项目，建成后没运营一天就转手给企业，有网民说："老百姓的

钱就这么打水漂了?! 希望今后少些拍脑袋决策、拍胸脯保证、拍屁股走人的'三拍工程'!"

天价怀旧谁来埋单

老百姓愿意怀旧,会自己花钱去体验和观瞻;可是官员一旦怀旧,就花起了纳税人的钱。郸城的小火车,耗资近千万元,长4.5公里的观光铁路,沿线却无景可观。政府解释,是为了怀旧、为了开发旅游,但目前来看,目的没达到。小火车为谁而开?谁为这天价怀旧埋单?

应该说,监督的缺失是导致小火车"说开就开,说停就停"的一个因素,做好了是政绩工程,做不好和烂尾楼无异。但无论如何,结果都是让纳税人埋单。

资料来源:凤凰网(finance. ifeng. com/news/2011042413927001. shtml)。

三、政府职能的再认识

旅游业不仅是绿色的、可持续发展的产业,而且在我国已成为地区经济发展的重要增长点之一。在以市场调节为主的旅游产业化经营过程中,政府必须实施积极有效的宏观引导和行业规制。尤其在旅游景区开发管理过程中,更需要地方政府扮演重要的角色。

(一)转变职能,认清现状

在旅游目的地开发过程中,政府的角色定位应符合旅游市场化经营的要求,政府职能重心逐步由规制者向协调者过渡,由单纯依靠政策法规等强制性行政职能,转变为在遵守市场规律的前提下,提供产业扶持政策、公共性服务和相关产业的协调以及环境保障等服务性职能。

(二)优化政策,清除障碍

政策是市场机制驱动因素的根本性保障和原动力。地方政府通过制定一系列的政策,营造有利于旅游产业化发展、实现市场化操作的制度环境。地方政府应根据本地区经济发展的总目标和战略定位,制定具体的旅游产业政策和产业划分体系。通过科学的规划开发,重点培育优势产品和特色资源,形成区域性旅游热点。同时,加强与相关产业间的协调,在行政审批、交通运输、税收等方面实施优惠和扶持。

(三)让职市场,充分服务

旅游业的快速发展需要完善的社会化服务体系的支持。政府的重要职能之一即为旅游市场建设和产业发展提供公共服务。在旅游目的地的开发过程中,地方政府的服务职能主要包括规划和开发旅游资源、监管与维护旅游市场秩序、提供旅游产品供求信息、建设和改造基础设施等硬件环境,以及为旅游者提供安全舒适的软环境。

(四)提供帮扶,合理放贷

旅游业的产业化运作要求地方政府改变以往以行政手段为主的单一调控方式,主要运用经济和法律手段解决市场化经营中出现的各种问题。有效的财政手段、合理的融资机制以及完备的风险规避策略，成为地方政府在旅游目的地开发中履行职能的主要内容。

财政手段：旅游业的可持续发展依赖于政府财政的保障性投入支持，这在政府主导型旅游目的地开发中更为重要。旅游开发初期，具有公共属性的旅游交通、通信等基础设施的配套都依赖于政府财政的投入。此外，政府的投资还具有示范和导向性作用。

融资手段：通过市场调节机制，实现旅游资源的最优配置和合理利用，是旅游产业化进程的关键步骤。旅游目的地开发的市场化运作，必然涉及景区产权关系的结构性调整。

法律手段：在旅游产业化发展过程中，市场主体的独立性、市场秩序的有效性、政府行为的规范性，都有赖于完善的法制保障。这就要求地方政府应制定切合自身实际的地方性法规。一方面，完善各项管理制度，控制旅游行业中不规范的行为，保证旅游企业竞争的公平性和旅游者的合法权益，维护旅游经营市场健康稳定。另一方面，控制旅游经济中破坏生态环境的行为，保障旅游业的持续发展。

四、政府角色的重新定位

(一)政策法规制定者

我国旅游起步较晚，旅游的相关政策、法规建设还比较薄弱，特别是缺乏行业标准。所以，对旅游发展而言，地方政府应通过制定有效的政策和法规来引导和规范市场行为，尤其是要加紧制定适合本地区实际情况的、便于实际操作的旅游管理地方法规和旅游管理实施细则。同时，地方政府还要加快健全执法队伍，加大执法力度，真正做到"有法可依，有章可循"。

(二)战略规划者

科学规划是确保旅游健康有序发展的重要保障，通过规划在旅游发展中贯彻科学发展观、注入永续发展理念是政府的重要职能。在具体操作层面上，政府主要通过论证会、评审会等形式，发挥协调职能，组织各方专家对规划进行科学制定和论证，尽量将可能出现的问题杜绝在源头。以合理的规划为依据，从整体出发，防止旅游开发建设的盲目行为、急功近利的短期行为、滥开乱挖的破坏行为。

(三)行业监管者

良好的行业秩序是行业发展的重要前提，行业监管的最终目的就是为行业发展营造健康良好的环境，因此，如何针对行业的特点，适应行业发展的需要，为行业可持续发展创造良好环境，是政府部门的一项重要职能。对于行业监管而言，重点有两个任务：一是要强化对旅游市场秩序的动态监督和管理，抓住突出的市场问题进行集中整治，维护旅游企业竞争的公平性和旅游者的合法权益。二是对旅游景区的自然、人文环境的原真性进行有效保护。

(四)形象宣传者

旅游目的地的形象具有典型的公共品的特点，而许多旅游的经营者无论是意识上还是能力上，在产品的形象打造和产品宣传方面都存在诸多不足，因此需要政府的帮助，政府应在旅游的形象宣传、整体推介上发挥积极作用。

（五）人才培养者

在我国，许多乡村旅游项目及活动均由农民自主经营管理，然而农民的知识水平、经营管理水平存在先天不足，同时，乡村旅游经营户分散、规模小，在现阶段缺乏足够的自我提升能力，使得发展乡村旅游的人才极度缺乏。因此，需要政府建立面向市场的多元化培训机制，开展以技能培训为核心的多种培训，提高农民整体素质，培养造就有文化、懂技术、会经营的新型农民。

（六）基础设施建设者

由于我国的旅游目的地大多位于城市的郊区和经济发展水平相对较低的农村，许多基础设施和公共服务满足不了游客的需要，例如道路、停车场、洗手间、移动电话网络等公共设施简陋、设备不足；客房、餐厅、茶楼等主要食宿设施条件差，卫生状况和设施设备条件难以留住游客。因此，需要政府的大力支持，加快基础设施建设，确保游客旅游过程中的舒适性、便捷性。

（七）公共服务提供者

加强和完善旅游公共服务，已经成为政府的一项迫切而重要的任务。首先，政府必须优化投资环境，主动为企业解决难题。其次，政府要加强各部门之间的合作，积极与相关部门建立协调机制。再次，政府要推进旅游信息化建设，建立以旅游网旅游咨询服务中心为核心的旅游信息平台及其他配套服务。

（八）安全保障提供者

旅游安全是旅游工作中的重中之重，要求政府必须加强旅游安全、保险、紧急救援体系的建设，推进建立由旅游安全、保险救援、管理教育有机结合的旅游安全体系，为旅游者和旅游从业者提供安全保障。

相关链接

乡村旅游管理者与经营者角色定位之启示

乡村以其旖旎的田园风光、浓郁的乡土文化气息、新鲜的蔬菜瓜果和原汁原味的乡村生活而受到都市居民的青睐。乡村旅游以乡村性为最大的卖点而蓬勃发展。我国开展乡村旅游，应注意借鉴成功的经验。

1. 政府作为产业管理者，应该干些什么

许多国家把乡村旅游作为政治任务或公益事业来发展，把社会效益放在经济效益之上，如西班牙、希腊、爱尔兰等国。为给本国或本地区乡村经济发展注入新的活力，在政府规划指导下，采取各种措施，给予乡村旅游开发积极的引导和支持。政府作为产业管理者应着重履行好以下4项职责。

第一，编制总体规划和执行项目计划，保证区域发展的均衡性和产业发展的驱动力。西班牙瓦伦西亚大区政府主持规划编制并提供了技术支持和资金支持。我国台湾省1989年4月开始实施"发展休闲农业计划"，积极辅导、推动观光休闲农业区的规划及建设工作。北京早在1998年就编制了《北京市观光农业发展总体规划》，2005年也有了《北京市乡村旅游发展规划》，但规划的实施不到位，也缺乏适时适地的项目计划，带来了目前的乡村旅游出现区域发展不平衡、项目类型同质化、缺乏特色与内涵等问题，已经对乡村旅游的产业前景和可持续发展构成了威胁。

第二，制定规章，引导和规范乡村旅游的健康发展。西班牙瓦伦西亚大区早在1994年就制定了《乡村住宿法》，规定了乡村住宿的基本条件和从事住宿经营接待者的政府登记要求；此外，政府对非法经营也有严格的管理与处罚规定。1992年起，我国台湾省陆续实施了包括休闲农业辅导办法、休闲农业标章核发使用要点、休闲农场设置管理要点等主要法规和其他近50个相关法规在内的观光休闲农业法规体系。北京市在发展初期就意识到了规范管理与规范经营的重要性和必要性，2002年开始实施《北京市郊区民俗旅游接待村(户)评定标准(试行)》、《北京市郊区民俗旅游接待村(户)评定暂行办法》，截至2005年底，共评定出三批市级民俗旅游村110个和四批市级民俗旅游接待户7119个；2004年开始按照《北京市观光农业示范园区评定标准(试行)》评定出了两批45个市级观光农业示范园区。

第三，给予资助，帮助乡村旅游提高质量。资助主要用于两个方面：一是投向产业经营者，进行基础设施的建设与完善；二是用于扶持乡村旅游协会的成长和网络开发建设，搭建平台交流信息。国内外的实践显示，非政府组织在发展乡村旅游中有重大作用。1992年美国建立了非营利组织——国家乡村旅游基金(NRTF)，从事项目规划、募集和发放资助、提供宣传。任务是鼓励可持续的乡村旅游发展，提供网络信息服务，执行州旅游合作计划，推广国际旅游项目，提高联邦旅游和休闲场所的知名度，实行游客分流，开发全美森林服务项目等。加拿大分别于1977年、1990年成立了乡村度假农庄协会(CVA)和土著旅游协会(CNATA)。我国台湾省的休闲农业协会也在开发网站，倡导分工合作，强调同一地区的联合，以及鼓励奇观、氛围、风景和主题等"情境消费"产品的开发，保证产业有序发展等方面发挥着重要作用。北京市已经于2004年经民政部门批准成立了全国第一个观光休闲农业行业协会，开发建设了"北京乡村旅游网"，两年来协会尽管开展了许多有意义的活动，社会影响力和知名度也正逐渐扩大与提高，但其作用和地位尚有待明确和巩固。

第四，组织培训，帮助从业人员转变观念，注重参与者的能力建设。1989—1994年，我国台湾省农政单位成立了发展观光休闲农业策划咨询小组，一方面在台湾大学、屏东技术学院等院校开设观光休闲农业课程，进行观光休闲农业理论研究；另一方面着手培训观光休闲农业的经营人才。

2. 企业作为产业经营者，应该怎样去干

都市周边乡村旅游以其参与形式的多样性、参与主体的广泛性、旅游效益的综合性，表现出蓬勃的发展势头和巨大的开发潜力。但是，要想让乡村旅游真正成为我国旅游业的一个新的增长点和亮点，企业经营很重要。

首先，要选好项目定准位。作为经营者首要的是挖掘、认识目标客源市场，不能幻想让所有客源都成为自己的客人。如果想周一到周五也热闹起来，就要锁定特定的客户群，研究他们的需要，懂得发挥自己的优势，配置适当的项目。

其次，要选择适当的开发模式，设计独特的旅游产品。比如在捷克摩拉维亚乡村建设"摩拉维亚葡萄酒之乡"遗产廊道，将当地丰富的文化遗产和历史遗迹，诸如乡村博物馆、城堡、葡萄酒、酿酒作坊、手工艺作坊、酒吧等连接起来，还在途经之地建设了酒店、客栈、宿营地、自助餐厅和餐馆，重要的是从经营管理上将分散的旅游吸引物集合成一项可在市场上推广的旅游产品，进行联合营销，实现了多赢。摩拉维亚遗产廊道的"当地人所有，共同决策"经验告诉我们，遗产廊道所连接的每一个旅游企业都独立经营，同时又可以在建设基础设施、标志系统与旅游代理商谈判和定价等方面协商合作，从而保证了不同利益主体的协调。北京目前还缺乏类似的通过资源整合取得显著效益的案例。建议构建一个"政府+企业+协会(含农民合作组织)+旅行社"的联动运营机制，政府负责规划和基础设施建设，优化发展环境；企业负责经营管理和商业运作；旅行社负责开拓市场，组织客源；协会则负责组织村民参与表演、导游、工艺品制作、提供住宿餐饮等，并负责协调企业、旅行社与农民之间的利益。

最后，要选择适合的营销模式，做到"经营有道"。鉴于乡村旅游产品具有空间上的不可转移性、生产与消费的时空同一性、时间上的不可储存性等特征，推荐使用"口碑传播"。位于加拿大蒙特利尔省的汤布朗小镇，凡去过该镇的旅行社导游和游客无不为那里美丽的乡村景观以及与名品折扣购物相结合的旅游产品"搭配"手段所折服，凭借游客身体力行的宣传，吸引了越来越多的游客。2005年北京观光休闲农业行业协会的一项市场调查表明，市民认为口碑宣传(亲友介绍)是乡村旅游的重要营销手段，而且收入越高、学历越高的消费者更注重相互之间交流的商品品牌信息。此外，网络营销的作用也越来越明显。据德国《旅游业分析》调查显示，2003年，27%的德国人使用互联网作为查询旅游信息的工具，9%的人使用互联网进行预订。北京城乡信息中心2005年春节前的一次调查表明，46.7%的游客是通过网络实现旅游意愿的。

资料来源：广西壮族自治区旅游局(www. gxta. gov. cn/Public/Article/Show Art. asp? Art_ID=44798)。

第三节　旅游景区与当地社区居民之间的协调管理

一、景区管理升级为社区管理

(一)社区的内涵

相对于旅游景区而言，当地居民就是旅游景区所在区域(周边)居住、参与旅游开发、管理和服务等旅游经济活动并与旅游景区有一定利益关系的人们。他们共同构成了带有一定人际交往模式或社团意义的基层组织——社区，故当地居民又称社区居民。在这个区域内，他们的经济活动、生活方式和文化传承乃至基本利益有近似或一致的特征。

1997 年 6 月，世界旅游组织、世界旅游理事会与地球理事会联合颁布的《关于旅游业的 21 世纪议程——实现与环境相适应的可持续发展》明确提出：可持续发展的旅游业必须保证社区成员，都能享受旅游所带来的益处。这是在旅游业的官方文件中首次明确提出将社区居民作为关怀对象，并把社区居民参与旅游发展当作旅游业可持续发展过程中一项重要内容和不可缺少的环节。

（二）社区参与旅游

社区参与旅游是指社区的政府、非政府组织及居民介入社区所在地旅游业的发展的过程、方法和手段，即在旅游的决策、开发、规划、管理、监督等旅游发展过程中，充分考虑社区的意见和需要，积极引导和激发社区参与热情，使社区居民既是旅游活动中责任的承担者，又是旅游发展所带来的利益分配的主体，以便在保证旅游可持续发展方向的前提下实现社区的可持续发展。

社区是塑造游客体验的重要道具，社区参与的原因主要有三个：一是社区居民对景区开发的影响感受最深。二是社区居民本身是构成游客体验中"友好气氛"的必要成分，促进社区发展实质上是保护了文化的多样性。社区为游客的新鲜感以及亲切感提供必要的基础。三是景区开发带动社区发展，增加地方就业、社会收入与人民生活水平。在老少边穷地区，旅游扶贫是中国特色的景区开发的必要使命，2000 年 8 月六盘山旅游扶贫试验区开工，这是我国第一个国家级旅游扶贫试验区。广东、贵州与海南纷纷仿效，通过旅游带动贫困地区经济发展。

二、民族地区社区参与景区发展的四种模式

民族地区景区差异化旅游景观与当地少数民族人文精神的结合具有典型的民族性和地域特色性特点，是旅游者前往旅游的重要驱动力之一。而民族地区相对处于经济欠发达、生态脆弱区域，在旅游景区发展模式上要注重当地环境保护、旅游发展、居民经济生活水平三者关系的处理与可持续发展。民族地区景区旅游资源的利用强度要有效控制，社区居民要以主人翁的姿态全面而自觉地参与到旅游发展中，真正从旅游发展中受益并成为自然保护的依靠力量，最终实现社区的经济效益、环境效益和社会效益协调统一。

（一）资源参与模式

旅游资源是指能够吸引旅游者产生旅游动机，并可能被用来开展旅游活动的各种自然、人文资源和其他因素的总称，它是旅游业发展的基础。民族地区景区旅游资源既包括具有地域特色的地质、地貌、水文、气象等自然资源，也包括具有浓郁地方特色和鲜明的民族特性的风俗习惯、民族文化、当地神话故事传说等，还包括当地能歌善舞、民族文化传承的当地少数民族居民。因此在资源参与模式下，民族地区居民在参与旅游景区发展方面可以从自然资源、人文旅游资源及人力资源等方面参与旅游景区发展。

民族地区有许多独特的自然旅游资源，许多景区景点还是享誉世界的风景名胜，如内蒙古大草原、新疆吐鲁番和天山天池、西藏珠穆朗玛峰、雅鲁藏布江、云南西双版纳、大理苍山洱海、路南石林、桂林山水等。民族地区除了丰富的自然旅游资源，还有异彩纷呈

的人文旅游资源，而且民族地区许多旅游资源的一个最大不同之处在于其自然景观和人文景观的密切内在联系，两者相得益彰，营造出民族地区特有的旅游景观资源。民族地区在漫长历史过程中逐渐形成了自己特有的地方习俗和民族风情，如西北伊斯兰文化风情、青藏藏传佛教文化风情、西南多民族风情等。民族地区风景有形、文物有迹、文化风俗多彩。当地社区居民可以根据当地景区旅游资源实际，协调好当地政府、居民、参与开发组织利益关系，参与到旅游中来。

（二）产品参与模式

旅游产品是为满足不同的旅游者在整个旅游活动中对游览、食宿、交通、娱乐、服务等项目的需求而组合的产品，旅游目的地向游客提供一次旅游活动所需要的各种服务的总和。社区通过旅游产品环节参与旅游景区发展，可以将当地特有的民族风俗、生活习俗、民族文化有机融合到旅游产品中去，增强游客参与民族地区旅游过程的新鲜感、差异感和满意度。

民族地区居民可在文艺表演、娱乐活动接待、民族特色餐饮、家庭住宿接待、旅游商品加工销售、旅游交通等方面通过旅游产品参与旅游景区发展。参与文艺表演及娱乐活动接待方面，社区可以在景区参与由景区组织的地方文艺表演和民族文化展示或在制定价格，印制节目单，定点、定时进行演出方面形成景区利益相关者共生。参与民族特色饮食方面，少数民族社区居民有自己独特的风味食品，食物的制作方法、餐具、用餐方式也独具特色，让游客在用餐的同时能深入了解当地少数民族饮食的制作过程、用餐方式，满足游客对独特的民族饮食的了解。参与家庭住宿接待方面，社区可以在居住地修建适合旅游发展的住宿接待设施，增强游客民族地区的旅游体验。参与旅游商品的加工、销售方面，社区居民可选择一些有民族特点、兼具纪念性和艺术性的传统工艺品项目，采用家庭作坊式生产手工制品，积累一定资金以后，再开设前店后厂、民族工艺品制作表演，也可亲自指导游客操作。参与旅游交通方面，社区居民可利用当地特有交通方式如乘马匹、坐轿子等为游客提供服务，还可以充当向导，引导游客的旅游活动。

（三）资本参与模式

由于财力有限，地方政府不可能投入很多资金用于民族地区旅游发展与建设。地方政府应建立有效的投资机制，积极鼓励包括社区政府、企业、社区居民在内的多方不同利益主体通过资本方式投资参与旅游景区发展，以弥补地方政府财政的不足。

1. 社区政府

（1）投入相应的人力、物力和财力制定切合本地区实际的旅游发展规划，逐步完善本地区的旅游基础设施建设。

（2）制定有利于各企业或个人投资的优惠政策，鼓励外地旅游开发商和本地居民投资参与开发，可以引入小额信贷机制支持当地居民参与旅游，营造一个较为宽松的投资环境，吸收社会各方面的资金。

（3）社区政府应加大教育及人才培养的投入，吸收外来专业人才参与本地区的旅游业的开发、管理和经营。

（4）对社区旅游和社区参与进行引导性投资，特别是加强社区交通、通信、供水、供电、教育等公共物品的投资建设。

2. 社区企业

社区企业应成为资本参与的主体，资本进入范围涵盖旅游业的吃、住、行、游、娱、购的各个方面。社区企业参与旅游景区发展在追求经济效益的同时应注重与当地社区的协调发展，积极鼓励外部相关投资实体和个人入股投资，鼓励社区居民资本参与。同时社区企业应对当地旅游市场的风险有足够的认识，树立风险意识，尤其要注意对财务风险的防范，确定合理的回收期限，尽量按可持续发展的原则运作，使企业平稳健康发展。

3. 社区居民

鼓励社区居民拿出资金投入旅游开发，实行利润分红。社区居民参与当地旅游景区发展可以通过两种途径来实现：一种是当地旅游业的运行以社区企业为主，这时社区居民可以采用资本参与社区企业的方式，以分红的形式实现社区居民的参与；另一种是当地旅游业的运行以当地政府隶属下的景区管理组织为主，这时社区居民同样可以采用资本参与景区管理组织的方式，以分红的形式实现社区居民的参与。

（四）实体参与模式

民族地区地方参与旅游景区发展的实体参与模式主要有社区居民个体参与、旅游公司参与、地方政府主导型的景区管理组织参与等几种主要形式。

1. 社区居民

社区居民根据家庭经济实力、地理位置、技术技能、旅游开发进程等相关情况开展各自参与旅游活动，如单独提供服务，也可通过合资的方式、股份制的形式建立自己的企业。社区居民主体参与旅游景区发展主要以家庭为单位进行，主要从事旅游接待地的餐饮、住宿。例如青海互助土族自治县小庄村居民以家庭为单位，以当地土族风情为衬托，通过发展土族风俗餐饮，取得了较好的经济效益。

2. 旅游公司

协调民族地区旅游开发地各方利益，成立当地旅游公司，当地居民自己出资按契约形式组建，独立经营、自负盈亏。社区以组建公司形式参与旅游景区发展要处理好以下几个方面的问题：

（1）明确土地、资本、劳动力、旅游资源等的价值，灵活地以之作为入股的股本；

（2）合理确定股权比例和分配方案并兼顾集体、国家、企业、个人的利益；

（3）根据社区实际情况制定相应的政策或措施来引导股份制公司的正常运转；

（4）以一些具有良好旅游开发基础和社区参与条件的民族社区为试点，逐步进行推广。

3. 地方政府主导型的景区管理组织

为了保证民族地区旅游业的健康有序发展，民族地区地方政府可以发挥其在当地旅游发展中的协调者的角色，建立地方政府主导型的景区管理组织。地方政府与景区管理组织在民族地区旅游发展中扮演"政府监督，景区管理组织运作发展"的角色。景区管理组织主要负责人员由当地政府委任，工作人员从当地居民中按照一定程序进行挑选、培训、录用，充分调动社区不同主体参与当地旅游发展的积极性。

案例 7-4

九寨沟自然保护区的社区参与模式

1. 九寨沟概况

九寨沟自然保护区位于四川省阿坝藏族羌族自治州境内，总面积720平方公里。九寨沟因其丰富的生物多样性，1978年被设为国家自然保护区，1984年被设为国家级风景名胜区，1992年被联合国教科文组织列入《世界自然遗产名录》，1999年被联合国教科文组织"人与生物圈计划"核准认定为世界生物圈保护区，于2001年通过"绿色环球21"的认证。九寨沟以"翠海、叠瀑、彩林、雪峰、藏情"五绝闻名于世，因景区内有九个藏族村寨而得名"九寨沟"，目前居民主要居住在树正寨、荷叶寨、则查洼寨、扎如村四个和景点较近的村寨。除了自然景观以外，九寨沟的传统文化也是吸引游客的因素之一，沟内1007位居民，藏族居民占94.3%，有自己独特的文化传统、生活习俗、宗教信仰。1984年九寨沟正式对外开放，正式经营旅游业；经过多年建设和经营，游客人数从当初的1981年的2000人增加到2004年的191万人。

1980年以前，九寨沟的居民主要以耕作、畜牧和传统的手工艺为生。他们信奉藏传佛教中最原始的苯波教，认为万物有灵，与自然和谐相处，对自然资源的破坏极少。1978年景区居民人均收入仅为195元。从1984年发展旅游业以来，居民逐渐放弃了以前的谋生方式，加之九寨沟自然保护区在景区内实行"退耕还林"和"禁养牲畜"的保护政策，截至2002年，景区内居民都彻底停止了耕作和畜牧，几乎都从事旅游经营或与旅游经营相关的工作。九寨沟保护区的社区参与情况总的说来，当地居民基本上都参与了旅游经营，并且获得了经济收益，从而使旅游业成功地替代了当地居民曾赖以谋生的传统耕作和畜牧方式。

2. 九寨沟社区参与的模式

(1) 设立专门的社区管理机构，利用社区自有管理组织对社区进行管理。九寨沟自然保护区属县级行政区域，担负完全政府职能。保护区由阿坝州政府授予相应的权力，负责保护区内居民的生产、生活、经营、治保、文教、卫生、计划生育等工作。管理局下设居民管理办公室，主要负责处理保护区与区内居民之间的关系，是景区居民向管理局反映问题的渠道，督促景区居民遵守自然保护区条例，帮助居民探索合理利用自然资源的途径，扶持他们脱贫致富。景区内每个村寨都有村委会和党支部。村委会领导经居民民主选举产生，处理裁定村寨的公共事务，村委会也是居民向管理局反映问题的机构。各村寨成立了党支部，村寨的党支部人选由村民选举产生；通过党员的表率作用、先进作用，在村寨居民的管理中起到示范效应，带领景区居民走上致富之路；村寨党支部归属九寨沟管理局党组统一管理，管理局对景区居民党员培养也是优先考虑。

(2) 创造多种渠道，鼓励与吸纳社区居民参与旅游从业和管理。九寨沟旅游事业从起步之初，就注意吸纳景区居民参与旅游工作与管理。主要有以下几方面措施：景区居民优先安排就业。景区受过一定教育的居民优先安排在管理局或下属企业就业；对景区居民子女以前是中专以上学历的全部安排就业，现在是大专以上的全部安排就业；对外来人员的聘用，需大学本科以上，经过考核合格方能录用。目前，景区居民有 1007 人，九寨沟管理局有正式职工 460 人。九寨沟管理局聘用景区居民 59 人，占景区居民总人数的 5.9%，占管理局职工人数的 12.8%；中层干部 6 人，占景区居民总人数的 0.6%，占管理局职工人数的 1.3%；局级领导 1 人，占景区居民总人数的 0.1%，占管理局职工人数的 0.2%。管理局下属企业聘用社区居民的情况：联合经营公司聘用景区居民 20 人，占联合经营公司职工总人数的 6.5%；管理层 14 人，其中景区居民有 7 人，占 50%。九寨沟绿色旅游观光公司有职工 800 人，其中景区居民 24 人，占职工总人数的 3%。九寨沟艺术团有职工 68 人，其中景区居民 2 人，占职工总人数的 2%。优先安排就业的政策使当地的居民参与到景区的管理中，景区居民对旅游发展的意见通过管理人员反馈到工作中，从而使景区管理和当地的具体情况相符合。对景区居民那些文化教育程度较低而有劳动力的居民，九寨沟管理局尽量将其聘用为护林员和环卫工人。景区内聘用的居民旅游从业人数：2000 年 467 人，2001 年 490 人；2002 年 497 人，允许景区居民在规范管理下自主经营。部分居民租用诺日朗综合服务中心购物点的摊位，或在景点、自家铺面经营旅游商品；在景点出租民族服装供游客照相。景区内居民旅游从业人员 497 人，占景区内居民总人数的 49.4%。

我国大多数保护区社区参与当地旅游业发展停留在被动式参与、咨询式参与或象征性参与层次。保护区管理机构是政府派出机构，脱离当地社区自成体系，管理人员也大部分是外来人员。九寨沟自然保护区管理局在社区参与管理方面突破了以上的象征意义参与，通过优先安排就业、大力培养起用当地人进入管理层、建立居民参股经营的股份公司等等政策，使管理机构和当地社区融为一体，社区居民在九寨沟旅游事业的保护和发展中扮演了主要角色，起到了重要作用。这种参与方式已经是实质性的参与方式。

（3）通过股份制经营，建立"公平"优先的利益分配机制。九寨沟从 20 世纪 80 年代初开展旅游业，走过了一条"先发展后规范"的道路。最初景区内的旅游经营活动没有规范和限制，景区内的居民都积极利用自身条件经营家庭旅店。由于缺乏市场管理和引导，家庭旅店之间竞争激烈，争相招揽游客，导致床位数猛增，旅游秩序混乱。恶性竞争带来了整体利益的损失，不但价格压低，还导致景区污染。针对这种情况，九寨沟管理局作为景区的保护者和管理者，为了便于统一管理，1992 年 7 月成立了九寨沟联合经营公司，股份由管理局和居民的实际资产（床位数）两部分构成，管理局占 23%，居民占 77%。对景区内家庭旅店采取了特许经营的方式，要求所有的家庭旅店必须获得管理局的特许后方能经营，并根据实际的游客数量决定每家旅店的床位不能超过 45 张。需要住宿的游客全部由联合经营公司安排，每人交纳 22 元的住宿费给联合经营公司，由联合经营公司分别安排住进居民的家庭旅店。年末时，根据各家各户的入股床位数分配收入。将家庭旅店纳入统一管理后，景区内旅游秩序明显好转。

"世界自然遗产"、"人与生物圈计划"、"绿色环球 21"三项国际桂冠使九寨沟越来越受世人瞩目，保护的标准越来越严格，责任也越来越重。九寨沟自然保护区管理局在更高标准和要求下，总结完善以往的管理经验，将社区管理的目标总结为"保景富民"，即既要保护好生态环境，还要使景区居民收入增加，福利增进。从 2001 年 7 月起，九寨沟自然保护区管理局做出了"沟内游，沟外住"，经营活动外迁的决定，停止了景区内家庭旅店经营。对居民的收入分配（利益保障）分存量和增量两部分考虑。

存量部分收入分配：以 1998 年核定的 38 万游客人数为基数，按人均 22 元住宿标准从门票收入中提取，共计 836 万元，作为居民最低生活保障金，在居民中平均分配，人均约 7000 多元。

增量部分收入分配：联合经营公司投资修建了诺日朗综合服务中心，作为游客景区内的统一的就餐和购物点，修建综合服务中心的目的一是保护环境，沟外加工食品，就餐垃圾运出沟外处理；二是为景区居民谋福利。诺日朗服务中心的股份比例为：管理局 51%，景区居民 49%；管理权掌握在控股方管理局手上，目的是通过统一管理实现"保景"的目的；收入分配比例为管理局 23%，景区居民 77%，目前人均年收入可达 14700 元。这一分配比例是按最初联合经营公司成立时的出资比例核算的，也就是说，随着联合经营公司的发展，股份结构变了，但是最初的分配比例却保持不变，并且随着旅游收入的增加，分配的数量也在增加，最大程度地保全了景区居民的利益。

值得一提的是粮食补偿。长久以来九寨沟景区居民以农业为生，经过 20 年的旅游业经营，景区内产业已基本转型。为了达到彻底的"保景"的目的，九寨沟自然保护区管理局规定，从 2002 年开始，对景区实行"退耕还林"政策，对景区居民实行粮食补贴。2004 年以前，按每亩 300 斤粮食，70% 大米、30% 小麦补偿；从 2004 年开始，按每亩 24 元补偿。

九寨沟自然保护区的社区利益分配这一管理经验是最具有实践创新和理论突破的意义。这一管理经验的意义在于：

一是确定了"公平"优先的分配目标，有利于社区的稳定。利益分配机制往往决定了一个企业、一个社会甚至一个国家的稳定程度，利益分配的一个原则是人人平等、公平分享利益。公平的利益分配机制取决于两个条件：首先依赖于对产生利益的资源的合理配置，即资源的初始占有状态，也就是对资源产权主体的确认和资源实际价值的核算；其次，利益各方同时享有制定利益分配原则的权利。联合经营公司成立之初以每户的床位数入股，年终按股分配。因为景区居民居住地距主要景点的远近不同造成了每户经营效益的差别很大。这一阶段的分配方法实际承认了资源初始占有不均的事实，沿袭了旅游开发之初景区内自由市场竞争既定的利益分配格局，以"效率"优先，尚未实现"公平"的目标。2001 年实行"沟内游，沟外住"的政策后，才每年从门票收入中固定提取 836 万元，及从每年的经营收入中对居民实行平均分配。这一分配方案基本改变了以前初始资源占有不均状态，达到了"公平"的分配目标。

二是在分配机制中，从社区稳定和"以人为本"的可持续发展理念出发，打破了股份制产权设置的惯例，将社区利益最大化。联合经营公司的资本构成打破了股份公司的惯常的产权结构，即所有权、经营权、收益权统一的结构；将所有权、经营权和收益权倒挂，即管理局拥有绝对的控股权（51%）、经营决策权，但是大部分收益权（77%）却由居民占有。这一分配模式充分考虑"统一管理"后对景区居民不能再自由从事旅游经营的利益补偿。

3. 完善九寨沟自然保护区社区管理的建议

(1)进一步解决收入分配的"公平"问题。九寨沟自然保护区在解决社区居民的收入及分配方面已经做得很不错，但是仍然不能完全兼顾"公平"。比如，在精华景点的树正寨的居民户有区位优势，做旅游经营有得天独厚的优越条件；而偏离主要景点的扎入村，不具备搞旅游经营的条件，人均收入则低得多。树正寨和扎入村人均收入的差距达2000~3000元/年。

既然九寨沟保护区为了"保景"对居民实行统一管理，居民不能随便选择地点进行旅游经营，也就是限制了景区内的自由竞争，那么就应该充分考虑到资源初始占有不均而造成的收入差异问题。在下一步完善社区管理政策时，应为那些居住地比较偏僻的居民制定特殊的相关政策，以确保他们能够被优先雇用。在下一步拟开发扎如沟民俗旅游和生态旅游的计划中，管理局可以考虑对扎入村的居民实行特许划区经营，也即对扎如沟的旅游项目扎入村的居民有优先经营权。这样可以拉平景区居民户资源占有上的不均；然后在基本平均占有自然资源的条件下，居民开展自主经营、自由竞争。

(2)进一步加大社区居民在旅游规划中的参与力度。九寨沟在以前的规划中，仍然采用的是传统的政府决策模式，参与在很大程度上只限于各级政府和政府各部门，而非政府组织、当地居民的参与非常有限。九寨沟的旅游发展逐步进入了相对成熟的时期，旅游深度发展的趋势要求规划从间断性的静态向连续性、学习性规划转变。这要求景区旅游规划必须提高利益相关者的参与程度，居民作为重要的利益相关者，必须在旅游规划中考虑到他们的意见。今后九寨沟自然保护区的社区参与的管理应突破就业和旅游收入分配较被动的参与，从决定旅游业发展方向(方式)的时候就开始参与决策，让社区居民以更积极的姿态介入旅游发展。可以考虑建立激励居民参与旅游规划发展的咨询机制，通过居民管理办公室开展如下咨询活动：旅游发展决策咨询，包括旅游发展的指导思想、目标、途径等战略问题；旅游发展具体思路咨询，包括旅游业六大要素的安排及各自之间的相互配合和协调；旅游发展引发问题咨询，包括环境、经济、社会、文化等方面的问题。

(3)进一步兼顾区域协调发展。区域协调发展，也是区域社会稳定和可持续发展的必要条件。在发展旅游业之前，九寨沟地区经济收入普遍较低，1978年人均197元，但整体收入平均，所以社会稳定；80年代初发展旅游，景区内居民经营家庭旅馆，景区内外居民收入差距拉大，导致景区内外居民矛盾，造成了社会不稳定；2001年景区内旅店经营外迁后，大部分旅游经营活动转到了景区外的漳扎镇，景区内外居民人均收入基本拉平，社会矛盾得以缓和。但是，享受到九寨沟旅游发展好处的区域仍然不平衡，在旅游沿线和游客聚居地的区域有更多的旅游经营区位优势，而在较偏僻的区域居民仍从事传统的农业，收入水平低。笔者走访了九寨沟附近的中查沟，中查沟以农牧业为主，人均年收入1200~1400元，和九寨沟景区居民、漳扎镇居民人均收入2万多元相比相差十多倍。这些地方的居民生活在九寨沟自然保护区周边，为九寨沟自然保护区的可持续发展，不影响九寨沟的生态系统，响应国家退耕还林的政策，停止了能带来较高收入的木材砍伐。九寨沟和漳扎镇居民红火的生活让他们非常向往，希望九寨沟管理局的旅游开发能惠及到他们，共同走上富裕的道路。下一步，九寨沟管理局拟在景区外进行旅游开发，弥补景区内开展旅游经营活动(尤其是游客参与项目)的局限，从单纯门票收入向多种项目多种服务的经营方式转变，改变九寨沟自然保护区的"孤岛"状态。

可持续发展必须兼顾区域的协调发展，否则会形成区域内的"马太效应"，贫富分化更加严重，引发社会的不稳定。笔者认为，兼顾区域协调发展可考虑：九寨沟自然保护区管理局、九寨沟县、下属相关旅游企业应充分考虑到周边区域的居民就业，积极创造就业机会和引导其就业；在景区外旅游项目开发中，借鉴景区内居民管理的经验，在统一管理的前提下，安排开发区内的居民参加到旅游经营中来，并对其实施特许优惠政策；从较长期的发展来看，根据联合国人与生物圈考察其他生物圈保护区情况看，可以考虑扩大九寨沟保护区范围，对划入保护区范围的区域实行系统的保护和开发，开发旅游的优惠政策和福利普及到更大区域范围的居民。

（4）建立社区居民的就业培训与教育机制。虽然九寨沟自然保护区社区居民的就业问题得到较好的解决，但是由于当地居民在资金、文化、技能方面的劣势，无法分享旅游发展带来的诸多好处，即使是提供给当地居民的就业机会，也大多是诸如森林保护、环卫等工作。旅游发展带来的大量就业机会，往往被旅游区外部文化素质较高者占据。九寨沟自然保护区管理局应牵头实施社区居民的教育与培训工作，进行为提高居民就业能力的旅游专业知识培训，如景区导游、宾馆饭店服务员、旅游设施管理员和维修员、苗圃种植人员、保安员等，使每一个具有劳动能力的居民都掌握一门专业技能，以便在旅游发展过程中体现自身价值。

资料来源：中国行业研究网（www.chinairn.com/doc/70270/27280.html）。

案例 7-5

山东的"旅游下乡"

5月31日上午，济南市历城区仲宫镇艾家生态文明村彩旗飘展，锣鼓喧天。当地村民和来自四面八方的游客欢声笑语，场面热闹非凡。随着当天首批100家"旅游下乡工程示范点"、100家"旅游下乡示范旅行社"和100家"邮游乡村服务站"的授牌，山东省"旅游下乡工程"正式拉开了大幕。

旅游部门精心策划与强力推动，农业、邮政等相关部门大力配合、企业积极参与———以"好客山东，邮游乡村"为主题的"旅游下乡工程"，将力争把山东广大农村建设成为重要的旅游目的地和客源输出地，有效启动农村巨大的市场消费空间，以此实现农旅融合、城乡互动，推动山东乡村旅游转型升级。

意义——旅游下乡不只是个概念

近年来，旨在撬动农村消费市场、惠农强农的"家电下乡"在全国各地开展得红红火火，旅游如何在"下乡工程"中有所作为？在全国率先实施"旅游下乡工程"，山东出于怎样的考量？

山东省旅游局国内市场处处长王春生表示，"旅游下乡"不单是游客的单向流动，也不同于一般的"家电下乡"，而是通过实施"旅游下乡工程"充分发挥旅游业的龙头引领作用，在更深层面上实现城市需求和乡村需求的有效对接。具体来说，"旅游下乡"可以概括为"四下两上"。其中，"四下"是指游客下乡、旅游服务下乡、旅游基础设施工程建设下乡、旅游人才和教育下乡。"两上"则是指农民进城、农产品进城。

据介绍，"旅游下乡工程"由山东省农工办、山东省旅游局和山东省邮政公司共同组织实施，旨在依托山东多样化的自然生态资源和独特的乡村民俗文化资源，发挥旅游部门在乡村旅游资源开发、产品组织、客源组织和质量控制等方面的优势和邮政部门在城乡服务网点、物流、信息流、资金流等方面的优势，助推市民下乡旅游，促进农产品进城，使乡村旅游在统筹城乡一体化发展、扩大旅游消费等方面发挥重要作用。

与传统的乡村旅游相比，"旅游下乡"最大的特色在于建立起强大、完善的乡村旅游供给网络，规范农家乐发展，通过送游客下乡，引导游客在乡村的一系列消费，尤其借助邮政的加盟，推动农产品向旅游商品转化，建立起密切的城乡互动机制，促进社会财富再分配，带动农村经济发展。此外，"旅游下乡"将农村出游市场的开发作为重要方面，让农民不仅享受旅游带来的经济实惠，还亲身体验、参与旅游活动。

据了解，目前山东省规模化开展乡村旅游的村庄达到2000个，经营业户3.5万个，直接从业人员15.5万人，间接和季节性从业人员超过了100万人，但总体上看还处于粗放型发展阶段，诸如基础设施还比较落后、管理粗放、服务质量不高、产业附加值偏低等问题还比较突出。而通过实施"旅游下乡工程"，山东将打造一批精品示范点，以点带面，推动整个乡村旅游发展上规模、上档次、上水平，实现山东乡村旅游的转型升级。

亮点——旅邮联手邮游乡村

"此次旅游下乡，邮政部门与旅游局可谓一拍即合！"山东省邮政公司总经理陈必昌表示。据介绍，与邮政部门合作是山东"旅游下乡工程"的一大亮点。

陈必昌说，山东邮政具备邮政网络平台和物流、资金流及信息流"三流合一"的独特优势，在全省设立了3000余处邮政网点和8万处村级"三农服务站"，服务范围覆盖全省95%以上的行政村。而这样的覆盖面和网点量在农村宣传中拥有绝对优势，其宣传规模和宣传效果对任何一家旅行社来说都是难以企及的。

据介绍，在"旅游下乡工程"中，旅游部门充分借助邮政部门网点覆盖、递送网络、信息传递和资金融通等方面优势独特，建立起乡村旅游产品营销和配送体系：在城市邮政网点设立"旅游下乡"综合服务中心和"旅游下乡"服务窗口，在农村地区设立100家"邮游乡村服务站"。"邮游乡村服务站"承担起物流配送的角色，提供特色旅游农产品订货服务，实行邮政包裹和速递服务，通过邮政物流配送网络，实现同城配送和定点送达。

同时，邮政部门还开通了"旅游下乡金融绿色通道"，对使用直邮信函推广旅游产品的"全省旅游下乡示范点"给予"两免一补贴"的扶持政策。金乡大蒜、苍山牛蒡、周村烧饼、楼德煎饼等全省特产美食，都可以通过山东邮政公司最新推出的网上交易平台——邮宝网为游客送货到家。

笔者日前在济南市历城区艾家生态农业园的"邮游乡村服务站"看到，很多自驾游游客围在服务台前，纷纷选购当日采摘下来的新鲜樱桃、蔬菜等，邮寄给远方的亲人。来自追风行者网车友会的游客表示："对亲人和朋友邮寄的不仅是蔬菜水果，更是一份健康的祝愿，很有新意！"针对自驾游客，山东邮政还特别推出自游一族会员服务，游客可以优惠参与"旅游下乡"的旅游项目，享受加油、洗车、保险、爱车养护以及餐饮、休闲、娱乐等消费特惠。

　　旅游"搭车"邮政，二者强强联合，实现了优势互补，加快了人流、物流、信息流和资金流"四流合一"由城市向农村推进。陈必昌强调，"旅游下乡工程"最终希望通过城市人下乡旅游和农产品进城市两条线，实现以旅促农、以城带乡，达到让农民有意识、有能力进城市旅游的目的。

行动——旅行社：下乡结对共拓市场

　　"让乡村不仅成为旅游目的地，也成为旅游客源地，这将是旅行社在旅游下乡工程中的重任。"作为"旅游下乡示范旅行社"百家单位之一的济南国信旅行社运营总监张晓国颇看好该工程。

　　张晓国表示，近年来，农民出游热情因收入增加而日益旺盛，但因地域分布的特点，旅行社在农村地区的宣传推广面临许多障碍，一直苦于没有找到很好的切入点。"随着'旅游下乡工程'全面启动，利用遍布城乡的邮政网点、'农友之家'、'三农服务站'等宣传渠道，我们的旅游产品实现了营销范围最大化，解决了多年来宣传营销渠道不畅等问题。"张晓国说。

　　据介绍，济南国信旅行社已经开发推出50多条省内乡村旅游线路，很受市民欢迎。下一步，该社一方面要面向城里游客，在"一日游"基础上推出"三日游"、"四日游"等休闲度假旅游产品，完善乡村旅游产品体系；另一方面，将与结成对子的乡村游目的地以及邮政服务站加强沟通和联系，借"旅游下乡"平台，把适合广大农民的旅游产品推广到农村，积极开发农村出游市场，让更多的农民朋友能够领略城市现代化建设的成果。张晓国还建议有关部门做好各旅行社产品汇编，整合"旅游下乡"产品形象，进一步推进形象宣传。

　　据了解，除了颁发100家首批"旅游下乡示范旅行社"，山东在全省范围内选择了100家首批"旅游下乡工程示范点"，实施全面提升改造，使之成为山东社会主义新农村建设的亮点、旅游的新热点。同时，为适应和满足广大游客城郊休闲度假、生态农业观光、民俗风情体验等市场需求，山东省还加快了城市周边乡村旅游休憩带的建设，开发了一批"新农村小康之旅"、"高科技农业观光之旅"、"魅力乡村休闲之旅"、"快乐农（渔）家体验之旅"和"乡村购物之旅"等系列产品。"旅游下乡"工程还将支持旅行社、星级宾馆等连锁品牌企业下乡，与旅游下乡示范点结成帮扶对子，建立更加便捷、规范的乡村旅游服务体系，推动乡村旅游目的地全面升级。

效应——农户：旺了生意鼓了腰包

　　济南市历城区杨家洼村的高吉华谈起艾家村的"旅游下乡"，看着哥哥高吉顺，一脸羡慕。"这活动肯定好啊，有政府和村委的支持，农民肯定会受益。"据了解，高吉顺是艾家庄生态村的"旅游下乡示范户"，今年收入已远超5万元，是高吉华年收入的6倍多。而兄妹俩所在的村仅仅几公里之距。

　　艾家生态文明村是山东省唯一的国家级生态村，也是旅游下乡工程启动主会场。高吉顺告诉笔者，"旅游下乡工程"启动后的第一个周末，村里就迎来大规模的旅游团队，"周末两天各式汽车来了1000多辆，仅我一户收入就有近1.5万元。"高吉顺笑着说。

　　据介绍，艾家村有110户，330多人，自2004年开始发展采摘游，已经成为济南近郊农家乐、采摘游的典范，还带动了周边村庄的采摘游发展。如今，村民的收入来源主要包括采摘游、农产品批发以及为村里农产品加工厂供应原材料三种方式，其中，采摘游收入占到了50%以上。

高吉顺说，"旅游下乡工程"开展起来后，不仅来村里采摘旅游的城里人多了，还解决了部分农副产品的销路问题，实现了农副产品产销一体化。"虽然我们地头田间的蔬菜、水果卖得比城里还贵，可前来采摘的团队个人还是多得不得了，常常忙得我们连饭也顾不上吃。"

据介绍，按照部署，山东将开展"旅游下乡示范点"管理、服务人员和从业农民的规范培训，不断提升"旅游下乡"服务质量等软环境；组织专家服务下乡，帮助解决乡村旅游提升转型遇到的多方面的难题，引导农民开发特色农副产品、地方特色旅游商品；鼓励城乡居民结对子，开展互动自助旅游，城里人吃住农家，就地采摘新鲜农产品，并采取一系列措施鼓励农民进城，实现双向流动。

据了解，艾家村已连续4年组织村民外出旅游，谈到在北京旅游的经历，高吉顺依然很兴奋："只有身临其境才能真正感受到首都的气魄，图片电视都比不了。"旅游帮助农民富裕起来，农民走出去旅游就不再是梦想。

思考——旅游下乡空间有多大

"旅游下乡工程"首先是送客下乡，以客流带动一系列消费，拓展农民增收渠道。但就在"增收"这一目的开始逐步实现时，笔者发现，"旅游下乡工程"也面临更多考验。

艾家生态村自2004年发展乡村旅游，最初涵盖了采摘游、吃饭、住宿等方面。近两年，艾家村客流翻倍增长，尤其是近期"旅游下乡工程"聚集众多部门宣传之力更是打响了艾家村品牌。在火爆的客流下，农户开始变得"挑食"，只愿发展见效快的采摘项目，不愿提供食、住等服务。"农民小算盘打得很响，不愿意去挣二三十块的饭钱或住宿费。"高吉顺表示。

采摘游仅仅是乡村旅游的一个产品分支，游客需求的转变必然导致采摘游面临产品生命周期的考验。只重"采摘"忽视配套服务，容易使供需双方产生矛盾，乡村旅游目的地的构建则容易"瘸腿走路"。其他村庄也面临此类问题。如济南城郊的万德镇裴家园村在樱桃收获季节双休日两天迎客2万人次，因无人疏导交通、樱桃产量小、服务供给不完善等，现场十分混乱，被游客称为"疯狂的樱桃"。

随着"旅游下乡工程"的深入推进，在带旺乡村旅游市场的同时，无序经营、恶性价格战等问题也开始显现。"一些农户为抢游客，开价十分悬殊，例如樱桃采摘，一斤的差价达到二三十元。"作为村委之一的高吉顺对此深有体会。高吉顺认为，采摘游作为一种旅游产品，是有品质差别的。采摘果实的品种、体验的效果、果园条件以及园主的服务态度等都是影响采摘游价格的因素。管理组织的缺位是导致这一现象的主要原因。

经营和管理上暴露出来的问题反映了乡村旅游规范提升还有很长的路要走。而对于此次工程中的最大亮点"邮游结合"，有的农户认为"只是个形式"。很多旅行社对此也不很看好，"自驾游客会自己携带产品回城，旅游团队则会选择随团队大巴带回产品，目前来看，选择邮寄的不是很多。"

对此，山东大学管理学院旅游系副教授许峰表示，城市需求可以瞬间膨胀，但乡村供给不能短时间内大幅度增加。乡村旅游迫切需要一个组织机构来进行整合与扶植。随着经营规模的扩大，整个乡村旅游的管理方式有必要从小组织的权威管理转化为制度管理，乃至文化影响。

此外，他认为，乡村若是成为与城市对等的旅游目的地，乡村旅游产品必须不断丰富，旅游设施要不断完善。目前山东很多地方乡村旅游产品仍以一日游为主，游客流动量大，但"留不住客"。由此看来，在乡村旅游发展上，产业链的构建十分重要。

据悉，按照计划，培训农户、专家下乡、星级酒店和旅行社下乡将会逐步推行。山东省旅游局将争取在今年培育100个"旅游下乡工程示范点"的基础上，再用两年时间培育1000个"旅游下乡工程示范点"，以带动乡村旅游整体上档次、上水平。业内人士表示，若是能逐步推进，将有利于解决乡村旅游经营模式和管理模式上的缺陷，并弥补"农户忽略旅游六要素全面发展"对乡村旅游及乡村旅游目的地规范升级的不足。

资料来源：中国旅游新闻网（www.ctnews.com.cn/lybgb/2010-06/23/content_753306.htm）。

案例思考：从政府协调旅游利益相关者的角度，探讨这一案例对发展当地旅游的启示。

第八章 · 旅游景区安全管理

"五一"假期的第一天，一名女子与丈夫在重庆金刀峡景区旅游时，被山上一块滚石砸中身亡，夫妻俩瞬间阴阳两隔。北碚区旅游局办公室一名姓唐的工作人员在电话中告诉记者，前晚金刀峡一带下雨，可能造成土质疏松，导致滚石下落；并表示，这是一次意外事故，事发地顶上还拉有安全防护网。①

究竟是不可抗拒的自然天灾，还是放任不管的人祸所为？游客在景区意外身亡的权责争论，已经成为国内外众多旅游景区所面临的问题。滚石下落出于意外不假，但金刀峡旅游景区存在的非意外因素同样不容忽视。

就景区而言，如果当初能够预知可能出现安全事故，制定相应的措施，就可能避免这种悲剧事件的发生。安全管理是景区保障游客安全最低限度的强制性要求。不管是否因天灾所造成的"滚石砸人"事件，景区都应该负有一定的责任。虽然金刀峡旅游开发公司在事故发生之前"巡山拉网，标牌警示"，但未能避免意外事故发生，如果完全推脱责任显然有失公允。

从法律的角度来说，游客购票旅游，即与景区形成了旅游服务合同关系，而保障游客的人身安全是旅游业者的一项重要合同附随义务。根据合同法及相关旅游管理条例规定：景区应配备、设置、落实各种安全制度、设施及人员，以确保游人的人身及财产安全。

比起这起意外事故，明知故犯、推诿搪塞的当地旅游局更是难辞其咎。从报道中我们看到，当地旅游局工作人员明知道下雨可能造成"土质疏松，滚石下落"，仅凭"这是一次意外事故"就想把一切责任完全推卸得一干二净，不仅凸显出当地旅游景区的安全隐忧，更暴露出当地旅游局对景区的监管失利。

我国《旅游安全管理暂行办法》第一章第二条规定：旅游安全管理工作应当贯彻"安全第一，预防为主"的方针。从报道可以看出，重庆市北碚区旅游局没有履行"参与本地旅游交通的协调及旅游安全"的义务，而且在事故发生之后，更未能及时责令景区与游客达成赔偿事宜。所以，对于这件事情，无论是旅游景区还是当地旅游局，都应该承担相应的

---

① 重庆商报(e. chinacqsb. com/html/2012-04/30/content_261330. htm)。

责任。

　　旅游景区安全与否，事关游客生命安全，特别是在当前各地门票"涨声一片"的情况下，发生此类安全事故，更使得那些"只收费，不管理"的旅游景区"不顾安全、唯钱是论"的畸形发展模式逐渐暴露出弊端。但事已发生，理应痛定思痛，避免此类悲剧的发生，除了当地旅游局要继续加大安全监管力度之外，各地旅游景区也应该提高认识，注重安全，消除任何潜在的危险，建立和完善"景区安防"的长效机制，这也是破解各地旅游景区安全隐患的有效路径。

　　旅游安全是旅游景区经营的生命线。没有安全，就无法使旅游活动顺利开展。国家旅游局、公安部、国家安全生产监督管理局、国家食品监督管理局以及各景区相关主管管理部门历来都十分重视旅游安全工作，在1990年和1994年先后颁布了《旅游安全管理办法》及其实施细则、《重大特大旅游安全事故报告和处理制度》等。近些年来，旅游景区安全事故不断频发，给广大游客带来较为严重的生命财产危险，也在很大程度上影响了旅游景区的可持续发展。是什么原因导致景区安全事故频发？旅游景区管理部门该从哪些方面对安全事故进行有效的预防与应对呢？本章将对此进行探讨。

第一节　旅游景区安全管理的内容

　　与旅游景区直接相关的安全范围包括：交通安全、治安安全、消防安全、食品卫生安全、建筑物安全、设备安全、地质安全、生物安全等。因此，旅游景区安全管理的内容包括如下几个部分：

一、游客安全管理

　　正确引导和约束景区内游客的游览行为，防止其不安全行为导致事故。例如，不顾各种安全警示，跨越安全栏、随意攀爬、接近危险水源；在游览过程中，不遵守相关的安全规定，不按照规定的操作执行等；不在指定的吸烟区域吸烟，或在禁火的景区乱丢烟头。

案例8-1

容易走失的凤凰岭游客

　　近年来常有媒体报道游人走失事件，前不久凤凰岭自然风景区就发生了一起这样的事件。原因何在呢？通过走访，我们了解到：凤凰岭游客走失大多由于其寻幽探险、觅奇览胜、不按路标指示路径行走所致。

　　凤凰岭自然风景区位于北京市海淀区西北边缘地带，宛若一块未经人工雕琢的碧玉；原始生态植被保存完好，并且层峦叠翠，曲径通幽，空气清新，景色宜人，奇峰怪石林立……大自然的秀丽风光让部分游人登山游览时，萌生了寻幽探险的冲动。更有甚者，就是怀着登山探险目的有备而来，他们随身携带手电筒、相机、手机、绳索、帐篷等进入景区，对于"山路危险，请您止步"的警示牌视而不见，抱着一旦走失还可以拨打景区电话或"110"请求紧急援助的侥幸心理。

游客寻幽探险，给景区的管理带来很大的负面影响。其一，游客救援行动大多在夜间进行，每次至少得动用两部车和十几人，时间少则两天，多则十几天。这要花费巨大的人力、物力、财力，并打乱了景区正常的工作秩序。其二，加大了管理处员工的心理负担：若伤着或碰着游客，责任由谁负？其三，事件发生后，势必会损坏景区的形象。其四，有些游客找到后付之一笑，道声"谢谢"就拜拜了，岂不知景区麻烦接踵而至：新闻、公安、旅游主管部门明察暗访，让景区管理处应接不暇。再者，万一在探险中出现什么重大事故，景区将面临停业整顿甚至关闭的危险。

二、景区游乐设施设备安全管理

旅游景区应做好景区内各种游乐场所、游乐设施设备、游览道路、游客休息停留场所及其周边环境的安全管理工作，避免或减少可能对人员造成的伤害。新兴旅游项目的安全事故时有发生，地方政府出台了对景区游艇（船）设施的安全管理的若干措施，而基于景区索道问题频发(详见表8-1)，也相应出台了景区内索道及游客设施的安全管理措施等。

表 8-1 近年来全国各地客运索道安全事故部分记录

时间	事故简要情况	事故原因	损失程度
2004 年 10 月 4 日	秦皇岛祖山景区画廊谷索道发生事故，造成 80 多名游客滞留空中，时间最长的达 20 小时	迂回轮主轴断裂导致索道停车，日常检查不到位	造成极大社会影响，直接经济损失 70 多万元
2011 年 7 月	云南野象谷景区南门索道下站 350 米、索道东侧 20 米的一棵老树倒向索道，索道产生巨大反弹，将缆车掀翻	自然灾害，管理单位及运营单位责任心不强，未发现事故隐患	1 死 3 伤，造成极大社会影响
2012 年 5 月 26 日	广西桂林市尧山景区客运索道突发故障，导致 78 名乘客高空滞留	索道驱动系统减速机高速轴端的轴承烧毁导致索道无法运行	没有人员伤亡，但造成了较大社会影响
2012 年 1 月 12 日	云南丽江玉龙雪山客运索道由于瞬间大风造成正在运行中的 6 号支架上钢丝绳脱索停机，无人员伤亡	瞬间大风，自然灾害	除经济损失外，无人员伤亡，社会影响很大

时间	事故简要情况	事故原因	损失程度
2012年1月18日	四川西岭雪山滑雪场客运索道在没有接到任何停电通知的情况下突遇停电40分钟,造成客运索道全部停车,无人员伤亡	突遇停电	无人员伤亡,社会影响较大
2012年1月18日	北京怀柔怀北国际滑雪场客运索道发生悬挂1名游客事件,工作人员及时采取措施,无人员伤亡	游客不听劝阻,强行乘坐,没有坐稳致使被悬挂	无人员伤亡,社会影响较大

案例 8-2

千岛湖对游艇(船)安全管理的措施

千岛湖是首批国家级风景名胜区之一,也是国家面积最大的森林公园,2001年获首批国家4A级旅游景区,2007年成功创建中国旅游强县,旅游标准化、规范化程度不断提高。该县旅游服务业于2009年被列为浙江省5个国家级服务业标准化试点之一,推进试点工作以来,千岛湖旅游服务质量不断优化,景区各项经济指标再创历史新高:2011年全县接待国内外游客406万人,其中购票下湖游客208.5万人,分别比上年增长14.8%和8.8%;实现大门票收入2.18亿元,实现旅游经济总收入53.1亿元,分别比上年增长8.5%和16.7%,游艇服务游客满意率从2008年的78%上升到2011年的98%,标准化成效十分明显。日前,千岛湖旅游服务业国家级标准化试点项目以96分的高分顺利通过国家标准化管理委员会专家组现场评审。至此,千岛湖景区以精益求精的态度所构建的服务业标准化体系正式得到国家级认可,成为全省乃至全国的行业"标杆"。

第一,构建景区质量管理体系。

对景区进行全面细致的管理评审和内部审核,查找存在的问题和薄弱点,建立起包括门票管理、市场稽查、湖面巡查、投诉受理、景区游艇考核、景区安全、环境管理、服务质量跟踪调查等管理制度,内容覆盖了旅游服务的全过程各环节,景区质量管理变得有章可循,有规可依。通过努力,千岛湖景区于2011年顺利通过ISO9001:2008质量管理体系认证。

第二,建立标准化管理保障制度。

(1)实施旅游服务质量跟踪调查。印制《淳安县千岛湖风景区游览服务质量意见征求表》、《淳安县千岛湖景区游船(艇)服务质量调查表》,实行"一船(艇)一表"调查并回收登记。对游客意见调查表的填写、回收、投放等均有相应考核制度予以规范约束。2011年,发放和回收《淳安县千岛湖景区游船(艇)服务质量调查表》9500余份,《淳安县千岛湖风景区游览服务质量意见征求表》15000 余份。

(2)实施"三层级"标准化考核。推行"集中检查—分类考核—专项整改"的标准化考核机制,对景区景点、游船游艇进行月度考核、季度测评和年度评比三个层级的考核。通过三层级的标准化考核,景区景点、游船艇从业人员的服务质量显著提升。2009 年受理景区旅游投诉 56 起,2010 年受理投诉 38 起,2011 年受理投诉 25 起,同比 2009 年下降32% 和 34%,答复率 100%,满意率 100%。

(3)开展多层次多方位宣传报道。千岛湖旅游业标准化试点项目是淳安获得的又一块国家级金字招牌,该县将此视为推广千岛湖旅游、展示千岛湖旅游形象的良好契机,开展了多层次、多方位的对外宣传。据初步统计,试点化工作启动以来,已在《中国旅游报》、国家旅游局网站、搜狐网、浙江新闻网、杭州旅游网、《杭州品质生活》等媒体上发表新闻报道 40 余篇,起到了很好的宣传效果。

第三,建立标准化特色管理制度。

(1)"六统一"游船(艇)管理模式。实行游船(艇)统一接待、统一调度、统一船价(分类)、统一结算、统一考核、统一服务标准的"六统一"管理。在政府主导下,由旅游、公安、交通、工商、卫生、物价等六部门组建合署办公的景区管理处,执行千岛湖独有的"出门一把抓、回来再分家"的综合管理模式。2010 年,"六统一"管理模式被进一步固化成为淳安县地方标准。

(2)"公交化"游船运行模式。借鉴陆路公交的运作模式,结合景区实际,突出淳安特色,于 2010 年 10 月,在东南湖区旅游码头对游船运营模式进行了突破性的改革,实行"游船公交化"运营。经过一年多时间的探索,游客进入景区的便捷性大大提高,上景点游览更自由,选择性大幅提升,旅游质量得到了充分保障。目前,中心湖区"游船公交化"改革正在逐步推开。

(3)"零排放"船舶污水上岸工程。在试点项目实施过程中重点关注千岛湖水环境保护问题。据测算,千岛湖所有游船一年要排放 10 万余吨生活污水。为此,该县于 2009 年 9月正式启动了国内首创的船舶"生活污水上岸"工程,目前,千岛湖中心湖区、东南湖区游船污水回收中转趸船已经完成并投入使用,98% 的游船对排污系统(对接装置)进行了提升改造,在国内率先实现了船舶污水"零排放"。

资料来源:华夏经纬(http://www.huaxia.com/ly/lyzx/2012/12/3116440.html)。

相关链接

上海市大型游乐设施运营安全管理办法
(2010 年 7 月 23 日上海市人民政府令第 47 号公布)

第一章 总 则

第一条 (目的和依据)

为了加强本市大型游乐设施的运营安全管理,防止和减少事故,保障人民群众生命和财产安全,根据《特种设备安全监察条例》等有关法律、法规,结合本市实际,制定本办法。

第二条 （适用范围）

本办法适用于本市行政区域内大型游乐设施运营的安全管理。

本办法所称的大型游乐设施，是指用于经营目的、承载乘客游乐的设施，其范围规定为设计最大运行线速度大于或者等于每秒2米，或者运行高度距地面高于或者等于2米的载人大型游乐设施。

第三条 （单位责任）

以大型游乐设施开展经营性运营活动的企业、个体工商户或者其他单位(以下统称运营单位)应当按照法律、法规、规章以及安全技术规范、强制性标准的要求从事运营活动，并对运营安全承担责任。

第四条 （行政管理职责）

市和区县质量监督行政管理部门负责本行政区域内大型游乐设施运营安全的监督管理。

本市安全生产、绿化市容、旅游、体育等行政管理部门在各自职责范围内，协同实施本办法。

区县人民政府应当督促本行政区域内大型游乐设施的安全监督管理工作，协调解决相关重大问题。

第五条 （安全责任保险）

本市推行大型游乐设施安全责任保险制度，鼓励运营单位投保相关安全责任险，以提高运营单位的安全管理水平和事故赔付能力。

第二章 设施和人员管理

第六条 （注册登记制度）

本市大型游乐设施依法实行特种设备注册登记制度。

第七条 （购买和租赁）

运营单位购买或者租赁大型游乐设施前，应当查验生产厂家制造许可证、产品质量合格证、设计文件鉴定报告、型式试验报告和产品使用说明书。

运营单位购买或者租赁已登记使用的大型游乐设施，还应当查验安全技术档案和质量监督行政管理部门出具的特种设备注册登记证明。

第八条 （安装要求）

运营单位安装大型游乐设施的，应当选择具有相应安装资格的单位进行安装。

安装完成后，安装单位应当对大型游乐设施的安全技术性能进行自检。自检合格后，应当向运营单位出具自检合格报告。

第九条 （监督检验）

运营单位凭自检合格报告向特种设备检验检测机构申请监督检验，取得安全检验合格标志后，方可投入使用。

运营单位应当将安全检验合格标志置于大型游乐设施的醒目位置。

第十条 （申请注册登记）

大型游乐设施投入使用前，运营单位应当持下列资料向所在地的区县质量监督行政管理部门申请特种设备注册登记：

（一）营业执照；

（二）组织机构代码证；

（三）特种设备注册登记表；

（四）特种设备监督检验报告；

（五）特种设备作业人员证书。

大型游乐设施已在他处登记使用过的，运营单位还应当提交当地质量监督行政管理部门出具的注销特种设备注册登记的证明文件。

区县质量监督行政管理部门应当在受理申请后10个工作日内，向运营单位出具登记证明。

第十一条 （登记的变更和注销）

在用的大型游乐设施因转让、出租、委托经营等情形导致实际运营单位发生变动的，新的运营单位应当向设施所在地的区县质量监督行政管理部门办理特种设备注册登记变更手续，原运营单位应当予以配合。未办理变更手续的，原运营单位不得移交使用。

大型游乐设施搬迁或者拆除的，运营单位应当在搬迁或者拆除后30日内，向所在地的区县质量监督行政管理部门办理特种设备注册登记注销手续，并提交设施去向的情况说明。

第十二条 （人员配备）

运营单位应当设置安全管理机构或者配备专职的安全管理人员。

运营单位应当根据本单位大型游乐设施的情况，配备操作人员和维修保养人员。运营单位没有维修能力的，应当将维修工作委托具有相应维修资格的单位承担。

运营单位的安全管理人员、操作人员和维修保养人员应当依法取得特种设备作业人员资格。

第十三条 （培训）

运营单位应当对安全管理人员、操作人员和维修保养人员定期进行安全教育和培训，保证其具备与岗位职责相适应的技术能力和安全作业知识。运营单位应当建立作业人员培训记录，并至少保存3年。

质量监督行政管理部门应当对运营单位的培训进行指导和监督。

第十四条 （流动式运营活动的提前告知）

利用大型游乐设施举办流动式运营活动的，活动承办单位应当依法取得公安等行政管理部门的审批。

活动承办单位应当在活动举办前60日，将活动名称、时间、地点、主要内容、运营单位、负责人以及大型游乐设施名称、数量等情况书面告知活动举办地的区县质量监督行政管理部门。

质量监督行政管理部门应当对利用大型游乐设施举办的流动式运营活动进行指导，督促运营单位申请监督检验、设备登记和开展人员培训，并在运营过程中加强现场监督检查。

第三章　安全运营管理

第十五条　（安全管理制度）

运营单位应当建立和执行以岗位责任制度、安全检查制度、安全操作规程、维修保养制度、培训考核制度等为主要内容的安全管理制度。

运营单位应当建立每日运行日志和维修保养日志，并至少保存3年。

市质量监督行政管理部门应当制定大型游乐设施安全管理制度大纲的示范文本，并向社会公布。

第十六条　（应急预案和演练）

运营单位应当编制至少包括以下内容的应急预案：

（一）运营单位概况和安全状况分析；

（二）大型游乐设施危险性辨识和伤害后果预测；

（三）应急救援装备和急救物品配置；

（四）大型游乐设施事故预警预防措施；

（五）大型游乐设施事故应急处置程序；

（六）大型游乐设施事故应急技术措施。

运营单位应当在运营前，将应急预案报所在地的区县质量监督行政管理部门备案。应急预案修改的，应当在修改完成后及时备案。

运营单位应当适时组织应急预案演练，提高应急救援的技术水平和熟练程度。

质量监督行政管理部门应当对运营单位应急预案的编制和演练进行指导。

第十七条　（安全防护措施）

运营单位应当采取下列安全防护措施：

（一）在大型游乐设施的运行区域周围，设置隔离护栏或者采取其他隔离措施；

（二）在大型游乐设施运行中可能发生坠物情况的区域，设置安全防护网；

（三）在运营场所公共区域内，设置人行通道和安全疏散通道；

（四）夜间运营的，在大型游乐设施及其通道、出入口设置充足的照明。

第十八条　（安全注意事项和警示标志）

运营单位应当根据大型游乐设施的运行特点，在醒目位置设置安全注意事项和警示标志，标明以下内容：

（一）乘坐大型游乐设施的禁忌病症；

（二）乘客身高、年龄等限制；

（三）必须由成年人陪同乘坐的要求；

（四）禁止乘客进入的区域；

（五）乘坐大型游乐设施需要注意的其他事项。

运营单位设置的安全注意事项和警示标志的图案、文字、颜色，应当符合有关标准。

第十九条　（操作人员职责）

运营单位的操作人员应当履行下列职责：

（一）在大型游乐设施每日投入运行前进行试运行，确认运行正常、安全装置有效；

（二）指导乘客使用安全装置和正确乘坐大型游乐设施，并向乘客讲解相关的安全注意事项；

（三）及时制止和纠正乘客违反安全注意事项的行为，如制止和纠正无效，有权拒绝其乘坐大型游乐设施；

（四）发现事故隐患或者其他异常情况时，立即停止设施运转，及时向安全管理人员报告，并向乘客说明情况；

（五）发生事故后疏散乘客，与暂时不能离开设施的乘客保持联络，对受伤人员采取紧急救治措施；

（六）完整填写每日运行日志。

第二十条 （维修保养人员职责）

运营单位的维修保养人员应当履行下列职责：

（一）按照安全技术规范的要求开展日检、月检和年检；

（二）根据安全技术规范和实际使用状况，对大型游乐设施进行日常保养；

（三）对检查或者保养中发现的事故隐患或者其他异常情况，及时组织维修，并向安全管理人员报告；

（四）完整填写维修保养日志。

第二十一条 （安全管理人员或者安全管理机构职责）

运营单位的安全管理人员或者安全管理机构应当履行下列职责：

（一）检查操作人员、维修保养人员的作业情况和各项记录；

（二）制止和纠正操作人员、维修保养人员的违章作业行为；

（三）及时处理事故隐患或者其他异常情况报告；

（四）发生停电、恶劣气候、火灾等紧急情况时，做出停止使用的决定；

（五）发生事故时，组织本单位人员开展应急救援工作。

第二十二条 （全面检查和保养）

大型游乐设施因下列情形停止使用的，运营单位应当进行全面检查和保养，确认正常后方可继续使用：

（一）经受可能影响其安全技术性能的火灾、水淹、雷击、大风等自然灾害的；

（二）发生事故的；

（三）停止使用1年以上的。

大型游乐设施因紧急情况或者维修保养等原因需要停止使用的，运营单位应当在运营场所或者单位网站对外公告，说明停止使用的原因和期限。

第二十三条 （定期检验）

运营单位应当在大型游乐设施安全检验有效期届满30日前，按照有关规定，向特种设备检验检测机构申请定期检验。未经定期检验或者检验不合格的大型游乐设施，不得继续使用。

本市特种设备检验检测机构应当在受理申请后20个工作日内，出具检验报告。

第二十四条 （安全评价）

超过设计使用年限的大型游乐设施，需要继续使用的，运营单位应当委托具备大型游乐设施相应制造资格的单位进行安全评价，确定继续使用的条件和期限，并报所在地的区县质量监督行政管理部门备案。

对大型游乐设施做出安全评价的单位应当对评价结果负责。

第二十五条　（事故处理）

运营单位在大型游乐设施发生事故后，应当按照应急预案组织抢救，迅速有效地控制事故，减少人员伤亡和财产损失。同时，按照规定保护事故现场，并及时向所在地的区县质量监督行政管理部门报告。

区县质量监督行政管理部门接到事故报告后，应当立即按照本市特种设备应急预案，组织救援、核实有关情况，并及时向区县人民政府和上级主管部门报告。

第二十六条　（场地提供者的责任）

公园、体育场、游乐场等场所的经营管理者为他人提供大型游乐设施运营场地的，应当督促、协助运营单位加强安全管理；发现事故隐患或者其他异常情况的，应当要求运营单位及时处理，并报告所在地的区县质量监督行政管理部门。

第四章　监督管理

第二十七条　（隐患告知和报告）

特种设备检验检测机构发现运营单位在用的大型游乐设施存在事故隐患或者其他异常情况的，应当以书面形式告知运营单位；发现在用大型游乐设施有下列情形之一的，应当在发现当日告知运营单位立即停止使用，同时报告运营单位所在地的区县质量监督行政管理部门：

（一）生产、安装、维修单位未取得相应资格的；

（二）未依法办理注册登记的；

（三）已经报废或者应当报废的；

（四）未经监督检验、定期检验或者经检验不合格的；

（五）存在其他严重事故隐患的。

质量监督行政管理部门在接到特种设备检验检测机构的报告后，应当在2小时内到达现场，会同特种设备检验检测机构予以处理。

第二十八条　（安全检查和巡查）

质量监督行政管理部门应当对运营单位定期进行安全检查，重点检查运营单位安全管理制度和应急预案的制定、执行情况。

质量监督行政管理部门应当经常性地组织开展现场巡查，在节假日前和旅游旺季到来前应当增加巡查次数。巡查内容包括：

（一）安全检验合格标志是否有效；

（二）安全注意事项告知和警示标志是否醒目、完整；

（三）作业人员配备和操作是否符合规定；

（四）每日运行日志、维修保养日志、培训记录是否准确、完整；

（五）应急救援人员是否到位、应急救援装备是否完好。

质量监督行政管理部门应当建立检查和巡查记录，记录检查和巡查的内容、发现的问题、处理结果等，并由检查和巡查人员签字后保存备查。

第二十九条　（监管措施）

质量监督行政管理部门发现运营单位存在违反安全管理规定的行为或者大型游乐设施存在事故隐患的，应当责令运营单位及时采取措施，改正违法行为或者消除事故隐患，并根据实际情况做出暂停使用、停止使用或者需要进一步技术鉴定的决定。情节严重的，可以依法责令停产停业整顿。对有证据表明不符合安全技术规范要求或者存在严重事故隐患的大型游乐设施，可以依法采取查封或者扣押措施。

第三十条 （监管数据库）

质量监督行政管理部门应当利用信息化技术，建立和完善本市大型游乐设施安全监管数据库。

第三十一条 （对举报的处置）

质量监督行政管理部门在接到有关违反大型游乐设施安全管理规定的举报后，应当及时核实处理。对举报属实的，质量监督行政管理部门应当依照有关规定给予奖励。

第三十二条 （信息公布）

市质量监督行政管理部门应当会同市安全生产、绿化市容、旅游、体育等行政管理部门每年向社会公布一次本市大型游乐设施安全状况，内容应当包括：

（一）大型游乐设施数量、种类、分布区域；

（二）大型游乐设施事故情况、特点、原因分析、防范对策；

（三）其他需要公布的情况。

第五章　法律责任

第三十三条 （对运营单位的处罚）

运营单位有下列情形之一的，由市或者区县质量监督行政管理部门责令限期改正；逾期未改正的，处以2000元以上2万元以下的罚款：

（一）违反本办法第七条的规定，未履行查验义务的；

（二）违反本办法第十条第一款的规定，大型游乐设施投入使用前未办理注册登记的；

（三）违反本办法第十一条第二款的规定，大型游乐设施搬迁、拆除后未申请注销注册登记的；

（四）违反本办法第十三条第一款的规定，未建立培训记录并保存的；

（五）违反本办法第十五条第一款的规定，未建立安全管理制度的；

（六）违反本办法第十五条第二款的规定，未建立每日运行日志和维修保养日志并保存的；

（七）违反本办法第十六条第一款的规定，未编制应急预案的。

运营单位违反本办法第八条第一款或者第十二条第二款的规定，选择的安装单位或者维修单位不具备相应资格的，由市或者区县质量监督行政管理部门责令限期改正；逾期未改正的，处以1万元以上5万元以下的罚款。

第三十四条 （承办单位违反提前告知规定的处罚）

违反本办法第十四条第二款的规定，利用大型游乐设施举办流动式运营活动的承办单位，未将相关信息书面告知质量监督行政管理部门的，由市或者区县质量监督行政管理部门责令改正，并处以2000元以上2万元以下的罚款。

第三十五条 （场地提供者违反报告规定的处罚）

违反本办法第二十六条的规定，公园、体育场、游乐场等场所的经营管理者未履行报告义务的，由市或者区县质量监督行政管理部门责令改正，并处以 2000 元以上 2 万元以下的罚款。

第三十六条　（检验检测机构违反告知和报告规定的处罚）

违反本办法第二十七条第一款的规定，特种设备检验检测机构未履行告知或者报告义务的，由市或者区县质量监督行政管理部门责令改正，并处以 2000 元以上 2 万元以下的罚款。

第三十七条　（行政违法责任）

行政机关工作人员违反本办法规定，不履行或者不正确履行法定职责，对直接负责的主管人员和其他直接责任人员，依法给予行政处分；构成犯罪的，依法追究刑事责任。

第三十八条　（依照有关规定进行的处罚）

对违反本办法的其他行为，按照相关法律、法规、规章的规定进行处罚。

第六章　附　　则

第三十九条　（参照适用）

对公众开放的非经营性大型游乐设施的运营安全管理，参照本办法执行。

第四十条　（实施日期）

本办法自 2010 年 10 月 1 日起施行。

资料来源：百度文库（wenku. baidu. com/view/6160f40d52ea551810a687b7. html）。

三、旅游景区治安管理

旅游景区治安管理即景区范围内的治安保卫工作，如防止偷盗、抢劫等犯罪行为的发生，避免造成游客的人身伤害或财物损失，及时查禁"黄、赌、毒"等社会不良现象，依法打击强买强卖、敲诈勒索、殴打辱骂游客等各类违法犯罪活动等。

案例 8-3

"四大机制"创新武陵源景区治安管理

为了适应武陵源景区不断变化的治安形势，满足世界游客对公安机关服务和管理的需要，更有效地维护好景区治安，武陵源公安分局深入调研，大胆探索，逐步建立起了四大景区治安管理新机制，全面提升维稳、保安和服务的能力，实现了连续 15 年景区无刑案的好局面。

1. 创新景区警务机制

该局针对景区线长面广，山高路险的实际，按照"科学布局，整体联动，务求实效"的要求，在景区增设了 1 个景区派出所、6 个景区警务室、4 个值勤室，增加了 9 名民警，装备了 7 台电动巡逻车，实现了景区游客主要聚散地和治安复杂景点有室有警，及时处警和化解各类纠纷。在此基础上大胆推行景区点、片、区、线四级警务工作承包责任制，落实警务工作"由点管片，由片控线，由线防面"的四级责任主体。开通了景区警务直通通信网络，各派出所和警务室与市局110报警指挥中心和该局指挥中心警情直接对接。每个警务室有安装了直通电话，民警配备了专用的手机卡和对讲机，确保第一时间接警处警，实现了近400平方公里的景区警务快速联动。此外，该局还采取了强化治安行业场所管理，整治色情敲诈和追客赶客宰客等扰乱旅游市场秩序的治安问题等一系列有效措施维护景区治安。

2. 创新景区联防机制

景区治安管理必须走群防群治之路。该局整合森林公园管理处、景区办事处、乡镇居委会等各方社会力量，建立健全了"综治部门领导，公安机关牵头，社会力量实施"的综治联防机制。一是建立专职巡防队伍，开展景区巡逻。森林公园管理处组建了40人的协警队，景区办事处、天子山、中湖乡分别组建了10人以上的专职巡防队，全天候在景区点、线、片上巡逻。二是加强单位内部安全保卫工作监督指导。该局把景区门票站、索道公司、客运公司等接待单位都列为重点内保单位，除建立健全各项安全防范制度和落实人防物防技防措施外，还帮助建立了综治调解室，要求配备了2名综治调解人员，协助处理发生在本单位范围内的矛盾纠纷。三是建立村、居基层联防队伍。景区建立了6支以村、居治安主任为骨干，干部、退伍军人、护林员等治安积极分子为成员的基层巡防队伍，在治安复杂的家庭旅馆区、停车场巡逻值守。四是建立"联户联防"群防网络。该局对景区内的住户、摊点、店面按照自然地理条件情况进行编组，每组推选一名组长，负责收集信息，反映情况，调解纠纷，防范宣传等工作，编织起邻里守望、联户联防的群防群治网络。五是部门联动，紧密配合。在进入景区的主要路口布建了出警点(哨卡)，落实以公安、交警、协警、综治为主要力量的值守盘查力量，实行24小时值班。六是建立健全了综治联防工作奖罚制度。区政府、区综治委和该局都制定出台了综治联防工作考评办法，每年都要对工作成绩突出的个人和单位给予表彰和奖励，对有特殊贡献的人和事还实行一事一奖、一案一奖。同时，对工作消极推诿、出现重大问题的单位和个人依法、依规、依纪问责，处理到位。

3. 创新景区技防机制

技防是景区治安防范不可缺少的措施。该局以数字武陵源建设为契机，以"全球眼"视频监控系统为平台，建立健全"政府出资，企业建设，公安管理，综合利用"的景区四级视频监控机制。一方面，在硬件上区政府和景区内重点接待单位共投资500多万元建成了区、公安分局、派出所和内部单位四级监控平台，在景区门票站、停车场、游客主要聚散地等安装了138个监控控头，景区重点接待单位内部安装了闭路监控系统。另一方面，在软件上组建了由公安、交警、旅游等6部门和9家内保单位共41人的专门监控队伍，明确了职责任务，制定了相关制度，24小时对景区治安情况进行监控，基本实现了景区内视频监控全天候，全覆盖。

4. 创新公安服务机制

"一切为了游客安全，一切为了游客满意"是该局各项工作的出发点和落脚点，不断探索创新公安机关服务旅游新机制是该局全体民警的不懈追求。一是始终坚持有警必接、有险必救、有难必帮、有求必应的"四必"接处警机制，立足本职服务游客。二是转变观念主动服务，推出"五分钟处警"、"警务公开"、"银行大额取款陪护"等十项承诺，开通游客紧急事务办理绿色通道等二十多项便利服务举措。三是开展"民警在您身边"、"相约警务室"、"党员民警服务岗"等警民共建活动，拉近距离，面对面服务游客和群众。四是以警务调查和民意测评为标准和工作导向，评判和引导各项工作，将服务意识内化为工作宗旨。

资料来源：张家界在线（www.zjjzx.cn/gov/zwdt/56647.html）。

第二节　旅游景区安全管理的新趋势

目前我国旅游景区安全管理方面存在的问题主要来源于三个方面：一是旅游者，二是旅游景区经营者，三是进行宏观管理的政府部门。为搭建起高效的旅游景区安全管理的平台，需借三方之力，共同推进。目前，在我国旅游景区安全管理方面，呈现如下趋势：

一、从政府角度来讲，旅游景区安全管理的组织更加具体、旅游景区安全管理的法规更加全面

（一）众多地方政府建立专门的旅游景区安全管理组织体系

以江苏省为例，江苏省地方标准《旅游景区（点）安全质量规范》5.1.3 规定：景区须设置专门机构、配备专门人员，负责安全保卫工作。

旅游景区应建立景区安全生产委员会或者景区安全生产领导小组，以法人代表（或受书面委托的总经理）为主任（组长），各部门负责人参加的安全生产管理组织体系，全面领导旅游景区的消防、治安、食品卫生等安全管理工作。

对于旅游景区安全管理机构和人员的编制数量，目前还没有明确的文件规定。各旅游景区可以参照江苏省地方标准《旅游（星级）饭店安全质量规范》的相关规定。该规范明确规定安全职能部门定编（含雇佣保安公司人员）不低于全体职工人数的 5%，安全职能部门应设有消防、治安、警卫、内勤等专职管理人员。其中，职工 800 名以上的单位，消防、警卫、内勤专职管理人员各不少于 1 人，治安管理人员不少于 2 人。

旅游景区如果有特种设备，应当执行江苏省地方标准《特种设备使用单位安全管理准则》的规定：使用单位应当根据情况设置或者指定特种设备安全管理机构。江苏省地方标准《特种设备使用单位安全管理准则》规定：特种设备运营使用单位应配备持有相应证件的专职或兼职特种设备安全管理人员，且持证范围应覆盖本单位特种设备种类。电梯、客运索道、大型游乐设施等为公众提供服务的特种设备使用单位，应配备专职的特种设备安全管理人员。

江苏省地方标准《特种设备使用单位安全管理准则》对每台特种设备应当配备的操作人数或者每班次应当配备的操作人数作了详细规定，同时规定：锅炉、压力容器、电梯、起重机械、客运索道、大型游乐设施、场（厂）专用机动车辆的作业人员及其相关管理人员（以下统称特种设备作业人员），应当按照国家有关规定经特种设备安全监督管理部门考核合格，取得国家统一格式的特种作业人员证书，方可从事相应的作业或者管理工作。

旅游景区义务消防队员配备人数，可以参照江苏省地方标准《宾馆饭店消防安全管理》的规定，即从员工中以不低于10%的比例确定兼职义务消防队员。

旅游景区的安全管理组织网络应当向当地旅游局报告备案。其中，消防安全重点单位的消防安全责任人、消防安全管理人还应当报当地公安消防机构备案。

常见的景区安全管理组织体系见图8-1。

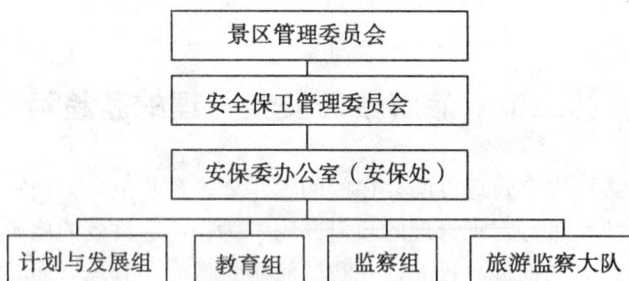

图8-1　常见的景区安全管理组织体系

（二）旅游景区安全管理的法规更加全面

我国关于旅游景区安全管理的法规主要有：

(1)《旅游安全管理暂行办法》(国家旅游局，1990年2月20日发布)。

(2)《旅游安全管理暂行办法实施细则》(国家旅游局，1994年1月22日发布)。

(3)《重大旅游安全事故报告制度试行办法》(国家旅游局，1993年4月15日发布)。

(4)《重大旅游安全事故处理程序试行办法》(国家旅游局，1993年4月15日发布)。

(5)《关于加强旅游涉外饭店安全管理，严防恶性案件发生的通知》(国家旅游局、公安部，1993年8月10日发布)。

(6)《旅行社办理旅游意外保险暂行规定》(国家旅游局，1997年5月30日发布)。

(7)《漂流旅游安全管理暂行办法》(国家旅游局，1998年4月7日发布)。

(8)《游乐园(场)安全和服务质量》(GB/T16767—1997)(国家技术监督局，1997年4月22日批准)。

除了这些国家标准外，某些地区政府也制定了相关的法规为旅游景区安全管理服务，如江苏省的地方标准有《旅游景区(点)安全质量规范》、《娱乐场所消防安全管理》、《特种设备使用单位安全管理准则》、《社会单位消防安全"四个能力"建设指南》，北京市的地方标准有《北京市等级旅游景区安全管理规范》，上海市的地方标准有《上海市大型游乐设施运营安全管理办法》等。

（三）统一行业标准，建立健全"安全标志"(safety signs) 系统——GB2894—1996

GB2894—1996将景区安全标志分为四大类型，见图8-2：

禁止标志：禁止××，共23种。

警告标志：当心××，共28种。

指令标志：必须××，共12种。

提示标志：紧急出口、避险处等。

● 注意安全　　　　● 禁止烟火　　　　● 必须系安全带　　　● 紧急出口
　　禁止标志　　　　　警告标志　　　　　指令标志　　　　　指示标志

图 8-2

相关链接

《北京市等级旅游景区安全管理规范》(释解)

第一条　为指导北京地区等级旅游景区做好安全管理工作，根据《中华人民共和国安全生产法》、《中华人民共和国消防法》、《中华人民共和国文物保护法》、《中华人民共和国食品卫生法》、《风景名胜区条例》、《北京市旅游管理条例》、《北京市安全生产条例》及有关法律、法规，制定本规范。

[释解]本条是关于立法目的和立法依据。

1. 立法目的是指导北京地区等级旅游景区做好安全管理工作。

等级旅游景区在生产经营活动中，为避免发生造成人员伤害和财产损失，以保证人身、财产安全和生产经营活动得以顺利进行，就要做好安全管理工作。

随着北京地区等级旅游景区的发展，规模不断扩大，经营范围越来越广，事故风险也在不断增加，安全事故的发生对社会稳定和经济发展构成威胁。旅游行政管理部门作为旅游行业安全生产监管部门，负有行业监管职责，有必要不断加强对旅游行业的监督管理，因此，对北京地区等级旅游景区的安全管理做出指导性的规范。

2. 立法依据。《中华人民共和国安全生产法》、《中华人民共和国消防法》、《中华人民共和国文物保护法》、《风景名胜区条例》、《北京市安全生产条例》、《北京市旅游管理条例》及有关法律法规等是本规范的立法依据。

第二条　本规范适用于本市行政区域内由各级旅游行政管理部门按照《旅游区(点)质量等级的划分与评定》(GB/T17775—2003)的规定，评定的各类等级旅游景区。

[释解]本条是关于本规范的适用范围。

在本市行政区域内由各级旅游行政管理部门按照《旅游区(点)质量等级的划分与评定》(GB/T17775—2003)的规定，评定的各类等级旅游景区(国有、集体、私营、中外合资等)的安全管理工作，都适用本规范。

第三条　等级旅游景区的安全管理工作贯彻"安全第一，预防为主、综合治理"的方针。

等级旅游景区安全工作按照属地管理的原则，实行综合监管、行业监管、专项监管三结合的监管模式。

[释解]本条是安全管理工作基本方针和对安全管理监督管理工作体制的规范。

1."安全第一、预防为主、综合治理"是等级旅游景区安全管理工作的基本方针。等级旅游景区必须正确处理保证安全与经营效益的关系，在安全与效益发生矛盾时，要把安全放在首位。要保证安全管理的资金投入，各项设备、设施符合安全管理的要求，发现事故隐患必须及时消除，不能为了赶任务、追效益而置安全于不顾。

(1)"安全第一"体现的是安全优先的原则。

在处理保证安全与实现生产经营活动各项目标的关系上，要始终把安全特别是相关人员的人身安全放在首要位置。本规范所包含的安全管理条件、要求等条款，都是围绕着安全优先的原则制定的。

(2)"预防为主"就是强调事前预防，防患于未然。

安全管理工作不是走过场，不是"亡羊补牢"，而是要防患于未然。要谋事在先，尊重科学，探索规律，采取有效的控制措施，千方百计预防事故的发生。等级旅游景区要严格按照法律、法规的规定，从安全条件、安全责任制、安全保障措施、从业人员的教育培训、应急救援预案等方面做好工作，将各类安全事故消灭在萌芽状态。

(3)综合治理就是要发动全员积极参与做好安全管理工作。

等级旅游景区的安全管理工作不仅是某个人、某个岗位、某个部门的事情，而是等级旅游景区全体员工的事情。每个从业人员都要牢固树立"安全第一、预防为主、综合治理"的意识，严格执行岗位安全责任制，增强自我保护意识，任何时候都不能违章作业，对危及安全的违章指挥应当拒绝执行。

2. 旅游景区安全工作按照属地管理的原则，实行综合监管、行业监管、专项监管三结合的监管模式。

(1)市和区、县旅游行政管理部门依照法律、法规，对所辖区域的等级旅游景区安全管理工作实施行业监督管理。配合相关部门开展应急救援和事故调查处理工作，对安全生产违法行为实施行政处罚等。

(2)公安消防、质量技术监督等部门分别对等级旅游景区的消防安全、特种设备安全等实施专项监督管理。组织协调相关领域重大事故隐患的处理，开展应急救援，单独或者配合安全生产监督管理部门进行事故调查处理，依照专项法律、法规的规定对违法行为实施行政处罚。

(3)安全生产监督管理部门对等级旅游景区的安全生产工作实施综合监督管理，指导、协调和监督政府有关部门履行安全生产监督管理职责。

第四条　等级旅游景区应当根据本单位经营活动的特点，加强安全监督管理工作，建立、健全安全生产责任制，配备专门机构或人员负责日常安全监督检查工作，完善安全设施、设备，确保旅游安全。

[释解]本条是确保安全管理基本义务的规范。应设置安全生产管理机构和专兼职安全生

产管理人员。

1. 安全生产责任制度是指等级旅游景区根据有关安全管理的法律、法规和规章的规定，结合等级旅游景区经营特点，具体规定本单位的安全管理和具体负责人员的规章制度。

2. 安全管理机构是指等级旅游景区负责安全监督管理的内设机构，其工作人员都是专职安全管理人员。安全管理机构负责组织落实国家有关安全的法律、法规，组织等级旅游景区内部开展安全活动，负责日常安全检查，及时督促本单位事故隐患整改工作，监督安全责任制的落实等。安全管理机构是等级旅游景区主要负责人安全生产工作的助手，是等级旅游景区安全管理的重要组织保证。

安全管理人员是指所有从事安全管理人员的总称，既包括安全管理机构的负责人，也包括等级旅游景区主管安全的负责人；既指专职的安全管理人员，也指兼职的安全生产管理人员。作为一名安全管理人员，必须具备与等级旅游景区经营活动相适应的安全知识和管理能力。

第五条 法定代表人(或主要负责人)是等级旅游景区安全工作的第一责任人，统筹负责本单位的安全管理工作。其主要职责是：

(一)贯彻国家和北京市的法律、法规、规章和行业相关规定，落实安全管理责任制；

(二)组织制定本景区的安全生产规章制度和操作规程；

(三)保证安全管理资金的投入，配备必要、有效的安全保障设施；

(四)定期研究本景区安全管理工作，及时消除安全事故隐患；

(五)组织制定并实施旅游突发事件应急预案；

(六)负责调查、处理本景区内发生的安全事故；

(七)按规定及时、如实地向有关部门报告各类旅游突发事件；

(八)履行法律、法规、规章和企业章程规定的其他安全管理职责。

[释解]本条是对旅游景区主要负责人对本单位安全负全责的规范。

1. 等级旅游景区主要负责人，是指在本单位对生产经营活动具有指挥权、决策权的人，即法定代表人或者受法定代表人委托的人。

2. 等级旅游景区主要负责人对本单位安全管理应承担的责任。鉴于等级旅游景区主要负责人在生产经营活动中的重要地位，其必须承担对等级旅游景区安全全面负责的责任。等级旅游景区主要负责人对安全全面负责是对安全管理工作承担主体责任的法律保障，也是安全责任制的重要内容。

3. 根据《中华人民共和国安全生产法》第十七条，《北京市安全生产条例》第十三条，《机关、团体、企业、事业单位消防安全管理规定》第四条、第六条中对法定代表人在安全管理方面的职责，做出综合规范。

第六条 等级旅游景区安全管理机构的主要职责是：

(一)接受旅游、公安、消防、卫生、安全生产、质量监督等行政管理部门及上级主管部门对景区安全管理工作的业务指导和监督检查；

(二)建立并完善本景区的安全管理规章制度；

(三)建立并落实本景区的安全生产责任制；

（四）建立本景区的安全生产例会制度，定期研究本景区的安全管理工作，及时通报有关工作信息；

（五）建立生产安全隐患排查制度，及时发现并消除本景区各类安全隐患，对不能立即整改的，应当采取必要的安全防范措施；

（六）建立安全教育制度，定期对员工进行安全教育和操作演练，新聘员工应当接受安全教育培训；

（七）从事法律、法规规定的特殊工种作业人员，应当经过专业主管部门的培训和考核，取得合格证方可上岗；

（八）履行法律、法规、规章和企业章程规定的其他安全管理职责。

[释解]本条是对等级旅游景区安全管理机构的职责规范。

安全管理机构是旅游景区依法设置的专职安全管理的内设机构，其工作人员都是专职安全管理人员。是等级旅游景区主要负责人安全管理工作的助手，做好安全管理工作是法律赋予的职责和其应尽的义务。是法律法规对企业安全要求的执行人，其职责是根据法律、法规对企业的要求而综合制定的。

第七条　等级旅游景区应当建立安全管理例会制度，定期研究本单位安全管理工作；制定有效的安全措施，并对措施的落实情况进行检查。

[释解]本条是对景区安全日常管理所做的规定。

安全管理例会是指以安全为主要内容定期召开的会议。等级旅游景区要形成定期研究各种安全问题的机制，以定期召开安全会议的形式，听取安全工作汇报，对发现的各种安全问题，认真组织研究，制定切实可行的安全措施。同时对安全措施的落实情况要及时检查验收，将等级旅游景区的安全管理制度化、规范化，建立等级旅游景区内部安全管理的长效机制。

第八条　等级旅游景区应当建立生产安全隐患排查制度，对本单位容易发生事故的部位、设施，明确责任人员，制定并落实防范和应急措施。

[释解]本条强调了建立隐患排查制度，是预防为主方针的具体体现。

事故隐患是指等级旅游景区在生产设施、设备等方面存在的可能引发事故的各种自然或者人为因素。

安全事故隐患排查制度是指根据法律、法规的要求，结合以往的经验教训，用科学的方法进行分析，找出可能引发事故的部位，利用现有条件和科学手段加以控制和预防。

等级旅游景区是区域安全的责任主体，根据各类有关安全法律、法规，分析和结合本单位生产经营活动的特点，找出容易发生事故的领域和环节，采取有效的监控措施，达到预防安全事故发生，实现安全的目的。等级旅游景区主要负责人应当组织经常性的安全检查，对检查中发现的安全问题或者事故隐患指定专人负责消除；难以及时消除的，应当组织有关职能部门研究，采取有效的防范措施，以免对人身财产造成损害。

第九条　等级旅游景区应当建立游览安全管理制度，保证游客游览环境的安全。

（一）按照《北京市旅游管理条例》的规定和景区规划容量的测算，将游客数量控制在最佳接待容量之内；

（二）完善景区设施安全管理制度，制定工作人员规范操作规程；

（三）在景区内重点部位和危险地域加强安全防护措施；

（四）在节假日、黄金周等重点时期设立景区游客安全疏导缓冲区；

（五）禁止游客在未开发或无安全保障的地域开展旅游活动；

（六）景区护园队等保安人员要加强景区内巡视，禁止游商尾随游客兜售商品，保证景区内良好的游览秩序。

[释解]本条是对景区游览方面的安全管理制定的规范。

1. 等级旅游景区的经营者，要对本景区的接待能力进行科学的测算，对景区内重点地段、区域的接待能力进行测算，为做好游客的游览、疏导管理，防止发生挤伤踩踏事故提供保障。

2. 景区内设施很多，要使其充分发挥作用，就要建立完善的管理制度，这种管理制度应当包括：设施档案、操作程序、故障排除方案、使用维保记录等内容。使用和操作这些设施的工作人员要经过培训和考核，管理人员要进行经常性的监督检查。

3. 景区内重点部位是指对景区的安全、经营起着重要作用的部位，如变配电室、缆车索道控制室、中控室等。危险地域是指景区内尚未开发或未加设安全设施的地域。对景区内这些地方加强安全管理，采取必要的安全防护措施，是对在这些区域活动的每个人的安全，提供了较为有效的安全保证。

4. 节假日、黄金周是人们休息旅游的高峰时期，这个时期在等级旅游景区游览的客人较多，且相对集中，易发生各种安全事故。建立缓冲区是减少、防止挤伤踩踏，治安案件发生的重要措施。缓冲区应当建在地域开阔、便于疏散的区域。

5. 景区内未开发的地域存在许多安全问题，如：山体滑坡、碎石滚落、残墙倒塌、蹬空坠落、溺水或者因安全防护设施不全，易造成游客跌伤、迷路走失等。因此，在导游图或游客须知中加以标注；在这些地域设置专人或者警示牌，提醒游客，达到制止的目的。

6. 在旅游景区经常会有一些不法之徒利用向游客兜售商品或者游览在偏僻地域之机，进行销售假冒伪劣商品、盗窃、抢劫、抢夺等违法犯罪活动。因此，加强景区内巡视，对商贩的行为加以限制，是景区游览安全的有效保证，也是符合法律要求的。《北京市旅游管理条例》第四十六条规定：在旅游区(点)内或者周围，不得擅自摆摊、圈地、占点、妨碍旅游者观光、摄影；不得纠缠、诱骗或者胁迫旅游者购买商品、接受有偿服务。

第十条　等级旅游景区应当建立安全信息发布制度，及时向游客提供准确、规范的安全信息。

（一）通过有线广播、安全须知、宣传手册等形式，及时发布地质灾害、天气变化、洪涝汛情、交通路况、治安形势、流行疫情预防等安全警示信息以及游览安全提示信息；

（二）根据消防、用电以及道路交通等有关法律、法规的规定，在景区内设置明显的警示标志，并采取安全措施；

（三）完善景区的解说系统，在有条件的区域建设无障碍游览通道；

（四）景区内的施工现场应当设置易于识别的安全提示标志；

（五）非游泳区、非滑冰区、防火区、禁烟区等区域应当设置明显的禁止标志。

[释解]本条是对景区安全信息、安全标志的规范。

1. 采取各种便于游客接受的宣传形式，就是为了让游客及时了解有关旅游安全信息，对个人的旅游活动做出决断。

2. 大多数等级旅游景区自然景观是主体，自然环境复杂，在消防、用电、交通等专项安全方面易发生事故，而且在这些方面管理起来难度又比较大。例如，在目前客观条件和自然条件下，景区内不可能安装自动报警和灭火装置；在电源线路敷设和使用，以及景区内道路开通，都要考虑到自然和谐。因此，就要着重强调这些方面的安全管理，设置明显的警示标志，随时提醒游客注意。

3. 解说系统和无障碍游览通道在正常情况下，为各类游客提供便捷的服务，在紧急情况下也可用于应急指挥和疏散。

4. 到景区游览的客人对景区内的任何地方都会有一种好奇心理，而施工现场又是一个易引发安全事故的场所，因此，设置明显的安全警示标志是非常必要的。如：游客止步、禁止吸烟、防止坠落等。

5. 作为等级旅游景区的经营者要对每个前来游览的客人负责，但是由于景区面积比较大，对于易发生危险的场所、区域设置专人值守是很困难的，因此，为避免和减少安全事故的发生，必须设置明显的禁止标志，所谓明显就是可以让每个游客都能看到并懂得标志的含义。

第十一条　等级旅游景区应当建立安全用电管理制度，严禁违章用电。

（一）景区用电装置和材料应当符合国家规定，配电装置的清扫和检修应当按照《北京地区用电单位电气安全工作规程》的相关规定执行；

（二）景区安装或者移动电器设备，须由专业技术人员操作，并严格遵守安全操作规程；

（三）景区内重点用电设备应当安装漏电保护装置，对该类装置的拆卸和移动应当按照相关规定执行。

[释解]本条是对等级旅游景区用电安全的规范。

等级旅游景区建立严格的用电安全管理制度，很有必要，因为景区内用电设备设施较多，游客众多、地形复杂、拉接不便，不加强管理易引发人身、财产损失和重大事故。

1.《北京地区用电单位电气安全工作规程》是电力部门为减少用电事故的发生，正确有效地利用电能，加强用电单位电气设备的安全、安装和运行管理工作而制定的，对用电单位起到了规范、指导作用。因此，各旅游景区都应当按照其规定执行。

2. 景区内会因经营需要举办各种活动，或者因设备设施维修、局部装修改造而拉接临时用电线路，为保证临时用电线路的安全，拉接临时线路前必须到景区安全管理部门进行申请，经批准后，由专业电工进行临时线路的安装和拆除。临时线必须使用双重绝缘的橡胶护套线或者塑料护套线，穿越地面应当采取防止踩踏和碾压的防护措施，临时线电源则应当有漏电保护装置。

3. 景区安装漏电保护装置，可以有效防止触电事故的发生。漏电保护装置每月最少检查一次，并做好记录，发现漏电保护装置失灵应当立即更新，严禁检修后重复使用。

第十二条　等级旅游景区应当建立交通安全管理制度。游览线路的规划应当符合国家规定的道路交通条件；运营中的游览工具须符合国家相关质量标准，游览工具的驾驶员应当经过专业技能培训；景区内夜间游览区域应当配备数量充足、功能有效的照明设备。

[释解]本条是对等级旅游景区道路交通安全及夜间游览管理的规范。

1. 旅游景区内的道路一般曲折、狭窄，因树木、山体、建筑物的遮挡视线较差，因此，建立有序的交通管理是非常必要的。

2. 景区在进行道路规划时要注意，路标设置、线路施划、导向标志等要符合的国家规定，不能随心所欲，让游客看不懂。

3. 游览工具是指缆车、观光车、客运索道等设备，这些设备必须符合国家相关质量标准，是安全的保障，也是法律法规所规定的。

4. 游览工具的操纵或驾驶人员必须经过专业技能培训，是这些游览工具的特殊性能和景区自然环境所决定的，否则就无法确保乘坐人员的安全。

5. 景区内环境复杂，大多数游客都是第一次到此游览，当夜幕降临后，特殊的地理环境，就会成为迷宫。所以，配备数量充足、功能有效的照明设备是非常必要的。

第十三条　等级旅游景区应当建立消防安全管理制度，保障景区的消防安全。

（一）保持消防通道畅通，配备足够的消防器材，并定期组织检查；

（二）建立义务消防队伍，定期组织所属员工的安全培训和应急演练；

（三）加强景区内古建筑物消防安全管理，禁止在古建筑保护范围内堆存易燃、易爆物品；动火、用电应当按照《古建筑消防管理规则》的相关规定执行；

（四）有森林资源覆盖的景区应当按照《中华人民共和国森林法》和《森林防火条例》的相关规定进行专项消防管理；

（五）景区餐饮场所内灭火器材配置点的距离应当符合国家有关规定；在厨房操作间、燃气调压室等重点部位应当设置可燃气体报警探测器；

（六）景区停车场应当配备专用灭火器材。

[释解]本条是对等级旅游景区消防安全管理的规范。

等级旅游景区自然景观较多，在季节、气候以及人为条件作用下，易发生火灾；且发生火灾后蔓延速度快、扑救难度较大。所以，加强景区内消防安全管理是非常必要的。

1. 保留畅通的消防通道，是为了在紧急的情况下，能够使消防车辆迅速到达现场；配备足够的消防器材，就是为了在紧急情况时，能够及时扑灭火灾；定期组织检查是为了使消防器材长期保持良好状态，随时可以发挥作用。

2. 任何火灾都有初起和逐步发展的过程，当火灾发生时，在场的人员能够及时扑救，就会减少损失。如果报警等待消防队前来扑救，就会拖延时间，加大损失。因此，有关法律法规都要求单位成立义务消防组织，单位要对义务消防队员经常进行消防技能培训和演练，使他们做到平时能防，遇火能救，才能达到真正的防火目的。

3. 古建筑是我们祖先留给后人的丰富遗产，是旅游景区重要的人文景观。它凝聚了我们中华民族的传统、智慧、文化等多方面的结晶，保护好古建筑，让子孙后代永远都能看到和享受祖先的遗产在等级旅游景区尤为重要。防止火灾就是对古建筑永久性保护的一项措施。禁止在古建筑周围堆存易燃易爆物品，加强对用火用电管理是防火管理重要保证。

4. 森林是等级旅游景区的重要自然旅游资源，加强森林防火是确保景区正常经营的安全保证。因此，等级旅游景区必须严格遵守《中华人民共和国森林法》和《森林防火条例》认真履行防火职责。

5. 餐饮场所是火灾易发部位，而景区内的自然和人文环境，也容易造成火灾迅速蔓延。所以，消防器材的配置和摆放距离都要符合国家规定，使之在紧急情况下，便于启用。

厨房操作间、燃气调压室等部位易发生因设备老化或操作不当引起燃气泄漏，继而引发爆炸和火灾，因此，安装可燃气体报警器非常必要。

6. 停车场内停放的个别车辆，会因多种原因发生自燃，特别是旅游旺季或夏季，这种现象随时都有可能发生。因此，配备适合扑救车辆火灾的消防器材是非常必要的。

第十四条　等级旅游景区应当建立特种设备安全管理制度，严格执行《特种设备质量监督与安全监察规定》及相关法律、法规的规定，保障特种设备的安全运行和游览活动的有序进行。

（一）景区内的特种设备应当符合国家标准，特种设备的操作人员具备相应的资质；建立特种设备技术档案；每日设备运行前，应当进行安全检查，并做好定期维护保养工作；

（二）景区内各类游乐项目的运营场所应当公示安全须知；对游客进行安全知识讲解和安全事项说明，并配备相关人员具体指导、帮助游客正确使用游乐设施，严禁超员运营；

（三）旅游景区工作人员应当及时劝阻游客的各种不安全行为；

（四）在景区内开展的攀岩、冲浪、漂流、骑马、拓展、蹦极、速降等特种旅游项目，应当制定内容详细的安全操作规程和安全提示手册；

（五）景区内的制高点和高层建筑设施应当安装避雷、防雷设备，并在每年雷雨季节之前进行检测和全面维护；

（六）景区应当向参与特种旅游项目的游客推荐投保人身意外伤害保险；

（七）景区装置的电视监控系统应当符合公安机关的相关规定。

[释解]本条是对等级旅游景区特种设备、特种旅游项目安全管理的规范。

特种设备是指在景区内使用的客运索道、滑道、缆车、游船及各项大型游乐设施。《特种设备质量监督与安全监察规定》是防止和减少事故，保障人民群众生命和财产安全，促进经济发展而制定的安全法规，是景区对特种设备依法管理的依据。

1. 景区内的特种设备的选用、安装、运行，直接关系到景区游客的人身安全和正常经营。所以，必须要符合国家标准，其操作人员必须具备相应的资质，这些要求为特种设备的使用者提供了安全保证。建立特种设备技术档案；每日设备运行前，应当进行安全检查，并做好定期维护保养工作等要求就是要把对特种设备的安全管理制度化，尽可能做到万无一失。

2. 景区有多种游乐项目，许多是游客第一次接触，规范要求从事这些游乐项目的经营者，把安全须知公示于众，对游客进行安全知识讲解和安全事项说明，并配备相关人员具体指导帮助游客正确使用游乐设施，严禁超员运营，就是为了保证游客的人身安全和特种设备安全运行所采取的必要措施。

3. 在景区开展的特种项目活动中，往往都会出现一些游客不顾安全要求为拍照或显示自己的胆量等做出危险动作。因此，规范要求景区工作人员在工作中注意发现，及时制止。

4. 攀岩、冲浪、漂流、骑马、拓展、蹦极、速降等特种旅游项目，危险性较强，需要参与者有很好的驾驭能力和心理素质，同时还要有必要的安全防护知识。为此，本规范要求项目经营者制定内容详细的安全操作规程和安全提示手册是很有必要的。

5. 我市等级旅游景区多数地处山区，而山区又是夏季雷雨多发地带，为减少雷雨给景区带来的人身财产损失，本规范要求景区安装避雷、防雷设备，并加强管理，使之有效。

6. 古语说"百密必有一疏"，再好的设备，再严的措施，也可能有意外发生，而事故发生后，每每为医疗费、赔偿金等问题纠缠不休，如果参加人身意外伤害保险，就可减轻一部分压力。因此，本规范要求景区向游客推荐投保各种人身意外伤害险。但是，这里强调的是"推荐"，而不是"必须"。

7. 为了便于经营管理，及时处置突发事故，一些景区在一些主要景点、出入口和危险地段，安装了电视监控系统。这些设备安装和使用必须按照北京市质量技术监督局、北京市信息化工作办公室、北京市公安局《图像信息管理系统技术规范》的相关规定执行。

第十五条　等级旅游景区应当建立食品安全监管制度。景区内生产和销售食品，应当严格执行《中华人民共和国食品卫生法》的规定；餐具、饮具、酒具等器皿应当符合相关国家标准和规定；餐饮场所工作人员应当持有效健康证明上岗。

[释解]本条是对等级旅游景区食品安全管理规范。

1. 旅游景区的食品生产经营，直接关系到游客的身体健康和生命安全，依照我国食品卫生相关法律法规，建立严格的食品安全监管制度很有必要。因为旅游景区内的食品生产经营方式一般有三种：租赁、承包、合作经营等。旅游景区作为法人，是食品经营所用物业、场所的最终管理者，所以，旅游景区对景区内的食品经营负有监督管理职责。

2. 景区内食品生产经营者，要严格按照《中华人民共和国食品卫生法》的规定生产和销售食品。

3. 餐具、饮具、酒具等器皿是食品生产经营要素，也是直接关系消费者身体健康的重要条件，为保证人们的身体健康，我国在这些产品选材、加工、制造等方面制定了相关标准和规定。食品生产经营者必须认真执行。

4. 餐饮场所工作人员每年要进行一次健康检查，是保证游客身体健康，防止病从口入的重要措施，也是食品卫生法的规定。

第十六条　等级旅游景区应当建立安全环境监控制度，为游客创造安全的公共环境。景区内环境噪声应当严格执行《城市区域环境噪声标准》(GB3096—93)的规定，景区讲解员及导游人员不得使用扩音设备进行讲解；空气质量应当严格执行《环境空气质量标准》(GB3095—1996)的规定。在突发疫情期间，按照《突发公共卫生事件应急条例》的有关规定做好防疫警示等安全防范措施。

[释解]本条是对等级旅游景区环境安全的规范。

1. 建立安全环境监测制度，为游客创造安全的公共环境，是等级旅游景区的职责和必然要求，本条特别提出了等级旅游景区的讲解员及导游人员不得使用扩音设备进行讲解，目的就是保障旅游景区内安静、舒适的游览环境。试想如果景区内噪音繁杂，空气污浊，谁还能到那里旅游。因此，规范要求旅游景区要严格执行《城市区域环境噪声标准》（GB3096—93）、《环境空气质量标准》（GB3095—1996）的规定。

2. 公共卫生事件，是指突然发生，造成或者可能造成社会公众健康严重损害的重大传染病疫情、群体性不明原因疾病、重大食物和职业中毒以及其他严重影响公众健康的事件。

等级旅游景区是人员较为集中的地方，且游客来自于各个地方，一旦发生传染病疫情，就会迅速蔓延。因此，在突发疫情期间，要严格遵守《突发公共卫生事件应急条例》的有关规定。

第十七条 等级旅游景区应当建立大型活动风险管理制度。举办大型活动前严格履行申报审批手续，主动接受相关行政管理部门的安全检查，坚持"谁主办，谁负责"的原则，按照《北京市大型社会活动安全管理条例》进行事前风险评估，制定大型活动的安全工作方案和应急预案。

[释解]本条是对等级旅游景区举办大型活动制定的规范。

1. 大型活动，是指主办者在等级旅游景区内面向社会公众举办的文艺演出、体育比赛、展览展销、招聘会、庙会、灯会、游园会等大型群众性活动。加强大型活动的安全管理，建立行之有效的管理制度，对于等级旅游景区是非常必要的。

2. 举办大型活动前，为确保大型活动安全、有序进行，顺利达到举办目的，主办单位要按照《北京市大型社会活动安全管理条例》的要求向公安机关提出申请。

3. 举办大型活动的安全工作应当遵循"谁主办，谁负责"的原则，由主办单位承担第一责任，对整体活动的安全负全责；审批单位承担监管责任，依法对大型活动的各个阶段进行监督检查，主办单位要积极予以配合。当旅游景区作为大型活动场地提供者时，也应承担相应的责任。

4. 进行风险评估是举办大型活动前的首要工作，评估的准确与否，关系到安全管理投入，这里包括人力、物力、财力的投入，也为活动方案、安全预案的制定提供了依据。

第十八条 等级旅游景区应当建立应急预案制度，根据各类预案配备必要的应急救援物资，突发意外事件后，救援人员能够按照景区应急预案在第一时间启动救援机制，有效开展救援行动。

根据本景区内易发事故的特点建立消防、用电、交通、自然灾害事故的应急预案，预案内容应当包括应急救援组织、危险目标、启动程序、处理与救援程序、紧急处理措施等部分。

应急救援预案应当每半年至少演练1次，并做好记录。

[释解]本条是制定各种安全事故应急救援预案的规范。

1. 安全事故应急救援预案是指先行制定的，用于发生安全事故后抢救人员和设施、减少损失的应急措施方案。应急救援是一项综合性和系统性的工程，涉及科学、技术、管理、政策、法规、标准。应急救援预案的基本要求是要具备科学性、适用性、可操作性和经济性。

2. 应急救援预案编制的基本过程包括：(1)调查研究，掌握等级旅游景区和周边环境的相关情况；(2)进行危险源辨识和危险性评价，找出重大风险因素；(3)编写应急救援预案，明确应急救援的指挥和协调机构，涉及的有关部门应急救援的职责，应急救援组织及其人员，应急设备设施，紧急处置、人员疏散、工程抢险、医疗急救等措施方案，社会支持救助方案，应急救援组织的训练和演习等；(4)针对演练出现的问题，及时进行补充和完善；(5)报有关部门或者人员批准后实施。

3. 应急救援工作是在非正常状态下实施的，要做到临危不乱，正常有序地开展工作，预先进行系统的训练和演习是十分必要的，每次演习要做好图文记录备查。

第十九条　等级旅游景区应当建立安全事故报告制度。安全事故发生后，景区应当按照国务院发布的《生产安全事故报告和调查处理条例》以及北京市旅游局发布的《北京市旅游安全事故报告制度规定》，在第一时间内向旅游行政管理部门报告。

[释解]本条是发生安全事故后的处理规范。

1. 事故发生，应当立即启动应急救援预案，坚持以人为本的原则，采取坚决有效的措施组织抢救，防止事态扩大，减少人员伤亡和财产损失，等级旅游景区还应当按照事故报告的规定，及时、如实向有关部门报告。但要注意的是，报警和报告不同。报警是直接向有关部门求助、求救；而报告除求助、求救外，还有调查、处理等内容，在这里不能混淆。

2. 事故报告的内容主要包括事故发生的时间、地点、简要经过、人员伤亡和财产损失、现场控制和抢救情况等。为了便于事故调查处理，还应当保护好事故现场。

3. 所谓第一时间就是根据事故等级，在规定的时间内迅速报告。《北京市旅游安全报告制度规定》第七条规定旅游安全事故发生后，旅游经营者应当及时处理，并按下列程序报告：

(1)发生一般(Ⅲ级)旅游安全事故，应当在1小时内报告所在区县旅游、公安等有关行政管理部门和区、县人民政府；区县旅游行政管理部门接报后应当在1小时内报告市旅游局。

(2)发生较大(Ⅱ级)旅游安全事故，应当立即报告市旅游、公安等有关行政管理部门，2小时后再次报告。

(3)发生重大(Ⅰ级)旅游安全事故，应当立即报告市旅游、公安等有关行政管理部门，视事故处理情况随时再报。

第二十条　等级旅游景区将经营场所或大型娱乐项目出租或承包的，应当与承租单位签订安全管理协议，明确各自的安全管理职责。等级旅游景区对各承租单位的安全工作统一协调、管理。

[释解]本条是对出租营业场所安全职责要求的规定。

等级旅游景区将场所或大型娱乐项目出租时，应当与各个承租单位约定各自的安全管理职责。这种约定通过双方签订专门的安全管理协议的形式确定。通过这种形式要求承租单位做好内部安全管理工作，并承担相应的主要责任。

等级旅游景区是所用物业、场所、设备的最终管理者，由于各个承租单位与景区构成了一个有机联系的整体。景区在做好自身安全管理工作的同时，还要对各承租单位统一协调管理，只有这样才能有效保障安全管理工作。

　　第二十一条　等级旅游景区应当设立医务室，并配备医务人员。

[释解]等级旅游景区一般地处偏僻，自然环境复杂，一旦有游客发生不测，需要救治，医务人员很难迅速到达。因此，设立医务室，配备医务人员很有必要，这也是《旅游区（点）质量等级的划分与评定》(GB/T17775—2003)规定的。

　　第二十二条　非等级旅游景区的安全管理工作可参照本规范执行。

[释解]本条是对未取得等级旅游景区资质单位的安全管理工作的规范要求。

　　第二十三条　本规范自发布之日起施行。二〇〇七年九月十五日北京市旅游局发布的《北京市等级旅游景区安全管理规范(试行)》同时废止。

[释解]本条是对本规范的实施时效的规范。

　　附：相关法律依据及标准：《中华人民共和国安全生产法》、《中华人民共和国消防法》、《中华人民共和国食品卫生法》、《中华人民共和国森林法》、《古建筑消防管理规则》、《森林防火条例》、《风景名胜区条例》、《北京市旅游管理条例》、《北京市安全生产条例》、《突发公共卫生事件应急条例》、《机关、团体、企业、事业单位消防安全管理规定》、《北京市大型社会活动安全管理条例》、《北京地区用电单位电气安全工作规程》、《北京市旅游安全事故报告制度规定》、《特种设备质量监督与安全监察规定》、《生产安全事故报告和调查处理条例》、《旅游区（点）质量等级的划分与评定》(GB/T17775—2003)、《城市区域环境噪声标准》(GB3096—93)、《环境空气质量标准》(GB3095—1996)、《图像信息管理系统技术规范》(DB11/384)。

　　资料来源：北京市旅游发展委员会(www.bjta.gov.cn/xxgk/zcwj/wgfxwj/200161.htm)。

二、从旅游景区经营者角度来讲，旅游景区安全管理更加规范化与具体化，管理团队更加专业化

(一)旅游景区安全管理逐渐规范化

(1)建立景区安全管理组织机构。大多数旅游景区已制定景区安全责任制，明确规定领导、部门、员工各自的岗位安全职责。

(2)建立健全景区安全检查制度。对于旅游景区内的险要道路、繁忙道口及险峻路段，定期检查，及时排除危岩、险石和其他不安全因素；检查景区的建筑安全，增加消防器材、避雷针等安全设施，提高建筑的安全等级；定期检验高空索道、蹦极、山地车等特种设备，做好特种旅游项目的安全管理工作，并及时更换老化的设施，尽可能减少损失。

　　加强景区安全监控，加强各种设备的维修和检查，确保设备始终处于良好的运行状态，有效防止安全事故的发生。在重点区域和偏僻地段设立电子监控装置，增加景区安全保障设施。建立旅游景区安全监测网络，提高景区安全监测的技术含量。

(3)制定全员安全教育培训制度。

(二)旅游景区安全管理逐渐具体化

1.增强旅游安全意识

首先，提高旅游景区从业人员的安全意识，尤其是领导干部与管理者，让其充分认识

到旅游安全对于旅游业的重要性。其次，旅行社、景区网站、景区工作人员等方面进行积极宣传，提高游客的安全防范意识。最后，鼓励游客在出行前应有充分的自我保护的准备和自救、求救的安排，即游客的体质和适应力是否适合旅游景区的各种旅游活动，增强游客的景区旅游安全意识。

2. 强化旅游安全保护设施建设与管理

(1)科学设计与合理组织景区游线，并在景区游线地图上明确标明哪些地段可能存在哪些具体的安全隐患，让游客提早针对性做好防范措施，例如在雨雪天气中某些山地景区的部分游线无法正常运营，就应提早告知游客，并适当向游客退费。

(2)加强旅游景区安全保护设施的建设与维护，景区内放置的警示牌上应加注英文、日文、韩文等多种语言进行安全提示，以提醒自助游的外国游客，并加注景区紧急电话。

(3)严格监控景区游客数量，当景区旅游接待设施已经到达阈值，就必须停止接待游客，并根据情况及时启动安全事故初步预案。

3. 加强景区安全管理预警系统建设

景区安全预警系统建设具有如下几个方面：

第一，利用多种媒介方式及时发布景区安全信息，例如在景区网站、景区内部重要服务节点发布安全提示、出行准备、避免方式与自救方法，及时向旅行团队的负责人电话或短信告知安全提示。

第二，在景区网站、景区门票、景区宣传单上进行危险标注，做出行为规范提醒。

第三，在现场发放安全文本材料，建立安全档案，要求人员对安全问题高度重视、突出重点。

第四，在景区安全隐患处设立警告牌，并随时检查警告牌的情况，及时醒目地提醒游客。

4. 建立景区安全应急救援体系

旅游景区一般应制定以下六大类预案：

(1)灭火和应急疏散预案；

(2)公共卫生与食品安全应急预案(此类预案的内容应当包括公共卫生事件应急预案、食品安全保障预案、食物中毒事故应急预案、发生恶意投毒应急预案)；

(3)建筑物和设备事故应急预案(此类预案的内容应当包括建筑物或者广告牌坠落伤人事故应急预案、电梯故障与安全事故应急预案、压力容器爆炸事故应急预案、配电设备故障与突然停电应急预案、水管爆裂事故应急预案、燃气管道或者燃气设备事故应急预案等)；

(4)遭遇自然灾害与恶劣气候的应急预案(此类预案的内容应当包括遭遇台风、暴风雪、地震等自然灾害的应急预案)；

(5)治安案件预防与应急预案(此类预案的内容应当包括对重要宾客、大型活动等保卫工作预案，抢劫、凶杀、枪击等案件应急预案，发现被查控的犯罪嫌疑人、嫌疑车辆处置预案，发生盗窃案件的处置预案，发现信用卡诈骗处置预案，客人卖淫嫖娼案件处置预案，客人聚众赌博处置预案，客人聚众非法营销处置预案，发生流氓骚扰、打架斗殴案件处置预案等)；

（6）预防人员伤亡和突发事件应急预案（此类预案的内容应当包括发现爆炸物或可疑物应急预案，遭遇恐吓应急预案，住店客人意外死亡处置预案，客人醉酒闹事处置预案，客人意欲跳楼等自杀行为应急预案，突发罢工、示威游行等群体性事件应急预案）。

5. 着力营造良好的旅游环境

严格遵守景区规划，合理设置景区容量，建立生态环境和旅游资源保护制度，防止忽视资源保护的管理方式，从景区收入中拿出固定比例用于旅游资源与生态环境的保护工作。

与工商局等政府部门合作，加强景区内外运营旅游企业的规范化统一管理，营造景区良好的经营与消费环境。

制定治安巡防措施，安排保安对景区内的治安做出规范管理，尤其是对夜间的景区要做好巡逻工作，避免出现重大盗窃、纵火、杀人、投毒、爆炸、骚乱以及蒙骗游客、强拉强卖等违法行为的发生，维护旅游景区的治安秩序。

此外，应加强政府与景区之间的协调合作，利用智慧城市建设的契机，进行旅游景区安全管理的全新升级，打造更加高效的景区安全管理系统。

案例 8-4 🔍

广东肇庆市鼎湖区砚洲岛游客溺水死亡事故

2008 年 10 月 4 日，广东省肇庆市鼎湖区砚洲岛发生一起旅游安全事故。两名随单位组团参加拓展旅游的旅游者在自由活动时违反旅游合同约定，擅自下西江戏水、游泳，在深水处突然溺水后死亡。

2008 年国庆节前夕，广东省职工国际旅行社（以下简称旅行社）接受郑州优德伟业科技发展有限公司广州办事处（以下简称公司）委托，组织该公司 101 名员工前往肇庆西江边的砚洲岛开展为期两天的拓展旅游活动。双方签订的旅游合同特别约定，旅游者不得擅自到西江游泳。开展活动前，旅行社团体部经理与公司负责人勘察了拓展旅游地，该区域有禁止游泳的警示牌。双方在签订旅游合同的基础上，又增加了旅游行程、活动安排、注意事项、有关要求等合同附件。拓展旅游活动按照合同的约定进展顺利。10 月 4 日上午，在游览鼎湖区砚洲岛、用完午餐后，公司负责人与随团导游员协商，给予旅游者 1 小时时间整理行李、稍事休息，下午 4 时集中乘车返回广州。导游员随即宣布自由活动，在告知集合时间的同时，提醒大家不要下西江玩水、游泳。当日下午约 2 点半，七、八名旅游者擅自到沙滩戏水。约 2 点 40 分，三名游客走到水深处突然溺水，大呼"救命"，一名游客获救，两名游客失踪。旅游者向 110 报案。公安部门及时赶赴现场，会同海事部门、当地村镇人员搜救。10 月 6 日上午 8 时许，在当地公安、海事、旅游及所在镇政府、村委会等有关单位努力下，于事发现场下游 2 公里处找到两名失踪者遗体。经法医鉴定和公司领导现场确认，死者为该公司委托旅行社组织的赴肇庆旅游的团队成员。

事故发生后，肇庆市委、市政府和省旅游局高度重视事件的处理。肇庆市旅游局及时启动旅游突发事件应急预案，主要领导等有关人员，赶赴事发地点，协调相关部门。事发地鼎湖区政府组成了由公安、海事、旅游以及所在镇政府村委会等单位参加的工作小组，研究部署事故的善后处理工作。在当地政府以及旅游、公安、海事等有关部门和组团社、组团单位的共同努力下，经过与死者家属友好协商，由组团单位代表旅行社、砚洲村委会与死者家属签订协议，每位死者获得经济补偿 10 万元、旅行社为旅游团购买的旅游意外保险 8 万元。死者家属随后返回原籍，事故善后处理结束。

　　资料来源：人民网（trauel. people. com. cn/GB/10679691. html）。

案例思考：

1. 该安全事故发生的原因是什么？
2. 针对类似事件景区应如何规避？

第九章　旅游景区保护管理

张家界、庐山、五大连池被联合国教科文组织黄牌警告事件调查

中国世界地质公园年会 2013 年 1 月 9 日在广东韶关举行。记者从会上获悉，中国三大著名景区湖南张家界、江西庐山和黑龙江五大连池，在联合国教科文组织 4 年一次的评估中，因在"向公众科普地球知识"等方面有所不足，被给予黄牌警告。事件引发强烈反响，黄牌警告的背后蕴含着哪些问题？新华社记者在涉事三地进行了调查。

认账认错，三地制定整改措施

在受到黄牌警告后，张家界、庐山和五大连池相关方面做出了回应，一方面认账认错，另一方面开始制定相关整改措施。

——张家界市国土资源局局长高建国表示，张家界世界地质公园这块金字招牌来之不易，作为世界各地质公园网络成员，加强世界地质公园的建设管理与维护利用是不可推卸的责任和义务。此次黄牌警告表明了张家界在宣传科普知识方面仍然存在差距，亟待进一步完善。张家界将积极整改，针对在设立标志标牌、建立博物馆等方面工作存在的不足，把工作落实到位。

目前，张家界国土资源局已经从世界地质公园的 Logo 更新、科普教材的通俗化编印、环境教育项目开展、溶洞环境保护、加大导游培训等十个方面提出了初步的整改规划，并成立了专门班子，着手拟定《张家界世界地质公园两年改进实施工作方案》，然后组织全面实施。

——庐山管理局回应称，将在三个方面进行整改：一是构建一个专业的地质公园队伍；二是用通俗易懂的语言对各个地质遗迹进行解说，更新全部解说牌；三是强化世界地质公园标志系统，制作地质导游图。

——黑龙江五大连池风景区管理委员会向新华社记者表示，将利用一年时间在加强对外交流合作、普及地质知识、建设科普设施等三个方面工作完善提高，以期在世界地质公

园再评估中顺利通过，具体措施是：

一是加强对外交流合作。管委会正着手组建世界地质公园专业管理队伍，加强与其他国内外世界地质公园的交流与合作，积极加强与世界地质公园国际组织的沟通与联系。

二是普及地质知识。在以往工作基础上开始编制进一步促进地质知识进社区、学校、旅行社的规划，编印通俗易懂的科普读物向广大居民、学生和游人介绍地质知识。

三是建设科普设施。对已设立的专业性强的解说牌、标志牌，全部更换为通俗易懂的解说牌、标志牌。在重点地质遗迹、火山植物和动物出没地增设图文并茂的解说牌、标志牌。在公园入口处增设地质遗迹导游图和电子触摸屏，全面介绍地质知识。加快五大连池世界地质公园火山地质博物馆建设。

黄牌警告是如何产生的？

那么，为何张家界、庐山、五大连池会被联合国教科文组织警告？

2004 年，我国的张家界、庐山和五大连池被联合国教科文组织列入首批世界地质公园。每隔四年，联合国教科文组织都会对各国获得世界地质公园网络成员资格的景区进行评估，这是衡量和检验各个世界地质公园在地质遗迹保护、宣传地球知识成就等方面的重要工作。而评估检查结果将作为保留、警告或取消世界地质公园网络成员资格的基本依据。

2012 年 7 月，联合国教科文组织专家对五大连池世界地质公园进行了现场考察评估，专家认为五大连池在地质科普宣传和对外交流等方面还存在差距。

同样，2012 年，联合国教科文组织专家对庐山地质公园、张家界世界地质公园进行现场考评时，也认为两家公园在"向公众科普地球知识"等方面有所不足。

那么，这三家公园是否会面临除名的危险呢？

据悉，在 2014 年前，世界地质公园网络评估局将再次对这三家世界地质公园的状况进行检查评估，届时的评估工作不仅仅只限于检查这些地质公园是否对世界地质公园网络评估局提出的十项问题和建议进行有效改进，而是一次正式的、全面的检查评估。如果没通过，这三家地质公园将会从世界地质公园网络中除名。

我国遗产项目务必走出"重评选、创收，轻保护、科普"怪圈

针对"黄牌警告"事件，有受访业内人士表示，纵观目前国内不少景区，都背负着地质公园、文化遗产的牌匾，却普遍呈现出一种"重评选、创收，轻保护、科普"的现象。众所周知，地质公园名号是景点招揽游客的金字招牌，也是景点门票、旅游市场的保障，但名号并非只是一纸证书，它清楚列明了应尽的责任和沉沉的义务。然而部分景区片面注重其带来的经济效益，把创收放在第一位，在申报后忽视了自己应当承担的宣教义务，违背了申报的初衷，无异于本末倒置。

"重评选轻内涵建设在中国世界地质公园单位或多或少存在。"一名江西省世界地质公园初评专家认为，中国世界地质公园一般都开辟为风景名胜区，景区为吸引游客都热衷于参评世界地质公园、世界遗产，可是一旦成功入选后，往往不重视内涵建设，不重视或忽略其向公众科普地球知识的功能建设，背离了参评世界地质公园的本义。

这名专家认为，庐山地质公园在向普通游客科普地质地貌知识方面确实做得不够，缺乏地质公园标志和内容介绍，对于其突出的第四季冰川地质遗迹展示和介绍不够。

江西师范大学地理与环境学院副教授李晓峰每年都要带学生到庐山开展地质地貌专业实习，他告诉记者，每年国内都有多所学校的地理专业学生在庐山地质公园开展专业实习，但庐山方面对此工作缺乏足够支持。他认为，作为世界地质公园，对于地理专业学生的专业实习不仅应该免收门票，而且还应该主动开展针对大中专学生的地质地貌科普活动。

资料来源：新华网（news. xinhuanet. com/local/2013-01/12/c_114345035. htm）。

从以上案例可以看出，中国旅游景区的保护不尽合理，即使是在国内享有盛誉的张家界、庐山、五大连池的著名景区也不例外。综观我国旅游景区的增长势头，为实现我国景区的可持续发展，对旅游景区的保护不容忽视。目前我国旅游景区保护的现状如何？在我国旅游景区保护中又存在着哪些问题？为实现我国旅游景区的可持续发展，我国旅游景区将如何进行保护呢？本章将对以上问题进行一一解答。

第一节　旅游景区保护现状与存在的问题

一、旅游景区保护的内容

（一）对旅游资源的保护
旅游资源是旅游景区的核心吸引力所在，是吸引旅游者的根本动力，因此，对旅游景区的保护，重在对旅游资源的保护。

（二）对旅游景区环境的保护
旅游景区环境是景区以及周边地区与旅游活动相关的要素之和，是开展游览、观光活动所必须依赖的各种社会和物质条件的综合体，是景区赖以存在和发展的自然与社会条件。旅游景区环境通常分为自然环境、服务环境以及社会环境等三大构成要素，景区的自然环境主要包括生态环境和自然资源两个方面，服务环境包括旅游景区的硬件服务设施与景区服务人员所提供的服务的总和，社会环境则包括当地人文、经济、政治、文化环境等。

二、旅游景区的保护现状

目前全国共有各种类型的旅游景区2万家左右，截至2011年底，全国A级景区已达5000余家，随着各级地方政府对发展旅游业的重视程度的提高，对旅游资源的开发力度进一步加大，从而形成了一批又一批新的旅游景区，景区类型日益丰富，第一代的接待型景区已经消失，在观光型景区、休闲型景区、主题体验及养生度假型景区三代同堂的基础上，向着诸如聚落型景区、产业园区、工业旅游景区、科教旅游景区等等更细分的市场方向发展。随着旅游景区规模的不断扩大，在旅游景区开发经营过程中，由于不适当的开发，造成旅游资源和旅游环境不同程度的破坏。

我国旅游景区遭到的环境破坏与资源破坏的问题总结起来，主要是由两大原因造成的：一是自然因素对旅游景区保护提出了挑战，包括由于自然界中突然发生的变化如地震、火山喷发、海啸等自然灾害对旅游景区造成的突发性破坏，以及由于风吹雨淋等风化侵蚀作用所造成的对旅游景区的缓慢性破坏。二是人为因素对旅游景区环境的破坏，包括旅游者进行旅游活动对旅游景区环境的破坏，旅游经营者对旅游资源的不当开发与建设对旅游景区环境的破坏，政府决策失误对旅游景区环境的破坏以及周边居民活动对旅游景区环境的破坏。为了实现我国旅游景区的可持续发展，国家采取了如下措施对旅游景区进行保护：

（一）制定相关法律对旅游景区进行保护

国家通过出台相关法律规范旅游景区的开发经营行为，如国务院制定的《中华人民共和国自然保护区条例》、国家旅游局颁布的《旅游发展规划管理暂行办法》。《旅游资源保护暂行方法》更全面地对旅游资源的保护提出了相关的切实可行的措施，《旅游法》中也明确提到了对旅游景区环境保护的相关问题。除此之外，地方政府也出台相关法律及规定来对旅游景区进行保护，如山西出台了《旅游景区保护开发管理办法》等。虽然上至国家，下至一个小的景区本身已经意识到对旅游景区保护的重要性，但由于我国旅游景区在管理体制上的问题，我国对于旅游景区的保护还有待加强。

（二）通过标准化措施对旅游景区进行保护

例如，国家旅游局令第 23 号《旅游景区质量等级评定管理方法》中对评定星级的景区在资源与环境保护方面作了明确的说明。除此之外，20 世纪 90 年代以来，国家制定并颁布了旅游资源保护和旅游相关行业的标准，其中与旅游景区保护相关的包括《旅游度假区设施与服务规范》、《旅游定点娱乐设施服务质量》、《游乐园类旅游娱乐场所安全及服务质量要求》，在此基础上，国家旅游局加快与国际标准接轨，在《旅游区（点）质量等级划分与评定》服务质量与环境质量评分细则中明确规定：通过 ISO9000 质量体系认证的旅游区可加 20 分，正在实施 ISO9000 质量体系认证的旅游区可加 12 分，通过 ISO14000 环境体系认证的旅游区也可加 20 分，正在实施 ISO14000 环境体系认证的旅游区也可加 12 分，进一步促进了我国旅游景区保护标准化的国际进程。

（三）利用技术手段对旅游景区进行保护

运用各种科学技术手段对旅游景区进行保护，例如 2005 年全面启动的"数字九寨沟"工程，通过景区自然资源保护数字化、运营管理智能化等模块实现对生态环境的有利监控与保护。除此之外，利用生物技术同样可以实现对旅游景区的保护，如北京 2008 年奥运会期间，中国香港赛马场汇集世界各国的 200 多匹赛马，马厩每天产生的粪便废料就超过 30 吨，主办方引进 8000 万条蚯蚓将粪便点石为金，转化为有机肥料，通过这种方式既减轻了垃圾堆填场的负荷，还减轻了温室效应，从而很好地保护了奥运会期间香港的生态环境。

（四）通过开展多渠道、多途径、多形式的宣传教育活动提高旅游经营者、旅游者、旅游地居民对旅游景区保护的意识

面对潜在旅游生力军的青年学生，采取以学校教育为主的方式进行宣传；对于大众旅游者，则主要采用新闻媒介及其他大众传媒工具进行宣传；同时在全社会提倡生态旅游、低碳旅游的理念，使环保的理念深入人心。

三、旅游景区保护存在的问题

虽然国家通过各种措施对旅游景区进行保护，但是我国目前对旅游景区的保护仍然有待加强，目前，我国旅游景区保护仍存在以下问题：

（1）尽管旅游景区的保护有法可依，但由于景区内旅游资源综合性的特点，景区保护牵涉多条法规或标准，多头管理导致旅游景区保护出现了"三个和尚没水吃"的窘境。

（2）运用技术手段可以更全面地对旅游景区进行创新保护，但技术手段的采用一般都需要花费高昂的代价，虽然技术手段对旅游景区保护的结果立竿见影，但高昂的代价令很多景区望洋兴叹。

（3）利用意识渗透进行环保意识的推广，需要社会各界都参与到环保的教育中来，而采用该措施发挥效用需要一段很长的时间，并且其最终的结果是不确定的，因此，宣传教育这种手段对旅游景区保护的作用是不确定的。

四、旅游景区保护的新举措

（一）通过制定《旅游法》来明确旅游景区保护的相关规定

旅游生态环境资源是依照法定程序批准建立并受到国家法律保护的一类环境资源，相比一般的环境资源，因其是在漫长岁月中由特定的自然界和社会历史留下的自然文化遗产和宝贵财富，故其保护价值更高，当属国家、民族乃至全人类的宝贵财富，不仅供当代人享用，亦供后代人享用。然而不争的事实是，旅游生态环境资源具有稀缺性、生态脆弱性和不可再生性的特点，一旦遭到破坏即很难恢复，甚至不可能恢复。因此，对旅游生态环境资源的保护需要采取更为严格的保护措施。

《中华人民共和国旅游法》经 2013 年 4 月 25 日十二届全国人大常委会第二次会议通过，2013 年 4 月 25 日中华人民共和国主席令第 3 号公布。《旅游法》分总则、旅游者、旅游规划和促进、旅游经营、旅游服务合同、旅游安全、旅游监督管理、旅游纠纷处理、法律责任、附则 10 章 112 条，自 2013 年 10 月 1 日起施行。第四条规定：旅游业发展应当遵循社会效益、经济效益和生态效益相统一的原则。国家鼓励各类市场主体在有效保护旅游资源的前提下，依法合理利用旅游资源、利用公共资源建设的游览场所应当体现公益性质。第五条规定：国家倡导健康、文明、环保的旅游方式，支持和鼓励各类社会机构开展旅游公益宣传，对促进旅游业发展做出突出贡献的单位和个人给予奖励。

（二）在建设智慧城市的契机下，依靠政府力量的支撑，采取数字技术等手段实现旅游景区的保护

借鉴"数字九寨沟"的模式，通过开通网上门票电子进行交易与预订，进行客流限制

的同时极大节约了纸张，实现无纸化票务管理，通过计算机控制大气监测、土壤监测、水质监测、气候监测，完善景区的预警机制，有效地对旅游景区进行保护。

（三）利用政府的力量倡导全员绿色旅游，低碳出行的理念

张家界在这方面当属楷模，自 2012 年 7 月 15 日起至 9 月 15 日的 80 天内，凡是以自行车、徒步、滑板等无动力低碳旅行方式抵达张家界（300 公里以上）的旅游者，均有机会获如下优惠：免费游览张家界武陵源核心景区及黄龙洞、宝峰湖等二级景区（点），价值约 800 元；旅行结束后，24 岁以下学生和 60 岁以上老人可享受张家界提供的每公里 0.4 元低碳补贴；低碳旅游者发布张家界游记获得人气最高的前 15 位（以网络点击量、评论量、转载量等综合评判）将获得 200～2000 元现金奖励；将张家界旅行游记拍摄成微电影获广泛关注的，可再次获得总奖金额 6 万元的现金奖励。参与"带着微博来张家界看海"活动的旅游者，可将个人信息通过微博私信@张家界旅游申请确认。

第二节　旅游景区保护面临的三大难题
——商业化、城市化、人工化

随着旅游活动的深入，旅游景区的类型越来越多样化，旅游景区间的竞争日益激烈，为在激烈的竞争中取得有利的地位，不少旅游开发商和旅游经营商，热衷于在景区内大兴土木、筑路修桥、架设缆车、兴建服务齐全的星级酒店，这种行为不仅助长了奢靡之风，更导致了许多景区的商业化、城市化和人工化。景区的"三化"问题给景区的环境和资源保护提出了严峻的挑战。

一、旅游景区的商业化

旅游景区的商业化，是指旅游景区在旅游开发过程中，简单地将旅游景区作为旅游经济产业对待，片面追求经济效益，采用开放式的商业经营模式过度开发的行为。

旅游景区过度商业化的表现主要有：（1）人造景区作假现象日盛；（2）景区收入过分依赖门票；（3）景区内店铺林立；（4）唯利是图导致景区的超负荷接待。

案例 9-2

旅游景区追逐商业利润受诟病

五一小长假来临，国内相关信息显示，超过 20 个知名景区门票即将上调，涨幅均超过 20%。刚公布的多家旅游景区上市公司上年年报显示，其景区主营业务利润率超过 70%。一些景区旅游上市公司一味追求商业利润，受到各方批评。

门票高涨游客吃不消

国内许多景区最近一次价格调整时间是 2008 年，今年恰逢这些景区 3 年"解禁期"。

未来数月，全国多个知名景区门票将涨价，涨幅从 20% 到 60% 不等。

据了解，从 1996 年至今，包括峨眉山、张家界、北京潭柘寺、戒台寺等著名景区内各种门票、索道、客运收入陆续成为上市公司的收入来源，这些景区各类票价近年来持续上涨。

尽管很多景区自称涨价是因为成本增加，但查阅近期风景区上市公司财报发现，众多知名景区被打包进入上市公司后，其主营业务高利润率惊人，自称"成本推涨"似乎站不住脚。

今年 3 月 1 日，经营丽江玉龙雪山景区内三条索道和一家酒店的上市公司丽江旅游披露，2011 年 5 月 15 日即向有关部门提交了索道客运票价涨价申请，欲将玉龙雪山索道价格由双程每人次 150 元涨到 200 元。该公司 2011 年年报显示，当年盈利 1.17 亿元，较 2010 年增长 158.81%。而旅游企业高利润率之下依然申请涨价并非个案。

佛教寺庙商业化运作

据了解，旅游景区上市不放过任何赚钱机会。

北京西郊的戒台寺和潭柘寺历来吸引众多游客和佛教信徒。但是，非国有资本控股公司——北京京西风光旅游开发股份有限公司 2011 年年报显示，两家寺庙与这家公司为"长期承包经营"关系。

一位戒台寺住寺僧人说，前几年寺院中有些场所不属于僧人管理，游客为多数殿堂"功德箱"捐出的香火钱、购买"开光佛教法物"的钱款及各种"求签算命"的费用，很多和僧人无关。僧人所管理的只是"大雄宝殿"和"戒台殿"内的捐款箱。

在戒台寺，除了在大雄宝殿内有一名住寺僧人，在"观音殿""关公殿"等殿堂内出现的，多是身穿普通服装贩卖各种礼佛物品的工作人员。寺庙后面，还有一个修缮完好的标准网球场。

宗教界人士透露，将佛教寺庙承包给企业，进行商业化运作绝非北京独有，在国内风景区十分普遍，严重影响了宗教的严肃性，从去年广受诟病的少林寺"上市门"中，就可见一斑。

上市公司赚钱不分红

业内人士透露，一些旅游上市公司不仅无视景区作为公共资源的特点，也没有向股东派发与利润增长相应的红利。桂林旅游公告显示，2011 年其董事长收入达 73.08 万元，董事、监事、高级管理人员总收入达 670 万元，却仅向 3.89 万名股东分红 3601 万元，每 10 股派发 1 元的分红方案令其股息率远不及一年期定期存款。

桂林旅游还算不上最著名的"铁公鸡"，张家界坐拥稀缺旅游资源带来的高利润率，但这家上市公司自 2003 年以来一直没有分红；西藏旅游更是自 1996 年上市以来从未进行过现金分红，被股民称为"一毛不拔"。

北京大学经济学院金融系吕随启认为，有关旅游、价格、宗教、金融的监管部门应该履行监管职责，不能任由风景区上市公司侵害公共利益。

资料来源：中国江苏网(news. jschina. com. cn/system/2012/04/28/013237078. shtml)。

旅游景区过度商业化的危害包括：

（1）旅游景区的过度商业化危及景区的生态环境。过多的商业店铺和商人进入景区，破坏了景区原本的生态环境；大批游客、车辆的涌入，产生了大气、噪声和视觉污染，破坏了景区的生态环境，加速了旅游设施和旅游资源的退化，影响景区旅游资源的质量和吸引力。

（2）旅游景区的过度商业化破坏了当地的文化环境。文化是旅游业发展的灵魂，是旅游资源的根本吸引力所在。经济利益的驱动使原本真实、独特的文化为商业气息掩盖，向拜金、庸俗化发展，长此以往，景区原本的文化最终沦丧；某些景区为迎合旅游者，编造虚假故事、传说，提升景区的历史文化价值，结果适得其反，导致了虚假文化的出现；景区内大量人造景观的修建，不仅破坏了景区原本的生态环境，还破坏了景区原本的文化氛围，影响了文化景观的和谐。

案例 9-3

"星巴克进驻灵隐寺"能否实现共赢

星巴克进驻杭州灵隐寺引发热议。上海统一星巴克咖啡有限公司官方微博"星巴克江沪浙"发布消息：杭州灵隐门店将于明天开门迎客。消息一出，网络一片沸腾，网友纷纷转载并发表评论。有网友认为，灵隐寺的香火混着咖啡，那一定是浓浓的商业气。

"星巴克进驻杭州灵隐寺"的大标题在网上很是吸引眼球。其实，这只是一种不准确（或者说有"耸人听闻"之嫌）的说法。实际情况是：星巴克所开的分店并不在灵隐寺里面，而是在灵隐寺附近的商业区，那里已经开设有肯德基、知味观等餐厅。既然是商业区，当然应当允许商业机构进驻。肯德基进得，星巴克就进不得？如果连"灵隐寺附近"都成了"敏感地带"，那么请问：星巴克应该跟灵隐寺拉开多远的距离，才不会引发争议？

近年来，很多风景名胜区包括一些著名文化场所，都被纳入了"商业开发"的范畴，有的还被规划为带动当地经济发展的"龙头"。笔者对"文化搭台、经济唱戏"的做法一直持保留态度，但同时也清醒地认识到，在现有社会环境和经济条件下，让中国的文化名胜不沾染一点商业气息是不现实的，基本上属于"不可能完成的任务"。既然如此，我们不妨以更平和的心态看待"星巴克进驻灵隐寺"一类的商业行为。

早在 2007 年，星巴克在北京故宫开分店，就引发了极大争议，最后不得不黯然离去。有人之所以对星巴克的入驻颇有微词，也源于一种担心：星巴克作为一个国际性的"文化符号"，会不会与我们的传统文化有冲突？窃以为这种担心实无必要。在全球一体化的大背景下，现如今整个地球就是个大村子——地球村，经济合作和文化交流在不断加强，"闭关自守"的思想早已不合时宜。星巴克和灵隐寺所各自代表的文化内涵完全可以"和平共处"，游客也完全可以根据个人的喜好"各取所需"。如果能够做到优势互补，对双方而言未尝不是一种"共赢"。

当然，毋庸讳言，在对风景名胜特别是文化圣地进行商业开发的时候，必须掌握一个"度"，不能陷入过度开发、过滥开发的泥沼。禅宗祖庭少林寺就曾因周边环境脏乱差遭遇过 5A 景区"摘牌危机"，前车之鉴，教训应当吸取。只要能做到商业开发与景区保护相结合，窃以为"星巴克进驻灵隐寺"一类的做法不仅无伤大雅，反倒值得期待。

资料来源：中国网(news. china. com. cn/live/2012-09/24/content_16348911. htm)。

案例思考："星巴克进驻灵隐寺"能否实现共赢?

二、旅游景区城市化

所谓景区的城市化，是指由于旅游的发展，带动景区及其周边地区出现的城市化现象，包括乡村城市化和由于旅游资源的不合理开发造成景区出现大量的旅馆、商业区等的城市面貌的建筑物。

(一)旅游景区城市化的表现

随着城市化进程的不断推进和旅游业的迅猛发展，景区城市化现象日益普遍，主要有：

(1)核心景区的城市化现象，如通常所说的"山上、沟内、湖内"等地域。

(2)景区内接待基地(旅游村、旅游镇)的城市化现象。

案例 9-4

武陵源风景区的城市化

武陵源自古地处边远，旧时交通闭塞，舟车隔绝。其开发以 1979 年由张家界国营林场开放接待游客 1.3 万人次开始，到 2002 年接待游客量 560 万人次。武陵源风景区的城市化现象始于 20 世纪 70 年代末至 80 年代初，自 90 年代城市化迅猛发展。1998 年联合国教科文组织世界自然遗产委员会专家对武陵源的考察报告"对武陵源的旅游业基础在 1992年评估后的发展速度十分震惊"，认为"武陵源现在是一个旅游设施泛滥的世界遗产景区"，"已变成被围困的孤岛"，它们"对景区的美学质量造成了相当大的影响"。2000 年 4月，武陵源风景区建筑物拆迁总体方案出台，武陵源风景区的城市化已经成为关系到这一世界级旅游胜地生死攸关的关键问题。

1990 年以前，武陵源风景名胜区的开发建设，基本上处于"无规划、无管理"阶段。1990 年，经国务院批准的《湖南省武陵源风景名胜区总体规划》颁布实施，但没有及时编制重点景区和旅游城镇的控制性详细规划，区内的建设项目没有按照总体规划执行，而且审批权限过于下放。由于旅游经济的刺激致使风景名胜区城市化快速膨胀，并且品质较低，规划管制过松，未经审批的违章建筑迅速扩展，是武陵源城市化最快的一个阶段。2001 年湖南省人大颁布了《湖南省武陵源世界自然遗产保护条例》并开始实施，规范了建设项目审批手续，使规划建设走上了法制化轨道，风景名胜区内的建设项目得到了控制，品质得到了提升。

资料来源：周年兴、俞孔坚：《风景区的城市化及其对策研究》，《城市规划汇刊》，2004 年第 1 期。

（二）旅游景区城市化的危害

世界上其他国家的国家公园和风景旅游区也同样经历了城市化的困扰。世界上第一个国家公园——黄石公园至 20 世纪 70 年代末，公园内的野营基地已达 11 处，且主要集中在游人经常进出的路段旁和重要景区。80 年代以来，在公园中心建立了综合服务基地，建有乡村客舍、豪华快餐店、游船码头和一个公共汽车运输系统、三处租车中心，公园内部旅游设施的不断扩大，破坏公园整体景观的和谐。更主要的是，对于多数体型较大的哺乳动物，尤其是食肉动物（如灰熊），人工建筑往往构成其运动中的主要障碍。泰国巴塔亚旅游度假地 20 世纪 60 年代初是曼谷市民周末休憩地，到 1990 年已发展成为海滨城市，过夜游客量增加到 245 万人，客房数从 1970 年的 300 间发展到 22000 间。度假旅游的发展刺激了海岸土地开发，沿岸开发与沿路开发使巴塔亚度假地不断沿海岸延伸，向纵深发展，自然环境质量下降，海水污染、基础设施不足等问题日益暴露出来，旅游人数从1990 年开始下降。

对于我国风景名胜区，城市化主要有以下几个方面的危害：

1. 景区城市化破坏景区整体视觉景观

风景区内的核心景区和旅游村镇往往具有非常杰出的自然景观，而在该地段城市化之后，这些杰出的自然景观受到了严重的破坏。

对武陵源进行景观美学评价中，认为人工设施是石英砂岩峰林景观的负面影响的首要因素，其权重值为 41.29，而正面影响权重仅为 3，这说明即便是与自然环境紧密结合的人工因素，对峰林景观美景度的贡献也相当低，也就是说峰林景观的美学价值来自于它的天然构成本身，人工因素不可能起主导作用。同时，破坏性的人工因素不仅影响生态功能，而且已经严重影响美学质量。研究表明，人工干预对于武陵源世界自然遗产的美学质量来说，其弊是远大于利的。

2. 景区城市化破坏景区生态环境和人文环境

1992 年联合国世界遗产高级顾问验收武陵源，认为 5540 米长的金鞭溪，清澈的溪水，完好的植被，长地段不见人烟，这在亚洲是十分少见的。然而，1998 年世界遗产官员再次检查武陵源时，认为"在峡谷人口区和天子山这样的山顶上，其城市化对自然界正在产生深度尚不清楚的影响"。较突出的生态环境问题主要表现在：水质明显恶化，大气环境质量逐年降低，生物多样性受到威胁等。

为了满足日益增多的游客住宿的需要，风景区内锣鼓塔、天子山、索溪峪等地段城市化进程迅猛，而同时污水处理等设施严重滞后。服务设施增多的同时，环境质量明显下降。以锣鼓塔为例，接纳其生活污水的金鞭溪水质指标已发生明显变化。在 20 世纪 80 年代，尽管入园游客量较大，但当时接待设施档次相对较低，金鞭溪水质仍然良好。但 90年代以来，随着宾馆饭店的不断新建和升级改造，金鞭溪的水质呈逐年恶化趋势，并与森林公园人口游客量的变化趋势基本一致。金鞭溪的水质污染呈现明显的有机型污染，总磷2000 年度各断面年均值 100% 超标，并与游客年内季节分布趋势基本一致。

三、旅游景区人工化

旅游景区人工化，顾名思义，即在自然景区不便于游览参观时人为地对自然景区加以改造，以使游客更好地进行旅游参观，使得景观原貌失去其旧样而带有非常明显的人类印迹，影响游客的审美情趣。

(一)旅游景区人工化的原因

(1)景区管理体制不顺，条块分割矛盾众多，地方政府盲目追求经济效益，通过招商引资，进行旅游房地产的开发，以此作为自己的政绩，这些人工建筑破坏了旅游景区原有的环境和文化。

(2)旅游景区开发缺乏长远规划，而地方政府和旅游投资商都热衷于大兴土木、筑路修桥、架设缆车索道、兴建娱乐设施，甚至引入房地产开发，大建现代人文景观，无序开发风景区。

(二)旅游景区人工化的危害

旅游景区的无序开发导致恶果不胜枚举。泰山东麓天烛峰素以奇峰俊秀，松奇洞幽，松石多姿著称，自然之美不逊于张家界，除登山盘道外，无人工开发痕迹，充满自然原生野趣。2009年3月以来，以往风景秀丽的泰山东麓—天烛峰，出现了与自然文化遗产极不和谐的一幕，到处是满目疮痍，大型施工机械正在毁坏性开山，泰山地区珍贵的原始地形地貌遭受到严重的破坏，泰山石遭滥挖，珍贵的黄连木被破坏，上百年的山林已经遭到毁灭，世代居住的村民背井离乡，眼中流露的无奈令人心寒……当地村委为了一己之利，未经任何部门批准，将所处天烛峰景区辖区的山林、土地、民房强行卖给开发商，进行大规模施工，毁坏现状令世人担忧。

案例 9-5

填湖造别墅事件敲响旅游地产开发警钟

据了解，云南大理的"洱海天域"别墅项目自2006年3月开工建设以来，因为占用了大理团山公园(亦称"洱海公园")的一大部分，并填埋公园中的"情人湖"，盖成豪华别墅出售，一度引起大理市民的反对。此后，该楼盘被媒体曝光，并成为全国关注的热点。

2010年4月，建在大理洱海公园内的"洱海天域"被曝光，"世界级的旅游景点正在日益变成富人的后花园"引起舆论一片哗然，随后纪检、监察机关介入调查。2010年5月，"洱海天域"项目被责令停工至今。大理市原市委副书记、市长段力被开除党籍、开除公职，原副市长方元也被开除公职。

开发商填湖造别墅，叫停两年后政府提出三种解决方案

为做好项目遗留问题处理，大理市住房和城乡建设局于2011年12月委托大理州城乡规划设计研究院，开展《大理市"洱海天域"项目遗留问题处理比选方案》的编制工作，共提出了 3 个备选方案，供 20 名听证代表参考论证，并在今年 3 月 30 日召开了听证会。

方案一是拆除情人湖区域分体式产权酒店建筑（即之前媒体曝光的别墅群），最大限度恢复情人湖及周边山体，保证洱海公园整体功能和景观的完整性，还原情人湖区域的历史自然面貌。此方案技术、经济和时间的成本耗费巨大，预计需投入 20 亿元左右。

方案二是继续建设原规划设计中已批未建部分建筑，加强小区内部绿化景观建设，增加大树种植进行遮挡。

方案三是拆除部分项目围栏、增加公共用地和公园绿地、穿过项目区新建一条连接洱海公园与湖滨路的廊道、未建部分停止建设、削低影响视觉效果的楼层等。

业主和开发商希望继续建设，有听证代表认为应彻底拆除

有一位听证代表彻底否定 3 个方案，他认为应该彻底拆除"洱海天域"项目全部建筑。这位代表认为，情人湖景区、海滨景区都是洱海公园的主景区。大理是国家级风景名胜区，洱海公园是大理苍洱风景区的重要组成部分。目前，洱海公园地域内新建的"洱海天域"项目违反了国务院 1985 年颁布的《风景名胜区管理暂行条例》第八条和 2006 年颁布的《风景名胜区条例》第二十条的规定，项目的建筑物包括情人湖区的别墅和海滨区饮食商业街的饭店酒楼都是违法建筑，应当全部拆除。而 3 个备选方案都只是部分拆除违法建筑，都不能很好地恢复洱海公园景观。政府应当认真执行法律法规，彻底拆除违法建筑，重新规划。

多数听证代表希望拆除部分建筑，政府最终采纳折中方案

2007 年《大理风景名胜区总体规划（修编）2007—2025》获国务院批准实施后，该项目用地已不再属于风景名胜区，也不属于核心景区。因此，"洱海天域"项目没有违反国务院 2006 年 12 月 1 日起施行的《风景名胜区条例》的规定。代表认为，3 个方案各有利弊，方案一保持了洱海公园整体性，但成本高，操作难度较大、较复杂，社会资源浪费大；方案二最为不妥，继续建设将会加剧占用公共空间、破坏山脊线；方案三相对现实、较合理，建议以方案三为基础，再综合考虑，腾出更多的公共空间。大理市政府认为，应本着发扬民主、依法办事的原则，充分尊重和采纳多数听证代表的意见，应当以第三方案为基础，作进一步调整、完善、优化，妥善处理"洱海天域"项目遗留问题。

"洱海天域"事件，为全国各地不断兴旺的旅游地产发出警示

有许多市民认为，这样的听证结果，很难令全部公众满意，但也是无奈之选。

据知情人透露，在听证会上，当年曾经激烈反对"洱海天域"填湖造别墅的市民，也无奈保持缄默，或者选择了第三种方案。因为这个项目，当年开发的时候可能花的钱很少，但如今真要恢复原状，20 亿元的资金，对于并不富裕的大理市来说，钱从何而来是一个很大的难题。

有专家则表示，大理的"洱海天域"事件，不仅给大理市政府一个沉痛的教训，还给现在全国各地不断兴旺的旅游地产敲响了警钟。近年来，旅游地产概念兴起之后，各地地产项目对公共资源的侵占步伐加剧，以开发旅游的名义圈地，已经成为一个老生常谈的问题，大家都已经见怪不怪了。

"洱海天域"已经成了既成事实，现在最迫切的，是不是应该吸取教训，对知名景区周边进行一次彻查？同时，有关部门需要更加公开透明项目立项、规划、建设等过程，保

证公众都能够享有知情权，尽可能少一个"洱海天域"这样的项目，多给子孙留一个像"情人湖"这样的公园。

资料来源：新浪网(news. sina. com. cn/0/2012-04-27/084124339026. shtml)。

第三节 低碳景区

"除了照片，什么都不带走；除了脚印，什么也别留下。"这是社会倡导游客树立生态保护意识，善待自然，提倡社会形成绿色、低碳、环保的旅游意识。

近年来，随着国内的旅游业发展迅猛，"低碳旅游"也成为旅游业热门关键词。在环保意识越来越深入人心的今天，低碳已不仅仅是一种环保概念，更是逐步演变成了一种时尚。低能耗、低污染的"低碳旅游"概念已被不少景区和游客所接受，它虽然略显艰苦却点滴中透着环保，虽然"小众"却十分时尚。所谓低碳旅游，就是借用低碳经济的理念，以低能耗、低污染为基础的绿色旅游。它倡导在旅行中尽量减少碳足迹与碳排放，是环保旅游的深层次表现。而旅游景区集旅游吸引物、旅游发展装备、旅游环境体验、旅游消费方式于一体，既是碳排放的制造者，更是碳排放的抵触者，响应低碳经济、倡导低碳旅游景区应首当其冲。

一、低碳旅游，不乏先例

实际上，民间的低碳旅游早已有之。多年前，在九寨沟等旅游景区，禁止机动车进入，改以电瓶车代替，以减少二氧化碳排放量。九寨沟能够多年一直保持清澈见底的水质，与其采用统一的环保大巴不无关系。现如今，越来越多的城市居民开始不自觉地把低碳作为旅游的新内涵，出行时多采用公共交通工具；自驾外出时，尽可能地多采取拼车的方式；在旅游目的地，多采取步行和骑自行车的游玩方式；在旅途中，自带必备生活物品，选择最简约的低碳旅游方式，住的时候选择不提供一次性用品的酒店。许多景区还每年从营业收入中拿出一部分成立"绿色基金"，用于植树造林，提高森林覆盖率，补偿由于碳排放造成的生态损失。前不久，由10位上海市民组成的上海第一支自费北极低碳旅行团凯旋。这表明"低碳"意识正慢慢走进大众旅游。

二、景区"碳高"，不容忽视

一是人工破坏。在过去十几年的旅游业发展中，景区的人工化、商业化、城市化使我国不少风景名胜区，包括已列入"世界遗产名录"的一些自然风景区，遭到建设性的破坏。有的在景区内开山炸石，砍树毁林，导致水土严重流失；有的景区盲目进行旅店、餐馆及旅游设施建设，导致原生态严重破坏。

二是环境污染。随着新的旅游模式的开发，餐饮业、住宿业、娱乐业因追求利益最大化，而使一系列非环保产品带来的环境污染日益严重。如宾馆饭店的一次性牙刷、牙膏、一次性筷子、一次性拖鞋等日用品，质量差、使用率低、浪费严重，而且生产过程中和使用后都会给环境造成很大压力，导致风景区内垃圾废渣、废物剧增。目前，我国宾馆饭店一次性牙刷的日用量已达万支，其生产中消耗的直接和间接物料进入环境形成的污染，远远大于牙刷本身使用后的污染量。还有零售业中产品的销售，厂商为吸引顾客眼球，在土特产、纪念品的包装上使用非环保材料，在浪费资源的同时对环境产生了污染。

三是环保意识不强。国民生态环保意识较差，不仅是在黄山、庐山垃圾随处可见，甚至连世界屋脊喜马拉雅山，游客也留下了各种饮料袋、包装袋等垃圾。而对这些垃圾的处理，需要消耗大量的人力、物力和财力，同时也产生碳排放。

三、旅游景区低碳管理

(一)旅游景区经营的低碳化

景区经营的低碳化可模仿"绿色饭店"经营模式。所谓绿色饭店，即克服宾馆、酒店浪费现象，减少资源使用量和污染物产生量，特别注意减少一次性用品的使用，饭店在确保不降低设施和服务标准的前提下，物品尽可能多次反复使用或调剂使用。饭店在物品完成其使用功能之后，将其回收，把它重新变成可以利用的资源。例如饭店内每天残余的食物，可通过厌氧发酵生产沼气，作为能源向饭店或周围居民供热或发电，或可以作为周围养殖场的饲料来源。在与游客沟通的前提下，变床单、被单"一天一洗"为"一客一洗"，节约水资源，减少污染排放。要合理利用常规能源，如煤、石油等，采用节能技术，提高能源效率，推广使用节能灶尽量利用可再生能源。

旅游景区为实现低碳化，目前采取了如下的措施：

(1)使用环保观光小火车。重庆市武隆喀斯特旅游投资有限公司对其旗下的景区投入2800多万元用于建立环保监测站等各种保障环境设施。为了分流自驾车，减少景区内交通压力和碳排放，2011年7月份景区内的环保观光小火车已投入使用。在改变游客旅游休闲模式方面，景区在2011年5月起开辟"开心农场"，引导游客亲近大自然，崇尚健康环保的旅游方式。

(2)磁卡门票替代纸质门票。金佛山景区西大门已弃用纸质门票，使用了磁卡门票，并开通了大门至索道的交通车，禁止自驾车进入核心景区，以减少碳排放。在碧潭幽谷景区建设了步游道，提倡游客步行上山游览，既环保又健身。

(3)景观采用竹木材料。蜀南竹海风景区的不少景观采用当地的竹木材料，既环保又能与自然环境协调。在美食方面，多选用了景区内土生的竹类、菌类原料，打造"全竹宴"等闻名全国的美食，这与"低碳旅游"倡导的"多素食"十分契合。

(4)加强夜间灯光管理。成都华侨城欢乐谷在行政区域全面实行了办公用品重复使用和节约使用的方式。在景区，对入夜后的灯光进行了节能管理，不必要的装饰灯和照明灯不开。

(5)使用环保观光车和索道。多年前张家界武陵源区就禁止自驾车进入核心景区，在景区内开通了环保观光车和环保索道，以最大限度地保护这处"中国水墨山水画"式的风景。

(6)安装太阳能热水器。阿蓬江景区为减排，将游船的老式发动机改换成了节能发动机。景区内修建的10多栋小木屋安装的是太阳能热水器，以降低能耗和对空气的污染。

(7)不使用一次性餐具。康定情歌风景区内禁止自驾车进入，启用了环保观光车。景区的自助性餐厅不使用一次性餐具。利用温泉热能为游客提供健身服务，既低碳，又健康。

(8)倡导游客保护珍惜景区内的动植物。在赤水景区，桫椤这种古老珍贵的植物，对生长环境的要求非常高。所以该景区倡导游客"除了你的脚印，请什么都别留下"，希望能让桫椤世代在赤水繁衍下去。

(9)启用环保节能游船。镇远古城景区已对大量的游船进行了改造，更多地使用了环保节能的游船。

(10)使用清洁能源代替煤炭。以前西岭雪山景区内不少经营户使用煤炭，目前已全部替换了清洁能源。自驾车不能再上山，必须改乘山门口的交通索道。在该酒店里，倡导游客自带洗漱用品，不使用一次性用品，不每天更换床单。

(11)倡导游客利用自然光，少用空调。重庆加勒比海水世界这个以水为主体的景区使用了高效的循环水处理系统，并严格按国家规定监测水质，节约了水资源，保障了水质安全。同时，在办公区内尽量采用了自然光线，少用空调，并建议游客少用一次性泳衣、泳具。

（二）旅游景区消费的低碳化

虽然旅游发展主要取决于市场，但作为旅游消费主体的旅游者还是有相对的自主选择权。因此，可以通过引导旅游者选择不同环境水平的基础设施和景区、不同类型的食物、不同环境标准的酒店等各种旅游消费方式来实现低碳旅游消费方式。要大力倡导公民绿色消费理念，充分利用新闻媒体、会议、宣传专栏等多种形式，面向公众开展绿色消费的宣传活动，包括对绿色产品的认识，对健康生活方式的倡导，对环保的提倡等，一方面，增加公众的环保心理，强化他们的绿色意识，从而更积极主动地进行绿色消费；另一方面，可树立企业在公众心目中的正面形象。在 2011 年的旅交会上，仙女山、张家界、蜀南竹海、西岭雪山、金佛山、康定情歌景区、赤水、镇远古城、阿蓬江、成都欢乐谷、加勒比海水世界 11 家景区决定，联合发表"低碳旅游宣言"。

（三）国内五大低碳旅游胜地[①]

1. 燕子沟

推荐理由：大片《2012》拯救全人类的诺亚方舟拍摄地，有良好的低碳形象。景区高调倡导低碳旅游。

在以往的川西旅游地中，很少有人提到燕子沟，近一年多才热起来。自《2012》放映后，燕子沟就更具吸引力了。冰川、雪峰、彩林、温泉这些川西该有的景色它都有，但最吸引人的，是长达 30 多公里的红石滩，红石的"身世"至今还是个谜。景区尽量减少观光车的使用，连扩建的步游道也是在以前山民采药时留下的道路上铺设的。景区内还停售一次性雨衣，提供免费雨具。

2. 峨眉山

---

① 51766 旅游网（www.51766.com/zhinan/11021/1102150098.html）。

推荐理由：老牌"低碳景区"，旅游低碳的先行者。

多年前，景区就实行了统一乘坐旅游交通大巴的方式。景区还在酒店和农民旅店饭店大力推行节能措施。通过数字化峨眉山建设，对景区的空气和水源质量、植被实行监控，实现景区与交通运输、宾馆酒店、餐饮娱乐、旅行社的共同协调发展。多年来，峨眉山的森林覆盖率一直维持在95%以上。3—6月是峨眉山观赏杜鹃花的最佳时节，从报国寺到万佛顶，各类杜鹃次第开放。春到峨眉还可体验采春茶、挖苦笋等乐趣。

3. 张家界

推荐理由：以混合动力巴士和电瓶车用于景区交通，野生动植物与游客和谐相处。

热门影片《阿凡达》中原生态的哈利路亚山想必给你留下了深刻印象吧，它的拍摄原型就是张家界的袁家界景区内的乾坤柱，目前它已成为了张家界中人气最旺的景点。张家界由于核心景区禁止机动车进入，改以混合动力巴士和电瓶车代替，景区的空气十分清新，金鞭溪峡谷中野生猕猴出没，与游客和平相处，怡然自得。

4. 香格里拉

推荐理由："低碳"的生态环境是香格里拉的生命线，它的持久美丽离不开"低碳"。

香格里拉地处青藏高原东南边缘、"三江并流"之腹地，有融雪山、峡谷、草原、高山湖泊、原始森林为一体的景观，"日照金山"的梅里雪山更是中国低碳旅游的象征，具有巨大的观赏价值和科学考察、探险价值。香格里拉腹地有梅里雪山、白茫雪山等北半球纬度最低的雪山群，澜沧江大峡谷、虎跳峡和碧壤翁水大峡谷以深、险、奇、峻闻名于世，而碧塔海等高山湖泊是亚洲大陆最纯净的淡水湖泊群。

5. 大兴安岭

推荐理由：中国最大的氧吧，《国家地理》评选出的中国三大低碳旅游景区。

大兴安岭有中国面积最大的林区，低碳效果超强。总面积8.46万平方公里，相当于1个奥地利或137个新加坡。林木蓄积量5.01亿立方米，占全国总蓄积量的7.8%。大兴安岭山脉繁衍生息着400多种野生动物和1000余种野生植物。春夏季，这里山高谷阔，林木葱郁，非常适合踏青、探险旅游活动、避暑等各种旅游活动。

低碳经济是人类的未来，低碳旅游是旅游的未来。我们提倡低碳经济下的低碳旅游，不仅仅是一种理念，更需要大家身体力行。你的旅游低碳了吗？

四、旅游景区低碳管理发展趋势

(一)引入"低碳"作为旅游景区管理的指标标准

目前，低碳旅游的倡议得到越来越多旅游者的认同，但是这些倡议如要真正落到实处，发挥约束作用，引导大众都参与进去，还需要出台新的行业政策和标准，并且应将是否"低碳"纳入行业发展的考量和评价因素。如果说旅游行业的标准化将极大地提高旅游产品的质量和服务水平，那么"低碳"标准的引入，无疑将会进一步促进旅游行业在"低碳经济时代"的可持续发展。

(二)发展低碳旅游装备

旅游装备是旅游发展的载体，各种旅游活动的最终实现都要依托具体的旅游设施和工具。发展低碳旅游装备是实现景区"低碳化"的重要途径。景区的旅游装备主要包括旅游交通工具、旅游生活设施、旅游服务设施、旅游活动设施。途径不外乎两种：一方面，通过碳捕集、碳埋存、可再生能源利用等低碳技术对各种旅游基础设施和服务设施进行低碳化改造。例如，通过煤气化、煤液化、分层燃烧、水煤浆等技术，对以化石能源使用为主的旅游景区、宾馆等能源利用系统进行低碳化改造；通过使用太阳能、风能、氢能、生物能源等低碳或零碳能源，代替旅游景区、宾馆中的能源类型和能量供应方式，如太阳能供暖、太阳能发电、风能发电。另一方面，在景区直接使用各种低碳技术产品。使用节能灯、太阳能热水器、太阳能干燥器等低碳技术产品来配置各种生产生活用品；通过建造"绿色建筑"、"低碳建筑"的方式进行各种旅游建筑设施的建设。

(三) 政府、旅游企业合力倡导低碳旅行之风，树立低碳环保的旅游观念

"今天，你减碳了吗？"是最近风行的一句话。伴着哥本哈根大会的召开，"低碳"这一名词如今已受到了众多民众的关注，"低碳族"的生活方式和理念一时间也成为时尚，越来越多倡导低碳生活的口号被大家喊出来。政府可借助名人效应，推出明星出任低碳旅游大使，使低碳理念深入人心，同时，以各省市为单位，推动全国城市低碳运动，以各省市旅游局为主推单位，倡导旅游者文明绿色出行。例如，青岛改变其旅游方式，将低碳环保游打造成岛城旅游新亮点。其中包含政府与旅行机构推出的相关环保低碳政策与低碳旅游线路、个人出行携带环保行李、住环保旅馆、选择二氧化碳排放较低的交通工具甚至是自行车与徒步等方面。而越来越多的青岛市民开始不自觉地把低碳作为旅游的新内涵，青岛掀起了一股低碳旅游热。

相关链接

博卡拉低碳之道：有机农场学"发电"

减碳旅行的不二之选

90% 国土都位于崇山峻岭中的尼泊尔，是背包客的天堂。骑着大象找独角犀牛、到农家干活做义工，减碳旅行，尼泊尔当是不二之选。

一座山顶白雪皑皑、长年经受来自喜马拉雅山冷风吹拂的等边三角形山峰，一个倒映着雪山身影的宁静大湖，构成了人们印象中的博卡拉。想象一下，在这样一座山城的农庄工作将是多么的幸福。博卡拉西北约 12 公里处的 SetiValley Integrated Organic Farm 就有有机农场的义工工作等着你。农场的面积不大，却种植着多种水果、养着几十只绵羊和水牛。义工一般逗留 1~4 周，工作除了学习农耕、除草、赶牛、挤牛奶外，有意义的是学习利用天然资源发电。

沼气发电循环利用

农场里随处可见的牛羊排泄物，就是最佳的燃料来源。当地人将动物的排泄物置入特制的储槽内，并加入等量的水，让其产生自然的化学反应，发酵后产生可燃烧的沼气，借由输送管传到农庄的厨房，成为自给自足的天然瓦斯系统；发酵后残留的副产物，更成为

堆肥的好材料，一点都不浪费。

资料来源：腾讯旅游(www. itrauelqq. com/2009/1228/31085. html)。

第四节　旅游景区保护区划模式

一、国外有代表性的自然保护区分区模式

(一)同心圆模式(核心保护区、游憩缓冲区、密集游憩区)

旅游景区从里到外依次为核心保护区、游憩缓冲区以及密集游憩区。其中，核心保护区是受到严格保护的自然区，限制乃至禁止游客进入。围绕它的便是游憩缓冲区，在游憩缓冲区配置野营、划船、越野、观景点等服务设施。最外层是密集游憩区，为游客提供各种服务，有饭店、餐厅、商店或高密度的娱乐设施。

这种方式主要适用于需要保护的生态型旅游景区。具体模式见图9-1。

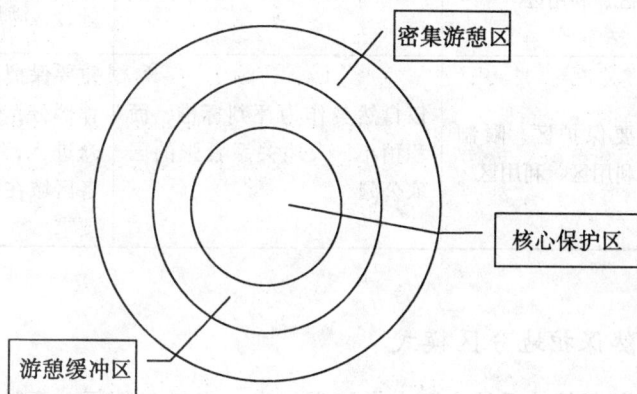

图9-1　同心圆模式图

(二)以加拿大国家公园为代表的分区模式

这种模式以加拿大国家公园为代表，包含有严格保护区、重要保护区、限制性利用区和利用区。美国、澳大利亚、秘鲁等国也均采用该模式。该模式有严格限制公众进入的区域，适用于面积较大的国家公园。分区时同时考虑保护与公众享用和教育的需求，利用区按不同公众需求细化，有利于满足多样化的游憩体验。在面积划分上，严格保护区和重要保护区构成国家公园的主体。国家公园兼具自然保护区的职责，将生态系统的完整性保护作为重要目的。

(三)以日本国立公园为代表的分区模式

这类分区模式的代表国家有日本和韩国，国家公园内的土地被划分为重要保护区、限

制性利用区和利用区。在国家公园的选择上，以风景美学价值为首要评判标准。国家公园的保护是为能永续地被公众享用和提供教育。由于国土面积小、人口密度大，这些国家在国家公园的分区管理上与加拿大等国存在一定差别：没有明确划分出严禁公众进入的区域，各区面积无较大差异。利用区包括居住区和公园服务区。

三种基本模式的比较见表9-1。

表9-1　　　　　　　　　　　　　　　三种基本模式比较

分区的基本模式	描述	适用的自然保护地类别	特征
同心圆模式	核心保护区、游憩缓冲区、密集游憩区	以自然保护为唯一或首要目的的自然保护区，人与生物圈保护区	核心保护区占总面积50%以上，核心保护区和游憩缓冲区构成保护地主体
加拿大模式	严格保护区、重要保护区、限制性利用区、利用区	兼具自然保护区功能的大型国家公园	以保护为主要目的的严格保护区、重要保护区占公园面积的90%以上，利用区得到细分，满足不同体验要求
日本模式	重要保护区、限制性利用区、利用区	以自然美作为评判标准，面积稍小、人地关系紧张的国家公园	重要保护区不作为公园的主体部分，任何区域都允许公众进入，但利用程度不同，各区域在面积划分上无明确要求

二、我国自然保护地分区模式

我国现有的自然保护地系统主要由自然保护区、风景名胜区、森林公园、地质公园、湿地公园等构成。《中华人民共和国自然保护区条例》(以下简称《自然保护区条例》)和《风景名胜区规划规范》对保护区进行了分区规定。

《自然保护区条例》仅对保护区应该划分成几个区域、各个区域的管理等提出规定，而对于每个区域该如何设置(基本的设置原则)、设置目的，以及相对面积大小等没有给出详细的说明。同时，《自然保护区条例》对各区域管理要求规定过于苛刻(见表9-2)，整个保护区内除科研和游憩活动外，不允许当地居民进行任何利用，这极易造成保护地同当地居民之间的矛盾，致使在实际操作中很难按照此标准执行；当地居民只知道保护区的外边界，而不知道内部还有分区，在偷偷进入收集自然资源时常常在不自知的情况下深入到核心区域，反而造成更大的破坏。对于游憩者也是这样。分区管理不为大众知晓，造成对各区域不加区别的对待。

我国针对风景名胜区的《风景名胜区规划规范》，设有按保护的严格程度和保护对象类别分区的两套系统，这两套分区系统的结果常常相互交错，使管理复杂化。而游客更是从来不知所谓的分区。

除上述两项条例和规范外，其余类型保护地暂时没有对分区模式进行规定。

表9-2　　　　　　　　　　　　我国自然保护区分区管理规定

各区名称	管理规定
核心区	禁止任何单位和个人进入，除特殊批准外，不允许进入从事科学研究活动
缓冲区	在核心区外围划定一定面积的缓冲区，只准进入从事科学研究观测活动
实验区	将缓冲区外围划为实验区，可以进入从事科学试验、教学实习、参观考察、旅游及驯化、繁殖珍稀、濒危野生动植物等活动
外围保护地带	原批准建立自然保护区的人民政府认为必要时，可以在自然保护区的外围规定一定面积的外围保护地带

三、我国旅游景区保护区划标准模式

我国旅游景区保护区划标准模式，分为核心保护区、重点保护区、一般性保护区和限制性保护区四个级别，其具体特征见表9-3。

表9-3　　　　　　　　　　　旅游景区保护区划标准模式

级别	方式	基本特征	人类活动形式（旅游开发形式）
一级保护	核心保护区	脆弱性强的精华景区、稀有物种（或濒临灭亡）的生态系统、水源一级保护地、生物多样性保护区等	只能进行景观维护和植被恢复性工程；一般游客不得进入（探险、科考等经过批准可限制性进入，但不得有损害生态环境的任何行为）
二级保护	重点保护区	一般生态保护区、重点景区、水源地、二级保护区等，一般位于核心保护区地边缘	有限开发，建设基础设施，开展生态旅游和自然观光旅游，游客适度限制进入，不适宜大众旅游开发
三级保护	一般性保护区	具有一定保护意义的生态旅游区或风景区，一般位于核心保护区的影响区范围	可进行基础设施建设和一定规模的接待服务设施建设，但建设项目必须通过EIA并保持与景观环境的协调，可开展大众旅游
四级保护	限制性保护区	一般处于核心区的外围，它的保护对于整个生态系统的维护具有一定意义	可开展娱乐度假旅游项目，是游人的主要活动范围和接待服务设施区，但限定污染企业或采掘工业的开发

智慧九寨的环境保护

九寨沟位于四川省阿坝藏族羌族自治州九寨沟县漳扎镇，是白水沟上游白河的支沟，以有九个藏族村寨(又称何药九寨)而得名。九寨沟海拔在 2000 米以上，遍布原始森林，沟内分布 108 个湖泊，有"童话世界"之誉；九寨沟为全国重点风景名胜区，并被列入世界遗产名录。2007 年 5 月 8 日，阿坝藏族羌族自治州九寨沟旅游景区经国家旅游局正式批准为国家 AAAAA 级旅游景区。

在九寨沟，来自澳大利亚的艾米和蒂姆化装成未来世界的机器人，向游客讲述着他们穿越时空看到的 2050 年的地球。当孩子们从表演中得知降解一张废纸需要 5 个月、一只铝罐需要 80 年、玻璃瓶需要 100 万年、而塑料瓶一般不能降解时，他们都惊恐地瞪大了眼睛。看完表演后，孩子们争相当起了"义务环保员"，他们告诉身边的游客："只有把今天的九寨沟努力保护好，美丽的景色才能保持到未来。"

艾米和蒂姆是澳大利亚青年大使发展项目的志愿者，每年都要到世界各地的景区为游客讲授环境教育课程。像这样的教育活动，九寨沟景区已经组织开展过多次，其目的就是保护环境，使资源开发与保护相协调。

四川省九寨沟风景名胜区管理局局长章小平说："作为一个世界罕见的地质地貌带和生物多样性地区，九寨沟具有无可替代的生态意义和科学研究价值。作为景区管理者，我们有责任和义务保护好这里的一草一木。"

开发为保护，保护促开发

自 1984 年正式对外开放以来，九寨沟管理局就紧紧围绕"严格保护、科学管理、合理开发、永续利用"的工作方针，积极实施以"开发为保护、保护促开发"的经营管理模式，着力于走可持续发展之路。这与时下风靡的"低碳旅游"高度契合。早在 1999 年，九寨沟就已经开始实施禁止外来车辆进入景区、统一采用绿色环保观光车的措施，有效控制了汽车尾气排放，保证了九寨沟的空气质量；同年，九寨沟管理局启动了退耕还林(草)工程，完成退耕还林(草)6000 亩；2001 年，管理局关闭了景区内所有宾馆，实行"沟内游、沟外住"，减少了游客食宿等对生态环境的影响；同年 7 月 1 日起，九寨沟开始实施游客限量政策，较大程度缓解了脆弱的生态环境与大量游客活动之间的矛盾；同年 10 月，管理局又拆除了景区内所有旱厕、水厕，新建了智能型全自动免水冲环保型厕所，厕所污物封装后运出沟外处理；2008 年，九寨沟管理局联合四川大学等单位，成功申报国家 863 重大专项，重点研究旅游高峰期游客分流时空导航管理，通过科学调度，减少绿色观光车的数量、降低汽车尾气的排放……

目前，九寨沟景区已经实行动态保洁，垃圾全部打包外运集中处理；已经建成生态旅游栈道，实行人车分流，减少了汽车尾气排放，减轻了游客对环境的压力；路灯、厕所照明、环境监测仪器设备等除使用水电外，都辅以太阳能和风能。在管理机制方面，九寨沟管理局已经全面实行办公自动化，减少了纸张使用；在自然保护协会的倡导下成立了"绿色小组"，开展环境教育活动，督察节能减排活动；各部门都签订了节能减排协议并纳入年度绩效考核。

发展低碳旅游　塑造低碳品牌

虽然近年来前往九寨沟景区的游客逐年增加，但这里生态依旧保持得很好。现在九寨沟景区已经开始打造扎如沟小众型生态旅游、栈道徒步旅游等低碳产品，并考虑适当开辟自行车道，大胆规划森林火车或轻轨。为不断优化低碳服务，九寨沟始终坚持以人为本的理念，尽量满足游客个性化服务，下一步还将完善景区解说系统，进一步开展游客环境、低碳教育和低碳体验等活动，提供游客的环境和低碳意识。

资料来源：中国旅游新闻网(www. ctnews. com. cn/tbgz/2010-07/09/content_758380. htm)。

第十章　旅游景区科技化管理

案例 10-1

天津推手机客户端可游览景区　智慧旅游惠及游客

2013 年 1 月 24 日，在"天津智慧旅游建设（一期）成果发布会"上获悉，天津市 2012 年加快推进智慧旅游建设，利用网络等多媒体平台挖掘旅游潜力，目前，天津智慧旅游主框架已搭建完成，相关建设成果已惠及广大游客。

自 2012 年初本市启动的天津智慧旅游"1369"工程计划 2014 年完成，主要建设 1 个智慧旅游综合数据中心，3 个平台（行业智能管理、公共信息服务、目的地营销体验），"6"个载体（互联网、移动互联网、12301 旅游服务热线、旅游一卡通、遍布全市的电子触摸屏和人工咨询服务网点），"9"个智能系统（智能 OA 管理、旅游景区智能管理、旅行社智能管理、饭店智能管理、旅游超市、智能行程规划、智能信息管理、旅游目的地展示营销、旅游产业分销等系统）。

截至目前，智慧旅游主框架已搭建完成，建成智慧旅游综合数据中心、行业智能管理等 3 个平台和 12301 旅游服务热线等 6 个载体，并建设旅游景区管理等 9 个智能系统子项目。其中，已建成投用的天津旅游云数据中心，实现旅游在线动态报送、审核、签发、更新。而升级后的 12301 旅游服务热线，强化服务功能，已累计接听答复 7.6 万余人次；同时，本市旅游企业积极参与智慧旅游建设，搭建多媒体平台，方便游客便捷、智能游览景区。

市旅游局信息中心负责人表示，2013 年，本市将继续推动智慧旅游在行业管理、公共服务和宣传营销方面的建设应用。主要项目包括：出台智慧旅游行业建设标准，建成主要景区视频监控，开发天津旅游手机版网站，升级手机客户端，完善电商平台，推动旅游企业智慧旅游建设，建立中国旅游产业博览会智慧服务平台等。

资料来源：北方网（house. enorth. com. cn/system/2013/01/25/010568376. shtml）。

游客只需掏出手机，轻轻一刷，就可进入景区；游玩时手机上不时会收到景区服务信息；景区信息亭内互动触摸屏上，各类服务信息应有尽有……这些就是"智慧旅游"带给游客的体验。国家旅游局局长邵琪伟在相关会议上指出，我国将争取用10年左右时间，使旅游企业经营活动全面信息化，基本把旅游业发展成为高信息含量、知识密集的现代服务业，在我们这个新兴的世界旅游大国初步实现基于信息技术的"智慧旅游"。

智慧旅游，这个新词在旅游行业跃然而生，那么，到底什么是智慧旅游？在智慧旅游大的背景下，会给我们的旅游景区管理带来哪些新的变化呢？本章将为大家一一解答。

第一节 智 慧 旅 游

随着我国经济的不断发展，社会保障体系、工作时间制度等不断完善，经济发展由投资、出口拉动向由投资、出口、消费协调拉动转变。在人均可支配收入增加、消费观念转变、政策利好的背景下，"十二五"期间旅游业将迎来高速发展。我们预测"十二五"期间我国旅游业收入将保持年均15%的速度增长，到2015年，我国旅游业收入将达到3.15亿元人民币。可见，旅游已经成为人民群众重要的生活方式，我国已经进入大众旅游时代。

以信息化为代表的科技进步以及现代商业模式的创新，将推动旅游业转型升级。随着信息技术和知识经济的发展，用现代化的新技术、新装备改造和提升旅游业，正在成为新时期旅游业发展的新趋势。在这一进程中，科学技术不仅创造出大量新的旅游业态和新的旅游需求，引导新的旅游消费，还将极大地推动服务方式创新和商业模式创新。今后一段时期，信息技术将会更加广泛地运用到旅游业发展的方方面面。特别是正在推行的"三网融合"，将促进不同网络之间的信息兼容，实现网络资源的共享，这将在很大程度上改变传统的旅游消费方式、旅游经营方式和旅游管理方式，将推动旅游业向现代服务业的运行模式发展，推动旅游业转型升级。

一、智慧旅游的概念

智慧旅游的提出就是利用云计算、物联网等新技术，通过互联网或移动互联网，借助便携的终端上网设备，主动感知旅游资源、经济、活动和旅游者等方面的信息并及时发布，让人们能够及时了解这些信息，及时安排和调整工作与旅游计划，从而达到对各类旅游信息的智能感知、方便利用的效果，通过便利的手段实现更加优质的服务。

智慧旅游有以下四个特点：

（1）全面物联——智能传感设备将旅游景点、文物古迹、城市公共设施物联成网，对旅游产业链上下游运行的核心系统实时感测。

（2）充分整合——实现全市景区、景点、酒店、交通等设施的物联网与互联网系统完全连接和融合，将数据整合为旅游资源核心数据库，提供智慧的旅游服务基础设施。

（3）协同运作——基于智慧的旅游服务基础设施，实现旅游产业链上下游各个关键系统和谐高效地协作，达成城市旅游系统运行的最佳状态。

（4）激励创新——鼓励政府、旅游企业和旅游者在智慧的旅游服务基础设施之上进行科技、业务和商业模式的创新应用，为城市提供源源不断的发展动力。

二、智慧旅游的内容

智慧旅游系统通过政务内网、政务外网、管理业务网、交互/展示平台、综合资源数据库以及配套的支撑设施，为游客、旅游企业、投资者、主管单位提供配套的业务支撑，促进地区旅游经济的发展。其总体功能结构图如图 10-1 所示。

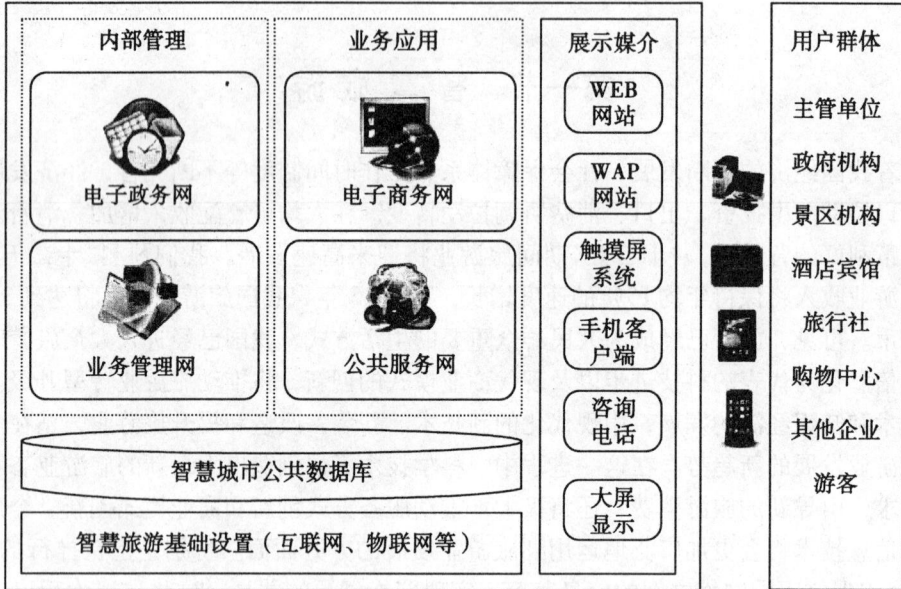

图 10-1　智慧旅游系统总体功能结构图

（1）办公及管理业务系统的电子政务平台见图 10-2。

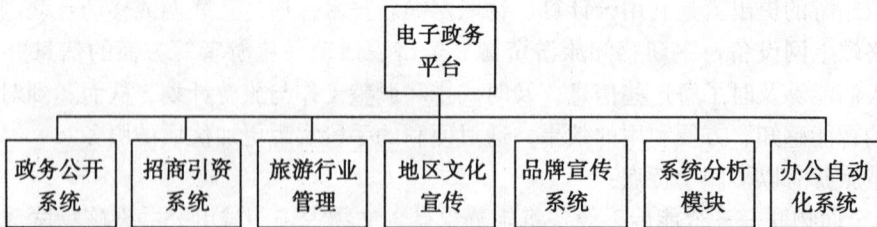

图 10-2

（2）集旅游信息资讯和商务交易为一体的电子商务平台见图 10-3。

（3）应用集成和系统管理的综合管理平台见图 10-4。

（4）旅游综合资源数据仓库（数据中心）见图 10-5。

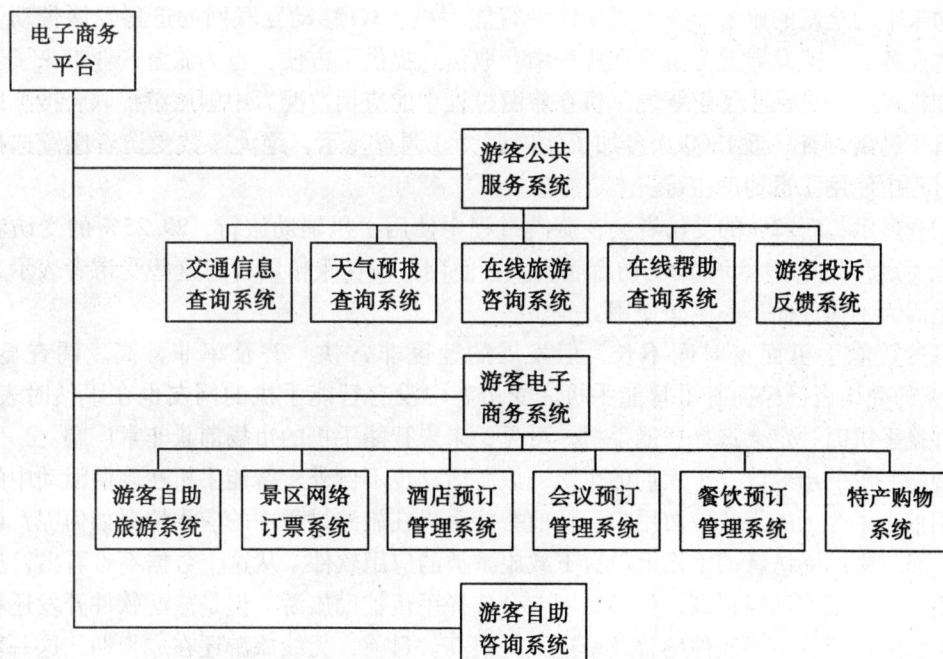

图 10-3

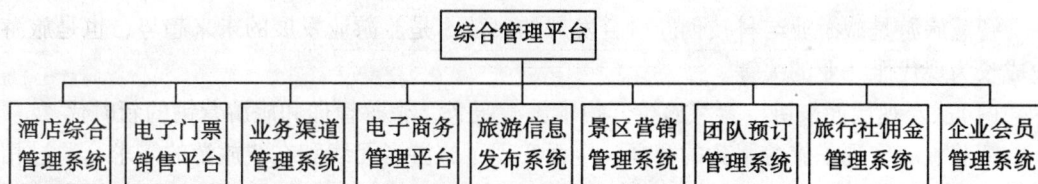

图 10-4

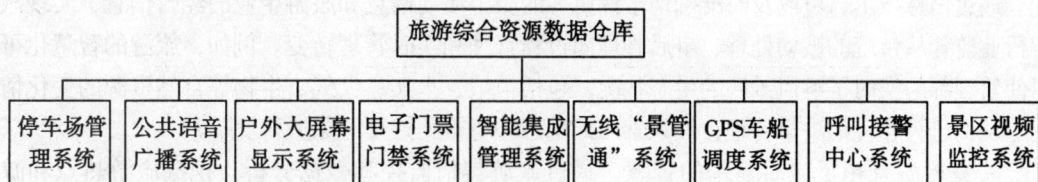

图 10-5

三、智慧旅游催生无线旅游用户的产生

"智慧旅游"被称为旅游业的"二次革命",它是一种融合了通信与信息技术并以此为

基础、以游客互动体验为中心，一体化的行业信息管理为保障，服务于公众、企业、政府等面向未来的全新的旅游形态。近年来，智能手机、3G移动互联网的迅猛发展带动了无线旅游业务的飞速发展，为游客在旅程中获取信息提供了方便，也为旅游产业带来了新的机遇和挑战。为进一步了解智能手机在旅游过程中的应用情况，中国旅游报联合搜狐网社区进行了网络调查。近1300人参加了此项调查。调查显示，绝大多数受访者愿意选择在旅游过程中使用手机辅助旅行。

调查显示，51.2%的受访者会在旅游过程中使用手机辅助旅行，29.25%的受访者会看情况而定，只有19.55%的受访者表示不会使用，但在跟帖留言时这些受访者表示，不使用是因为不懂，而不是不想使用。

虽然智能手机面市时间不长，但发展的速度非常快，普及率非常高。调查显示，74.32%的受访者已经拥有了智能手机。受访者中没有智能手机的网友也在跟帖时表示，有条件换手机时一定会选择智能手机。可见，未来智能手机的市场前景非常广阔。

智能手机的出现改变了人们的生活，旅游活动也不例外。智能手机在旅游活动中的广泛应用催生了今天的无线旅游用户，目前智能手机在旅游过程中的应用情况如何呢？调查显示，55.7%的受访者的手机上没有下载旅游类的应用软件。从这个数据不难看出，虽然智能手机的普及率已经很高，且多数网友会选择手机辅助旅游，但是旅游软件开发还稍显滞后，由此造成旅游类软件的普及率还不是很高。目前，无线旅游还在成长期，这一新模式在2~3年内会迎来更广阔的发展空间。

四、智慧旅游的效益分析

智慧旅游是旅游业与科技创新融合发展的典范，是旅游业发展的未来趋势，也是旅游业成长为现代服务业的关键。

(1)从宏观层面来讲，智慧旅游开拓了旅游服务、旅游管理和旅游营销的新时代。

智慧旅游实现了旅游服务的智慧，全面实现了旅游者无线和在线旅游的需求，通过相关软件系统的帮助，实现自助的导航、导游、导览和导购服务，为游客实现定制化的服务，提升旅游者的旅游体验。

智慧旅游提升了旅游管理的智慧，智慧旅游将实现传统旅游管理方式向现代管理方式转变。通过信息技术，可以及时准确地掌握游客的旅游活动信息和旅游企业的经营信息，实现旅游行业监管从传统的被动处理、事后管理向过程管理和实时管理转变。例如，旅游的智慧化可以使管理部门实时了解风景区的生态状况，包括植被、水文、大气、生物等自然资源的变化情况，从而进行相应的决策管理，使风景区的生态环境得到持续的保护和发展。

智慧旅游开拓了旅游营销的智慧，通过旅游舆情监控和数据分析，挖掘旅游热点和游客兴趣点，引导旅游企业策划对应的旅游产品，确定对应的营销主题，从而推动旅游行业的产品创新和营销创新。

(2)从微观层面来看，智慧旅游实现了旅游企业的智能化管理，提高了旅游企业的经营效益。

智慧旅游鼓励和支持旅游企业广泛运用信息技术，改善经营流程，提高管理水平，提升产品和服务竞争力，增强游客、旅游资源、旅游企业和旅游主管部门之间的互动，高效整合旅游资源，推动旅游产业整体发展。

旅游景区是旅游产业发展的主体，是引导旅游者到访的核心目标吸引物，是旅游行为的终极目的地；景区的规模、数量决定了产业的综合效益，景区产品质量决定了游客到访的数量，行业管理决定了产业发展、产品及服务的全部生命质量状态。旅游的服务水平和游客数量，关系到旅游交通的质量等级，关系到推动相关行业的综合发展，关系到食宿配套的规模和特色。而智慧旅游的建设有利于优化景区旅游环境，提高各景区管理服务水平，确保旅游生态效益、经济效益和社会效益三者之间的统筹协调发展，同时旅游的智慧化极大地丰富景区营销手段，为现代新旅游、新传播、新行为、新市场、新模式提供高科技服务，并将游戏性的吸引力和亲和力融为一体，将生态环境容量、景区安全领域优化整合，使其成为一种新的科技旅游，提升景区的品牌形象和社会形象，提升景区的核心吸引力和亲和力，为景区创造更高的经济效益。

智慧旅游符合是旅游业发展的必然趋势，它将为旅游业发展注入新的活力，促进社会、经济的发展，带来良好的社会、经济、生态效益。

相关链接

智慧旅游现状

去哪儿网："智慧旅游 数字服务"

去哪儿网数字服务满足消费者在旅游产品搜索、预定、支付及评价的一站式服务需求。去哪儿网在未来5年会在任何移动平台上，为消费者提供旅游信息的入口，这个入口不但包括酒店，也包括当地的景区、消费，甚至包括消费者如果遇到旅游问题去找谁投诉等，使整个旅游行业更快、更好地实现真正意义上的"智慧旅游 数字服务"。

酷讯：构建帮助用户的旅游社区

酷讯"一起玩"帮助你一键备忘旅行过程中需要的航班、酒店、景点等信息，定制旅行计划后，酷讯"旅游体验师"将对旅行计划进行点评，如果计划中有不合适的地方，"旅游体验师"会提出有价值的建议。

"一起玩"倡导"人人都是旅游体验师"的概念，通过旅游基金、免费住宿、免费门票、甚至全程免费旅游的支持，鼓励网友分享自己的旅游行程，让每个网友都有机会担当旅游体验师的角色，给更多旅游爱好者提供最真实最有价值的参考。

"玩伴儿"APP帮助游客更好的安排旅游计划

"玩伴儿"依托自主产权GPS定位提升算法和独家制作的景区GIS地图，参照旅游行为特点，以手机为载体，为游客提供旅游规划、旅游社区、智能导游、旅游消费推荐等核心旅游服务，是集多种属性为一体全新服务。

第二节 智慧景区

21世纪初诞生的"数字景区"，是"数字地球"理念在风景区的具体体现，是指风景名胜区的全面信息化，包括建设风景区的信息基础设施、数据基础设施以及在此基础上建设的风景区信息管理平台与综合决策支持平台等。"智慧景区"是在"数字景区"基础上的一次飞跃发展。虽然"数字景区"建设的一般模式和技术方法仍处于探索与完善阶段，但"智慧景区"概念的提出为景区信息化建设又增加了新的内涵，代表了景区信息化建设发展的最新方向。

一、智慧景区提出的背景

改革开放30多年来，我国经济发展取得了突飞猛进的进步，旅游业进入了爆发性增长阶段。2009年11月1日，国务院下发《关于加快发展旅游业的意见》，决定把旅游业培育成国民经济的战略性支柱产业和人民群众更加满意的现代服务业，为我国旅游业跨越式发展提供了政策支持。

目前，我国旅游业正值由世界旅游大国向旅游强国转型的关键期，同时也面临着增长方式和发展目标上的战略调整，面对新形势，我国景区可持续发展面临新挑战。主要表现为：

（1）热点景区面临游客超载。游客超载不仅容易对生态环境造成破坏，而且容易造成景区交通拥堵，诱发安全事故，降低游客游览质量。热点景区急切需要有效管理游客，加强生态环境监测，通过旅游高峰期游客时空分流导航管理均衡游客分布，以减轻环境压力，提高游客满意度。

（2）低碳经济催生低碳景区的发展。为缓减全球气候变暖趋势，应对能源危机，以"低能耗、低污染、低排放和高效能、高效率、高效益"为特征的低碳经济正日益受到重视，低碳旅游将成为景区可持续发展新的战略制高点。我国景区需要应用各种节能、减排、碳中和技术提高管理效率和管理水平，降低旅游发展对环境的影响，增强可持续发展能力。

（3）景区应对危机的能力有待提高。事实证明，通过在物联网基础上建设智能监测系统、风险评估系统、应急响应系统和危机决策系统，能够有效应对火灾、洪水、极端天气、地震、泥石流等自然灾害以及瘟疫、恐怖袭击等突发事件，避免或减少对游客、社区居民、景区工作人员的人身和财产造成的伤害和损失，因此，为提高景区的应对危机的能力，景区必须进行信息系统的升级。

（4）在国家倡导新技术应用的基础上，3G时代的来临为智慧景区的发展奠定了基础。2011年据中国城市低碳经济网的一项研究报告显示，全球智能手机销量达到4.72亿部，较2010年增长58%，销量占手机总销量比例达到31%。基于此，旅游业界专家大多鼓励各类旅游景区充分利用各种信息技术和手段，探索面向游客服务的实时信息服务、电子门票、电子导引和电子解说（或基于移动通信终端）等以及面向景区管理的客流时空调控、人—地交互管理、网络营销等多种解决方案。

综上所述，建设"智慧景区"是我国景区未来发展之路，是新形势下我国景区发展的必然选择。

二、智慧景区的内涵

智慧景区的概念有广义和狭义之分，广义的"智慧景区"是指科学管理理论同现代信息技术高度集成，实现人与自然和谐发展的低碳智能运营景区。这样的景区能够更有效地保护生态环境，为游客提供更优质的服务，为社会创造更大的价值。而狭义的"智慧景区"是"数字景区"的完善和升级，指能够实现可视化管理和智能化运营，能对环境、社会、经济三大方面进行更透彻的感知，更广泛的互联互通和更深入的智能化的景区。狭义的"智慧景区"强调技术因素，广义的"智慧景区"不仅强调技术因素，还强调管理因素。

广义的"智慧景区"内涵丰富，主要包括以下方面：

(1)通过互联网对景区全面、透彻、及时地感知；

(2)对景区实现可视化管理；

(3)利用科学管理理论和现代信息技术完善景区的组织机构，优化景区业务流程；

(4)发展低碳旅游，实现景区环境、社会、经济的全面、协调、可持续发展。

三、智慧景区在中国的发展

"智慧景区"利用信息化手段，创新了资源保护的方式方法，转变了经营服务的模式和理念，提升了旅游管理的水平，在景区转型发展商提供了强有力的科技支撑。推动建设"智慧景区"，无疑也是景区行业全面落实国务院 41 号文件提出的旅游业两大战略目标的具体步骤和工作抓手。黄山风景名胜区从"十五"开始进行信息化建设，特别是"十一五"期间，景区把信息化建设作为重要项目去规划实施，取得了显著的成就。黄山"十二五"信息化规划基于"智慧+服务"构建了新的智慧黄山景区总体框架，包括一个中心、三大平台、五大系统、七项保障。一个中心就是信息中心，三大平台包括信息基础设施、数据基础设施、共享服务平台，五大系统分别是资源保护系统、旅游经营系统、业务管理系统、公众服务系统、决策支持系统，七项保障包括政策保障、机制保障、资金保障、技术保障、人才保障、安全保障、发展保障。

九寨沟风景名胜区在过去 10 多年"数字九寨"建设成果的基础上，正在全力推进"智慧九寨"建设，全面提升"数字九寨"框架下的景区管理模式。2010 年初以来，先后两次主办"智慧九寨"论坛，旨在以九寨沟承担的国家 863 重大课题《基于时空分流导航管理模式的 RFID 技术在自然生态保护区和地震遗址的应用研究》为契机，探讨九寨沟景区信息化管理、生态环境监测和旅游发展面临的问题，研究智慧景区发展新模式，并提出了基于物联网技术建设"智慧九寨沟"，实现了基于 RFID、IP 摄像头、移动执法智能终端和数据中心组成的景区物联网的"智慧景区"游客分流应用功能，实践了物联网技术在智慧景区建设中的应用。

颐和园管理处为了充分应用信息技术辅助皇家园林类的世界文化遗产保护与管理，也不断开展公园信息化建设探索，并且面向"十二五"开展"智慧颐和园"规划。根据规划文本，颐和园在未来 5 年将重点开展基于物联网的信息基础设施建设、基于数据仓库的数据基础设施建设、基于云计算的共享服务平台建设以及众多应用系统建设和综合决策支持系统建设，旨在全面提升颐和园信息化水平，满足园区精细化的资源与环境保护、业务与事务管理、旅游与社会服务、决策支持与可持续发展的需求网络，实现景区智能化发展；将最新管理理念同最新技术成果高度集成，全面应用于景区管理，从而更有效地保护旅游资源，为游客提供更优质的服务，实现景区环境、社会和经济全面、协调、可持续发展。

为进一步提升智慧旅游景区建设水平，交流智慧旅游景区建设经验，鼓励和引导景区为游客提供更便捷、智能的旅游体验服务，同时也为进一步加强旅游景区质量等级评定国家级检查员队伍建设，2012年11月8日至9日，国家旅游局在四川省都江堰市召开了全国智慧旅游景区建设现场会暨旅游景区质量等级评定国家级检查员培训班。会议同时公布了全国22家景区为"全国智慧旅游景区试点单位"。

以下为入选的公布的22家首批智慧景区试点单位：乐山市峨眉山景区、重庆武隆喀斯特旅游区、颐和园景区、承德避暑山庄及周围寺庙景区、焦作云台山景区、安阳殷墟景区、黄山市黄山景区、成都市青城山—都江堰旅游景区、泰安市泰山景区、大连老虎滩海岸公园—老虎滩极地馆、牡丹江镜泊湖景区、鄂尔多斯市响沙湾旅游景区、宜昌市清江画廊旅游区、张家界武陵源—天门山旅游区、南京市中山陵园景区、常州市环球恐龙城休闲旅游区、杭州市西溪湿地旅游区、宁波市奉化市溪口—滕头旅游景区、深圳市华侨城旅游区、广州市白云山景区、渭南市华山景区、昆明市石林景区。

第三节　智慧景区模式探讨——以峨眉山为例

旅游业是国民经济与社会发展的重要组成部分，旅游业的可持续发展也是实现国家可持续发展不可缺少的方面。《国务院关于加快发展旅游业的意见》决定把"旅游业培育成国民经济的战略性支柱产业和人民群众更加满意的现代服务业"，为我国旅游业新一轮腾飞确定了方向。

旅游景区是旅游业的核心要素，是旅游产品的主体成分，是旅游产业链中的中心环节，是旅游消费面的吸引中心，是旅游产业面的辐射中心。基于"数字地球"向"智慧地球"转型这一重大背景下，"智慧景区"的建设将成为我国旅游景区未来发展之路，也是在新形势下我国旅游业发展的重大战略。

"智慧景区"结合景区特性，运用人类最新文明成果，构建智慧网络，实现景区智能化发展；将最新管理理念同最新技术成果高度集成，全面应用于景区管理，有效地保护旅游资源，为游客提供更优质的服务，实现景区环境、社会和经济全面、协调、可持续发展。"智慧景区"是对环境、社会、经济三大方面进行最透彻的感知、更全面的互联互通、更深入的智能化的创新型景区管理系统。

(一)案例剖析①

1. 智慧大峨眉——"智慧大峨眉，幸福风景区"魅力显现

---

① 乐山新闻网(www.leshan.cn/GB/45/82105.html)。

多年来，作为川内旅游业界第一方阵中的"领跑队员"，峨眉山发展的脚步一直紧跟世界一流，不断超越自我，引领着行业前行。

在旅游数字化建设的浪潮中，千载名山没有居功自傲。身披全国旅游标准化示范景区、四川旅游的"人气王"和"吸金王"等荣誉，峨眉山率先全面植入信息化，让"大景区"拥有了"大智慧"。

极目前瞻，才能继续领跑。在全面建成"智慧峨眉山，幸福风景区"的征途上，峨眉山将以"智慧"之名，建构一流的经营管理体系、网络营销体系和现代服务体系，建成高信息含量、知识密集的现代旅游集团。

2. 以"智慧"之名——峨眉山旅游加快转变发展方式

智慧旅游被称为旅游业的"二次革命"。2000年，峨眉山不仅成立了全国第一个景区信息网络技术中心，还率先在全国风景区中设立了门户网站——峨眉山旅游网（www. ems517. com）。根据 Alexa 全球网站排名系统数据统计显示，峨眉山旅游网在全国同类型网站的排名中一直名列前茅。信息网络技术中心是峨眉山数字管理服务的源头，也体现出时任峨眉山景区管理会党委书记、现任乐山市政府顾问、峨眉山乐山大佛旅游集团董事长马元祝在变革中的远见卓识。多年发展，峨眉山的三大智慧体系已然完整，旅游管理的智慧、旅游营销的智慧和旅游服务的智慧，强力助推景区的高速发展、领先发展。

大规模、高起点、大气魄、快节奏——这是峨眉山智慧旅游建设12年跨越的缩影。2004年，国家级重点风景名胜区监管系统建设启动，数字景区规划管理系统建成并投入使用，"智慧景区"雏形具备；2008年，电子商务子系统正式投入使用，标志着"数字化峨眉山"项目全面投入使用。2010年，"智慧峨眉山，幸福风景区"建设起步，开始布局22个"数字峨眉山"系统。

2012年，峨眉山景区被国家旅游局命名为"全国智慧旅游景区试点单位"，"智慧大峨眉，幸福风景区"全面助力四川旅游经济强省建设。

在峨眉山市委副书记、峨眉山—乐山大佛景区管委会党委书记秦福荣看来，"数字化建设是峨眉山—乐山大佛景区加强遗产资源保护的必然要求，'智慧峨眉山'是进一步提升景区管理服务水平的必然选择，是景区适应现代旅游发展的必然趋势"。这三个"必然"底气十足：12年来，峨眉山以改革和科技为支撑，以互联网、移动互联网、物联网等现代信息技术为基础，建立景区强大的旅游数据库和信息共享交流平台，以"智慧"为统领，实现旅游营销、经营、管理、服务全过程的数字化、智能化。

3. 以"智慧"之名——网络营销让峨眉山旅游换挡提速

1月6日，2013年峨眉山冰雪温泉节正式启动，当日官网点击量就达到200万次，是四川省其他冰雪节活动网络点击率的数十倍。官方网站点击量的激增，不仅浓缩了峨眉山网络营销"线上+线下"的专业操作手法，更展示出峨眉山营销的"智慧"势不可挡。

峨眉山旅游的掌门人马元祝，整天把物联网、云技术等新鲜词汇挂在嘴边，带领公司的年轻人也"潮"起来。正是这样一个潮人董事长，在2007年就提出了"改变景区传统营销方法，走营销网络化之路"，进行多年探索尝试，从最初的门户网站到时下最流行的微电影、微博，以游客为中心，以服务为宗旨，以交易为目的的峨眉山旅游网络营销模式越来越成熟。

日前，峨眉山官方微博已发布消息万余条，粉丝数量近 30 万人，转发超 11 万次，评论 1.3 万多条，成为峨眉山旅游信息发布和反馈的重要渠道。

每一组数据背后，都有一个峨眉山网络营销"七十二变"、新招迭出的动人故事：

"绳命"是如此"井猜"，"绳命"是如此"回徨"——2012 年，一段延参法师"峨眉山讲人生，遭猴子调戏"的视频爆红网络。微博上关于该视频的消息达到 252211 条，缔造了一位网络红人。如何让这位网络红人为峨眉山旅游带来市场效益？同年 12 月，旅游微电影《峨眉来电》登陆各大视频网站，峨眉山热潮袭来，电影点击旅游短短一个月就突破 300 万人次。以此为契机，峨眉山携手新浪微博，把景区内 30 多个经营实体集合成微博矩阵，打造了全国首个景区微博发布厅样板。

2012 年，峨眉山旅游股份有限公司景区联合美国新蛋网公司对峨眉山—乐山大佛景区网站按照"大图片+瀑布流"的风格进行架构重建。新版的峨眉山—乐山大佛景区网站创造了中国风景区新模式，备受业内外肯定。数据是最真实的赞誉：新版网站上线两个月以来，人均页面浏览次数增长三成，回访访客成分占 32.48%，高于同行业网站 29.77% 的主流水平，访客深度访问率高达 97%。

2009 年起，峨眉山在全国风景区中首开先河，与全球华人最大的社区天涯社区进行战略合作。依托天涯社区平台优势和天涯超过 6000 万的庞大注册用户群，峨眉山 2012 年生肖主题活动直接吸引 111 万用户参与，累积覆盖人群达 8357 万人，品牌曝光率超过 2.49 亿人次，全年峨眉山天涯社区品牌空间关注人数 1504462 人次和官方微博粉丝累计突破 104812 人。这些数据不仅折射出此次网络营销活动创新了"集团空间"的合作模式，更进一步证明，网络营销已能够为峨眉山形成一个忠实的有效自传播群体。

全面适应"旅游大众化、出行散客化、服务个性化、营销网络化"的旅游发展新趋势，"智慧峨眉山"2012 年再创历史新高，全年峨眉山—乐山大佛景区接待游客 607.86 万人次，增幅 7.4%，旅游总收入 31.1 亿元，增幅 23.51%。

4. 以"智慧"之名——峨眉山旅游助推乐山美丽发展

会当凌绝顶，峨眉山未来的智慧宏图，是从网站到手机终端，从出行前到出行后，从峨眉山到大峨眉——"智慧峨眉，幸福风景区"的智能化服务，将全面覆盖峨眉山旅游的各个方面。

大手笔规划，大方向明确：中国第一山，向打造中国旅游风景区的第一电子商务网站全速前进。作为国内第一批吃螃蟹的景区电子商务系统，峨眉山的识途网提供了集游览门票、观光车票、住宿、娱乐等产品的预订、交易一条龙服务，一经投入运行，就在当年实现营业额 1.2 亿元，识途网经过 2012 年的全面升级，已进入内测阶段，即将以全新的面貌呈现给用户。

识途网延伸出了极大的想象空间：高起点、大规模、快节奏、好体验是关键词。它不仅仅是一个简单的电商交易网站，而是位聪明的助手。在它的帮助下，旅行前期计划、行程规划到游览中需要的信息查询都能轻松搞定。该网站正式上线后，游客要前往峨眉山观光或要来一次大峨眉环线深度游，只需打开识途网，就可选择自己心仪的酒店和温泉，在线预订门票、缆车票等，打造属于自己的专属峨眉山之旅。

快速增加的手机网民，让峨眉山的智慧开创者敏锐察觉到旅游服务的空白。峨眉山旅游股份有限公司和 IT 业精英合作，将重磅推出为游客量身打造的手机移动终端，实现从 12 个维度为旅客提供峨眉山全景式介绍，让游客"随时随地、随心随意"了解景区六要素信息服务。

(二)"智慧景区"建设模式

1. "智慧景区"建设模式的主要特点

现代科技的迅猛发展，特别是信息技术的发展，使旅游景区管理手段、思维和方式都发生了革命性的变化。旅游景区如何在新机遇背景下向信息化、互通化、智能化的"智慧景区"发展，需要形成一种能使旅游景区的深度、广度和高度都有长足发展的建设模式，该模式主要特点表现为：

(1)进行景区信息最透彻的感知。

利用任何可以随时随地感知、测量、捕获和传递信息的设备、系统或流程，如物联网，它是新一代信息技术的重要组成部分，就是"物物相连的互联网"。通过这些新技术的应用，对景区地理事物、自然灾害、游客行为、社区居民、景区工作人员行迹和景区基础设施和服务设施进行全面、透彻、及时的感知，并进行分析，便于立即采取应对措施和进行长期的规划。旅游资源和景区生态环境的可持续，长期受保护与发展之间的矛盾制约，但只要能及时、全面、准确获取景区旅游资源、生态环境、游客等方面的信息，旅游景区管理者就能做出准确的决策和调控，从而缓解该矛盾，实现人地和谐。

(2)实现景区成员更全面的互联互通。

互联互通是指通过各种形式的高速、高带宽的通信网络工具，将景区、社会和政府信息系统中收集和储存的分散信息及数据连接起来，进行交互和多方共享，对游客、社区居民、景区工作人员实现可视化管理，从而更好地对环境和游客进行实时监控，从全局的角度分析形势并实时解决问题，有效保护遗产资源的真实性和完整性，提高游客服务质量，实现景区环境、社会和经济全面、协调、可持续发展，便工作和任务可以通过多方协作得以远程完成，同时还可以将科研院校、研究机构、酒店、旅行社、航空公司、IT 公司等建立战略联盟，运用众人的智慧集结众人的力量管理景区，从而彻底地改变整个景区的运作方式。

(3)构建景区管理更深入的智能化。

所谓的智能化是由现代通信与信息技术、计算机网络技术、行业技术、智能控制技术汇集而成的针对智慧景区应用的智能集合，通过深入分析收集到的数据，以获取更加新颖、系统且全面的洞察来解决特定问题；同时利用最新信息技术和管理理论改变景区管理局或管理委员会的组织结构，优化和再造景区管理业务流程。随着信息技术的不断发展，其技术含量及复杂程度也越来越高，这就要求使用更为先进的技术来处理复杂的数据分析、汇总和计算，以整合和分析少量的跨地域、跨行业和职能部门的数据和信息，并将特定的知识应用于智慧景区中来，从而更好地支持决策和行动。

2. "智慧景区"建设内容

(1)智慧展示，包括景区网站建设，如峨眉山旅游网(www. ems517. com)，用于景区各种宣传。大多数网站带有基于 360 度实景虚拟旅游体验系统、虚拟导游系统，用以实现景区的动态展示。

(2)智慧运营,包括:

①基于游客定位的电子导游系统,可以通过自助旅游服务终端也可通过手机下载相关软件进行图文并茂的导游讲说。

②电子门票系统,其包括在线售票系统、网络或手机客户端购票、网上支付、现场验票系统等,实现票据无纸化。具体流程如图10-6:

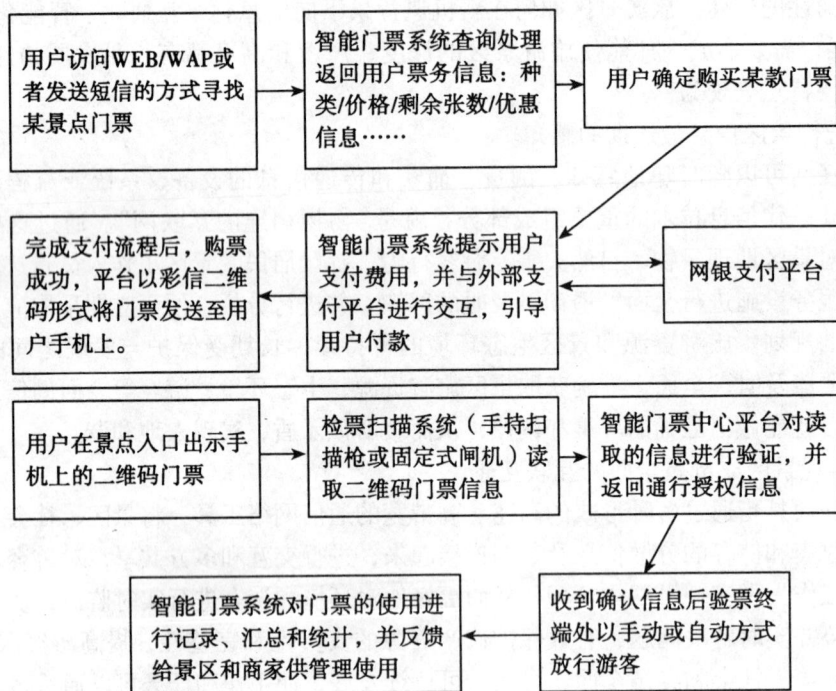

图10-6

③客源分析系统,通过收集各种数据实现客源动态分析,见图10-7。

(3)智慧管理,包括:

①景区综合管理系统,管理范围包括:旅游景点综合业务管理、门票、娱乐项目管理、套票项目的游客人数管理、旅游景点与旅行社、团队的佣金结算管理、金额的多角度统计分析、各合作方的提出等。

②GPS车辆管理系统,使用 GIS/GPS 等技术,对景区车辆乾地管控,了解车辆的运行情况及位置,有效进行车辆调度,并结合位置信息,做到自动提醒、解说等功能。

③景区无线通信系统(PTT),又称为"一键通",是在手机上实现的一种对讲功能。用户按下手机上的对讲键,就可以与任何地方的群组或个人直接进行通话,相比之下,对讲机有距离的限制,最多两三公里,而 PPT 对讲手机可以在网络覆盖的范围内使用,没有距离的限制。

④环境监测系统,通过传感器,收集温度、湿度、噪声等相关数据,进行环境监测。

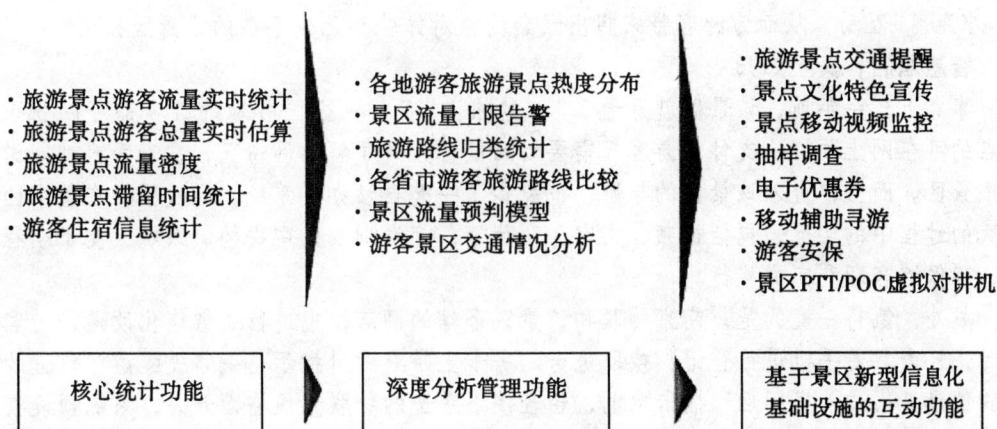

- 旅游景点游客流量实时统计
- 旅游景点游客总量实时估算
- 旅游景点流量密度
- 旅游景点滞留时间统计
- 游客住宿信息统计

- 各地游客旅游景点热度分布
- 景区流量上限告警
- 旅游路线归类统计
- 各省市游客旅游路线比较
- 景区流量预判模型
- 游客景区交通情况分析

- 旅游景点交通提醒
- 景点文化特色宣传
- 景点移动视频监控
- 抽样调查
- 电子优惠券
- 移动辅助寻游
- 游客安保
- 景区PTT/POC虚拟对讲机

| 核心统计功能 | 深度分析管理功能 | 基于景区新型信息化基础设施的互动功能 |

图 10-7

⑤生物资源保护系统，生物资源监测系统结合利用 GIS/RS/MIS 技术，对生物资源包括古树名木、珍稀花卉、野生动物等珍贵动植物资源的物种数量、分布、图文资料进行定期统计，实现生物多样性保护研究工作成果的统计和归档工作。

(4)智慧应急，包括 SOS 求救应急系统、无线应急发布系统等。

案例 10-2

国庆旅游中那些无处不在的物联网技术

导读：刚刚过去的国庆长假，由于高速公路免费，国内多个地区的旅游景点人山人海，景区管理的弊端尽显，华山风景区甚至爆发了轰动全国的伤人事件，惹得全国广泛关注。相较而言，另外一些景区由于利用物联网技术，对景区管理进行升级改造，不但秩序井然，而且也让消费者过了一把"智慧旅游"的瘾。

刷一下手机，进入景区

国庆长假期间，杭州市民陈先生夫妇去江西某著名景点游玩。去之前，陈先生登录该景区的网站，进行了简单的注册。当他们到达该景点时，无需买票，拿出手机刷一下就进入景区，接着再点一下景点门口设置的终端设备屏幕，了解景区内的景点、线路、交通等基本情况。

在景区内，陈先生夫妇凭着手机登录号码，领到一台巴掌大的导游机，功能很神奇，一边游览，一边讲解，而且图文并茂，活像一个真的导游那样贴心和善解人意。最让人称道的是，如果游客在途中找不到景点，或遭遇其他难题，按一下导游机的按钮，旅游景点管理部门就会立即接收到信息，并通知附近的管理人员前来排忧解难，消除游客的无助感。

这就是该景区与物联网企业南京物联传感牵手打造的"智慧旅游"项目。所谓智慧旅游，就是通过智能手机、平板电脑等便捷终端，通过互联网，让各类旅游信息、资讯与游客"零距离"互动，从而为游客带来超出预期的旅游体验和无处不在的旅游服务。

智慧酒店，宾至如归

事实上，半年前，该景区就开通了"智慧旅游"项目，全国各地的游客都可以登录该景点的可在网上预订、支付，游客只需要动动鼠标大致了解景区情况，拿着手机就能游玩转该景区。而且，进入该景区的导游，也配备了一套自动办公系统，通过手机在整个团队游玩的过程中的实况，包括视频、文字、照片等，都发到景区中央控制系统，便于全程监控，确保游客顺利完成旅行。

另外，值得一提的是，南京物联和该景区下辖的酒店，也进行了智能化改造，游客入住时，只需拿着手机进行登记，换取房卡。房卡上带有索引指示，一路提醒游客前进的方向和位置。当进入房间后，插卡取电，轻轻按下手边的物联无线墙面开关，系统预设模式可自动切换成"欢迎"模式，室内灯光缓缓亮起，悠扬的背景音乐静静流淌，典雅的电动窗帘徐徐关闭、电视音响也已开启，让游客拥有"家"的舒心感受。此外，房间内的氧气传感器会提示空气质量，便于打开通风系统。而游客如果在房间内不慎跌倒，既可以按紧急通知按钮，也可以通过房卡发送求救信息。

智慧旅游，大有可为

事实上，智慧旅游不仅方便了游客，也方便了景区管理者。以前，景区统计游客的来源地比较困难，只能通过统计各地车牌，粗略分析客源构成。而现在运用物联网技术以后，客情分析系统准确地能为旅游管理、旅游促销提供准确的客源构成。

江苏省旅游局有关人士表示，随着国内旅游业的快速发展，对旅游信息化的需求越来越迫切，利用新技术和新媒体宣传河北旅游，扩大影响，改善旅游接待条件和服务质量，从总体上提升旅游产业素质，以成为旅游业转型升级的迫切需要和重要内容。而利用物联网技术的智慧旅游项目，既方便了游客，也为旅游企业提供快捷的运营平台，未来的市场前景不可小觑。

资料来源：太和网(www. taihe. net/news/2012/1012/47426. htm)。

案例思考：你认为智慧旅游在中国的前景如何？

附录一 《旅游区(点)质量等级的划分与评定》(GB/T 17775—2003)

前 言

本标准从实施之日起,代替 GB/T 17775—1999《旅游区(点)质量等级的划分与评定》。本标准与 GB/T 17775—1999 相比,主要修改如下:

1. 在划分等级中增加了 AAAAA 级旅游区(点)。新增的 AAAAA 级主要从细节方面、景区的文化性和特色性等方面做更高要求;

2. 对原 AAAA 至 A 级旅游区(点)的划分条件均进行了修订,强化以人为本的服务宗旨,AAAA 级旅游区(点)增加细节性、文化性和特色性要求;

3. 细化了关于资源吸引力和市场影响力方面的划分条件。

本标准由国家旅游局提出。

本标准由全国旅游标准化技术委员会归口并负责解释。

本标准主要起草单位:国家旅游局规划发展与财务司

本标准主要起草人:魏小安、张吉林、汪黎明、彭德成、潘肖澎、周梅

引 言

本标准的制订旨在加强对旅游区(点)的管理,提高旅游区(点)服务质量,维护旅游区(点)和旅游者的合法权益,促进我国旅游资源开发、利用和环境保护。

本标准制订过程中,总结了国内旅游区(点)的管理经验,借鉴了国内外有关资料和技术规程,并直接引用了部分国家标准或标准条文。同时,根据 GB/T17775—1999《旅游区(点)质量等级的划分与评定》国家标准自 1999 年至今近 3 年时间的实施情况,在原标准基础上对一些内容进行了修订,使其更加符合旅游区(点)的发展实际。

旅游区(点)质量等级的划分与评定

1 范围

本标准规定了旅游区(点)质量等级划分的依据、条件及评定的基本要求。

本标准适用于接待海内外旅游者的各种类型的旅游区(点),包括以自然景观及人文景观为主的旅游区(点)。

2 规范性引用文件

下列标准的条款通过本标准的引用而成为本标准的条款。凡是注日期的引用文件,其随后所有的修改单(不包括勘误的内容)或修订版均不适用于本标准,然而,鼓励根据本标准达成协议的各方研究是否可使用这些文件的最新版本。凡是不注日期的引用文件,其最新版本适用于本标准。

GB 3095—1996　环境空气质量标准

GB 3096—1993　城市区域环境噪声标准

GB3838　地表水环境质量标准

GB8978　污水综合排放标准

GB9664　文化娱乐场所卫生标准

GB9667　游泳场所卫生标准

GB/T 10001.1—2000　标志用公共信息图形符号(第一部分:通用符号)

GB/T 15971—1995　导游服务质量

GB 16153—1996　饭馆(餐厅)卫生标准

GB/T 16767—1997　游乐园(场)安全和服务质量

3 术语和定义

本标准采用下列定义。

3.1 旅游区(点)tourist attraction

旅游区是以旅游及其相关活动为主要功能或主要功能之一的空间或地域。本标准中旅游区(点)是指具有参观游览、休闲度假、康乐健身等功能,具备相应旅游服务设施并提供相应旅游服务的独立管理区。该管理区应有统一的经营管理机构和明确的地域范围。包括风景区、文博院馆、寺庙观堂、旅游度假区、自然保护区、主题公园、森林公园、地质公园、游乐园、动物园、植物园及工业、农业、经贸、科教、军事、体育、文化艺术等各类旅游区(点)。

3.2 旅游资源 tourism resources

自然界和人类社会凡能对旅游者产生吸引力,可以为旅游业开发利用,并可产生经济效益、社会效益和环境效益的各种事物和因素。

3.3 游客中心 tourist center

旅游区(点)设立的为游客提供信息、咨询、游程安排、讲解、教育、休息等旅游设施和服务功能的专门场所。

4 旅游区(点)质量等级及标志

4.1 旅游区(点)质量等级划分为五级,从高到低依次为 AAAAA、AAAA、AAA、AA、A 级旅游区(点)。

4.2 旅游区(点)质量等级的标志、标牌、证书由国家旅游行政主管部门统一规定。

5 旅游区(点)质量等级划分条件

5.1 AAAAA 级旅游区(点)

5.1.1 旅游交通

a)可进入性好。交通设施完善,进出便捷。具有一级公路或高等级航道、航线直达,或具有旅游专线交通工具。

b)有与景观环境相协调的专用停车场或船舶码头,且管理完善,布局合理,容量能充分满足游客接待量要求。场地平整坚实、绿化美观或水域畅通、清洁。标志规范、醒目、美观。

c)区内游览(参观)路线或航道布局合理、顺畅,与观赏内容联结度高,兴奋感强。路面特色突出,或航道水体清澈。

d)区内应使用清洁能源的交通工具。

5.1.2 游览

a)游客中心位置合理,规模适度,设施齐全,功能体现充分。咨询服务人员配备齐全,业务熟练,服务热情。

b)各种引导标志(包括导游全景图、导览图、标志牌、景物介绍牌等)造型特色突出,艺术感和文化气息浓厚,能烘托总体环境。标志牌和景物介绍牌设置合理。

c)公众信息资料(如研究论著、科普读物、综合画册、音像制品、导游图和导游材料等)特色突出,品种齐全,内容丰富、文字优美,制作精美,适时更新。

d)导游员(讲解员)持证上岗,人数及语种能满足游客需要。普通话达标率100%。导游员(讲解员)均应具大专以上文化程度,其中本科以上不少于30%。

e)导游(讲解)词科学、准确、有文采。导游服务具有针对性,强调个性化,服务质量达到 GB/T 15971—1995 中 4.5.3 和第 5 章要求。

f)公共信息图形符号的设置合理,设计精美,特色突出,有艺术感和文化气息,符合 GB/T 10001.1—2000 的规定。

g)游客公共休息设施布局合理,数量充足,设计精美,特色突出,有艺术感和文化气息。

5.1.3 旅游安全

a)认真执行公安、交通、劳动、质量监督、旅游等有关部门制定和颁布的安全法规。建立完善的安全保卫制度,工作全面落实。

b)消防、防盗、救护等设备齐全、完好、有效。交通、机电、游览、娱乐等设备完好,运行正常,无安全隐患。游乐园达到 GB/T 16767—1997 规定的安全和服务标准。危险地段标志明显,防护设施齐备、有效,特殊地段有专人看守。

c)建立紧急救援机制,设立医务室,并配备专职医务人员。设有突发事件处理预案,应急处理能力强,事故处理及时、妥当,档案记录准确、齐全。

5.1.4 卫生

a)环境整洁。无污水污物。无乱建、乱堆、乱放现象。建筑物及各种设施设备无剥落,无污垢。空气清新,无异味。

b)各类场所全部达到 GB 9664 规定的卫生标准。餐饮场所达到 GB 16153 规定的卫生标准;游泳场所达到 GB 9667 规定的卫生标准。

c)公共厕所布局合理,数量能满足需要,标志醒目美观。建筑造型景观化。所有厕所具备水冲、盥洗、通风设备并保持完好或使用免水冲生态厕所。厕所设专人服务,洁具洁净、无污垢、无堵塞。室内整洁,有文化气息。

d)垃圾箱布局合理,标志明显,造型美观独特,与环境相协调。垃圾箱分类设置,垃圾清扫及时,日产日清。

e)食品卫生符合国家规定,餐饮服务配备消毒设施,禁止使用对环境造成污染的一次性餐具。

5.1.5 邮电服务

a)提供邮政及邮政纪念服务。

b)通讯设施布局合理。出入口及游人集中场所设有公用电话,具备国际、国内直拨功能。

c)公用电话亭与环境相协调,标志美观醒目。

d)通讯方便,线路畅通,服务亲切,收费合理。

e)能接收手提电话信号。

5.1.6 旅游购物

a)购物场所布局合理,建筑造型、色彩、材质有特色,与环境协调。

b)对购物场所进行集中管理,环境整洁,秩序良好,无围追兜售、强买强卖现象。

c)对商品从业人员有统一管理措施和手段。

d)旅游商品种类丰富,本地区及本旅游区特色突出。

5.1.7 经营管理

a)管理体制健全,经营机制有效。

b)旅游质量、旅游安全、旅游统计等各项经营管理制度健全有效,贯彻措施得力,定期监督检查,有完整的书面记录和总结。

c)管理人员配备合理,中高级以上管理人员均具备大学以上文化程度。

d)具有独特的产品形象、良好的质量形象、鲜明的视觉形象和文明的员工形象;确立自身的品牌标志,并全面、恰当地使用。

e)有正式批准的旅游总体规划。开发建设项目符合规划要求。

f)培训机构、制度明确,人员、经费落实。业务培训全面,效果良好。上岗人员培训合格率达100%。

g)投诉制度健全,人员落实、设备专用。投诉处理及时、妥善,档案记录完整。

h)为特定人群(老年人、儿童、残疾人等)配备旅游工具、用品,提供特殊服务。

5.1.8 资源和环境的保护

a)空气质量达 GB 3095—1996 一级标准。

b)噪声质量达到 GB 3096—1993 一类标准。

c)地面水环境质量达到 GB 3838 的规定。

d)污水排放达到 GB 8978 的规定。

e)自然景观和文物古迹保护手段科学,措施先进,能有效预防自然和人为破坏,保持自然景观和文物古迹的真实性和完整性。

f)科学管理游客容量。

g)建筑布局合理,建筑物体量、高度、色彩、造型与景观相协调;出入口主体建筑格调突出,并烘托景观及环境。周边建筑物与景观格调协调,或具有一定的缓冲区域。

h)环境氛围优良。绿化覆盖率高,植物与景观配置得当,景观与环境美化措施多样,效果好。

i)区内各项设施设备符合国家关于环境保护的要求,不造成环境污染和其他公害,不破坏旅游资源和游览气氛。

5.1.9 旅游资源吸引力

a)观赏游憩价值极高;

b)同时具有极高历史价值、文化价值、科学价值,或其中一类价值具有世界意义;

c)有大量珍贵物种,或景观异常奇特,或有世界级资源实体;

d)资源实体体量巨大,或资源类型多,或资源实体疏密度极优;

e)资源实体完整无缺,保持原来形态与结构。

5.1.10 市场吸引力

a)世界知名;

b)美誉度极高;

c)市场辐射力很强;

d)主题鲜明,特色突出,独创性强。

5.1.11 年接待海内外旅游者60万人次以上,其中海外旅游者5万人次以上。

5.1.12 游客抽样调查满意率很高。

5.2 AAAA 级旅游区(点)

5.2.1 旅游交通

a)可进入性良好。交通设施完善,进出便捷。具有一级公路或高等级航道、航线直达,或具有旅游专线交通工具。

b)有与景观环境相协调的专用停车场或船舶码头,且管理完善,布局合理,容量能满足游客接待量要求。场地平整坚实或水域畅通。标志规范、醒目。

c)区内游览(参观)路线或航道布局合理、顺畅,观赏面大。路面有特色,或航道水质良好。

d)区内使用低排放的交通工具,或鼓励使用清洁能源的交通工具。

5.2.2 游览

a)游客中心。位置合理,规模适度,设施齐全,功能完善。咨询服务人员配备齐全,业务熟练,服务热情。

b)各种引导标志(包括导游全景图、导览图、标志牌、景物介绍牌等)造型有特色,与景观环境相协调。标志牌和景物介绍牌设置合理。

c)公众信息资料(如研究论著、科普读物、综合画册、音像制品、导游图和导游材料等)特色突出,品种齐全,内容丰富、制作良好,适时更新。

d)导游员(讲解员)持证上岗,人数与语种能满足游客需要。普通话达标率100%。导游员(讲解员)均应具高中以上文化程度,其中大专以上不少于40%。

e)导游(讲解)词科学、准确、生动。导游服务质量达到GB/T 15971—1995中4.5.3和第5章要求。

f)公共信息图形符号的设置合理,设计精美,有特色,有艺术感,符合GB/T 10001.1—2000的规定。

g)游客公共休息设施,布局合理,数量充足,设计精美,有特色,有艺术感。

5.2.3 旅游安全

a)认真执行公安、交通、劳动、质量监督、旅游等有关部门安全法规。建立完善的安全保卫制度,工作全面落实。

b)消防、防盗、救护等设备齐全、完好、有效。交通、机电、游览、娱乐等设备完好,运行正常,无安全隐患。游乐园达到GB/T 16767—1997规定的安全和服务标准。危险地段标志明显,防护设施齐备、有效,高峰期有专人看守。

c)建立紧急救援机制,设立医务室,并配备医务人员。设有突发事件处理预案,应急处理能力强,事故处理及时、妥当,档案记录准确、齐全。

5.2.4 卫生

a)环境整洁。无污水污物,无乱建、乱堆、乱放现象。建筑物及各种设施设备无剥落,无污垢。空气清新,无异味。

b)各类场所全部达到GB 9664规定的卫生标准。餐饮场所达到GB 16153规定的卫生标准;游泳场所达到GB 9667规定的卫生标准。

c)公共厕所布局合理,数量能满足需要,标志醒目美观。建筑造型与景观环境相协调。所有厕所具备水冲、盥洗、通风设备并保持完好或使用免水冲生态厕所。厕所管理完善,洁具洁净、无污垢、无堵塞。室内整洁。

d)垃圾箱布局合理,标志明显,数量能满足需要,造型美观,与环境相协调。垃圾分类收集,清扫及时,日产日清。

e)食品卫生符合国家规定,餐饮服务配备消毒设施,不使用对环境造成污染的一次性餐具。

5.2.5 邮电服务

a)提供邮政及邮政纪念服务。

b)通讯设施布局合理。出入口及游人集中场所设有公用电话,具备国际、国内直拨功能。

c)公用电话亭与环境相协调,标志美观醒目。

d)通讯方便，线路畅通，服务亲切，收费合理。

e)能接收手提电话信号。

5.2.6　旅游购物

a)购物场所布局合理，建筑造型、色彩、材质有特色，与环境协调。

b)对购物场所进行集中管理，环境整洁，秩序良好，无围追兜售、强买强卖现象。

c)对商品从业人员有统一管理措施和手段。

d)旅游商品种类丰富，具有本地区特色。

5.2.7　经营管理

a)管理体制健全，经营机制有效。

b)旅游质量、旅游安全、旅游统计等各项经营管理制度健全有效，贯彻措施得力，定期监督检查，有完整的书面记录和总结。

c)管理人员配备合理，高级管理人员均应具备大学以上文化程度。

d)具有独特的产品形象、良好的质量形象、鲜明的视觉形象和文明的员工形象；确立自身的品牌标志，并全面、恰当地使用。

e)有正式批准的旅游总体规划。开发建设项目符合规划要求。

f)培训机构、制度明确，人员、经费落实。业务培训全面，效果良好。上岗人员培训合格率达100%。

g)投诉制度健全，人员、设备落实。投诉处理及时、妥善，档案记录完整。

h)为特定人群(老年人、儿童、残疾人等)配备旅游工具、用品，提供特殊服务。

5.2.8　资源和环境的保护

a)空气质量达 GB 3095—1996 一级标准。

b)噪声质量达到 GB 3096—1993 一类标准。

c)地面水环境质量达到 GB 3838 的规定。

d)污水排放达到 GB 8978 的规定。

e)自然景观和文物古迹保护手段科学，措施先进，能有效预防自然和人为破坏，保持自然景观和文物古迹的真实性和完整性。

f)科学管理游客容量。

g)建筑布局合理，建筑物体量、高度、色彩、造型与景观相协调；出入口主体建筑有格调，与景观环境相协调。周边建筑物与景观格调协调，或具有一定的缓冲区域或隔离带。

h)环境氛围良好。绿化覆盖率高，植物与景观配置得当，景观与环境美化措施多样，效果良好。

i)区内各项设施设备符合国家关于环境保护的要求，不造成环境污染和其他公害，不破坏旅游资源和游览气氛。

5.2.9　旅游资源吸引力

a)观赏游憩价值很高；

b)同时具有很高历史价值、文化价值、科学价值，或其中一类价值具有全国意义；

c)有很多珍贵物种，或景观非常奇特，或有国家级资源实体；

d)资源实体体量很大，或资源类型多，或资源实体疏密度优良；

e)资源实体完整，保持原来形态与结构。

5.2.10　市场吸引力

a)全国知名；

b)美誉度高；

c)市场辐射力强；

d)形成特色主题,有一定独创性。

5.2.11 年接待海内外旅游者 50 万人次以上,其中海外旅游者 3 万人次以上。

5.2.12 游客抽样调查满意率高。

5.3 AAA级旅游区(点)

5.3.1 旅游交通

a)可进入性较好。交通设施完备,进出便捷。具有至少二级以上公路或高等级航道、航线直达,或具有旅游专线等便捷交通工具。

b)有与景观环境相协调的专用停车场或船舶码头,且布局合理,容量能满足需求。场地平整坚实或水域畅通。标志规范、醒目。

c)区内游览(参观)路线或航道布局合理、顺畅,观赏面大。路面有特色,或航道水质良好。

d)区内使用低排放的交通工具,或鼓励使用清洁能源的交通工具。

5.3.2 游览

a)游客中心位置合理,规模适度,设施、功能齐备。游客中心有服务人员,业务熟悉,服务热情。

b)各种引导标志(包括导游全景图、导览图、标志牌、景物介绍牌等)造型有特色,与景观环境相协调。标志牌和景物介绍牌设置合理。

c)公众信息资料(如研究论著、科普读物、综合画册、音像制品、导游图和导游材料等)有特色,品种全,内容丰富、制作良好,适时更新。

d)导游员(讲解员)持证上岗,人数及语种能满足游客需要。普通话达标率100%。导游员(讲解员)均应具高中以上文化程度,其中大专以上不少于20%。

e)导游(讲解)词科学、准确、生动。导游服务质量达到 GB/T 15971—1995 中4.5.3 和第5章要求。

f)公共信息图形符号的设置合理,设计有特色,符合 GB/T 10001.1—2000 的规定。

g)游客公共休息设施布局合理,数量满足需要,设计有特色。

5.3.3 旅游安全

a)认真执行公安、交通、劳动、质量监督、旅游等有关部门安全法规。建立完善的安全保卫制度,工作全面落实。

b)消防、防盗、救护等设备齐全、完好、有效。交通、机电、游览、娱乐等设备完好,运行正常,无安全隐患。游乐园达到 GB/T 16767 规定的安全和服务标准。危险地段标志明显,防护设施齐备、有效,高峰期有专人看守。

c)建立紧急救援机制,设立医务室,至少配备兼职医务人员。设有突发事件处理预案,应急处理能力强,事故处理及时、妥当,档案记录准确、齐全。

5.3.4 卫生

a)环境整洁。无污水污物,无乱建、乱堆、乱放现象。建筑物及各种设施设备无剥落,无污垢。空气清新,无异味。

b)各类场所全部达到 GB 9664 规定的卫生标准。餐饮场所达到 GB 16153 规定的卫生标准;游泳场所达到 GB 9667 规定的卫生标准。

c)公共厕所布局合理,数量满足需要,标志醒目。建筑造型与景观环境协调。全部厕所具备水冲、通风设备并保持完好或使用免水冲生态厕所。厕所整洁,洁具洁净、无污垢、无堵塞。

d)垃圾箱布局合理,标志明显,数量满足需要,造型美观,与环境协调。垃圾清扫及时,日产日清。

e)食品卫生符合国家规定,餐饮服务配备消毒设施,不使用对环境造成污染的一次性餐具。

5.3.5 邮电服务

a)提供邮政及邮政纪念服务。

b)通讯设施布局合理。游人集中场所设有公用电话，具备国际、国内直拨功能。

c)公用电话亭与环境基本协调，标志醒目。

d)通讯方便，线路畅通，服务亲切，收费合理。

e)能接收手提电话信号。

5.3.6　旅游购物

a)购物场所布局合理，建筑造型、色彩、材质与环境协调。

b)对购物场所进行集中管理，环境整洁，秩序良好，无围追兜售、强买强卖现象。

c)对商品从业人员有统一管理措施和手段。

d)旅游商品种类丰富，具有本地区特色。

5.3.7　经营管理

a)管理体制健全，经营机制有效。

b)旅游质量、旅游安全、旅游统计等各项经营管理制度健全有效，贯彻措施得力，定期监督检查，有完整的书面记录和总结。

c)管理人员配备合理，80%以上中高级管理人员具备大专以上文化程度。

d)具有独特的产品形象、良好的质量形象、鲜明的视觉形象和文明的员工形象；确立自身的品牌标志，并全面、恰当地使用。

e)有正式批准的总体规划。开发建设项目符合规划要求。

f)培训机构、制度明确，人员、经费落实。业务培训全面，效果良好。上岗人员培训合格率达100%。

g)投诉制度健全，人员、设备落实。投诉处理及时、妥善，档案记录完整。

h)能为特定人群(老年人、儿童、残疾人等)提供特殊服务。

5.3.8　资源及环境的保护

a)空气质量达 GB 3095—1996 一级标准。

b)噪声质量达到 GB 3096—1993 一类标准。

c)地面水环境质量达到 GB 3838 的规定。

d)污水排放达到 GB 8978 的规定。

e)自然景观和文物古迹保护手段科学，措施得力，能有效预防自然和人为破坏，保持自然景观和文物古迹的真实性和完整性。

f)科学管理游客容量。

g)建筑布局合理，建筑物体量、高度、色彩、造型与景观相协调；出入口主体建筑有格调，与景观环境相协调。周边建筑物与景观格调协调，或具有一定的缓冲区或隔离带。

h)环境氛围良好。绿化覆盖率较高，植物与景观配置得当，景观与环境美化效果良好。

i)区内各项设施设备符合国家关于环境保护的要求，不造成环境污染和其他公害，不破坏旅游资源和游览气氛。

5.3.9　旅游资源吸引力

a)观赏游憩价值较高；

b)同时具有很高历史价值、文化价值、科学价值，或其中一类价值具有省级意义；

c)有较多珍贵物种，或景观奇特，或有省级资源实体；

d)资源实体体量大，或资源类型较多，或资源实体疏密度良好；

e)资源实体完整，基本保持原来形态与结构。

5.3.10　市场吸引力

a)周边省市知名；

b)美誉度较高;

c)市场辐射力较强;

d)有一定特色,并初步形成主题。

5.3.11 年接待海内外旅游者 30 万人次以上。

5.3.12 游客抽样调查满意率较高。

5.4 AA级旅游区(点)

5.4.1 旅游交通

a)可进入性较好。进出方便,道路通畅。

b)有专用停车船场所。布局较合理,容量能基本满足需求。场地平整坚实或水域畅通。标志规范、醒目。

c)区内游览(参观)路线或航道布局基本合理、顺畅。

d)区内使用低排放的交通工具,或鼓励使用清洁能源的交通工具。区内无对环境造成污染的交通工具。

5.4.2 游览

a)有为游客提供咨询服务的游客中心或相应场所,咨询服务人员业务熟悉,服务热情。

b)各种引导标志(包括导游全景图、导览图、标志牌、景物介绍牌等)清晰美观,与景观环境基本协调。标志牌和景物介绍牌设置合理。

c)公众信息资料(如研究论著、科普读物、综合画册、音像制品、导游图和导游材料等)品种多,内容丰富,制作较好。

d)导游员(讲解员)持证上岗,人数及语种能满足游客需要。普通话达标率100%。导游员(讲解员)均应具高中以上文化程度。

e)导游(讲解)词科学、准确、生动。导游服务质量达到 GB/T 15971—1995 中 4.5.3 和第 5 章要求。

f)公共信息图形符号的设置合理,规范醒目,符合 GB/T 10001.1—2000 的规定。

g)游客公共休息设施布局合理,数量基本满足需要,造型与环境基本协调。

5.4.3 旅游安全

a)认真执行公安、交通、劳动、质量监督、旅游等有关部门安全法规。建立完善的安全保卫制度,工作全面落实。

b)消防、防盗、救护等设备齐全、完好、有效。交通、机电、游览、娱乐等设备完好,运行正常,无安全隐患。游乐园达到 GB/T 16767 规定的安全和服务标准。危险地段标志明显,防护设施齐备、有效。

c)建立紧急救援机制。配备游客常用药品。事故处理及时、妥当,档案记录完整。

5.4.4 卫生

a)环境比较整洁。无污水污物,无乱建、乱堆、乱放现象。建筑物及各种设施设备无剥落,无污垢。空气清新,无异味。

b)各类场所全部达到 GB 9664 规定的卫生标准。餐饮场所达到 GB 16153 规定的卫生标准;游泳场所达到 GB 9667 规定的卫生标准。

c)公共厕所布局合理,数量基本满足需要,标志醒目。建筑造型与景观环境协调。70%以上厕所具备水冲设备并保持完好或使用免水冲生态厕所。厕所整洁,洁具洁净、无污垢、无堵塞。

d)垃圾箱布局合理,标志明显,数量基本满足需要,造型美观,与环境基本协调。垃圾清扫及时,日产日清。

e)食品卫生符合国家规定,餐饮服务配备消毒设施,不使用对环境造成污染的一次性餐具。

5.4.5 邮电服务

a)提供邮政或邮政纪念服务。

b)通讯设施布局合理。游人集中场所设有公用电话，具备国内直拨功能。

c)公用电话亭与环境基本协调，标志醒目。

d)通讯方便，线路畅通，服务亲切，收费合理。

e)能接收手提电话信号。

5.4.6 旅游购物

a)购物场所布局基本合理，建筑造型、色彩、材质与环境基本协调。

b)对购物场所进行集中管理，环境整洁，秩序良好，无围追兜售、强买强卖现象。

c)对商品从业人员有统一管理措施和手段。

d)旅游商品种类较多，具有本地区特色。

5.4.7 经营管理

a)管理体制健全，经营机制有效。

b)旅游质量、旅游安全、旅游统计等各项经营管理制度健全有效，贯彻措施得力，定期监督检查，有完整的书面记录和总结。

c)管理人员配备合理，70%以上中高级管理人员具备大专以上文化程度。

d)具有独特的产品形象、良好的质量形象、鲜明的视觉形象和文明的员工形象。

e)有正式批准的总体规划。开发建设项目符合规划要求。

f)培训机构、制度明确，人员、经费落实。业务培训全面，效果良好。上岗人员培训合格率达100%。

g)投诉制度健全，人员、设备落实。投诉处理及时、妥善，档案记录基本完整。

h)能为特定人群(老年人、儿童、残疾人等)提供特殊服务。

5.4.8 资源和环境的保护

a)空气质量达 GB 3095—1996 一级标准。

b)噪声质量达到 GB 3096—1993 一类标准。

c)地面水环境质量达到 GB 3838 的规定。

d)污水排放达到 GB 8978 的规定。

e)自然景观和文物古迹保护手段科学，措施得力，能有效预防自然和人为破坏，基本保持自然景观和文物古迹的真实性和完整性。

f)科学管理游客容量。

g)建筑布局基本合理，建筑物体量、高度、色彩、造型与景观基本协调；出入口主体建筑有格调，与景观环境相协调。周边建筑物与景观格调基本协调，或具有一定的缓冲区或隔离带。

h)环境氛围良好。绿化覆盖率较高，植物与景观配置得当，景观与环境美化效果较好。

i)区内各项设施设备符合国家关于环境保护的要求，不造成环境污染和其他公害，不破坏旅游资源和游览气氛。

5.4.9 旅游资源吸引力

a)观赏游憩价值一般；

b)同时具有较高历史价值、文化价值、科学价值，或其中一类价值具有地区意义；

c)有少量珍贵物种，或景观突出，或有地区级资源实体；

d)资源实体体量较大，或资源类型较多，或资源实体疏密度较好；

e)资源实体基本完整。

5.4.10 市场吸引力

a)全省知名；

b)有一定美誉度;

c)有一定市场辐射力;

d)有一定特色。

5.4.11 年接待海内外旅游者 10 万人次以上。

5.4.12 游客抽样调查满意率较高。

5.5 A 级旅游区(点)

5.5.1 旅游交通

a)通往旅游区(点)的交通基本通畅,有较好的可进入性。

b)具有停车(船)场所。容量能基本满足需求。场地较平整坚实或水域较畅通。有相应标志。

c)区内游览(参观)路线或航道布局基本合理、顺畅。

d)区内使用低排放的交通工具,或鼓励使用清洁能源的交通工具。

5.5.2 游览

a)有为游客提供咨询服务的场所,服务人员业务熟悉,服务热情。

b)各种公众信息资料(包括导游全景图、导览图、标志牌、景物介绍牌等)与景观环境基本协调。标志牌和景物介绍牌设置基本合理。

c)宣传教育材料(如研究论著、科普读物、综合画册、音像制品、导游图和导游材料等)品种多,内容丰富,制作较好。

d)导游员(讲解员)持证上岗,人数及语种能基本满足游客需要。普通话达标率 100%。导游员(讲解员)均应具高中以上文化程度。

e)导游(讲解)词科学、准确、生动。导游服务质量达到 GB/T 15971—1995 中 4.5.3 和第 5 章要求。

f)公共信息图形符号的设置基本合理,基本符合 GB/T 10001.1—2000 的规定。

g)游客公共休息设施布局基本合理,数量基本满足需要。

5.5.3 旅游安全

a)认真执行公安、交通、劳动、质量监督、旅游等有关部门安全法规。安全保卫制度健全,工作落实。

b)消防、防盗、救护等设备齐全、完好、有效。交通、机电、游览、娱乐等设备完好,运行正常,无安全隐患。游乐园达到 GB/T 16767 规定的安全和服务标准。危险地段标志明显,防护设施齐备、有效。

c)事故处理及时、妥当,档案记录完整。配备游客常用药品。

5.5.4 卫生

a)环境比较整洁。无污水污物,无乱建、乱堆、乱放现象。建筑物及各种设施设备无剥落,无污垢。空气清新,无异味。

b)各类场所全部达到 GB 9664 规定的卫生标准。餐饮场所达到 GB 16153 规定的卫生标准;游泳场所达到 GB 9667 规定的卫生标准。

c)公共厕所布局较合理,数量基本满足需要。建筑造型与景观环境比较协调。50% 以上厕所具备水冲设备并保持完好或使用免水冲生态厕所。厕所较整洁,洁具洁净、无污垢、无堵塞。

d)垃圾箱布局较合理,标志明显,数量基本满足需要,造型与环境比较协调。垃圾清扫及时,日产日清。

e)食品卫生符合国家规定,餐饮服务配备消毒设施,不使用对环境造成污染的一次性餐具。

5.5.5 邮电服务

a)提供邮政或邮政纪念服务。

b)通讯设施布局较合理。游人集中场所设有公用电话,具备国内直拨功能。

c）通讯方便，线路畅通，收费合理。

d）能接收手提电话信号。

5.5.6　旅游购物

a）购物场所布局基本合理，建筑造型、色彩、材质与环境较协调。

b）对购物场所进行集中管理，环境整洁，秩序良好，无围追兜售、强买强卖现象。

c）对商品从业人员有统一管理措施和手段。

d）旅游商品有本地区特色。

5.5.7　经营管理

a）管理体制健全，经营机制有效。

b）旅游质量、旅游安全、旅游统计等各项经营管理制度健全有效，贯彻措施得力，定期监督检查，有比较完整的书面记录和总结。

c）管理人员配备合理，60%以上中高级管理人员具备大专以上文化程度。

d）具有一定的产品形象、质量形象和文明的员工形象。

e）有正式批准的总体规划。开发建设项目符合规划要求。

f）培训机构、制度明确，人员、经费落实。业务培训全面，效果良好。上岗人员培训合格率达100%。

g）投诉制度健全，人员、设备落实。投诉处理及时，档案记录基本完整。

h）能为特定人群（老年人、儿童、残疾人等）提供特殊服务。

5.5.8　资源和环境的保护

a）空气质量达到GB 3095—1996一级标准。

b）噪声质量达到GB 3096—1993一类标准。

c）地面水环境质量达到GB 3838的规定。

d）污水排放达到GB 8978的规定。

e）自然景观和文物古迹保护手段科学，措施得力，能有效预防自然和人为破坏，基本保持自然景观和文物古迹的真实性和完整性。

f）科学管理游客容量。

g）建筑布局较合理，建筑物造型与景观基本协调；出入口主体建筑与景观环境基本协调。周边建筑物与景观格调较协调，或具有一定的缓冲区或隔离带。

h）环境氛围较好。绿化覆盖率较高，景观与环境美化效果较好。

i）区内各项设施设备符合国家关于环境保护的要求，不造成环境污染和其他公害，不破坏旅游资源和游览气氛。

5.5.9　旅游资源吸引力

a）观赏游憩价值较小；

b）同时具有一定历史价值、文化价值、科学价值，或其中一类价值具有地区意义；

c）有个别珍贵物种，或景观比较突出，或有地区级资源实体；

d）资源实体体量中等，或有一定资源类型，或资源实体疏密度一般；

e）资源实体较完整。

5.5.10　市场吸引力

a）本地区知名；

b）有一定美誉度；

c）有一定市场辐射力；

d）有一定特色。

5.5.11 年接待海内外游客3万人次以上。

5.5.12 游客抽样调查基本满意。

6 旅游区(点)质量等级的划分依据与方法

6.1 根据旅游区(点)质量等级划分条件确定旅游区(点)质量等级,按照"服务质量与环境质量评分细则"、"景观质量评分细则"的评价得分,并结合"游客意见评分细则"的得分综合进行。

6.2 对于初步评定的 AAAAA、AAAA、AAA 级旅游区(点)采取分级公示、征求社会意见的方法。

附录二 《游乐园(场)安全和服务质量》(GB/T 16767—1997)

1 范围

本标准规定了游乐园(场)的安全措施和服务质量的基本要求。

本标准适用于设有游艺机和游乐设施的各类游乐园(场)。

2 引用标准

下列标准所包含的条文,通过在本标准中引用而成为本标准的条文。本标准出版时,所示版本均为有效。所有标准都会被装订,使用本标准的各方应探讨使用下列标准最新版本的可能性。

GB 2894—88 安全标志

GB 3096—93 城市区域环境噪声标准

GB 5749—85 生活饮用水卫生标准

GB 8408—87 游艺机和游乐设施安全标准

GB 9664—1996 文化娱乐场所卫生标准

GB 9665—1996 公共浴室卫生标准

GB 9667—1996 游泳场所卫生标准

GB 9670—1996 商场(店)、书店卫生标准

GB 10001—94 公共信息标志用图形符号

GB 13495—92 消防安全标志

GB/T 19004.2—94 质量管理和质量体系要素(第2部分:服务指南)

LB/T 001—1995 旅游饭店用公共信息图形符号

WH 0201—94 歌舞厅照明及光污染限定标准

3 定义

本标准采用下列定义。

3.1 游乐园(场)

设有游艺机和游乐设施,开展各项游艺、游乐活动,主要供游客娱乐、健身的场所。

3.2 游乐设施

游乐园(场)中采用沿轨道运动、回转运动、吊挂回转、场地上运动、室内定置式运动等方式,承载游客游乐的现代机械设施组合。例如:滑行车、观览车、转马、空中转椅、碰碰车、光电打靶等。

3.3 水上游乐设施

承载游客在水面上进行游乐活动,由机械动力驱动、人力驱动或由游客自行操纵的设施。例如:碰碰船、游船、水上自行车、水滑梯等。

3.4 水上世界

游乐园(场)中供游客游泳或嬉水等水上游乐活动的场所。它是游乐园(场)中一个专门的类别。

3.5 文化娱乐设施

游乐园(场)内的剧场、影院、歌厅、舞厅及相关配套设施等。

3.6 游客有效投诉

游客向县以上机关投诉,并且是由于游乐园(场)的过失而导致产生的有效投诉。

4 总则

游乐园(场)安全和服务质量的基本要求可概括为:安全第一,服务优质,卫生整洁,秩序良好。

4.1 安全

4.1.1 树立安全第一,预防为主的思想。

4.1.2 配备必要的、充足的、有效的各项安全设施,确保游艺机和游乐设施安全运营。

4.1.3 建立健全各项安全管理制度、安全操作规程,并确保严格执行。

4.1.4 确保游客生命财产安全。

4.1.5 游艺机和游乐设施要建立完整的维修、保养制度,有专人、专职负责。

4.2 服务

4.2.1 树立游客至上,优质服务的宗旨。

4.2.2 严禁经营带有赌博、色情、迷信、种族歧视等不健康色彩的游艺项目和文娱活动。

4.2.3 实行规范化、标准化的管理和服务。

4.2.4 建立服务质量监督保证体系,定期进行服务质量考核。

4.3 卫生

4.3.1 环境整洁卫生,色调协调。

4.3.2 制定各项卫生制度和措施,定期进行各项卫生检查。

4.3.3 遵守国家、地方政府的各项卫生法规。

4.4 秩序

4.4.1 制定游乐规则,引导游客活动,加强治安防范,及时排除各种事故隐患,保证场内游乐秩序和治安秩序良好。

4.4.2 落实各项工作措施,确保各种机械设施正常运营。

5 服务设施

5.1 游乐设施

游艺机、游乐设施、水上游乐设施和水上世界,其购置、安装、使用、管理按 GB 8408 及国家有关部门制定的游艺机、游乐设施安全监督管理规定和水上世界安全卫生管理办法等有关规定执行。使用这些设施、设备,应取得技术检验部门验收合格证书。

5.2 文娱设施

各种文化娱乐设施、设备状态正常、性能良好。场内通风良好,有紧急疏散游客的出口通道,并按 GB 2894 设置紧急出口标志;照明条件符合 WH 0201 的规定。

5.3 接待设施

5.3.1 售票处

5.3.1.1 售票处应设在正门外显著位置,周围环境良好、开阔,设置遮阴避雨设施及排队栅栏。

5.3.1.2 售票窗口的数量应与游乐园(场)能接纳的游客量相适应。

5.3.1.3　游乐园(场)内分单项购票游乐的,应设置专门的售票处,方便游客购票。

5.3.1.4　售票处应向游客公布票价表、购票须知、营业时间、游乐园(场)简介、项目介绍和游乐须知等服务指南。

5.3.2　接待处

5.3.2.1　接待处应设在正门附近,有明显的标志。

5.3.2.2　接待处应设有专门的团体接待和接受游客投诉的柜台,并有专人值班。

5.3.2.3　接待处室内照明、通风等条件良好。

5.3.3　行李保管处

5.3.3.1　行李保管处应设在正门入口处附近,方便游客寄存行李等物品。

5.3.3.2　酌情配备保险箱(柜),设置贵重物品保管。

5.3.3.3　行李保管处应向游客公布保管须知。

5.4　问询服务设施

5.4.1　应设置包括问询处、问询电话和广播室在内的问询服务设施。

5.4.2　问询服务设施应设在正门附近,有明显的标志,有专人值班。

5.4.3　广播室可与接待处相连,便于游客联络。

5.4.4　广播室播音内容应能准确、清晰传送至游乐园(场)内各处和正门附近。

5.5　餐饮服务设施

5.5.1　餐厅、饮食服务点的布局、档次应与游乐园(场)的整体环境相协调。

5.5.2　餐饮服务规模数量应与游乐园(场)接待游客规模相适应,食品、饮料的品种、规格应能满足游客的基本要求。

5.5.3　设施设备完好,室内卫生整洁,能提供快餐服务,有条件的可提供有特色的风味饮食、自助餐服务。

5.6　购物设施

5.6.1　旅游购物商场(店)、商亭设施明快,整洁,有序。

5.6.2　能提供具有地方特色的旅游纪念品、工艺品等商品。

5.7　医疗急救设施

5.7.1　游乐园(场)应设置为游客服务的医务室,位置合理,标志明显。

5.7.2　医务室应有医务人员值班,为游客进行一般性突发病痛的诊治和救护。

5.7.3　医务室应备有常用救护器材,能应付突发事故中伤病员的急救工作。

5.7.4　医务室应配备具有医士职称以上资格的医生和训练有素的护理人员。

5.8　公用设施

5.8.1　公用卫生间

5.8.1.1　游乐园(场)内应分设男、女宾公用卫生间,其数量、分布应与游乐园(场)本身的面积和游客容量相适应。

5.8.1.2　公用卫生间的标志要明显,室内设施齐备,蹲坑、有门、水冲,通风良好,光线明亮。

5.8.1.3　设有残疾人通道和专供残疾人使用的男、女宾卫生间。

5.8.1.4　卫生要求应符合9.3的要求。

5.8.2　公用电话

游乐园(场)应设置公用电话,位置方便、醒目,数量与接待规模相适应,有条件的,可设投币式电话或磁卡电话。公用电话按 LB/T 001 设置标志。

5.8.3　停车场

5.8.3.1　设置在游乐园(场)正门附近,其规模与游乐园(场)接待规模相适应。按 LB/T 001 设置停

车场的标志。

5.8.3.2 停车场地面平整，划有车位标志。

5.8.3.3 停车场应有专人负责管理、疏导，车辆停靠整齐有序。

5.8.4 照明设施

5.8.4.1 开放夜场的游乐园（场），其主要通道和公共场地应设有充足的灯光照明设备。各游艺机和游乐设施自身亦应有灯光照明。

5.8.4.2 室内公共服务设施应有充足的灯光照明和应急照明设备。有关要求按照 WH 0201 执行。

5.8.5 垃圾桶（箱）

5.8.5.1 游乐园（场）内应设置垃圾桶（箱）。

5.8.5.2 数量、布局要适当、合理。

5.8.5.3 垃圾桶（箱）体完好、有盖，表面干净无污渍，及时处理桶内垃圾。

5.8.5.4 垃圾桶（箱）的造型与游乐园（场）气氛和谐一致。

5.8.6 休憩设施

游乐园（场）内应设置供游人休息的座椅。视地区季节气候需要，座椅带遮阳篷。座椅和遮阳篷的色调、色彩、重量、造型应与游乐园（场）主体设施相协调。

5.9 信息指示设施

5.9.1 游乐园（场）应设置导游图、导游引导标志和公共信息图形标志。

5.9.2 公共信息图形符号标志按 GB 10001、GB 3818 和 LB/T 001 设置。

5.9.3 安全标志

5.9.3.1 在与安全有关的场所和位置，应按 GB 2894 设置安全标志。

5.9.3.2 安全标志应在醒目的位置设立，清晰易辨，不应设在可移动的物体上，以免这些物体位置移动后，看不见安全标志。

5.9.3.3 各种安全标志应随时检查，发现有变形、破损或变色的，应及时整修或更换。

5.9.3.4 室内项目要有醒目的人、出口标志。

5.9.4 引导标牌

5.9.4.1 应在正门附近显著位置设立中英文对照的《游客须知》。

5.9.4.2 各主要通道、岔路口应在适当的位置设置引导标牌。

5.9.4.3 各游乐项目的入口处，应在显著的地方设置该项目的《游乐规则》。

5.9.4.4 引导标牌、指示牌、说明牌的内容准确，文字规范，字迹清晰，符号标准，表面无浮尘，无油漆剥落造成的缺句少字。

6 安全制度与措施

6.1 游乐园（场）应特别重视安全管理，把安全工作摆在重要的议事日程，培养全员安全意识。

6.2 建立健全各项安全制度，包括安全管理制度、游乐园（场）全天候值班制度、定期安全检查制度和检查内容要求，游乐项目安全操作规程、水上游乐安全要求及安全事故登记和上报制度。

6.3 安全管理

6.3.1 设立完善高效的安全管理机构（安全委员会），明确各级、各岗位的安全职责。

6.3.2 开展经常性的安全培训和安全教育活动。

6.3.3 定期组织全游乐园（场）按年、季、月、节假日前和旺季开始前的安全检查。

6.3.4 建立安全检查工作档案，每次检查要填写检查档案，检查的原始记录由责任人员签字存档。

6.4 员工安全

6.4.1 未持有专业技术上岗证的，不得操作带电的设备和游艺设施。

6.4.2 员工应着装安全；高空或工程作业时必须佩戴安全帽、安全绳等安全设备，并严格按章作业。

6.4.3　员工在工作过程中应严格按照安全服务操作规程作业。

6.4.4　工作区域内保持整洁，保证安全作业。

6.5　游客安全

6.5.1　在游乐活动开始前，应对游客进行安全知识讲解和安全事项说明，具体指导游客正确使用游乐设施，确保游客掌握游乐活动的安全要领。

6.5.2　某些游乐活动如有游客健康条件要求，或不适合某种疾病患者参与的，应在该项活动入门处以"警告"方式予以公布。

6.5.3　在游乐过程中，应密切注视游客安全状态，适时提醒游客注意安全事项，及时纠正游客不符合安全要求的行为举止，排除安全隐患。

6.5.4　如遇游客发生安全意外事故，应按规定程序采取救援措施，认真、负责地做好善后处理。

6.6　安全设施

6.6.1　各游乐场所、公共区域均应设置安全通道，时刻保持畅通。

6.6.2　各游乐区域，除封闭式的外，均应按 GB 8408 的规定设置安全栅栏。

6.6.3　严格按照消防规定设置防火设备，配备专人管理，定期检查。

6.6.4　有报警设施，并按 GB 13495 设置警报器和火警电话标志。

6.6.5　露天水上世界应设置避雷装置。

6.6.6　有残疾人安全通道和残疾人使用的设施。

6.6.7　有处理意外事故的急救设施设备。

6.7　安全及救援措施

6.7.1　加强安全检查，除进行日、周、月、节假日前和旺季开始前的例行检查外，设备设施必须按规定每年全面检修一次，严禁设备带故障运转。

6.7.2　每日运营前的例行安全检查要认真负责，建立安全检查记录制度。没有安全检查人员签字的设施、设备不能投入营业。

6.7.3　详细做好安全运行状态记录。严禁使用超过安全期限的游乐设施、设备载客运转。

6.7.4　凡遇恶劣天气或游艺、游乐设施机械故障时，须有应急、应变措施。由此停业时，应对外公告。

6.7.5　配备安全保卫人员，维护游乐园(场)游乐秩序，制止治安纠纷。

6.7.6　游乐园(场)全体员工须经火警预演培训和机械险情排除培训，熟练掌握有关紧急处理措施。

7　安全作业要求

7.1　游艺机和游乐设施日常运营基本要求

7.1.1　每天运营前须做好安全检查，检查内容见附录 A(标准的附录)表 A1 要求。

7.1.2　营业前试机运行不少于两次，确认一切正常后，才能开机营业。

7.1.3　营业中的安全操作要求

7.1.3.1　向游客详细介绍游乐规则、游艺机操纵方法及有关注意事项。谢绝不符合游艺机乘坐条件的游客参与游艺活动。

7.1.3.2　引导游客正确入座高空旋转游艺机，严禁超员，不偏载，系好安全带。

7.1.3.3　维持游乐、游艺秩序，劝阻游客远离安全栅栏，上下游艺机秩序井然。

7.1.3.4　开机前先鸣铃提示，确认无任何险情时方可再开机。

7.1.3.5　游艺机在运行中，操作人员严禁擅自离岗。

7.1.3.6　密切注意游客动态，及时制止个别游客的不安全行为。

7.1.4　营业后的安全检查

7.1.4.1 整理、清扫、检查各承载物、附属设备及游乐场地,确保其整齐有序,清洁干净,无安全隐患。

7.1.4.2 做好当天游乐设备运转情况记录。

7.2 游艺机和游乐设施要定期维修、保养,做好安全检查。安期检查分为周、月、半年和年以上检查。检查内容见附录A(标准的附录)。

7.3 水上世界安全措施

7.3.1 应在明显的位置公布各种水上游乐项目的《游乐规则》,广播要反复宣传,提醒游客注意安全,防止意外事故发生。

7.3.2 对容易发生危险的部位,应有明显的提醒游客注意的警告标志。

7.3.3 各水上游乐项目均应设立监视台,有专人值勤,监视台的数量和位置应能看清全池的范围。

7.3.4 按规定配备足够的救生员。救生员须符合有关部门规定,经专门培训,掌握救生知识与技能,持证上岗。

7.3.5 水上世界范围内的地面,应确保无积水、无碎玻璃及其他尖锐物品。

7.3.6 随时向游客报告天气变化情况。为游客设置避风、避雨的安全场所或具备其他保护措施。

7.3.7 全体员工应熟悉场内各区域场所,具备基本的抢险救生知识和技能。

7.3.8 设值班室,配备值班员。

7.3.9 设医务室,配备具有医士职称以上的医生和经过训练的医护人员和急救设施。

7.3.10 安全使用化学药品。

7.3.11 每天营业前对水面和水池底除尘一次。

7.3.12 凡具有一定危险项目的设施,在每日运营之前,要经过试运行。

7.3.13 每天定时检查水质。

7.3.14 安全、卫生和水质的标准应符合 GB 8408、GB 9667、GB 5749、GB 9665 和水上世界安全卫生管理办法的规定。

8 服务质量要求

8.1 基本要求

坚守岗位,站立服务,不离岗,不串岗。

8.1.1 仪表仪容

8.1.1.1 上岗着工作服,服饰整洁,佩戴服务标牌。

8.1.1.2 端庄大方,处事稳重,反应敏捷,谙熟礼仪,精神饱满,表情自然,和蔼亲切。

8.1.2 举止

举止文明,姿态端庄。

8.1.3 语言

8.1.3.1 语言文明礼貌,简明、通俗、清晰。

8.1.3.2 讲普通话,能用外语为外宾服务。

8.1.3.3 应有"称呼"服务,用礼貌的称谓称呼游客。

8.1.4 态度

8.1.4.1 礼貌待客,微笑服务,热情亲切,真诚友好,耐心周到,主动服务。

8.1.4.2 对客人不分种族、国籍、民族、宗教信仰、贫富、亲疏,一视同仁,以礼待人。

8.1.4.3 尊重游客的民族习俗和宗教信仰,不损害民族尊严。

8.1.4.4 有问必答。回答问题迅速、准确。如对客人提出的问题不能解决时,应耐心解释。

8.1.5 技能

8.1.5.1 上岗前必须经过严格的岗位培训。

8.1.5.2　在岗人员应熟练掌握本岗位业务知识和操作技能。

8.1.6　职业道德

应遵守国家有关旅游职业道德规范。做到文明礼貌，优质服务，保护游客和企业的合法权益。

8.2　机台服务

8.2.1　游艺机、游乐设施、水上游乐设施和水上世界的服务应符合7.1和7.3的要求。

8.2.2　服务中应时刻观察游客动态，随时指导游客安全游乐。

8.2.3　尽可能帮助游客解决困难。

8.3　售票服务

8.3.1　售票员应熟悉各种票券的价格及使用方法。

8.3.2　售票迅速、准确，误差率应不超过万分之五。

8.3.3　建立重要客人、团体客人的登记制度并及时将信息和特殊服务要求传递到有关部门。

8.4　门岗服务

8.4.1　游乐园(场)出入口以及游乐园(场)内主要娱乐场所和其他服务场所，如：影剧院、歌舞厅、俱乐部、酒吧、茶座以及游艺室等，应设门岗服务，接待和疏通游客，确保畅通无阻。在游客入场高峰期间，应增设现场工作人员，协助门岗工作。

8.4.2　门岗当值人员应熟悉本游乐园(场)规定的各种票券的使用方法，迅速、准确验收票券；主动、正确引导团体游客顺序进场。

8.4.3　为重要客人和有特殊要求的客人提供特殊服务。

8.4.4　能提供团体接待服务。

8.5　问询服务

8.5.1　随时掌握游乐动态，准确回答游客问询。

8.5.2　接受问询时应起立。接受电话问询时，铃响不应超过三声并先通报单位名称。

8.6　广播服务

8.6.1　应使用普通话和外语广播；在使用地方语言广播时，应使用普通话重播广播内容。

8.6.2　播音应清晰、匀速、准确。

8.6.3　广播内容(包括播放的音乐、歌曲)健康。

8.6.4　为游客广播寻人启事、寻物启事。

8.7　行李保管服务

8.7.1　行李保管员在接收游客交付保管的行李物品时，应确保无易燃、易爆、有毒等危险品或其他违禁品。

8.7.2　收发行李时应认真核对游客的身份证件，做好登记工作。

8.7.3　清点客人交寄的行李件数，办理保管手续。

8.7.4　轻拿轻放，准确迅速。

8.7.5　贵重物品应保存于专用保险箱中，配备专用钥匙。物品的交付和领取须由交付人和服务人员双方共同验点清楚，签字确认。

8.7.6　游客存取行李、物品时，应确保周围环境的安全。凡夜场停电，应暂停存放，确保安全。

8.8　餐饮服务

8.8.1　餐厅和饮食服务网点的营业时间应适应游乐园(场)的开放时间。

8.8.2　饮食卫生应符合9.12的要求。

8.9　旅游购物服务

8.9.1　旅游商场(店)、商亭的橱窗、柜台布局合理，陈列既有艺术性又能方便游客选购。

8.9.2　服务人员应熟悉和掌握所推销商品的性能、产地、特点，主动热情为游客介绍商品，服务中应有问有答,百问不厌,百拿不烦,尽量满足游客的要求。

8.9.3 确保出售的饮料、茶水、商品、工艺品和旅游纪念品的质量合格。不出售假冒伪劣商品,不欺诈游客,明码标价。

8.9.4 商场(店)、商亭卫生应符合9.13的要求。

8.10 文化娱乐服务

8.10.1 文化娱乐项目富有民族和地方特色。

8.10.2 根据当地自然和人文文化资源,开发民间节庆活动、文艺演出,为游客提供健康的娱乐、休闲、健身活动服务。

8.10.3 文化娱乐活动内容文明、健康,适合国情,符合伦理道德。创造、培育符合社会公共道德的审美情趣,有益于青少年和社会公众的身心健康。

8.10.4 保持场内清洁卫生、良好通风和秩序。

8.11 医疗急救服务

8.11.1 医务室应保持环境整洁、宁静。

8.11.2 医护人员必须坚守岗位,认真负责。

8.11.3 坚持诊疗常规,严防发生医疗事故。

8.11.4 场内发生意外伤害事故,医护人员应立即赶往事故现场,对伤病员进行紧急抢救。

9 卫生与环境要求

9.1 游乐园(场)应整洁,广场、地面、路面和服务设施周围无垃圾、无痰迹、无蚊蝇;草坪、花坛无杂物、无积水。

9.2 游乐、游艺区内不应有卫生死角和晾晒衣物、乱堆杂物的现象;水面应无漂浮污物,施工现场应遮挡,堆料整齐,无废弃物。

9.3 公用卫生间

9.3.1 设备和设施应完好、无缺损,不漏水。

9.3.2 室内无蚊蝇、污物,墙壁、隔板、门窗等清洁无刻画。

9.3.3 便池应及时冲洗,做到干净、无污垢,无异味。

9.4 环境保护

9.4.1 环境噪声标准应按照 GB 3096 执行。

9.4.2 游乐园(场)布局合理,环境清新、优美,无高荒草区和绿化弃管区。

9.5 供游客休息的遮阳篷或座椅,无破损现象。

9.6 园内建筑物、构筑物应与景点协调。

9.7 游乐园(场)门前和游乐园(场)内设置的摊位,应统一管理,定位有序。不应有尾随游客,强行兜售商品的行为。

9.8 停车场地清洁平整,车辆排放整齐。

9.9 游艺机和游乐设施卫生。

9.9.1 外观色彩鲜艳,表面无锈蚀。

9.9.2 机台、棚顶、台顶及周围干净无杂物。

9.9.3 承载物地板无杂物、无呕吐物,座席无污渍。

9.9.4 游客等候游乐的场所无烟头、纸屑、杂物,栅栏无浮尘和水滴。

9.9.5 机台操作室(亭)门窗光亮无痕迹,天花板墙角无蛛网,工具摆放整齐。

9.10 水上世界卫生

设置相应能力的池水过滤净化及消毒设施,水质标准及卫生管理按 GB 9667 执行。

9.11 游乐园(场)内建筑物、构筑物等游艺设施或文化娱乐设施卫生标准及管理按 GB 9664 执行。

9.12 餐厅和饮食服务网点的卫生符合国家法律法规和标准要求。

9.13 购物商场(店)、商亭的卫生标准及管理应符合 GB 9670。

9.14 游乐园(场)的卫生清扫、维护、保洁及绿化保养有专人负责。

10 服务质量保证和监督

10.1 建立服务质量、安全保证体系

游乐园(场)就按照 GB/T 19004.2 和 GB 8408 建立适应本企业运行的服务质量、安全保证体系,并形成可操作的有关规章、制度,作为能够实现规定的服务质量、安全措施和经营管理目标的手段。

10.1.1 按附录 B(标准的附录)建立服务质量保证体系。

10.1.2 按附录 C(标准的附录)建立安全操作保证体系。

10.1.3 按附录 D(标准的附录)建立安全维护保证体系。

10.1.4 按附录 E(标准的附录)建立安全管理保证体系。

10.1.5 按附录 F(标准的附录)建立运转试验安全保证体系。

10.2 建立服务监督机制

10.2.1 主动接受游客监督,对外公布质量监督电话号码。

10.2.2 在游客活动场所设意见本(卡、箱),定期收集分析游客意见,进行相应服务改进。

10.3 投诉处理

诚恳对待游客的投诉,认真及时地处理游客的意见和建议,并将处理结果及时通知投诉者,投诉必复。

10.4 考核指标

10.4.1 无生产许可证的高速、高空以及危及人身安全的劣质游艺机和游乐设施:0 项。

10.4.2 带有赌博、色情、迷信、恐怖、种族歧视等不健康色彩的游艺项目:0 项。

10.4.3 员工持证上岗率:100%。

10.4.4 安全知识普及率:100%。

10.4.5 服务质量知识普及率:100%。

10.4.6 设备运营维修、保养、日常检查记录:100%。

10.4.7 设备无带病运行率:100%。

10.4.8 游乐园(场)设备和设施投入运营率:90% 以上。

10.4.9 游客满意率(1000 人次以上):95% 以上。

10.4.10 游客有效投诉率:万分之二。

10.4.11 园(场)卫生、美化、绿化率:85% 以上。

10.4.12 园(场)环境卫生及饮食卫生等符合国家卫生标准:100%。

10.4.13 主要各项管理制度齐全、档案资料完整:100%。

10.4.14 各类统计报表准确:85% 以上。

10.4.15 重大人身伤亡事故:0 次。

[1]马勇,李玺.旅游景区管理.北京:中国旅游出版社,2006.

[2]陈才.旅游景区管理.北京:中国旅游出版社,2008.

[3]张凌云.旅游景区管理.北京:旅游教育出版社,2009.

[4]李志飞.主题公园开发.北京:科学出版社,2000.

[5]李志飞.旅游购买行为:异地情境、体验营销与购后效应.武汉:华中科技大学出版社,2009.

[6]李志飞.异地性对冲动性购买行为影响的实证研究.南开管理评论,2007,6.

[7]邹统钎.旅游景区开发与管理(第二版).北京:清华大学出版社,2008.

[8]国家旅游局规划发展与财务司.中国旅游景区发展报告(2010年).北京:中国旅游出版社,2010.

[9]邹统钎.旅游景区开发与经营经典案例.北京:旅游教育出版社,2003.

[10]邹统钎.中国旅游景区管理模式研究.天津:南开大学出版社,2006.

[11]王衍用,宋子千.旅游景区项目策划.北京:中国旅游出版社,2007.

[12]黄翔.旅游区管理.武汉:武汉大学出版社,2004.

[13]崔风军.风景旅游区的保护与管理.北京:中国旅游出版社,2001.

[14]姜若愚.旅游景区服务与管理.大连:东北财经大学出版社,2003.

[15]禹贡,胡丽芳.旅游景区营销.北京:旅游教育出版社,2005.

[16]王绍喜.旅游景区服务与管理.北京:高等教育出版社,2005.

[17]吴忠军.旅游景区规划与开发.北京:高等教育出版社,2003.

[18]钟永德等.旅游景区管理.长沙:湖南大学出版社,2005.

[19]李洪波.旅游景区管理.北京:机械工业出版社,2004.

[20]王莹.旅游区服务质量管理.北京:中国旅游出版社,2003.

[21]彭绍坚.旅游区项目策划与管理务实.深圳:海天出版社,2001.

[22]唐洪广,孙逸民等.中国旅游景区精品建设探索与实践.北京:商务印书馆,2002.

[23]刘峰,董四化.旅游景区营销.北京:中国旅游出版社,2006.

[24]张立明,胡道华.旅游景区解说系统规划与设计.北京:中国旅游出版社,2006.

[25]华侨城集团公司.21世纪中国主题公园发展论坛.北京:中国旅游出版社,2003.

[26]彭德成.中国旅游景区治理模式研究.北京:中国旅游出版社,2003.

[27]张晓,郑玉歆.中国自然文化遗产资源管理.北京:社会文献出版社,2001.

[28]董观志．现代景区经营管理．大连：东北财经大学出版社，2008.

[29]张进福，黄福才．景区管理．北京：北京大学出版社，2009.

[30]郭亚军．旅游景区管理．北京：高等教育出版社，2006.

[31]魏小安．旅游目的地发展实证研究．北京：中国旅游出版社，2002.

[32]李天元．旅游学概论(修订版)．天津：南开大学出版社，2000.

[33]保继刚．大型主题公园布局初步研究．地理研究，1994，3.

[34]王德刚．现代旅游区开发与经营管理．青岛：青岛出版社，2000.

[35]赵黎明，黄安民，张立明．旅游景区管理学．天津：南开大学出版社，2002.

[36]董观志．旅游主题公园管理与实务．广州：广东旅游出版社，2000.

[37]郑维，董观志．主题公园营销模式与技术．北京：中国旅游出版社，2004.

[38][美]克莱尔·A. 冈恩，[土]特格特·瓦尔．旅游规划：理论与案例(第4版)．吴必虎，吴冬青译．大连：东北财经大学出版社，2005.

[39][美]爱德华·因斯克普．旅游规划——一种综合性的可持续的开发方法．张凌云译．北京：旅游教育出版社，2004.

[40][美]罗伯特·克里斯蒂·米尔．度假村管理与运营．李正喜译．大连：大连理工大学出版社，2002.

[41][英]曼纽尔·鲍德-博拉，弗雷德·劳森．旅游与游憩规划设计手册．唐子颖，吴必虎等译．北京：中国建筑工业出版社，2004.

[42][英]艾伦·法伊奥，布赖恩·加罗德，安娜·利斯克．旅游吸引物管理：新的方向．郭英之主译．大连：东北财经大学出版社，2005.

[43][英]约翰-斯沃布鲁克．旅游景区开发与管理．龙江智，李森译．北京：旅游教育出版社，2006.

[44][美]爱德华·因斯克普，马克·科伦伯格．旅游度假区的综合开发模式——世界六个旅游度假区开发实例研究．国家旅游局人教司组织翻译．北京：中国旅游出版社，1993.

[45]Middleton, V. T.. *Marketing in travel and tourism*. Oxford：Butterworth Heinemann, 1988.

[46]J. Walsh-Heron, Stevens, T.. *The management of visitor attractions and events*. Englewood：Prentice Hall, 1990.

[47]Mitchell, B.. *Resource management and development*. Toronto：Oxford University Press, 1991.

[48]Bull, A.. *The economics of travel & tourism*. London：Longman Cheshire Pty Limited, 1991.

[49]Richard Prentice. *Tourism and heritage attraction*. London：Rout ledge, 1993.

[50]Lindsay, I. J.. *Carrying capacity for tourism development in national parks of the United States*. UNEP Industry and Environment, 2000, 1.

[51]中国旅游景区协会：http：//www. chinataa. org

[52]中国景点网：http：//cssn. com. cn

[53]湖北大学旅游景区管理精品课程网：http：//202. 114. 155. 239/jpkc_bs/lyjqgl/jxdg. htm

[54]第一旅游网：http：//www. toptour. cn

[55]中国旅游报：http：//ctnews. toptour. cn

[56]中华人民共和国旅游局：http：//www. cnta. gov. cn

[57]九寨沟：http：//www. jzgly. com

[58]中国低碳网：http：//www. ditan360. com

[59]中国智慧城市专家：http：//www. digitalchina. com

[60]峨眉山乐山大佛景区：http：//www. ems517. com